21世纪

世纪

经济管理新形态教材

工商管理系列

Organizational Behavior

组织行为学

先知而后行 行必有所为

（第4版）

[新加坡] 李秀娟（Lee Siew Kim Jean） 著

清华大学出版社

北京

内 容 简 介

本书涵盖了组织管理领域的十二个方面，包括：自我管理的起点，压力管理和情绪管理，沟通的技巧，员工激励，冲突的化解，权力和影响力，有效的领导风格，授力与授权，团队的作用，组织文化，组织学习和组织变革，以及践行企业社会责任。内容既着力于经验的梳理，又力求进行理论的架构，还特别强调案例的分析和自我技能的测评，使读者能够有效地加强自我认知，并提升管理技能。理论和技巧并重，使得本书既不像纯理论的书那般艰涩，又不像纯技巧的书那样浅显，读者在了解"为什么"之后，还解决了"是什么"和"怎么样"的问题。

本书适合工商管理、行政管理的职业经理人以及高等院校经济管理类专业本科生、MBA、EMBA 阅读参考。

图书在版编目（CIP）数据

组织行为学：先知而后行 行必有所为/（新加坡）李秀娟著. —4 版. —北京：清华大学出版社，2024.1（2024.12重印）

21 世纪经济管理新形态教材. 工商管理系列

ISBN 978-7-302-63613-7

Ⅰ. ①组… Ⅱ. ①李… Ⅲ. ①组织行为学－教材 Ⅳ. ①C936

中国国家版本馆 CIP 数据核字（2023）第 094062 号

责任编辑：左玉冰
封面设计：李召霞
责任校对：宋玉莲
责任印制：曹婉颖

出版发行：清华大学出版社
    网 址：https://www.tup.com.cn,https://www.wqxuetang.com
    地 址：北京清华大学学研大厦 A 座   邮 编：100084
    社 总 机：010-83470000   邮 购：010-62786544
    投稿与读者服务：010-62776969，c-service@tup.tsinghua.edu.cn
    质量反馈：010-62772015，zhiliang@tup.tsinghua.edu.cn
印 装 者：三河市人民印务有限公司
经 销：全国新华书店
开 本：185mm×260mm 印 张：23.25 字 数：416 千字
版 次：2003 年 4 月第 1 版 2024 年 1 月第 4 版 印 次：2024 年 12 月第 3 次印刷
定 价：79.00 元

产品编号：100293-01

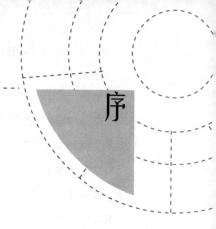

没想到，这本书已经是第 4 版了。

写这本书的第 1 版时，我还在新加坡国立大学任教。当时与中国的学生接触虽然多，但了解不深，对中国企业和管理的认识也非常肤浅。来中国这几年，接触面更宽也更广了，我对中国企业面对的挑战和管理问题有了更进一步的了解。总结一句，中国的发展和进步令人震惊。我常常听到外国人对中国企业有负面的评价，我都会回应他们说：他们比你们强的地方在于他们肯学，进步肯定比你们快。越多批评，就越多进步。中国人的学习能力是一股非常大的社会变革推动力。

我这几年接触的学生多数是成功的企业家、主管、经理。这些人尽管在专业上颇有建树，却总觉得自己对人的理解、对员工的管理非常不足，缺乏理论的基础支撑。当然有人是不知而不行，有人是不知而行，也有人是知而不行。这其中是一门大学问，从知而行的过程，除了需要正确的观念、诚恳的态度以外，还要有合理的方法和技巧。成功的管理者除了要有丰富的商业知识以外，更要有一套行之有效的管理方法。除了要知道做什么、为什么要做以外，也要知道怎么去做。

西方在心理学和社会学方面起步较早，一些理论和实践策略较为成熟。由于文化差异，我们不一定能全盘照用，不过还是有许多可以借鉴的地方。受我后期教育背景的影响，我的基本理念和思路比较西方化，不过，由于这几年来不断接触亚洲的企业，尤其是华人的企业，对东方式的管理价值观和行为也有一些了解。如何融会东西方的经验和智慧，是我在不断思考和探索的。

书中的章节从第 1 版的八章到第 4 版的十二章，内容不断地更新和丰富，也增加了不少新案例。书中的第一章和第二章强调自我管理，中国人有句古话，"修身，齐家，治国，平天下"，一切的因由都得从自我开始，所以了解自己和管理自己是非常重要的。很多管理者连自己都管不好，怎么能管别人呢？第三章到第七章则强调人际关系的管理，包括如何获得影响力、如何有效地沟通、如何调动他人的积极性和如何有效地管理冲突。第八章和第九章则谈到小组管理的技巧，即如何有效地授力和授权，让周围的人更有心、有力去完成任务，还有就是如何建立团队精神。第十章和第十一章从企业的层面，探讨组织文化对企业的影响和企业如何面对不断的变革，以及建立学习型组织对基业长青的重要性。第十二章探讨企业社会责任的意义和重要性。

书中除了探讨理论概念外，也加入许多案例，基本上是以亚洲企业为例，包括中国和新加坡的案例,希望能借用西方的理论知识来分析亚洲的管理行为。除此之外,我也加入一些测评工具,以帮助对自己行为的了解。还有一些有趣的游戏,希望寓教于乐,达到更好的学习效果。

在写书的过程中,我要感谢我的许多学生和同事为我提供了许多资料,特别感谢我的研究助理魏峰、王雯昊、安静、郑欣、许东杰等近几年来在研究工作上给予我的无私支持。我也感谢多年来许多一路护航的学生,他们的爱戴和支持让我一直坚持不懈地活出自己的信念。

"智者无惑,仁者无忧,勇者无惧,信者无疑,严者无悔。"

最后我必须感谢我的父母。父亲一直活在我的心中,是我心中的一把尺,让我不会在是非对错中迷失;母亲的坚强乐观一直支撑着我,她让我学会淡定,学会放开,学会勇敢面对。我把这本书献给我的父母,感谢他们赐予我美好的生命,从他们身上我学会了爱和尊重,也学会了对生命中成败得失的宽容和从容。

李秀娟

2023 年 3 月 18 日

目 录

第十二章　可持续发展的助推剂——践行企业社会责任 ·········· 312

第一章
先自知,而后他知——自我管理的起点

你了解自己吗

　　中国人有一句话:"修身,齐家,治国,平天下。"这句话告诉我们:小到维持一个家庭,大到治理国家、平定天下,要做好,都得以自我素质的培养为基础。也就是说,要想管理别人,必须先管理好自己。在管理技巧上,如何管理自己,即自我管理,也是很关键的一环。当自我管理出现问题时,最容易看到的症状往往是时间运用上出现问题或其他方面遭受压力。然而,这些都只是表面的症状,更深的问题往往是对自我的认知,即自知之明。这是自我管理的首要条件(图 1.1)。其他技巧,如压力管理与情绪管理、目标管理都是建立在它之上的。如果个人对事情有轻重缓急的观念、明确的奋斗目标,便能有效地规划生活,然后便能掌握时间和压力,从而帮助个人去适应和改善周围的环境,并建立信心。有自知之明将使我们持续改进。

图 1.1　自我管理技巧的层次

自我认知

　　研究人类行为的学者早就知道了解自己——自我认知对人际交往是非常重要的,不了解自己的人是不可能了解别人的。因此,便衍生了许多能帮助个人达到具有自知之明的技巧和方法,以促使人们加强内省达到心理平衡。

　　精神分析心理学家艾瑞克·弗洛姆(Erich Fromm,1939)观察到了人对自己的认识与对别人的感情之间的联系。他说:"恨自己同恨他人是不可分的。"自知之明和自我承认是心理

健康、个人成长、发展人际关系的先决条件。人类最基本的需要是自重。自我观念表现了我们对现实性质的认识,并且是人们一切行为的根本决定因素,自我认知与人际关系,甚至与生活的幸福有着很强的关系。然而,我们的自我观念从何而来呢?

自我观念是从自我检验和内省的概念开始,人们经过内省后,对自己的了解便有所改变,因而产生行为上的改变。因此,内省是形成及更新人们自我观念的动力,从而增进对自己的了解,使个人不断成长。内省——真正看到自己的实际情况("哦,现在我明白了")——是一件困难,有时甚至要经过很大的心理痛楚和挣扎才能达到的事情,但它却是成长的基石。自我检验是内省的基本功,是内省的准备阶段,是了解自我的种子。

我们常常回避个人成长和增进对自己的了解,我们常拒绝对自己进行新的了解以维持自尊。因为我们感到如果要进一步了解自己,会产生自卑、软弱、邪恶或羞耻等的感觉。所以我们就回避对自己的了解。我们往往害怕最后自己会看不起自己,有自卑感,感到软弱、无能、邪恶、羞耻。所以我们常用抑制或类似的辩护来保护自己和理想的自我形象。我们回避个人成长,因为我们害怕发现自己根本不是理想中所希望的那样。

西格蒙德·弗洛伊德(Sigmund Freud,1956)说过:一个人可以做出的最大努力就是对自己诚实,因为完全诚实需要不断地探索自己,而且要有自我提高的意愿。

自我防御

个人遇到了同他们一贯的自我观念不符或要求他们改变自己行为的信息时,就立即为自己辩护,试图将自我保护起来。事实上,大多数人经常会遇到不大符合他们对自己认识的信息。比如,一个朋友看见你时说:"看样子你很疲倦。你今天感觉好吗?"假如你自我感觉很好,这个信息同你的自我感觉就不一致。不过,这个矛盾比较小,不致构成对你的冒犯或引起你为自己辩护的反应。换句话说,这不至于要求你反省或改变你的自我观念。但这说明了一个道理,便是信息与你的自我观念的矛盾越大,对你的自我观念的影响便越大,就越接近你的敏感线,你就会感觉必须为自己辩护。例如,你觉得自己当个经理还算干得不错,一个同事却说你当经理不称职,那就踩上你的敏感线了。如果这个同事是个有影响的人物,那就更特别触犯你了。你的反应可能会是立刻挺身反对这个说法以保护自己的形象了。自我观念在受到威胁时便会"强化",所以当一个人遇到同他的观念产生矛盾的信息时,亦即是受到威胁时,他会用双倍的强度来重申他现在的自我观念。威廉·V. 汉内(William V. Haney,1979)把这注释为"舒适区",一个类似温度计操作的概念。当形势很不舒适的时候,保护措施就起着使形势恢复正常的作用。当自我观念遇到很矛盾的信息时,信息及其来源的有效性便被否定了,又或者会使用别的辩护机制来确保自我观念维持在稳定的状态。

既然现实中存在着这种自我辩护的心理反应,那我们该如何增进对自己的了解,达到自我进步呢?答案是克服并降低对自我检验的抵触情绪,要站在别人的立场认识自己。自己要是不同他人交流,向他人袒露思想,是不太可能提升自我认知的。只有愿意与别人交心,多和别人讨论那些自己不清楚或不知道的事情,才能有助于更了解自己,让自己成长起来。因此,自我袒露是建立及更新自知之明的关键。

有研究表明,不大袒露自己的人不如肯袒露自己的人健康,喜欢袒露自己的人也是最受欢迎的人,过分袒露自己或不肯袒露自己的人都不大受欢迎,也不大被人们接受。

自我认知是可以掌握的,办法就是掌握在什么时候得到关于我们自己的什么样的信息,也包括让别人参与你自我了解的过程,这样才有助于我们进一步认识和了解自己。

乔哈里窗

乔哈里窗最初由美国社会心理学家乔瑟夫·勒夫(Joseph Luft)和哈里·英格拉姆(Harry Ingram)提出(乔哈里即 Johari,Joseph Harry＝Johari),它帮助展现、提升个人与组织的自我意识,也可以用来改变整个组织的动态信息沟通系统。

对每一个人来说,他都存在着自己了解、别人也了解的"公开区";别人了解,而自己却不了解的"盲区";仅仅自己了解,却从不向别人透露的"隐藏区";自己和别人都不了解的"未知区"。这四个区域,就是"乔哈里窗"(图1.2)。它实际上包含的交流信息有情感、经验、观点、态度、技能、目的、动机等,人与人开始接触之际,"公开区"较小,因为缺少时间和机会进行信息交流。随着交往的深入,"公开区"越来越大,其他区域越来越小。

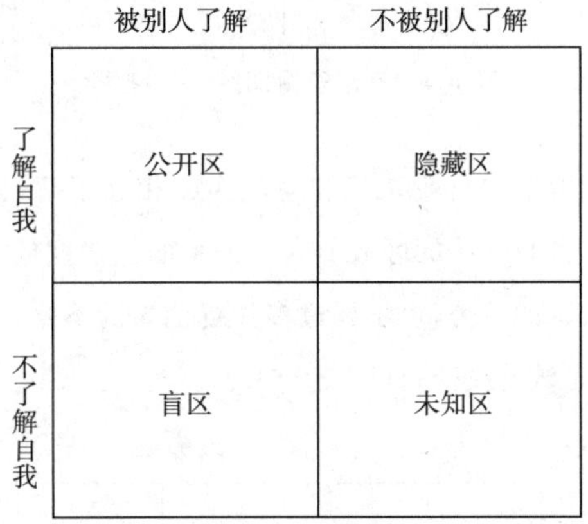

	被别人了解	不被别人了解
了解自我	公开区	隐藏区
不了解自我	盲区	未知区

图 1.2 乔哈里窗

心理学研究表明,人与人的交往是一个互动过程,对别人开放的区域越大,往往可以获得相接近水平的公开区域。所以,要了解别人,先要让别人了解自己,尽量扩大"公开区",缩小"隐藏区",做到多向对方袒露心扉,即自我暴露(图1.3)。缩小"隐藏区",扩大"公开区",自然会得到别人的良性反馈和获得别人的好感。

同时,为了更好地了解自己,我们可以以人为镜,从他人那里听取反馈,收集自己没有意识到的信息,减少盲目的自我认识(图1.4)。

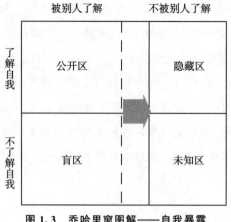

图 1.3　乔哈里窗图解——自我暴露

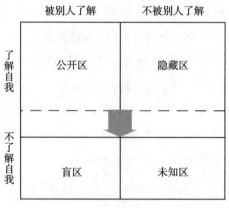

图 1.4　乔哈里窗图解——征求

总之,我们应该尽可能地增进自我认识和与他人的相互了解,扩大"公开区",缩小"隐藏区"。因为,在一般情况下,自我开放的区域与人际关系的和谐度成正比。当我们为人际关系苦恼时,不要一味地抱怨命运的不公,也不要过多指责他人的不是,正如"要获得别人的尊重,先要尊重别人"一样,不妨先试着改变自己(图1.5)。

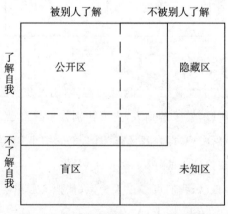

图 1.5　乔哈里窗图解——扩大公开区

自我认知从何来

大卫·A.惠顿和金·S.卡梅伦(David A. Whetten and Kim S. Cameron,1998)认为自我认知有四个重要层面：价值观、认知风格、应变心态、人际关系取向。这四个层面构成了自我观念的核心，也是提高成功管理技巧的重要层面。价值观确定了一个人的是非标准，什么是值得的和什么是不值得的，要什么与不要什么，真和假以及道德与不道德的标准。认知风格决定了一个人在思考和感觉时所经过的是一个怎样的过程。它不仅决定一个人接受什么信息，而且决定他如何理解和判断那个信息以及对那个信息采取什么样的反应。应变心态则关系到个人的适应性。它包括个人对模棱两可、不确定的情况的容忍度，以及在变化的情况下，对自己的行为承担责任的程度。而人际关系取向则决定了行为模式，因为行为模式一般是在相互关系中形成的。一个人的开放程度、果断程度、控制程度和爱心程度在很大程度上取决于他的人际关系取向。图1.6对这四个核心层面和它们在确定自我观念中的作用做了总结。

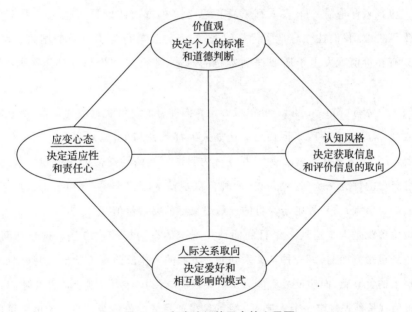

图 1.6　自我认知的四个核心层面

资料来源：WHETTEN D A,CAMERON K S. Developing management skills[M]. Boston，MA：Addison-Wesley，1998.

层面一：价值观

价值观是"行为活力的核心，在同样的个性中起着很大的作用"。即是说，所有的态度、取向和行为都来自一个人的价值观。价值观是个人性格中最稳定和最持久的因素。个人的态度就是在价值观的基础上形成的。它也是人们作出关键性决定的依据,是决定生活方向和个人爱好的基础。同样地,每个组织亦具有一个价值体系,也就是一般被称为组织文化的东西。研究表明,雇员个人的价值观如果同他们组织的价值观是一致的话,他们就能工作得更好,也更容易获得满足。相反地,如果个人价值观同组织的价值观不一致的话,则往往引起雇员苦恼,而这些存在着的矛盾便是低效率的主要原因。如果想在工作上事事顺心,并培养出长远的成就,那就一定要了解自己的首选考虑和价值观。不过人们常常脱离了自己的价值观,行为举止同他们的价值观不符。这是因为他们舍弃高要求而迁就低要求的结果,以眼前的利益取代了较长远的中心的价值观。他们可能要的是眼前的嘉奖或者暂时的满足,而选择牺牲了长远的幸福或内心的平静。所以,个人若不认识自己价值观上的优选目标,便有可能导致方向性的错误决定而最终带来长期的苦恼。

正如前面讨论的自我认知那样,许多人认为他们已经很清楚地了解自己的价值观了。那只是因为他们的价值观很少受到考验和挑战,他们还没考虑到自己在面临抉择时对不同的价值该进行怎样的取舍。在对与错之间的取舍,往往很容易;可是在对与对之间,到底哪一个更对?应该怎样取舍?很多人都没真正思考过这方面的问题。也正是由于我们的价值观很少受到挑战,我们往往忘记了优先的选择,而导致与行为不一致的结果。可惜的是,我们常常只有在价值观发生矛盾或遇到威胁的时候,才会强调价值观的重要,才会想办法去阐明它。

米尔顿·罗克奇(Milton Rokeach,1973)说人们拥有的价值观总数并不多,所有的人都有相似的价值观,只是关心程度不同而已。比如人人都重视和平,但某些人就认为和平比别的东西都重要,而某些人却不这样认为。罗克奇的测试便把两种类似的价值观加以比较,而每一种都有它自己的评分系统(也就是说,两种价值观基本不相干)。一种定为工具型价值观,即作为手段的价值观;另一种则定为目的或最终目标的终端价值观。

工具型价值观是为了达到一个目的而预先规定的行为标准或方法。这包括两种类型:一种是关系到道德方面的;另一种是关系到能力方面的。违反前者道德价值观(例如做错事)会造成心理上的负罪感,而违反后者能力价值观(例如行为不得力)则会觉得羞耻。

终端价值观是预先规定一个人想要达到的结果或目的的价值观。终端价值观可以是个人的(例如心理平衡),也可以是社会的(例如世界和平)。提高一种个人价值观的优先地位会导致其他个人价值观的优先地位提高,而降低社会价值观的优先地位。与此相反,提高一种社会价值观的优先地位会导致提高其他社会价值观的优先地位,而降低个人价值观的优先地位。那些提高争取"世界和平"的优先地位的人也会提高他们的"平等观"的优先地位而降低他们"享乐"和"自尊"的优先地位。每一个人都不一样。换句话说,在人们的价值观里,自我取向和他人取向的程度是有别的。表1.1列举了"代表美国社会里最重要"的18种终端价值观(罗克奇,1973)。

表 1.1　终端价值观和工具型价值观

终端价值观	工具型价值观
舒适的生活(富足的生活)	雄心勃勃(努力,有理想)
激动人心的生活(刺激、活跃的生活)	思想开阔(襟怀坦白)
成就感(有长远价值的贡献)	有能力(称职,有效)
一个安定的世界(没有战争和冲突)	高高兴兴(没心事,快活)
一个美丽的世界(自然和艺术之美)	清洁(干净,整齐)
平等(四海之内皆兄弟,人人平等)	有勇气(能维护你的信仰)
家庭安全(照顾所爱的人)	原谅(乐意原谅别人)
自由(独立,自由选择)	帮助人(为他人谋福利)
幸福(满足感)	诚实(真诚,可信赖)
内心平和(内心没有冲突)	富于想象(有胆量,有创造性)
成熟的爱(两性的和精神上的亲密)	独立性(自力更生,自足)
国家安全(保护国家不受攻击)	有知识(智慧,肯思考)
愉快(享受悠闲的生活)	有逻辑性(始终如一,合理)
灵魂的拯救(得救,永生)	有爱心(爱人,和蔼)
自尊(尊敬自己)	服从(负责任,尊重人)
社会承认(尊重,羡慕)	有礼貌(懂礼节,举止得当)
真正的友谊(亲密伙伴)	有责任心(可信赖,可靠)
智慧(对生活有成熟的理解)	自律(有节制,自我约束)

资料来源：ROKEACH M. The nature of human values[M]. New York：Free press, 1973.

与一般职员相比,经理们对"成就感""自尊""舒适的生活"和"独立性"要重视得多。经理们认为工具型价值观中对自己很重要的是"雄心勃勃";换句话说,在管理者中,个人价值观(而不是社会价值观)和那些有成就取向的价值观均占优势。这些倾向可以解释为什么人们曾批评商业学校的学生,甚至经理们过于以自我为中心,急于求得个人的成就和提升。

一方面,仅仅重视某种个人价值观或有成就取向的价值观并不等于说你就能成为一个成功的经理或管理者。但另一方面,价值观确实影响个人的行为,这也是很清楚的。考尔伯格(1969)认为个人行为的表现(即要达到他们价值观所追求的目的的手段)是他们的价值观成熟水平的产物。每个人的价值观的成熟水平都不相同。他认为,个人在发展的不同阶段,会有不同的工具型价值观。人们一个发展水平成熟了,便进入另一个发展水平,而随着这样的发展,他们价值观的重点也会有所变化。个人从一个成熟阶段进入一个价值观更加成熟的阶段,他所持有的工具型价值观也与在低水平上的价值观有质量上的不同。

考尔伯格的模式是研究价值观最著名的模式,它集中研究在决策时涉及价值观或道德问题的理论。这个模式包含三个主要层次,每一层次又包含两个阶段。表 1.2 归纳了每一阶段的特点。简单地说,这些阶段是有连续性的(例如,一个人不能不经过第二阶段一下子进入第三阶段),每一阶段又代表着不同的成熟水平。考尔伯格将这三个层次命名为传统前、传统和传统后。下面的讨论中,我们不用这些名词,只用能表示各阶段的特点的名称。

表 1.2　道德判断的不同水平和发展的不同阶段

水平	道德判断的基础	发展阶段
Ⅰ	道德价值不是个人的也不是标准,而是外在的	1. 服从或考虑惩罚。 服从声望,或避免麻烦。客观责任心 2. 自我中心取向。正确行为有助于满足自我的需要,有时也能满足别人的需要。 平均主义和交换与互利的取向
Ⅱ	道德价值存在于扮演好人和正确的角色,在于维护传统的秩序和对别人的期望	3. 好人取向。做人们赞许的事,让人高兴和帮助人。符合大多数人的意图,或自然的角色行为,并按意图来判断 4. "尽责"的取向。表现为尊重权威,为维护社会秩序而维护社会秩序。注重别人对自己的期望
Ⅲ	道德价值观存在于自己内心,符合自我的需求,也愿意别人分享	5. 契约式法制取向。为了协议,承认规章和期望中有强制的成分或出发点。责任的标准、权利,以契约来规定,一般避免违反他人的愿望和权利,以及大多数人的愿望和权利 6. 良心原则的取向。不仅以实际已经是神圣的社会秩序为取向,而且也做逻辑上普遍和一致的选择。以良心为取向,要导致互相尊重和信任

资料来源:KOHLBERG L. The cognitive-developmental approach to socialization [M]//GOSLIN D A. Handbook of socialization theory and research. Chicago:Rand McNally,1969:347-480.

第一层,以自我为中心。它包含价值观发展的第一阶段和第二阶段。道德伦理和工具型价值观皆基于个人的需要、欲望和行为的后果。例如,判断一件事的好与坏,会看它是否有助于个人得到奖赏,或回避惩罚,又或其后果对另外一个人是不是消极的。偷 5 万美元比偷 500 美元要来得严重,因为它对另外一个人造成的后果(即损失)更严重。

第二层,整合层,包含第三阶段和第四阶段,道德伦理乃基于符合和维护常规与社会的期望。这一层有时又叫作法律秩序层,因为重点在符合法律和规范。它以是否符合权威的东西作为判断行为是非的基础。个人因为服从而受到尊敬便是其后果。偷 5 万美元和偷 500 美元在这一层看来一样错,因为都是犯法。

第三层,有原则的水平。它包括成熟的最后两个阶段,代表最成熟水平上和最成熟的一套道德说理,是个人以内心已经形成的原则来判断是与非。也就是说,是以个人从经验中发展起来的一套核心价值观来判断事物。到了成熟的最高阶段,这一套原则是全面(涵盖所有的偶然性)、始终如一(绝不违反)和普遍性的(不因客观环境和情况的变化而改变)。因此,偷 5 万美元和 500 美元都是错的,但这不是从违法的角度来判断,而是根据它违反了个人形成的一套全面、一贯和普遍的原则作出的判断。

简单来说，以自我为中心的人视法律规章同他们自己无关，他们服从是因为这样他们就可能得到奖赏或避免惩罚。整合者也视法律和规章与他们无关，但他们服从，是因为他们学习和接受了这些法律和规章，而且他们希望别人尊重自己。有原则的人则检验这些法律和规章，形成一套他们内心的认识。如果可以在法律和原则之间做选择，他们会选择原则。在有原则的人眼里，内化了的原则超越了规章和法律。

道德决策除了帮助你了解自己、认识自己的价值观成熟度水平，也有很重要的实践意义。经理们有时会碰到价值观冲突。大多数冲突的发生是因为企业需要在经济效益和社会效益之间做选择，即企业是要追求经济效益的最大化(表现在收入、成本、利润等)，还是要追求社会效益的最大化(表现在对客户、雇员和供货商等的义务)。做这类决定不光是在正确与错误或好与坏之间做选择。许多时候还是在正确与正确或一个好与另一个好之间做选择。在这种道德选择中做出有效处理的个人都是有明确的个人价值观和已经到了道德成熟的原则水平。他们内心的一套普遍、全面、始终如一的基础原则已经形成。

层面二：认知风格

认知风格指的是个人收集和加工信息的态度，包括大量与个人对信息的感知、理解和反应有关的因素(Jung，1923)。研究文献中有几十种确定认知风格的标准。本章特别考虑研究文献中所讨论的认知风格的两大标准，这两方面同管理行为特别有关联(图 1.7)。

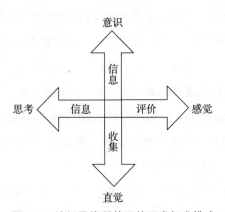

图 1.7　认知风格所基于的两类标准模式

(1) 个人收集信息的态度。

(2) 个人评价信息的态度。

形成认知风格的基本前提是每一个人都面对大量的信息，其中只有一部分信息在一定时间内得到关注并最终变成行动。因此，每个人就有各自消化吸收和理解他们所接收的信息的策略。任何策略都不是绝对好或绝对不好的，而且也不是每个人都只能采用一种策略。不过，大约80%的人还是形成了(大多数是不自觉地)一套他们自己喜欢的信息加工策略，而这些就构成他们特有的认知风格。

1. 信息收集

信息收集的不同策略是个人选择对他们想注意的信息进行一定认知筛选的结果,包括直觉策略和意识策略。

直觉策略是采用整体观,强调共性和一般性,即信息资料中各成分之间的关系。直觉型思考者往往对"哪一种信息可能有关"在事先就已有想法,他们看待信息的态度是要找到符合他们原来想法的东西。他们往往是聚集性的思考者。

意识策略则注意细节,即信息内每一成分的具体属性,而不是各成分之间的关系。意识型思考者是理性的,对于可能有关的东西不大有先入为主的见解,因此他们一定要对信息进行仔细、彻底的检验。他们对于所遇到的信息内各部分的独特属性很敏感。他们往往是分歧型的思考者。

简单说来,直觉策略关注整体,而意识策略则看到整体的各部分。直觉策略寻求的是共性和总体,而意识策略则注意特点、细节和总体规律下的例外。

2. 信息评价

信息评价是指理解和判断信息的不同策略,包括思考策略和感觉策略,这些策略是从一个特定的解决问题的方式发展而来的。

思考策略评价信息使用系统性的计划、具体而有序的步骤,它集中于适当的方法和合乎逻辑的进展,使用思考风格的人一般依靠客观的材料,并试图将问题纳入已知的模式或框架。这种人在论证他们的解决方案时,强调的是解决问题的方法和程序。

感觉策略对待问题从"内心感觉"出发,或凭内心感觉来反应。问题往往是在做判断时已事先确定或反复确定了某事情,处理办法则建立在先试试看,错了再改,而不是根据逻辑的程序做判断。感觉型的人有强烈的主观偏好或印象性的偏好,而不是根据客观的材料来做判断,而且往往不能描述他们自己解决问题的过程。解决方法往往是通过类比或从过去的某一与这问题具有特殊关系的经验中寻求答案。

各种不同策略对管理行为有很重要的影响。它们各有优缺点。例如,当面临大量材料时,由于意识型管理者注意的是细节,他们比直觉型管理者更能体会到信息量的庞大和个人的压力。当细节量太大、太多样时,意识型管理者就会觉得压力太大,因为他们对每一个细节都很注意。

而直觉型管理者则注意各成分之间的关系,处理细节相对就比较容易。如果遇到出乎他们预料的关系,或者问题的类型与他们设想的不合,直觉型管理者在掌握信息上的困难要比意识型管理者多。遇到期望之外的情况或各成分间缺乏一套明白的关系对直觉型管理者尤其成问题。意识型管理者处理这类情况比较容易,因为他们对问题总是做细致深入的分析。

思考型管理者碰到需要创造性和不连续思维的问题时,或碰到很模糊、只有部分信息的问题时，表现得并不是很有效率。在没有解决问题的明显制度时，这类人的困难比感觉型管理者要大。

但是，当一个计划或制度已建立并可以解决各种问题时，即提示一种直接、可以计算出解决结果的信息被确定时，感觉型管理者又不如思考型管理者，因为他们倾向于试试新办法，重新界定问题，找新的解决办法，而不会顺着过去的办法做事。这往往导致解决问题不得力，甚至不对头。在这种情况下，思考型管理者困难较少。表1.3和表1.4归纳了与各主要的认知风格有关的一些个人特点。

表 1.3　认知风格的特点(信息收集)

直　觉　型	意　识　型
喜欢解决新问题	不喜欢新问题，除非有了解决的标准方法
不喜欢反复地做同一件事	喜欢建立一种常规
喜欢学习新技巧而不喜欢用旧的	喜欢应用已经学会的技巧，而不喜欢学新的
充满热情，工作精力饱满，不休息	工作节奏平稳，对要用多少时间看得比较实际
常常莽撞地做结论	必须踏实地逐步研究得出结论
对复杂的情况有耐心	问题复杂时就没有耐心
对于经常性的细节没有耐心	对于经常性的细节有耐心
凭灵感，不管是好的还是坏的	不大相信灵感，而且很少感到有灵感
常常把事实搞错	很少把事实搞错
不喜欢花时间做到准确	善于做事准确

表 1.4　认知风格的特点(信息评价)

感　觉　型	思　考　型
容易了解别人和他们的情绪	比较不大动感情，对别人的情绪也不感兴趣
喜欢让人家高兴，哪怕是并不重要的事	会无意中伤人感情
喜欢和谐，办公室里不和睦会影响效率	喜欢分析，并把事情安排得井井有条 不和谐也能相处
常常让自己或别人的爱好和愿望影响做决定	做决定时对事不对人，有时忽略人们的意愿
有时需要夸奖	需要公正对待
不喜欢对人讲不愉快的事	能责备人，必要时会把人开除
同大多数人谈得来	只同其他思考型的人谈得来
有同情心	可能显得心肠狠

层面三：应变心态

为了充分利用我们的认知风格的力量，我们也应该了解自己对变化的态度。这一点已经显得越来越重要了。许多人都会同意，我们现在已进入一个资讯时代，特点是信息越来越多、越来越动荡、越来越复杂。信息爆炸，电子邮件和语音邮件，文件即时读取以及案头图书馆等已经把现代管理的环境大大改变了。可以得到更多的信息几乎立刻就提高了管理者工作的复杂性。因为信息来得又快又多，他们必须不断加快做决定的速度。另外，人的大脑一次只能加工一定量的信息,因此人们做决定时所依据的信息就不完全、不清楚。当个人必须在比过去任何时候都更复杂和更动荡的情况下处理问题时,认知风格有时就要受到对变化取向的制约了。因此了解自己对变化的取向是应付环境的一个先决条件。以下是评价应变能力的两个关键标准。

1. 对模棱两可的容忍力

这是指个人处在模棱两可的形势下或受到模棱两可形势威胁的时候,能够应付的能力和程度。这种时候变化来得很快,而且无法预料,信息不充分,或者情况很复杂;每个人的认知复杂性不同,他们应付模棱两可、不完全、不成形、变动大的情况的能力也各有差别。对模棱两可容忍力强的人一般认知力也较强。他们倾向于收集更多的信息,理解更多的信号或暗示,比认知能力差的人更快掌握更多的东西。研究发现,认知能力和容忍力强的人能更好地传达信息,在评价别人的工作表现时对内在的(非表面的)特点比较敏感,在行为上,他们对模棱两可和信息过多的情况适应能力也比容忍力和认知力较差的人更强、更灵活。对模棱两可有较强容忍力的管理者在行动上更有企业家的精神,能在复杂的环境里筛选出较精简的信息,也能在他们的职业里选择较不固定的任务。不过,对模棱两可有较强容忍力的人也较难集中于一个重要的信息成分——他们倾向于注意很多项目,不大能够集中注意力或不受外界干扰。然而,在大多数的情况下,对模棱两可的容忍力和复杂的认知能力强的人比与之相反的性格的人较易适应信息变化迅速的环境。

2. 控制的导向

控制的导向指的是:人们对于控制他们自己命运的信息的反应和态度。当人们得到有关他们自己行为的成功或失败的信息时,或他们所处的环境有些情况发生变化时,他们如何理解这种信息,各人有各人的反应。人们要改变他们周围的环境时,他们得到的信息有积极的,也有消极的。如果他们认为得到的信息对他们的行动是偶然的,那就叫作控制的内在导向(即"变化成功或失败的原因都在我自己")。如果他们把信息当作外界力量的产物,那就叫作控制的外在导向(即"别的事或别人造成这个成功或失败")。随着时间的推移,人们会对他们所接收的信息的主要来源产生一种"一般化的期望",即在变化的环境里,对于控制源,他们会变得或是总认为是内在的,或是总认为是外在的。

内在控制导向的人大多具有以下特征。

(1) 注意环境中为未来提供有利信息的方面。

(2) 从事改进他们环境的活动。

(3) 很强调成就。

(4) 比较倾向于提高他们自己的技巧。

(5) 好学。

(6) 比外在控制导向的人记住的信息要多。

　　内在控制导向的人易于同其工作环境亲和。对比外在控制导向的人来说,他们对自己的工作比较满意,工作压力较小,职务变动较多(晋升或改行)。内在控制导向的人比较容易当领导,他们所领导的集体也比外在控制导向的人领导的效率高。内在控制导向的人在压力大的情况下表现也比外在控制导向的人好,能从事需要创业精神的活动。内在控制导向的人在他们自己的事业上更积极,也比外在控制导向的人工作更投入。

　　外在控制导向的人经常会对发生在自我身上的事无能为力,常常认为自己的快乐和痛苦不是自己所能决定的,这取决于别人或命运。他们认为决定性的力量不在自身,而在外部,所以他们对自身价值的判断和自己行动的选择很大程度上依赖于别人的看法。

　　外在控制导向的人大多具有以下特征。

　　(1)宿命论:面对问题,不采取任何主动的行为,过一种消极的通常也很悲惨的生活。

　　(2)小跟班:把自己完全交给某一个人或组织,不加任何选择地听命于这个人或组织。

　　(3)逆反抱怨:由于自己常常无能为力,所以对一切都不负责任地加以破坏,表现为一种反社会的叛逆、反抗心态。

　　第一种人整日听天由命、无所事事,他们放弃了行动权,同时也放弃了决定权;第二种人就是那些迷信的人,他们保留了行动的能力,但是放弃了自己的决定权,完全听命于某个人、组织或者某种神奇的东西;第三种人叛逆、反抗。这三种不同的人生轨迹都有一个共同的来源,即对自己的人生缺乏把握,并且这种外在控制导向的心态常常在他们人生的早期就埋下了伏笔。

　　也有人研究了两者之间在利用权力和权威方面的差异。外在控制导向的领导人倾向于使用强制的权力和威胁,而内在控制导向的领导人则更多依靠劝说,以技能为权力的源泉。此外,内在控制导向的管理者相比外在控制导向的管理者,其表现较为参与式,而且也喜欢参与式的管理风格。对最高领导者的控制导向研究还表明,内在控制导向者领导的企业比外在控制导向者领导的企业有创新精神,从事比较有风险的项目,在市场上处于较领先的地位,有长远的计划目标,对环境较注意,而且开发比较高水平的技术。

　　但同时,研究也表明,内在控制导向并不是解决一切管理问题的灵丹妙药。内在控制导向并非在任何时候都是积极的属性。例如,外在控制导向的人作为领导者,比较善于建立结构(明确各人的角色),也比较关心人。而内在控制导向者则不大顺从领导者的指挥,也不像外在控制导向者那样准确地考虑成功与失败的反馈。内在控制导向者对于涉及别人的有严重后果的事也难以作出决定。

　　总的来讲,人们认为对变化的态度的两个关键因素:对模棱两可的容忍力和控制的导向,和管理角色的成功关系很大。了解自己在这两个因素上的倾向可以帮助你发挥长处,增进管理成功的潜力。不少研究认为,积极的管理行为与内在控制导向和对模棱两可的容忍力相联系。但具有这些倾向并不能保证你就是一个成功的管理者,也不能解决管理者面临的问题。不过,了解自己后,你就能选择自己比较适宜的处境,做得比较成功,而且能够理解与你看法不同的人。了解自己是自我进步和自我超越的前提。

层面四:人际关系取向

这个方面与自我认知前三个层面不同的是,它是关于行为的趋势和同别人的关系,而不只是个人自己的倾向和心理属性。因为管理者的工作特点主要是人际交往,与你周围人们的人际关系取向,或在某些方面行为的趋势是自我认知的重要层面。管理工作是经常同人打交道的,管理者如果不是自己乐意参与大量的人际活动,他们就会感到受不了。

人际关系取向并不反映人际实际的行为模式。它不管涉及的别人,也不管环境情况如何,是个人自己某种行为的基础性趋势。人际关系取向一般产生于个人在与别人的关系中的某种基本需要。

一个研究人际关系取向的著名的理论是舒尔茨(1958)提出的。他的模式的基本设想是人们相互需要,所有人都企图在他们的社会交往中建立与他人相容的关系。在人们建立关系,开始争取建立相互相容的关系时,如果个人行为要有效并能避免不满意的关系,那就必须满足人际关系中的三个需要。

1. 被包容的需要

每个人都需要同他人维持一种关系,在他人的活动中将自己包括进去,也把别人包括在自己的活动中。从某种程度上讲,所有的人都希望属于某个集体,同时又希望别人不干扰自己。他们需要保证自己不脱离别人,同时又能独立。各种倾向——内向也好,外向也好——总是有所得也有所失。因此,各个人相对需要的力度也就不同。

(1) 需要包容别人。

(2) 需要被别人包容。

2. 控制的需要

这种需要是为了让自己在人际关系中保持权力和影响力的平衡。所有人都需要控制、指挥,或在别人之上同时又独立于他们。所有人又需要被控制、被指挥,受制于人的同时还有自由和自由判断。从根本上讲,这是控制和依赖两者之间的交替。因此人们控制别人,或表示要控制和需要别人控制,或希望被控制的需要就产生差别。

3. 爱心的需要

这或者说需要与别人形成密切的个人关系。这个需要不限于生理的需要,或是浪漫主义的关系,而是包括各种对别人的温暖、亲密和爱心的需要,但同时他们又要回避过分的承诺和抑制。所有的人都需要别人对他们表示热情、爱护,但又要保持一定的距离。这是高度依附性需要和高度独立性需要之间的交替。因此,各个人需要向别人表示爱护和希望别人向他们表示爱护也有不同。

人际关系的以上三种需要有两个方面：需要和被需要。这些需要决定着一个人的人际关系取向。在同别人相互影响时，对需要的行为的索取与给予的表现都不同。

了解你的人际关系取向会成为你管理成功的一个重要因素。这不仅可以帮助你诊断还有哪些潜在的与别人不相适应的地方，以增进你良好的人际关系，而且可以帮助你在解决人际关系问题时想出替代的行为方案。

不同文化下的价值观

现在是一个全球村和国际化的时代。作为杰出的管理者，尤其是跨国企业的管理者，需要具备跨文化管理能力，理解和运用不同文化下价值观的差异，对不同文化下的员工行为进行了解、预测和管理。

吉尔特·霍夫斯泰德（Geert Hofstede）是当代著名的心理学家、管理学家，是全球文化比较研究的创始人之一，被视为全球研究文化差异以及文化差异影响管理策略方面的权威，曾任 IBM（国际商业机器公司）的首席国际员工心理学家。20 世纪 70 年代末，霍夫斯泰德曾对 IBM 遍布 50 多个国家的 11.6 万名员工进行与工作有关的价值观的调查。通过分析和比较，建立了霍夫斯泰德文化评估构架——关于国家文化和民族文化的五维度，它们分别是权力距离、个人主义和集体主义、阳刚气质和阴柔气质、不确定性规避、长短期取向。

利用同一家跨国企业的员工的调查，在不同的国家价值体系之间进行比较的方法看起来是有些局限，因为它不能代表一个国家。但它的优势是同一家跨国公司里的不同国家的员工，除了国籍之外，其他方面则相似，更加清晰地显现国籍差异的影响，从中发现不同国家对于一些相同的问题的解决方法之间的差异。

1. 权力距离

任何社会都存在不平等。权力距离维度来自荷兰实验社会心理学家毛克·米尔德的研究，反映在不同国家中对于"怎样对待人与人之间不平等的问题"的回答，指在家庭、学校、社区、公司等组织中，上下级之间的情感距离和依赖关系，以及弱势成员对于权力分配不平等的期望和接纳程度。

霍夫斯泰德用以下三个调查项目来进行权力距离指数的计算。

（1）非管理岗位员工要回答："以您的经验，'员工害怕向上级表达不同意见'的情况发生的频繁程度如何？"

（2）员工对于上级的决策风格的认知是怎样的？上级决策风格包括专制型、家长式等四种。

（3）下属对上级的决策风格的偏好是怎样的？选项一是专制型或家长式风格，选项二是多数表决的决策风格。

在低权力距离国家中,普遍认为彼此之间天生平等,等级制度不过只是角色区别,权力相对分散。上下级之间互为依赖,情感距离较小,会更喜欢以协商的方式工作,员工也更喜欢上级采用民主和表决等方式,并会直接反驳上级的意见。

而在高权力距离国家和环境中,则认为人与人之间天生就不平等,等级制度是以这种不平等为基础的,权力尽可能地集中在少数人手中,特权和地位特征普遍存在。这种环境中更多出现专制型或家长式的领导,员工大多是接受上级的管理和命令去做事,对上级有很大的依赖性。上下级之间的情感距离很大,下级害怕与上级持有相反的意见,更不可能直接反驳。

但权力距离对组织效率并没有系统性的影响,研究并没有表明权力距离不同的国家的组织效率存在系统性差异,只是不同的文化下组织各自所擅长的任务不同,低权力距离的文化善于处理需要下属发挥主动性的任务,高权力距离则善于处理要求纪律严明的任务。在跨文化管理中最重要的是充分利用当地不同文化的力量。

2. 个人主义和集体主义

世界上绝大多数人是生活在群体利益高于个人利益的社会里。这里的个人主义和集体主义并不是指国家对个人的权力,而是指群体的力量。IBM研究中的所有国家都赋予了个人主义指数,得分低的国家属于集体主义社会,高的则为个人主义社会。调查问题包括工作目标问卷,比如理想工作包括哪些重要组成?你自己当前的工作是否具备这些因素?其中,个人主义包括下列几项。

(1) 个人时间:拥有一份能够给自己和家庭生活足够时间的工作。

(2) 自由:拥有相当的自由度,可以按照自己喜欢的方式工作。

(3) 挑战:具有挑战性,获得个人成就感。

集体主义方面包括下列几项。

(1) 培训:提升自我技能,可以获得培训机会。

(2) 物质条件:良好的工作环境。

(3) 技能运用:工作中能够充分运用自己的技术和能力。

如果认为前三种比较重要,而后三种不是很重要,这样的国家被认为是个人主义社会;反之,则是集体主义社会。在个人主义文化中,员工希望拥有较多的个人时间,喜欢能够给自己和家庭更多时间的工作,认为员工利益和公司利益要兼得,希望有相当的自由度按照自己喜欢的方式工作,从挑战性的工作中获得个人的成就感。

集体主义文化中,人们生活在具有严谨架构、强大紧密的社会中,期望得到群体的照顾和保护,并对群体绝对忠诚。员工之间的关系类似于家庭关系,个人只是群体一员,要根据群体利益,甚至为了群体利益牺牲自我。

3. 阳刚气质和阴柔气质

在 IBM 问卷研究中，第三个维度是阳刚气质和阴柔气质，这也是在 IBM 雇员中始终存在性别差异的维度，与几个工作目标的重要性相关。

阳刚气质方面包括下列几项。

（1）收入：有机会获得高收入。

（2）赏识：工作中能够得到肯定和认可。

（3）提升：有机会提升到更高职位。

（4）挑战：拥有从中获得成就感的挑战性的工作。

阴柔气质则包括以下几项。

（1）管理者：和上司有良好关系。

（2）合作：和善于合作的人共事。

（3）居住地区：居住在自己和家人喜欢的地方。

（4）雇佣保障：工作有保障和稳定性。

阳刚气质和阴柔气质维度是唯一存在性别差异的维度，也是最具争议的，一是因为名称本身；二是在不同的国家文化中对此维度的价值观差异很大。如果一个社会普遍认为男性应该具有自信、竞争、坚毅、重视物质成就等阳刚气质的工作目标，而女性就应该拥有温柔、谦虚、注重生活等阴柔气质，就是阳刚气质的社会。而男性和女性都需要以上阴柔气质的社会，就是阴柔气质社会。

在阳刚气质的文化中，组织强调结果，在公平的基础上对结果进行奖励，工作伦理倾向于活着是为了工作和挑战。在阴柔气质的文化中，组织更可能主张"工作是为了生活"，在平等的基础上根据每个人的需求进行奖励。

在 IBM 的研究中，发现阳刚气质的职业主要由男性担当，阴柔气质的职业主要由女性承担。但是，职业价值观差异又并非由性别决定，而是与该职位所需的价值观相关，如在阴柔气质职业中的男性，就有可能比在阳刚气质职业中的女性的阴柔气质价值观更多。一个社会在文化上的阳刚气质或阴柔气质程度，与男性、女性的就业分布也不存在任何关系。

4. 不确定性规避

所有人都会面临的境况是未来不确定，都不知道明天会发生什么，但必须与这种不确定性一起生存。但是当面临极端的不确定性时，我们都会产生难以忍受的焦虑，希望寻求各种方式去摆脱，如利用高科技方式避开大自然带来的不确定，通过制定法律、法规阻止人们行为的不确定性，通过宗教方式与超自然力量建立联系等，都是帮助我们接受无法去抵御和控制的不确定性。

不确定性规避维度是詹姆斯·G.马奇和同事在美国组织中发现的概念，定义是：在不同的文化环境中,人们在面对不确定或未知的情况时,感觉到的威胁程度,可以通过紧张感、焦虑感,或者对可预测性的需求表现出来。

在IBM的研究中,以下三个问题与不确定性规避维度的相关度很高。

(1) 工作压力:你在工作中感到紧张或焦虑的频率有多高?

(2) 对于"不应该打破公司的规章制度,即使员工认为这样做才符合公司的最大利益"的认可程度。

(3) 你认为你将继续为IBM工作多久,以计算出愿意留在公司长期工作的员工比例。

在IBM研究中,不确定性规避指数的构成要素之一是想为公司长期服务的IBM员工所占的比例。研究证明,在强不确定性规避的国家中,人们对于不确定性和模糊性的焦虑水平更高,需要精确和正规化,更喜欢为大型公司效力,寻求有保障的长期雇佣,要在规章制度化、结构化的环境中,才能生活得更舒适和安全。

而在弱不确定性规避的国家中,人们喜欢宽松自由的环境,厌恶成文的法规、制度,认为许多事情不需要正式的制度来解决,只有在万不得已的时候才制定规章制度。人们能够容纳各种意见,更容易采取冒险行动,接受变革。

5. 长短期取向

这是霍夫斯泰德文化架构中新增的部分,是后来他在加拿大籍香港学者彭迈克研究的基础上增加的第五个维度,且是以华人价值观为基础的调查,甚至以儒家思想中的日常生活的实用规则和规范,挑选了一些标签代表价值观的本质,主要关注社会对传统价值观的长期取向,其中一端包括以下价值观。

(1) 坚韧。

(2) 节俭。

(3) 尊卑有序。

(4) 知耻。

而另一端包括以下价值观。

(1) 礼尚往来。

(2) 尊重传统。

(3) 维护面子。

(4) 稳重。

第五个维度的定义是:长期取向意味着培育和鼓励以追求未来回报为导向,生活在长期取向文化中的人们,更看重未来几年的利润,投资于终身的人际关系,具有高储蓄额,会将资金用于投资等,总是想到未来,强调和谐稳定的等级关系和履行各自角色,节俭导致储蓄,而且看重坚韧、节俭、持久与传统。如许多亚洲公司是以长期导向为目标的,以牺牲即时结果为代价,为了占据强有力的市场位置而进行投资,是这一类亚洲公司的特征。而另一端的短期取向则并不过分强调稳重，更注重的是当年利润，储蓄率很低，几乎不做投资。人们看重的是此时此地，更容易接受变革，忠诚度也不会对其造成阻碍。企业家们注重在变化无常的市场中的积极主动性、风险承担及灵活性。过度强调维护自己的面子，将会使人们不那么专注于商业活动。过于尊重传统，则有可能窒息创新精神。

表1.5列出了各个国家和地区的五个维度的分数和名次。

表1.5 各个国家和地区的五个维度的分数和名次

维度	权力距离		个人主义和集体主义		阳刚气质和阴柔气质		不确定性规避		长短期取向	
国家和地区	分数	名次	分数	名次	分数	名次	分数	名次	分数	名次
澳大利亚	36	41	90	2	61	16	51	37	2	22～24
加拿大	39	39	80	4～5	52	24	48	41～42	23	30
法国	68	15～16	71	10～11	43	35～36	86	10～15	39	17
德国	35	42～44	67	15	66	9～10	65	29	31	22～24
英国	35	42～44	89	3	66	9～10	35	47～48	25	28～29
中国香港	68	15～16	25	37	57	18～19	29	49～50	96	2
印度	77	10～11	48	21	56	20～21	40	45	61	7
日本	54	33	46	22～23	95	1	92	7	80	4
韩国	60	27～28	18	43	39	41	85	16～17	75	5
美国	40	38	91	1	62	15	46	43	29	27
中国台湾	58	29～30	17	44	45	32～33	69	26	87	3

资料来源：霍夫斯泰德.霍夫斯泰德的文化价值观[M]//罗宾斯,贾奇.组织行为学[M].李原,孙健敏,译,12版.北京：中国人民大学出版社,2008.

用于文化评估的GLOBE：

从1993年开始，美国宾夕法尼亚大学沃顿商学院院长罗伯特·豪斯发起了一项有61个国家和地区参与、历时10年的全球领导与组织行为有效性研究（Global Leadership and Organizational Behavior Effectiveness，GLOBE），进行有关领导与民族文化的跨文化调查。GLOBE工作团队确认了九个维度。

（1）决断性：鼓励人们要竞争、对抗、不妥协、自我肯定，而不是谦虚、平和。这一维度与霍夫斯泰德的个人主义维度相对应。

（2）未来取向：社会鼓励和奖励以未来为导向的行为，如进行规划、投资未来、延迟满足的程度。这一维度与霍夫斯泰德的长短期取向相对应。

（3）性别差异：社会最大化性别角色差异的程度。这与霍夫斯泰德的阳刚气质和阴柔气质相同。

（4）不确定性规避：与霍夫斯泰德的研究相同，是一个社会对社会规范和程序的依赖，以降低对于未来事件的不可预知性。

（5）权力距离：与霍夫斯泰德一样，是社会中成员预期权力分配的不平等程度。

（6）个人主义/集体主义：这一概念也与霍夫斯泰德的界定一致，即个体受到社会公共机构的鼓励而融入组织与社会群体当中的程度。

（7）组织内集体主义：这一维度包括社会成员对于如家庭、朋友圈、组织等小群体成员身份的自豪程度。

（8）绩效取向：对群体成员的绩效提高给予的鼓励和奖赏程度。

（9）人本取向：一个社会对于公正、利他、慷慨、关怀、对他人友善的个体给予鼓励和奖励的程度。

GLOBE 的许多维度和霍夫斯泰德一致，又加入一些新的维度，提供了每个国家在各个维度上的最新测量数据。其实，随着社会的进步以及全球居民的移民迁徙，国家的文化价值观正在改变，如 GLOBE 显示这些年来，美国的个人主义已比从前降低了。可以预期，未来针对人类行为和组织活动进行的跨文化研究，会越来越多地使用 GLOBE 来评估国家之间的差异。

20 年前，组织行为学完全可以说是打上了严重的美国烙印，但如今已经成为一门全球化的学科，跨文化研究明显增加，来自不同国家的研究人员组成的研究团队进行各种研究，能够反映不同国家的不同价值观。

小结

自我认知的培训帮助我们提升了了解自己的能力，从而也提升了我们管理自己的能力，对帮助我们了解其他人的区别也很重要。绝大多数人经常要接近各种各样不同个性的人，他们风格不同、价值观不同，看问题也和我们不一样。许多地方的工作人员也越来越多样化。本章讨论了自我认知，希望借此帮助我们客观地对待自己的心境，了解自己所处的越趋多样化的工作或学校环境。

在苹果公司、电话电报公司、新加坡航空公司等企业，每年有上万名高级主管要完成有关自我认知和自我了解的课程。了解不同的人在价值观上的不同取向、认知风格、应变心态和人际关系取向等方面都能帮助我们加强人际关系和提升管理能力。

本书的后面章节大部分涉及人际关系或团体中相互关系的探讨，但只有个人有了坚实的自我认知基础，这些方面技巧的开发才能成功。事实上，人类的行为是个有趣的自相矛盾的东西：只有了解我们自己，才能了解别人；但是也只有了解别人，我们才能了解自己。这是永不停息的一个生命过程。

本章还介绍了不同文化下的价值观,在如今国际化和全球化的时代背景下,作为管理者,不仅要有清晰的自我认知,更需要具备跨文化管理能力,理解和运用不同文化下价值观的差异,才能对不同文化下的员工进行管理。不同的国家文化和民族文化下,权力距离、个人主义和集体主义、阳刚气质和阴柔气质、不确定性规避、长短期取向等不同,决定着上下级之间的情感距离和依赖关系不同,对于工作的关注点和利益需求不同,这都是管理者在管理跨文化团队时要注意的地方。

行为指南

下面是关于改进自我认知的行为指南,对增进自知之明是有帮助的。

1. 确认你的自我保护界,探讨哪些信息最能引起你为自己辩护。

2. 确认你的行为建立于哪种原则,并确认指引你做决定的最重要的终端价值观和工具型价值观。

3. 扩展你的认知风格、对模棱两可的容忍力,通过吸收新信息和参加多种活动来扩展你的内在控制轨迹,想方设法拓展自己。

4. 充分了解在不同的国家文化和民族文化下的价值体系差异,从中发现不同国家对于一些相同的问题的解决方法之间的差异,充分利用当地不同文化的力量。

5. 权力距离差异与组织效率无关,仅是在不同的文化下,组织各自所擅长的任务不同,低权力距离的文化善于处理需要下属发挥主动性的任务,高权力距离则善于处理要求纪律严明的任务。

6. 在个人主义文化中,让员工拥有较多的个人时间,使员工利益和公司利益兼得,让员工们按照自己喜欢的方式工作,获得更高的个人成就感。而在集体主义文化中,需要对员工进行照顾和保护,创建家庭关系的环境。

7. 在强不确定性规避的国家中,需要精确化和正规化,提供有保障的长期雇佣。而在弱不确定性规避的国家中,给员工更宽松自由的环境,容纳各种意见,鼓励员工采取冒险行动,接受变革。

自我评估

控制导向

1. A. 领袖是天生的,并非后天栽培而成的。

   B. 领袖是后天栽培而成的,并非天生的。

2. A. 人之所以会成功是因为他们能在正确的时间把自己置身于正确的地方。

B. 成功的最大因素就是努力。

3. A. 我生命中的任何差错大都是因为我自己的过失造成的。

B. 无论我做什么,不幸的事总是会发生在我的身上。

4. A. 好的孩子是因为有好的父母循循善诱。

B. 无论父母行为如何,有些孩子始终还是会变坏。

5. A. 命里有时终须有,命里无时莫强求。

B. 我主宰自己的命运。

6. A. 时势造英雄。

B. 英雄造时势。

7. A. 处处避免惩罚孩子肯定会造成他们成为不负责任的人。

B. 体罚孩子是不恰当的。

8. A. 无论你如何应变,有些顾客是永远不会满意的。

B. 如果要使顾客满意,就必须在他们有需求的时候满足他们特定的要求。

9. A. 我自信能够从继续教育中增进我的管理技术。

B. 想要在课堂上增进管理技术根本就是在浪费时间。

10. A. 我相信很多事情是冥冥中注定的。

B. 我始终相信我能主宰自己的命运。

11. A. 一般人是不可能改变政府的决定的。

B. 个人如果能够挺身而出,说明心中的期盼,是能够产生实质的影响的。

12. A. 人们喜欢工作与承担责任。

B. 人们不喜欢工作且逃避责任。

13. A. 群体合作是成功的必备条件。

B. 个人的努力是成功的最佳希望。

14. A. 当我知道我是对的时候,我是非常具有说服力的。

B. 即使我不能肯定自己是对的,我还是能够说服大多数人。

15. A. 最受欢迎的人似乎有一种特别的、与生俱来的魅力,能够吸引别人。

B. 人之所以会受欢迎是因为他们的行为举止受人赞赏。

(计分见附录 1.1)

认知风格

(说明:在下列每组左右句子描述中,较能形容你的个性的那句可得 1 分)

1. 哪一种形态比较能形容你的个性?

S	N
——最关注事实与实际经验	——喜欢想象以寻求隐藏的意义
——喜欢亲眼看到、亲耳听到、亲身查探事情的真相	——喜欢思索新的做法或新的可能性
——不喜欢不熟悉的问题，除非有标准的解决方法	——喜欢解决新的问题，不喜欢重复做同样的工作
——喜欢应用已学的技能，这多于学习新的技能	——以学习新技能为乐，即使有许多学了没用到
——处理细节还算有耐性，但一旦复杂化则感到厌烦	——对细节没耐性，但不介意复杂的情况
S 的总分：	N 的总分：

2. T 与 F 是两种做决断的方法，哪一种形态比较能形容你的个性？

T	F
——喜欢根据逻辑下判断	——喜欢以个人感觉和人类价值下判断，即使它们不合情理
——希望得到公正、平等的待遇	——喜欢赞语、讨好别人，即使是无关紧要的
——有时忽略和伤害别人而懵然不知	——能意识到别人的感觉
——较注重意见和事物而不是人际关系	——因争执、冲突而感到悲伤，重视融洽相处的可贵
——不需要融洽的环境	——可以预知别人的感觉
T 的总分：	F 的总分：

（计分见附录 1.2）

案例分析

美丽公主的死

请思考下面这个故事，以便了解价值观成熟的不同水平。

很久很久以前，在一个古老的王国里住着一位年轻美丽的公主。这位公主刚结婚不久。她的丈夫是一个有钱有势的王子，婚后他们就住在一个又大又漂亮的宫殿里。可是年轻的公主却不知足。每当她的丈夫长途跋涉到邻近的国家去时，她便独自一人坐在那儿咀嚼槟榔，无所事事。她觉得很孤单，渐渐地变得很不快乐。有一天，当她独自一人在御花园里散心的时候，一个英俊的浪子从御花园周围的森林里跑出来。浪子看到了美丽的公主，很快便博得了她的欢心并且把她带走了。

享受一天的欢乐时光后，年轻的公主便遭到浪子冷酷无情地抛弃。这时，她才发现唯有通过邪恶男巫管辖的大森林才能回到宫殿里去。

公主害怕独自一人走进森林里，因此便跑去找她那聪明能干的干爹帮忙。她把自己的困境一五一十地告诉了她的干爹，同时请求他的宽恕；公主还恳求干爹在她的丈夫回家之前想法子把她送回去。干爹为公主的所作所为感到非常意外和震惊,不但不原谅她,还拒绝帮助她。

公主虽然感到很沮丧,可是去意已定。为了隐瞒身世,她经过一番改装后便去找全国最勇敢的剑客帮忙。听了她那凄惨的故事后,剑客答应帮她的忙,只要公主能付出酬金。可是公主身无分文,哪儿付得起酬金呢? 于是,剑客便跑去拯救那些付得起酬金的人。

美丽的公主举目无亲,再也没有人能帮助她了。因此她决定独自冒险走一趟。她沿着自己所熟悉的、最安全的小径向前走,眼看就要走出大森林的时候,却被邪恶的男巫发现了,结果她被火龙给吞掉了。

现在就这个故事,请回答下面的问题:谁应该对公主的死负责?

谁应该负责	公主	王子	浪子	男巫	干爹	剑客
1						
2						
3						
4						
5						
6						

问题讨论:

请先做个人的选择,再组织小组讨论以下的问题。

1. 对每一个人物,你为什么做那样的选择? 说明你每一个选择的理由。

2. 在每一个选择中,你是根据什么原则或基本价值观作出决定的?

3. 在什么样的情况下,你可能改变决定?

4. 你对自己的价值判断有什么认识和启发?

爱之船

```
    S        H          B
    ─────────────────────────
              河
    ─────────────────────────
        L            M
```

有一条河,河的左岸住着两个男士,一个叫L,另一个叫M。河的右岸则住着两男一女,两位男士叫B与S,女士叫H,如上图所示。

a)四位男士都爱这位女士H,H也都喜欢他们。

b)但H只能选择嫁给其中一位。结果她选择了对岸的M,便准备渡河去结婚。

c）可是五人中，只有 S 和 B 有船。H 于是向 B 求助，B 的回答却有条件，他要 H 嫁给他。

d）H 没法，就去向 S 求助。但 S 也有条件，就是要 H 在出嫁以前，与他共度一夕之欢。H 考虑后，终于同意 S 的要求。

e）等 H 渡过河准备和 M 结婚时，M 却知道了 S 的事，勃然大怒，斥责 H 不贞，不肯与她结婚。

f）H 彷徨无计，只好投靠 L，L 却完全不计较她的一切，爱她依然，并接纳她，娶她为妻。

现在请依个人的主观好恶（凭感觉），将这五个人依次排序，看谁是你比较同情的，谁是你最讨厌的，排完后再看下文。

没有标准答案

每一种排列都可以是合理的。

它代表了每个人不同的价值观、个性、观念、想法，以及下意识的偏向。

你会把某人排在第一位，乃因你特别同情这种形态的人，因此只见其优，不见其劣。相反，把某人排在最后，乃因你的个性特别讨厌这种人，因此只见其劣，不见其优。

B：称赞他的人说他态度明确冷静，合则来，不合则去，能给予对方完全自由选择的机会，也避免使自己担当任何压力或委屈；但讨厌他的人则指责他冷酷自私，完全依条件做事，何尝有爱与同情？

S：似乎斥责他的人特别多，大多不齿他的"乘人之危"，因而骂他"卑鄙""不道德"，说他是"机会主义者"。但同情他的人则辩说：爱必须贯彻在现实上，爱一个人会强烈地要求结合，S 爱 H，所以在无望娶她的情形下，才向她提出一夕之欢，而且 S 其实也是爱 H 的。

M：讨厌 M 的人会认为他食古不化，H 委曲求全是为了他，他却无情无义，把她给拒绝掉了，是个"男人沙文主义"，死守教条；同情他的人则认为他尊重社会的规范，宁可"壮士断腕"，舍爱取义。

L：称赞他的人特别多，因为"爱是无限宽容，不计较对方的过错"。不喜欢他的人则说他之前没有行动去争取她，只在那里苦等，等人受伤后，才来逞英雄，其实是懦弱无能。

H：同情她的人觉得她无辜，她只是别人的观念、成见、私心下被踢来踢去的"皮球"，她唯一的希望是嫁人罢了，她为此努力，却得不到谅解。鄙视她的人则觉得她毫无原则，太轻易妥协，太愚蠢了。

他们代表什么呢？

L：love 爱情

M：morality 道德

B：business 商业

H：home 家庭

S：sex 性

L(仁爱主义)：有无限的宽容之心,能够普遍爱一切人和事,并认为一切都是珍贵的,却容易失去行动力,以致成为"思想上的巨人,行动上的侏儒"。

M(道德主义)：信仰外在权威的"他律道德",重社会规律,轻个人自由,尊重客观秩序,以维持社会安宁,不过,由于过分严肃,却也容易变成"礼教吃人",无情的流弊。

H(感情主义)：重视家庭,典型的"慈母"形象,选择嫁给"严父",她的理想不是严,而是和谐,强调每个人都受到照顾和被爱,但也造成由柔顺慈和带来的流弊,就是是非不分,所谓"妇人之仁",常常牺牲自己去维持家庭!

B(理智主义)：认为公平为基本原则,强调客观利益的公平。缺点是行事太逻辑化,容易流于冷漠无情,忽视道义。

S(现实主义)："性"可以最真实、最感人,当道德破坏了,理智的公平原则也没有了,活下去就回到基本的"衣食"了。

技巧练习

自我反省

我们常叫别人"照"镜子,意思是叫那个人去反省一下自己的言行举止。别人是我们每个人的镜子,他们反映出我们的举止行为。因此,形成对自己的准确看法的最好办法,就是把你的思想、态度、感情、行动和计划同别人谈。他们能像一面镜子反映出我们自己的风格和行为。

习题：

两三个人一组,讨论你个人对以下问题的反应。

1. 我最大的优点是＿＿＿＿＿＿＿＿＿＿＿＿＿＿＿＿＿＿＿。

2. 我最大的弱点是＿＿＿＿＿＿＿＿＿＿＿＿＿＿＿＿＿＿＿。

3. 我觉得最成功的时候是＿＿＿＿＿＿＿＿＿＿＿＿＿＿＿＿。

4. 我觉得最无能为力的时候是＿＿＿＿＿＿＿＿＿＿＿＿＿＿。

5. 我生活里的三大优先是＿＿＿＿＿＿＿＿＿＿＿＿＿＿＿＿。

6. 我同其他人最大的不同之处是＿＿＿＿＿＿＿＿＿＿＿＿＿。

7. 我同＿＿＿＿＿＿＿＿＿＿＿＿＿＿＿＿的人相处得最好。

8. 最能抓住我对自己想法的类别是＿＿＿＿＿＿＿＿＿＿＿＿。

9. 我最满意自己的特点是＿＿＿＿＿＿＿＿＿＿＿＿＿＿＿＿。

10. 我最不满意自己的特点是＿＿＿＿＿＿＿＿＿＿＿＿＿＿＿。

第二章

压力管理和情绪管理

你在承受高压吗

高压力的征兆

在现代企业里,工作压力大是一个普遍现象。压力能产生积极的效果,也能产生消极的效果。在没有任何压力的情况下,人们会感觉腻烦,没有任何行动的动力。紧张压力不仅影响工作岗位上的雇员,也可能影响和削弱有效的管理行为。研究发现,压力不仅对工作有消极的影响,也是管理不利的一个主要原因。因此如何管理压力是一个很重要的管理技巧。适当地对待工作中的紧张压力,不仅可以促进个人的自我发展,而且也能提升整个企业的工作气氛和生产力。当管理者感到高度压力时,会出现以下征兆。

(1) 对接收到的信息有选择,只看到符合他们原来偏见的东西。

(2) 变得对模棱两可的情况很不能容忍,对正确答案很挑剔。

(3) 对一个问题,固执地只采用一种办法。

(4) 过分感到时间过得快(从而常常感到追得紧)。

(5) 采取短期行为,或者有一种赌博心理,不考虑长远后果。

(6) 区别问题的能力降低了,因此看不到复杂性和细微之处。

(7) 较少征求和听取别人的意见。

(8) 依靠过去的老习惯应付现在的问题。

(9) 创造性的见解和独特的解决问题的方法的能力降低了。

当压力爆发时

每个人对压力的反应都不一样,有一些人对压力的反应极其消极,另一些人则比较能经得起压力。个人的身体状况、性格,以及社会支持的机制等都会影响个人对压力的承受和反应。有的管理者在压力大的时候表现更出色,而有的则被压得直不起腰来。如果有充分的弹力,即使压力很大也能迅速恢复平静。

以下是面对高压的一个典型例子。

张明华是一家中小型企业的老板,由于经常应酬及夜归,妻子对他十分不满,婚姻出现危机,他又常过量饮酒以发泄心里的忧虑。

今天上午,股市狂跌,张明华手上的股票刹那间变成废纸。印度尼西亚的客户又拖账,货交了,钱却收不回。公司资金周转不灵,银行不肯再贷款。

下午,工程部经理来见他,又提起贷款的问题,他忍无可忍,对工程部经理大吼:"你有完没完?同一件事情说了几百次,整天只会要求买新机器,你自己出钱买是吗?你来做老板试试看?"

从这个例子来看,张明华犯了典型的职业性发脾气,这是高度紧张压力下越来越普遍的问题。张明华让多种压力压倒了他的抑制力,结果他失去了控制。在到达这个极端的状态之前,通常会经过三个典型的反应阶段:警告阶段、反抗阶段和精疲力竭阶段。

1. 警告阶段

如果压力源是威胁,焦急和恐惧就会大大增加;如果压力源是损失,悲伤和抑郁就会大大增加。如果压力源特别尖锐,可能就会产生休克或慌乱。从生理上讲,整个人都处于非常紧张的状态,心跳加剧,血压升高,警觉性也提高。如果压力为时不长,那么这些反应主要是自我调整性的。但是如果压力持续下去,那么个人将进入反抗阶段。

2. 反抗阶段

在这个阶段,自卫机制起主要作用,开始聚集过量的精力。大多数人经历持续的压力时,自卫机制会有五类典型的反应。

(1)进攻:包括直接向压力源进攻,这也包括可能对自己、对他人,甚至对别的事物进攻(如踢狗)。

(2)退缩:在经受压力早期,采取这种反应比较成功(如像小孩子似的反应)。

(3)压抑:包括不承认压力源,忘记或者否认压力源(如确定它并不可怕)。

(4)逃避:可能既有生理的也有心理的表现。个人可能产生遐想,不注意,或故意忘却,或者实际上逃脱所处的环境。

(5)固执:固执地坚持一种反应,不管其效果如何(如反复、迅速地拨打一个占线的电话号码)。

这些自我保护机制如果能减轻一个人对压力的感觉,那么他就不会有高血压、焦急或精神失常。证明压力持续的主要表现也许只是心理的自我保护机制的增强。

3. 精疲力竭阶段

当压力发展到超过自我保护能力的时候,就到了精疲力竭阶段,产生病理的后果。每经历一个反应阶段,都会有暂时的不舒适感,但精疲力竭阶段是最危险的。压力源如果超过自我保护的能力,就会产生慢性压力,导致的病理后果可能是生理的(如心脏病),也可能是心理的(如严重压抑感)。

压力从何而来

一般情况下,压力源于时间、环境、人际关系和预期的不良事件(表 2.1)。

表 2.1 压 力 源

时间压力源	环境压力源
工作超负荷	不利的工作条件
缺乏控制	迅速变化
关系压力源	预期压力源
角色的矛盾	预期不愉快的事
问题的矛盾	害怕
行为的矛盾	

资料来源:WHETTEN D A, CAMERON K S. Characteristics of effective organizations[R]. 1984.

时间不够

要在太少的时间里做太多的事情,这是公司经理们普遍面对的压力源。造成时间压力源的一个原因是,现代的生活极其注重时间,而且一年比一年更甚。我们谈论时间的许多方式也反映了对时间的重视以及经常、潜在地对时间压力消极效果的反应。我们常说:有时间,守时,买时间,节省时间,花时间,卖时间,浪费时间,杀时间,消磨时间,给时间,制造时间。时间作为一种资源,其运用就好像是财富的运用一样。时间不够也就造成了很大的压力。

时间不够使它成了一个重要的压力源。各种研究发现,以角色负担过重和慢性时间压力造成心理和生理的不适最普遍,也和工作不满意、紧张、感到威胁、心率变化、胆固醇升高等有很大的连带关系。

环境不适

这是由个人所处的环境或生活处境引起的。最普遍的一种环境压力源就是工作条件不好,或者工作时间长、环境变换太快等,都能给我们带来压力感。

关系压力

这指的是人际关系带来的压力。许多人有过与朋友、同事或配偶吵架后无法工作的经验,或者在一个四分五裂、缺乏信任感和凝聚力的团体里要完成任务的压力。这些压力都来自有矛盾的人际关系。管理者特别容易碰到这种关系压力。其一般由三类矛盾引起:角色矛盾,集体里各个成员所扮演的角色不相适应;问题矛盾,分歧出在大家对问题该如何定义或解决的意见不一;相互关系矛盾,由于互相对立,个人间不能相处,产生行为的对峙和抗拒。

预期压力

这包括可能发生的威胁性的不好的事件——尚未发生但可能发生的不愉快的事件。压力来自预期或害怕这种事件的发生。害怕考试,害怕在同事面前出丑,害怕窘迫,是常见的预期压力。中年人为退休和丧失活力而焦虑也是一种普遍的压力来源。

压力与绩效的关系

压力与绩效的关系可用图 2.1 来表示。

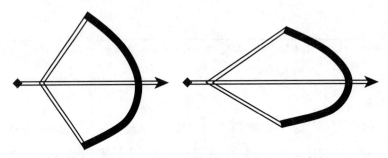

图 2.1　压力与绩效的关系

这样的两支箭,哪一支的射程更远?显然是右边的这支。也就是说,受到的力越大,其效能越大。但是如果将弦绷得更紧,极端的情况可能是弦断而箭不行了。这说明,虽然压力对工作绩效有着一定积极的影响,但如果超出了承受的范围,就会出现消极的影响。

Fiedler(1992)以工作压力作为情景变量,对认知资源与绩效的关系进行了研究,结果表明,领导在低压力下运用智力而非经验,而在高压力下使用经验而非智力。也就是说,当企业管理人员承受的职业压力超过其自身的承受能力时,压力会阻碍个人智力、能力以及积极能动性的发挥,在情绪上表现出焦虑,甚至在行为上表现出不协调等不良身心健康的现象,影响工作效率。

压力的作用是双方面的,在一定的压力下,员工能够更好地发挥积极性,促进能力的发挥;但是当压力超过一定的限度就会影响个人能力的发挥,降低工作绩效。根据压力与绩效之间的关系,把压力控制在一定程度会使组织绩效最大。压力管理就是对压力的控制,使员工在适当的压力下发挥最佳效率,从而提高他们的绩效,最终提高企业的整体生产效率。这包括两个方面:首先,在员工达到适度压力之前,要给员工增加适当的压力,让员工有工作紧张感和责任感,可以通过目标管理、全面质量管理、准时制管理等方法对企业进行规范管理以提高组织绩效;其次,当员工已经超过适度压力,则要运用各种方法和途径影响、控制员工的压力维度,逐步释放压力以减轻员工的负担,从而改变其情绪和行为,促进工作绩效提高(图 2.2)。

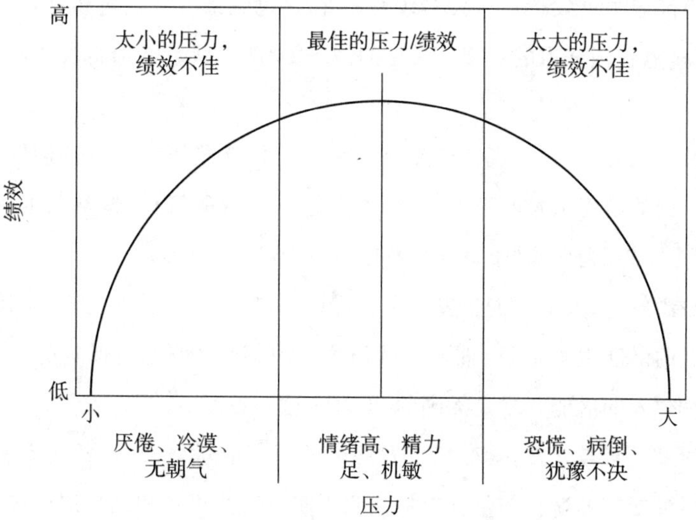

图 2.2　绩效—压力曲线

在绩效—压力曲线上有个绩效最优点。如果员工压力极大地超过这个最优点,绩效就会降低;如果员工的压力达不到这个最优点,就难以取得较高的绩效。"绩效—压力曲线"给予了领导者或管理者重要的启示:当压力水平低于最适程度时,提高压力会导致绩效的增加;但压力水平超过最适程度时,降低压力会导致绩效的改善。因此,在某种情况下,造成压力、提高员工积极性是领导者的重要职责,但在发现员工承受不适当的工作压力时,帮助员工降低工作压力、提高绩效则是管理者的主要任务。

压力区域识别

可以将压力按大小不同分成五个区域。处于不同的区域的压力,会呈现不同的特征。

1. 无力区

当压力处于该区时,人们的行为表现为:不知为什么而努力,因此也没什么行动力;显现出本能的惰性,处于一种迷茫、无助的乏力状态。

2. 舒适区

此时压力是存在的,但人们似乎感觉不出来,或轻轻松松就应付得过来,感觉特别舒适。此时人们一般没太大改变的欲望,因此行动仅仅是用来维持"舒适"之用,用不着太多的付出与努力。

3. 发展区

当压力再增大时,无论是正面"追求快乐"的压力,还是反面"逃离痛苦"的压力,都将使人离开舒适区,进入发展区。此时的压力明显存在,人们为了解除压力、维持"舒适",需要寻求如对生理、安全、认同、尊重等的满足而不断付出努力，行动力快速提升。绝大多数的激励措施均在这一压力区域中见效。对于大多数人来讲，这也是最有效的进步区域。这一区域的压力，能使人较明显地看到努力的希望。常见的例子如"跳一跳就能够得着的桃子"。

4. 潜能区

当压力继续增大时，一般性现实能量显然无法应付这些压力，人们需要调动潜意识中的潜在能量。当人们的潜能未及时开发时，人们在这一区域的行动，常常以本能的方式表现出来，如强烈的求生欲望、爱面子"争口气"、急中生智、狗急跳墙等。

潜能一旦被激发，人人都可能迸发出令人不可思议的大行动力。按照美国知名学者奥图博士及世界著名的潜能大师伯恩、催西等的研究，人的潜能是我们现实能量的 3 万倍以上！因此，人们常说的"人的潜能几乎是无限的"即基于这一论断。

潜能区的能量一旦被开发，就变成了发展区的现实能量。因此，任何潜能开发的最终目的就是将本来不可捉摸的潜在能量补充加强到现实、理性、可计划的发展区来。

5. 破坏区

就某一具体的人来讲，当压力达到一定的程度、超过焦虑曲线的顶峰而处于破坏区时，会感到绝望，再也无力承受与支撑下去。于是，他的意识与潜意识会同时选择放弃。此时他的行动力会突然遭到毁灭性破坏，骤然直线下降，直到为零。比如，他认为"这绝对不可能"而放弃努力，因过度紧张而动作变形，甚至一下子被"吓瘫了"，因为承受不了巨大的压力而精神失常等现象，即因为压力已进入他的"破坏区"。

"绩效—压力曲线"管理理论告诉我们：

（1）每一个人都有自己独一无二的"焦虑曲线"或"绩效—压力曲线"。

（2）焦虑曲线的每一个区域之间的临界点因人而异。

（3）通过各种测试，如目标测试、奖惩测试、压力测试等，人们可基本了解自己或他人焦虑曲线的分布及各临界点。

（4）作为管理者应该清楚自己团队的每一位成员的绩效—压力曲线，以便做针对性管理。

（5）人们可不断将发展区改造为新的舒适区，以便适应更大的压力。比如，当人们适应了更大的压力时，这部分原本属于发展区的压力，就被改造成舒适区压力。

（6）人们可借由训练等手段不断将潜能开发为新的发展区，以便承受更大的压力，更快、更高地发展自己。比如根据"越用越多"原理而进行的生理承受力开发：每天坚持长跑的耐力训练，负重不断增加的体能训练，每天做俯卧撑且多增加一次的肌肉强度训练，还有如生活磨炼、极限生存训练、极限心理意志训练、潜能训练等。

尽量不要使压力一下子就超过破坏区临界点，但要不断尝试借助潜能的开发，突破旧的临界点，建立新的临界点，以做到使自己或他人更加坚强，不要总是那么"弱不禁风"，不要随随便便就被压垮。

消除压力源

最有效的压力管理策略就是消除压力源，一个重要的做法是"积极地"创造环境而不是"被动地"应付环境。就是说，我们应该积极地创造一个有利的环境来工作和生活。表 2.2 勾画出了消除四种压力源的管理策略。

表 2.2　消除四种压力源的管理策略

压力源的类别	消 除 策 略
时间	优先顺序，掌握重点 提高时间管理的效率
关系	提升处理人际关系的能力
环境	重新界定工作
预期	确定具体目标 以小胜取胜

掌握轻重缓急

正如上面指出的，任务过重和缺乏控制是管理者时间压力的最大原因。事实上，不仅管理者可能感到担子太重和失控，几乎人人都时而会感到时间的压力。而且，不管你有多少时间，时间总是填得满满的，不够用。也许最普遍的解决时间问题的办法就是定日程表和计划，列一个待办事务表，而且要学会说"不"。但是，虽然几乎人人都试过这些伎俩，大家仍然感到很大的时间压力。这倒不是说定日程、计划、列待办事务表、说"不"没有用。只是这些方法只能提高时间利用效率，还不是有效地管理时间。

有效地管理时间的办法意味着：

（1）个人把时间花在重要的事情上，而不是紧急的事情上。

（2）人们有能力分辨什么是他们认为重要的事情，什么是他们认为紧急的事情。

（3）重要的是集中考虑时间管理的结果而不是方法。

（4）在不得不说"不"的时候不要觉得抱歉。

许多研究时间管理的专家已经指出"时间管理矩阵"是有用的。在这个矩阵中，按照重要程度和紧急性将活动分类（Covey，1989）。重要的事情是要达到满意结果的事情。它们的结果有价值，它们对长远发展有影响。紧急的事情是要求马上处理的事情。它们有时间的局限，必须马上解决。图 2.3 表示出这个矩阵的轮廓并且在四个方格里列出了例子。

第 1 方格是重要又紧急的事情，通常决定管理者的生活。这些都是要求马上处理的"不得不做"的活动。参加会议、回电话、答复一项请求、同顾客交换意见或完成一个报告等可能都是名正言顺的重要而又紧急的事。这些往往由别人控制，而得到的结果却并不一定是管理者所希望的。

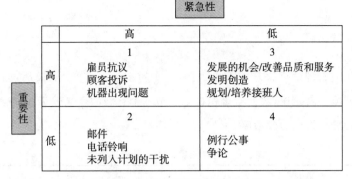

图 2.3　决定时间利用的活动类型

第 2 方格是不重要但紧急的事情。别人的要求可能满足了他们自己的需要，但是打乱了管理者的日程，且只会加重时间压力感，因为这些并不一定有意义、有目的、有价值。管理者只能对这种情况作出反应。

第 3 方格是重要而不紧急的事情。重要而不紧急的活动应该被称作机会而不是问题。它们会阻止问题发生，建立消除问题的体系而不是问题来了才应付。规划、培训、改善品质、创新，全都"不是非做不可"的活动，因为它们不紧急，往往就被挤出管理者的时间表，但是它们对长远的成功又是极其重要的。

第 4 格是既不重要又不紧急的事情。当这些时间压力积累下去，人们会设法逃避去做那些既不重要又不紧急的事情来缓解压力。他们躲起来，不与外界接触，或者把一切的事情都搁置起来。可是时间压力虽然暂时缓解了，却不是长远的解决方案，所以还不能永远减轻时间压力。到头来只能是 95% 的时间穷于应付危机，5% 的时间逃脱。

有效地管理时间必须做的一个最难却又是极其重要的决定是确定什么是重要的、什么是紧急的。没有什么现成的方法来帮助我们划分活动、要求和机会，问题出现时也并不会戴着标签"重要"或"紧急"。实际上，对每个人，每个问题或时间要求都有一定程度的重要性。但假如管理者让别人去决定什么重要、什么不重要，那他们就根本无法有效地管理自己的时间，所以判断什么是重要、什么是紧急是很重要的一个步骤。为了明确判断，我们可以考虑以下问题。

（1）我注重什么？我为什么而死（而活着）？

（2）我热诚关心的是什么？

（3）我存在的意义是什么？

（4）如果我要规劝别人一些遵循的原则，这些原则是什么？

（5）今后 20 年，我想成就的是什么？

回答这些问题可以帮助我们掌握生命的罗盘，使我们有个明确的方向，从而更好地、有效地分配我们的时间资源。

时间压力最大的人就是那些允许别人对自己提出时间要求并据之为个人使命的人。把个人的核心原则和立场准确地定下来并公之于众,不仅能使这些原则变得更有力,而且也提供了一个无愧地说"不"的基础。因此,有效的时间管理就意味着你要用你的时间来实现你要实现的事情。

学会利用时间

除了从有效的观点来处理时间的管理,从时间运用的效率的观点来管理时间(即如何使时间发挥高效率)也是很重要的,并且也是有方法可循的。

下面是反映大多数个人利用时间的行为模式。在许多情况下,这些趋势代表着恰当的反应,但有时也会降低时间管理的效率,增加了时间的压力。

(1) 我们先做我们喜欢的事,再做我们不喜欢做的事。

(2) 我们先做有趣的事,再做没趣的事。

(3) 我们做我们知道怎么做得比较快的事,不做不知道怎么做的事。

(4) 我们做能达成我们个人目标和对我们有利的事。

(5) 我们做事的顺序是先易后难。

(6) 我们等到截止期到了,才真正动起来。

(7) 我们先做花时间不多的事,再做要花很多时间的事。

(8) 我们做能马上有结果的事。

(9) 我们做已经有资金的事。

(10) 我们根据谁需要就回答谁。

(11) 我们先做已经列入日程的事(如开会),再做未列入日程的事。

(12) 我们根据做或不做对我们产生的后果来回应。

(13) 我们先做计划好的事,再做没有计划好的事。

(14) 我们先解决小事再解决大问题。

(15) 我们办事是先来先办、后来后办。

(16) 我们先回应别人提出的要求,再解决自己的要求。

(17) 我们按"嘎嘎叫的轮子"的原则办事(听到嘎嘎叫的轮子就上油)。

(18) 我们先做紧急的事,再做重要的事。

(19) 我们按对集体产生的后果办事。

(20) 我们随时回应哭叫和急诊。

以下是从经验中总结出来的时间管理的技巧。

1. 时间管理的 10 条规则

(1) 把今天要做的事列一个单子,一天只列一个单子,而不要在好几张纸片上写几个单子。

(2) 把要用的材料或东西放好,使它们各得其所。

（3）把事情分清先后次序。每天先集中办重要的事，再办紧急的事。

（4）一次做一件重要的事，而同时做几件小事。如果是些例行或无须多思考的事，可以一次做几件，这样可以做很多（例如，打电话的时候签署信件）。

（5）把那些只要 5～10 分钟就可以处理的事列个表。这样可以帮助你利用零碎的时间（例如等某件事开始，两次会议之间或两件事之间，打电话等）。

（6）把大的项目分割成小项目。这样可以帮助你不会感到大的、重要的、紧急的任务的压力。如果这个任务太大，会使人觉得太沉重而导致拖拉。

（7）确定你的任务中哪 20％是关键。帕累托定律（Pareto's Law）认为工作中只有 20％能产生 80％的效果。因此，分析你的工作，看看哪些任务构成那最重要的 20％，把主要的时间花在这部分工作上。

（8）把你最好的时间留给重要的事。花在小事上的时间不应该是你最好的时间。

（9）规定期限。这对提高使用时间的效率有帮助。

（10）不要总是为一件事烦恼。只让你自己在特定的时间里为某件事烦恼而避免其他时间也想它。这样会使你脑筋轻松，容易集中注意力。

2. 管理者管理时间的效率

（1）例会在每天下班前开。一天里早上精力旺盛、创造性强，不应该浪费在小事情上。而且，下班前开会，有一个自动的截止时间——下班，会议到时候就要开完。

（2）短会站着开。这可以使会开得短。坐着舒舒服服的只会使会议延长。

（3）限制时间。在每次会议或约会开始时做这个规定。

（4）要有议程，坚持议程；要做记录，还要守时。这些帮助人们对会议要做准备，坚持会议主题，不走题。许多事情虽然必须列在正式议程上，但还是要在会外处理。管理者在会议开始时，哪怕是临时召开的会，口头提出议程。做记录可以确保会议定下来的事情不会忘记，可以跟踪，有人负责任，而且每个人都清楚期待什么。跟踪时间可以调动人们的积极性，开会讲效率，不浪费时间。

（5）坚持让下属提出解决问题的办法。目的是消除向上推诿的倾向，对管理者来说，从下属提出的各种方案中找出办法比由他们自己设想的效率要高。

（6）在走廊里会见来访者。这可以帮助管理者以控制使用其办公室空间的办法来掌握他们的时间。站在走廊里比坐在办公室里更容易使会见时间缩短。

（7）到下属的办公室去。其好处是管理者自己决定什么时候离开，就控制了会见的时间长短。当然，如果要管理者花很多时间在下属的办公室走来走去，那就不实际了。

（8）不要把一天的日程安排得太满。有效的管理者至少可以控制他自己部分的时间。他们要是不控制好，别人的会议和要求就可能破坏他们的日程。

（9）要有一个不受干扰的工作地方。这样，在一项工作的截止期临近时，管理者可以集中精力干手头上的工作。

（10）对处理的每一个文件要具体、坚决。这样使管理者避免同一个问题反复提来提去。

这些从经验中总结出来的管理时间的规则是达到时间管理的一种手段，而不是目的本身。如果实践这些规定造成了更大的压力而没有减小压力，那就不应该运用了。不过，研究表明，利用这些技术的管理者都能较好地掌握他们的时间，做的事更多，同下属关系更好，消除了大多数管理者碰到的许多时间压力源。因此，若你从这些办法中选择一些适用于你的生活中的方法，我们的时间效率就会提高，时间压力会减小。大多数时间管理的技术要求管理者改变他们的工作习惯或行为，因为个人决定改进，才可能产生更高的效率和更大的成果。时间管理其实也是自我管理。

3. 提升人际关系的能力

同别人的关系相处不好，特别是同顶头上司或直接管理者处不好，是员工对工作不满的主要原因。这些关系压力来自人际关系的摩擦。即使工作进行顺利，可是一旦遭遇压力，一切都好像不顺。当你和你的妻子或丈夫或是要好的朋友有矛盾时，生活顿时变得沉重。

加强和别人的合作，采用互惠互利、双赢的态度是对付关系压力源的最有效策略。史提芬·柯维（Stephen Covey，1989）在探讨与成功有约时，介绍成功人士的好习惯的观念，他用一个比喻，叫作感情银行账户，来形容一个人对另一个人的信任和安全感。在感情银行里"存进去"的越多，关系就变得越加强化和有弹力。相反，从这个账户上"支取"得太多，就会破坏信任、安全和信心，从而弱化了关系。"存入"是对人和善、有礼貌、诚实、始终如一。当人们感到他们接收到爱、尊重和关怀时，感情银行的存款就增加。"支取"是不守信用，不听人的意见，不使期望明朗化，或不让人家有选择。因为不尊重人，独断专行贬低了人的价值，破坏了自尊，关系也就遭到破坏，所以这个账户被透支了。

人们相互影响增多，在感情银行的"存入"就会增多。当我们看到一个多年不见的老朋友时，我们马上把关系从失去联系的时候接起来，因为感情银行里的账户自那以后没动过。但是当我们同一个经常在一起的人接触时，关系就经常处于被补充或枯竭的状态。日常接触中的言行可以是存入，也可以是支取。当感情银行的账户情况良好时，什么错误、失望、小的摩擦等都容易原谅或忽略。但是，没有存款时，这些事情则可以变成不信任和斗争的原因。

因此，关系压力源几乎都是个人关系摩擦的产物，消除它的最好的办法就是在别人的感情银行账户上多存入。

除了建立一对一的人际关系，另一类消除关系压力源的办法是提升处理人际关系的能力。巧妙地处理集体和人际的相互关系也是消除关系压力源的一种有效的办法。例如，解决纷争，建立和管理高效的小组，主持效率高的会议，给需要支持的雇员以辅导和意见，以建设性的方式提供负面的反馈，影响别人的意见，调动雇员的积极性，以及授权等，都可以帮助消除矛盾和不愉快的关系所带来的压力。

重新审视工作

1. 部署整体性任务

造成紧张压力的一个重要的因素是缺乏自由。当个人有能力担当一个完整的项目、处理有关的各项任务时,就不要限制他只做一项简单重复的任务,或只做一个大任务的附属构件,这样他就会更满意、更尽心。在这种情况下,他能发挥更多的技巧,而且更能有成就感和荣耀感。

2. 组织统一性的工作团队

建立在部署整体性任务的基础上,当小组内各人所进行的工作彼此相关,个人感觉更加均衡,生产力提高,没有重复性工作带来的情绪紧张。当这些组的任务结合起来,互相协调,由他们内部来决定如何来完成这个工作,紧张压力就会大大减小。

3. 改善客户关系

工作中最令人激励的就是看到自己劳动的成果。在许多单位,生产者和消费者之间由中介人来起缓冲的作用,如客户关系部、营销人员。这些缓冲能让员工从客户那里得到对产品满意、客户的需要和对潜在客户的期望等第一手信息。这有助于消除紧张压力。

4. 增强决策的自主性

管理者若能加强下属对重要工作的自决权,就能帮助他们消除一个主要的工作压力源。能够影响工作该怎么做、做什么、何时做等会增强个人的控制感。

5. 开辟反馈渠道

压力的一个主要来源是不知道上司对他们有什么期望,对他们完成的任务如何评价。管理者如果清楚地表明他们的期望,并及时准确地反馈他们的意见,下属的满意度会提高,表现也会更好。

制订短期目标

重新界定工作可以建立一个环境使其中的压力源降到最少,而要完全消除个人体验的预期压力源则要困难得多。对某一件事有预期而引起的压力主要是一种心理焦虑,而不是现在的工作环境。要消除这种压力源,需要改变一种思维过程、优先顺序和计划。例如:确定什么是长期要实现的,什么东西是不能妥协和牺牲的,建立这么一套价值观和原则,可以帮助自己通过明确方向来消除压力源和预期的压力。当然,知易行难,但这虽然困难,却不是不可能的事。

确定一个短期目标,把注意力集中在实现短期目标上,也有助于消除预期压力源。不过,短期计划并不等于规定一个理想的结果,目的是以建立一个活动的中心或方向来消除预期压力。当精神或身体的精力集中在有目的的行为的时候,不确定性或潜在的负面事件所带来的焦虑就会减少。要实现短期计划,需要有一些行动的步骤。

第一步,确定一个理想的目标。大多数确定目标、成绩评价,或目标管理(MBO)的程序都有这一步骤。但是它们大多也就止步于此。遗憾的是,光有第一步并不能实现目标或消除压力。仅仅建立一个目标虽然有帮助,但是还不够。

第二步,确定导致实现目标要采取的行为或活动,越具体越好。目标越是难实现,行为或活动就要定得越严格,具体而且多。

第三步,建立一个责任和汇报机制。这是让别人参加以保证你坚持计划,建立一个社会支持网络以得到别人的鼓励,而且不遵守规定要受处罚。

第四步,建立评价和奖励制度。目标实现的指标是什么? 一定要确定成功的具体指标,细心地制定这些标准,使之可见、可衡量是实现目标一种积极性的力量。

小胜加强信心

另一个同消除预期压力相关的原则是小胜战略。小胜,是指我们往我们想要去的方向迈出的一步。虽然每一个胜利孤立地来看比较小,但小小的收获会积累信心,最终会鼓励我们向所希望发展的方向进展。这样的做法有助于使我们自己,也使别人信服我们有能力实现我们的目标。在通过小胜建立自信心的过程中,对预期变化的恐惧就消失了。别人看到我们的进步也会支持我们。

总的来说,贯彻小胜的规则很简单。

(1) 确定你可以控制的事。

(2) 朝你希望的方向改变它。

(3) 找一些需要改变的事情去改变它们。

(4) 坚持朝你希望的方向去做。

(5) 维持你得到的小胜利。因为注意力集中在许多立竿见影的小胜上可以取代那些可怕且不可知的事情,预期压力就会渐渐降低。

放松你自己的小技巧

在此以前,我们强调的是消除压力源,增强应付压力的弹力。这些是最理想的压力管理的方法。然而,即使是在理想的情况下,我们也不可能完全消除所有的压力源,我们必须利用暂时反应机制以维持平衡状态。虽然增强弹力可以减小压力带来的坏影响,但人们有时还必须马上采取短期的措施来应付眼前的压力。采取短期战略减轻压力,它们的效应只是暂时的。另外,它们能马上把焦灼不安和忧虑的情绪安定下来。下面简单介绍五个比较容易学的技术。前两个是生理性的,后三个是心理性的。

1. 肌肉放松

这包括逐步放松各组肌肉。把每一组肌肉先收紧 5~10 秒钟,然后完全放松。从脚部开始,至腿、至腹部、至颈项、面部,这样可以帮助解除全身的紧张。这个练习可以包括身体的各个部分。此外还可以将头部转动几次,耸耸肩,或将双臂举向天花板 5～10 秒,然后改变姿势,放松肌肉。其结果是暂时放松而有助于消除紧张,重新集中精力。

2. 深呼吸

这是接连几次缓慢地吸气,屏住气 5 秒,然后完全呼出来。思想完全集中在呼吸上,身体放松时,脑子也在短时间里清除杂念。每次深呼吸后,全身肌肉要自觉地放松。

3. 想象和幻想

这是以改变人的思想的注意力来暂时消除压力。想象包括把一些事件在脑子里用画面显现出来。不仅有画面,还可以回忆声音、味道和质地。让脑子集中在生动地回忆过去愉快的经历上(如钓鱼、全家人去度假、探亲访友、在海滨休闲)。这个办法的目的是让脑子专注于高兴的事来暂时缓解不安和压力。在此期间,可以开发出较长远的减轻压力的战略。

4. 排练

用这个办法,人们可以度过感到压力的时候,尝试不同的解决方案和不同的反应。把觉得合适的反应进行排练,或是在压力尚未产生时的安全的环境里排练;或是在已经受到压力时私下里排练。通过对话或表演让自己暂时摆脱有压力的环境,就像演戏一样,可以帮助个人恢复控制力,减少压力源的紧迫感。

5. 重新界定形势

这是要乐观地把形势重新界定成自己可以掌握的样子来暂时减轻压力。在经受压力的情况下重新界定虽然困难,但采用以下的暗示会有所帮助。

(1) 我可以应付这个形势。

(2) 过去我解决过类似的问题。

(3) 别人会帮助我度过这个困难。

(4) 别人也经历过类似的问题,而且也度过了。

(5) 从长远看,这并没有什么了不起。

(6) 我可以从这个经验学到些东西。

这些想法都可以帮助我们重新界定形势以开发长期可行的战略。

情绪商数

情绪商数也称为情商,由两位美国心理学家新罕布什尔大学教授约翰·梅耶和耶鲁大学教授彼得·萨洛维于 1990 年首先提出,但当时并没有引起全球范围内的关注,直至 1995 年,由时任《纽约时报》记者、哈佛大学心理学博士丹尼尔·戈尔曼出版了《情商:为什么情商比智商更重要》一书,才引起全球性的情商研究与讨论,丹尼尔·戈尔曼也被誉为"情商之父"。

情商数指的是察觉和管理情绪的能力,是否能够认识了解自己的情绪,进行自我情绪管理和自我激励,并能够认知、阅读和管理别人的情绪的能力。现在心理学家和管理学界普遍认为,情绪智力水平对一个人的成功影响重大,甚至要超过智力水平。

情商五维度

在约翰·梅耶和彼得·萨洛维的定义中,情商包括五个维度,而这个定义也一直被后来者所沿袭,丹尼尔·戈尔曼等均在其基础上不断深化和解释(表 2.3)。

表 2.3　丹尼尔·戈尔曼 1999 年的情绪胜任力结构框架

情绪胜任力				
自我意识	自我管理	自我激励	理解他人情绪（移情）	人际关系管理（社交技能）
• 情绪的自我意识:能了解自己的情绪及可能产生的结果; • 准确的自我评估:知晓自己的长处和弱点; • 自信心:对自己价值和能力的肯定	• 自控力:控制破坏性情绪和冲动的能力; • 诚信:能保持诚实正派; • 职业道德:对自己的工作负责任; • 适应力:灵活应变的能力; • 创新精神:乐于接受新观点、新方法和新信息的挑战	• 成就内驱力:努力提高或符合优秀的标准; • 责任感:与群体或企业机构的目标保持一致; • 主动性:随时准备抓住机会; • 乐观:即使经受打击挫折,仍能始终如一地追求目标	• 善解人意:能觉察他人感情、理解他人的观点,关注他人担心的事情; • 服务定向:能预感、觉察、满足顾客的需要; • 提携其他人:能觉察他人的发展需要,并培养他们的能力; • 集思广益:能通过各种各样不同的人创造机遇; • 政治敏锐力:能觉察群体的情绪倾向和力量关系	• 感召力:能卓有成效地影响或说服他人; • 交流:能明白无误地表达信息; • 领导能力:能鼓动和引导群体和人们; • 促变能力:促成或控制变化; • 控制冲突:能沟通和解决分歧; • 凝聚力:能培养和谐的人际关系; • 合作:能与他人齐心协力,实现共同的目标; • 团队协调能力:能发挥群体效应

1. 自我意识

能体察自我及自我情绪的能力,能够观察和审视自己的感觉、情绪、情感、动机、性格、欲望和基本的价值取向等。情绪管理必须建立在自我认知的基础上,然后以此作为行动的依据。认识情绪的本质是情商的基石。先真实地认识自己,只有了解自身真实感受的人,才能成为自己生活的主宰,否则必然沦为感觉的奴隶。

2. 自我管理

妥善管理自己的情绪、冲动的能力，能调控自己。适应性地调节、引导、控制、改善自己的情绪，能够使自己摆脱强烈的焦虑忧郁，能积极应对危机，并能增进实现目标的情绪力量。高度自控是职业人或职业管理者的主要特征。

3. 自我激励

当面对挫折和失败时，依然能坚持不懈，进行自我激励的能力，可以使自己走出生命中的低潮。能够在低潮时整理自己的情绪，调动自己的精力和活力，适应性地确立目标，创造性地实现目标。

4. 理解他人情绪（移情）

能够具有同理心和同情心，体会别人的情绪和情感的能力，能够感同身受、设身处地，具备换位思考的能力和习惯，认知和理解他人的情绪，通过如别人的表情、肢体语言等细微处信号，敏感地感受到他人的需求与欲望。这是与他人正常交往、沟通的基础。

5. 人际关系管理（社交技能）

恰当处理和管理自己与他人情绪反应的能力，是一种人际关系的管理，也是一种领导和管理能力。这种能力决定着一个人的人缘、人际和谐程度，深谙人际关系的人更容易认识人，善于管理人际关系。

这五个维度中，前三个涉及自己，是对于自身情绪的认识、管理、激励和约束，而后两个则涉及他人，以同理心为基础，达到人际关系的和谐。如有的管理人员，自我意识及对别人的情绪感知很差，性格反复，喜怒无常，有时候会对一些问题反应过度，有时候则完全作出无效的反应。对员工缺乏热情，又不明白为什么员工对其不满意。这就是典型的低情商的表现。

具有高情商的人，自信、乐观、幽默、心理承受能力强，能够站在别人的角度想问题，能够恰当地维护心理适应和心理平衡，形成以自我激励为核心的内在动力机制，以理性调节为导向的坚强意志，能够妥善处理自己的情绪情感，在与人交往方面有很强的心理素质和能力。

情商是最根本的领导力

"一个人的成功，IQ 的作用只占 20%，其余 80% 是 EQ 的因素，也就是如何做人的道理。"这是哈佛大学心理学博士丹尼尔·戈尔曼的观点。情绪智力的概念其实是丹尼尔·戈尔曼在 1995 年出版《情商》（*Emotional Intelligence*）一书之后，才在全球风靡一时的。此后，他又先后出版了《情商实务》《最根本的领导力：情商的威力》两本书，颠覆了曾占据主流地位的"唯智商论"，将情商的研究和应用延伸至企业管理层面，被列入各种管理发展计划和商学院教程中，为更多的企业管理人员所学习。丹尼尔·戈尔曼成为名副其实的"情商之父"，是情商实务第一人。

丹尼尔·戈尔曼尤其把情商引入企业管理这一主战场，他利用企业组织分析的框架，揭示了情商在个人、人际和组织三个层面所体现出来的能力,以及如何培养和利用情商能力,实现个人职业和企业组织的目标。丹尼尔·戈尔曼还认为影响领导者的关键因素是其情商技巧,帮助组织里的团队和个人改善情商,提高工作业绩。他在《最根本的领导力:情商的威力》一书中便提出"情商是最根本的领导力"。

丹尼尔·戈尔曼在对全世界 121 家公司与组织中的 181 个职位的胜任特征模型进行分析后发现,领导者所拥有的各种特定能力中,有 $80\%\sim90\%$ 与情商有关,也许 $10\%\sim20\%$ 与战略、愿景有关,而和技术方面的技能毫无关系。他认为在企业中,领导者的情绪方面的因素更为重要,尤其在一些特殊的具有高挑战性、高难度工作岗位上,领导者通常都具有很高的智商,而拥有高超情商能力则更胜人一筹。

在团队中工作的每个成员都受相互情感的影响,能创造一种"情感汤"(Emotional soup),每个成员都可以把自己的佐料加进去。其中最重要的是领导者的调味品。对于成员的情绪影响最大的是领导者,成员经常将领导者的情感反应作为最有效的反应,进而自动调整自身的反应。这就意味着领导者被设立了情感标准。即使在大公司里,CEO(首席执行官)的情绪也会感染和影响整个公司的情感与工作氛围。

杰出的领导者具有高情商,能够把握情绪的管理运用,通过对员工进行激励、启发、引导和指导来完成任务,提升企业管理、工作业绩、留任人才等硬指标,更能提升士气、冲劲及责任感等软性环境。企业领导者其实可以通过流程和方法,长期地评估、开发和维持自己的情商能力,鼓舞和激励员工,在团队培养引起共鸣的领导力,能够让员工不仅仅是恪尽职守,而是能释放全部工作能量和士气。

情商在企业成长、工作业绩、人才选拔中的应用

情绪智力是这些年来对于企业管理界最具影响的思想之一,可以使用于企业管理的方方面面,从领导力测评到员工雇用、领导者选拔和提升、工作绩效提升等。已有研究结果(O'Boyle Jr, et al., 2011)显示,情绪智力与工作绩效中度相关。那些能够识别别人的面部表情、"偷听"别人的情绪的人,在工作中表现好,对组织的价值高。对朗讯科技的研究得出的结论是,那些被同事评为"工作之星"的工程师的人缘很好,与同事相处得很好。

还有一个有趣的研究(格林斯坦,2000)是针对 11 个美国总统的,对从富兰克林·罗斯福到比尔·克林顿的六项品质来估计,包括沟通、组织、政治技能、愿意规划、认知风格、情绪智力,结果发现区分成功总统和失败总统的关键品质正是情绪智力。而由此,约翰逊、卡特、尼克松进入不成功总统之列,而罗斯福、肯尼迪、里根等则进入成功总统之列。

情绪智力应用于选拔人才中更是有效,可以在面试和录用过程中进行情绪智力测试,尤其是那些需要进行高度社会化的工作。美国空军的选拔标准就完善了情绪智力的测试,发现情绪智力得分高的比得分低的成功率要高 2.6 倍。而新人离职率在一年内下降了 90% 多,节

省了约 300 万美元的雇用和培训费用。而在欧莱雅,按照情绪智力分数选拔的销售人员的业绩更好,超过传统选拔程序的销售人员 91 370 美元,净收益增加 2 558 360 美元。

丹尼尔·戈尔曼在情绪智力对个人和对职业的影响力方面的研究认为,在经常为冷冰冰的商业分析和理智所困扰的商业环境中,情绪氛围的营造对企业成功的影响比以前想象中更为重要。他对表现杰出的企业进行的调查显示,企业能够在同行业中拥有更为出色表现的原因 2/3 应该归功于情绪智力,而只有 1/3 应归结为可由智商衡量的智力因素和专业科技水平。情商能够转化为利润、收入和成长性。百事可乐公司和欧莱雅公司这些世界级企业在进行内部研究时发现,公司情商运用能力的差异,使得运营利润产生 20%～30% 的差异。企业需要雇用、提拔重用高情商的员工,并不断提高他们的情商。

情商的支持者与反对者

情绪商数属于发展心理学范畴,综合了现代心理学研究领域的结果,反映了心理学家对情感情绪的新理解。情绪智力可以像智力一样用测验分数较准确地表示出来,但是目前并没有系统、权威、成熟的测试方案,通常只是根据个人的综合表现进行判断,以及综合测试中加入若干情商因素的考量。

但是情绪智力其实在组织行为学中是有争议的,支持者和反对者都存在,支持者主要支持的观点有三种。

1. 直觉吸引力

情绪智力具有很强的直觉吸引力,那种能够觉察他人的情绪、控制自己的情绪、完美处理社会活动的人,在商业世界能够获得有利的帮助,从而实现自己的想法。

2. 可以预测的重要标准

有关于高情商的人在工作中业绩和表现很好的证据很多。

3. 有生物基础

人脑中掌管情绪处理的部分是前额叶皮层区,如果受损,智力测试可能并不太受影响,但是 EI(emotion intelligence,情商)分数会低,会影响他们正常的决策。情绪智力有神经学基础。

对情绪智力的反对意见也有一些,主要集中在以下几方面。

1. 概念太模糊

情绪智力是智力的一种形式吗?情绪智力到底是什么?有人认为很难去精确定义,没有系统的理论。目前,情商概念是经验的东西多,实证的内容少。

2. 无法测量

对此有质疑的人认为测试中必须有对错之分,有些问题应该有正确答案和错误答案,但是问题的有效性很让人怀疑。比如有些测试要求把特别的感觉和具体的颜色联系起来,有些则是自己来填答案,测试种类很多,没有对错之分。但是有关的论述更多的是经验的总结,而不是科学研究的结果。

3. 有效性令人怀疑

批评者认为情绪智力和智力、人格是很相近的,一旦你控制了这些,情绪智力就没有什么特别的,情绪智力与人格测量似乎高度相关,尤其是情绪稳定性。

逆境商数

逆境商数(adversity quotient)简称为逆商或 AQ,由加拿大咨询专家保罗·斯托尔茨博士于 1997 在《逆商:我们该如何应对坏事件》一书中提出。逆商用于衡量在面对逆境时的应对能力,即面对困境,摆脱并战胜逆境的能力。当你面对逆境时,你的第一反应是逃避还是去解决难题。如何看待逆境,是否具有足够强的从逆境中学习,让自己在逆境中不断成长的能力和勇气。逆商高的人可以在面对逆境时泰然自若,并相信自己一定可以克服挑战。

逆商被心理学家作为预测成功的关键性因素。一个人的成功需具备高智商、高情商和高逆商三个因素;但在智商和情商相差不大的情况下,逆商值对一个人的成功起着决定性的作用,因为逆商影响一个人的驱动力和积极性。智商决定你的学习能力的起点,情商控制着你与外界相处的融洽度,而逆商则影响你面对挫折的态度,是一蹶不振,还是努力奋争、百折不挠。

逆商四维度

在保罗·斯托尔茨的定义中,逆商包括四个维度(表 2.4)。

表 2.4　保罗·斯托尔茨 1997 年的逆商的结构框架

维　度	内　容
掌控感(control)	• 专注于应对逆境所能做的行动,而不是对于无法控制的局面持续抱怨 • 保持积极乐观的态度,即使面对巨大的挑战 • 在处理自己无法控制的问题或挑战时,可及时寻求他人的帮助
担当力(ownership)	• 为团队所犯的错误负责 • 承担起解决问题的责任,即使问题不是由他们造成的 • 明确并客观地判断造成问题的因素和责任人
影响度(reach)	• 仍能够在其他未受逆境干扰的领域给予充分的注意力 • 不让工作中的挫折对个人生活产生负面影响 • 即使身在逆境中,也不能影响其他事项的正常进行,要正常担负起应有的责任
持续性(endurance)	• 着眼于长期,不要轻言放弃 • 即使形势黯淡,也要表现出坚韧和毅力 • 对克服逆境保持希望和信心

1. 掌控感

这是对逆境的感知控制。当你具备预测和控制事情发展的能力时,便可进行一系列的准备,以防止困境进一步恶化。相反地,当无法对逆境施加影响时,则会导致恐惧、焦虑和绝望。对逆境的特定感知控制是行动的主要来源,因为有掌控感的人才会具备势在必得的行动力。

2. 担当力

这是引领解决逆境的担当。有些人在无法达到特定结果时会表现出强烈的不满情绪。很多时候,这种负面情绪会驱使人们对自己的行为和结果负责。他们倾向于采取措施避免不理想的结果,将注意力集中在解决问题上,而并不过度在意造成结果的原因。

3. 影响度

这代表逆境的感知范围,即逆境对生活的影响范围有多广。生活被逆境所侵蚀的范围越大,则无力感越强。这种负面影响度使人倾向于处于悲观的态度,遭受烦躁、失眠和无助痛苦,会作出错误的决定;并在社会上和职场上把自己孤立起来。管理逆境对自己影响的触及度,可及时阻断逆境对于其他事情的影响,会使身在各行各业的人受益。

4. 持续性

这代表逆境的影响所持续时间的长短。根据归因理论,人们将逆境归因于暂时的因素还是一些永久稳定的因素所带来的影响是完全不同的。不同的归因方式与逆境的持续性相关。应用这一理论,将自己的能力不足(稳定原因)视为失败原因的人比将失败归因于自己的努力不够(暂时原因)的人坚持下去的可能性要小。逆境影响的持续性也和态度有关,保持一种积极的心态,相信"这一切终将过去";而这种自信建立在对挑战难度的真实评估以及具驾驭挑战的能力的基础之上。

不同逆商者的表现

面对逆境时,逆商不同的人所表现出来的态度和行为是截然不同的。我们按照逆商的低、中、高三级相应地把人们分为三类:放弃者、扎营者和攀登者。

放弃者倾向于自我放弃,避免变化;喜欢通过逃避来获得安逸,这类人的才能十分受限,可能终身自艾自怨。并且随着时间的流逝,放弃者遭受的痛苦远比他们避免攀登的痛苦要大得多。正如斯托尔茨博士所说:"一个人可能面对的最痛苦的时刻之一是回顾自己的悲惨生活。这就是放弃者的命运。"

扎营者对自己有一定的目标,但是一旦到达后便停滞不前,安定在舒适圈内。对于扎营者来说,除了意识到不断地变化威胁着他们的露营地,生活似乎很轻松。他们会被舒适感和害怕失去的恐惧感所驱使,需要不断地寻找使得他们舒适的营地。

攀登者指那些奋斗不息,敢于不断跳出舒适区去迎接挑战,使得自己的能力不断升级的人。攀登者乐于接受挑战,而且他们的生活充满紧迫感。他们有自我驱动力、高度的进取心,并致力于最大限度地不虚度自己的生命。最重要的是,他们具有高度的行动力,他们相信自己最终可以达成目标。

通过以上对攀登者的叙述,我们不难发现"乐于挑战,坚持不懈,永不放弃"是成为攀登者的关键词。这个特征被定义为坚毅(grit),相似地可理解为意志力或毅力。

坚毅

宾夕法尼亚大学心理学教授安杰拉·达克沃思把坚毅定义为对长远目标的激情和坚持;这是一种"向着自己的目标,坚持自己的激情,即便经历失败,依然可以百折不挠地努力下去"的品质。毅力是能够拥有不忘初心的热情,并坚持不懈地专注投入;在攀登的路上,需要不断地自我约束、自我鼓励和自我调整。坚毅使你对自己的目标保持忠诚,做你所爱的事,并持续去爱。

坚毅由激情和坚持两个重要因素构成。激情源于你对该领域内在的兴趣和使命感。坚持则是保持积极乐观的心态,进行刻意的练习。技能的获取需要不断练习,当然也需要一些天赋。伤仲永的故事可以说明:没有后天的努力,天赋终究会泯灭。因此,努力程度才是决定成功的第一关键性因素。那么持续不断的努力则需要坚毅。坚毅的人把生活和事业当作一场马拉松,而不仅仅是一场只拼速度的短跑。坚毅可以使你不断挖掘自己的潜力,实现无限的可能性。

坚毅与大五人格维度中的尽责性和自控力相关,但又不完全相同,尽责性仅代表完成当下任务的认真和担当,但无法预测当挑战的难度增加,是否可以坚持完成。而坚毅强调,随着时间的推移,是否可以拥有持续的激情和努力,对成就的预测有更高的准度。研究表明,坚毅和智商并没有相关性,在相同年龄下,坚毅的人可获得更高绩点并获得更高的学位。然而坚毅力也会随着年龄的增长而增强。

坚毅性可以用来预测完成极具挑战性目标的可能性。通过对大量坚毅典范人物和团队的研究表明:培养坚毅的品质对获得成就至关重要。拥有坚毅品质的人比其他人换工作的频率更低。在很多高强度工作中,拥有坚毅品质的员工更倾向于被任命为最高领导层。

小结

本章开始时,我们简单地说明压力的征兆和反应,然后进一步探讨四种压力源——时间、情景(环境)、关系和预期。只要个人增强自己的弹力,就可以承受这些压力。管理压力的最佳办法是通过管理时间、授权他人、合作、处理好人际关系、重新设计工作、安排好轻重缓急的次序、确定目标和争取小胜等以解决压力源。在环境不允许用长期战略来减轻压力时,短期放松技术可以暂时帮助减轻压力。

本章后半部分主要讲情绪智力和逆境商数,也就是大家通常所认知的情商和逆商。智商对一个人的成功起作用只占20％,其余80％来源于情商和逆商。情商是最根本的领导力。情商可以应用在从领导力测评,到员工雇用、领导者选拔和提升、工作绩效提升等各方面。逆商是面对逆境,绝处逢生的内驱力;让自己在逆境中不断成长的能力和勇气。拥有坚毅,便可坦然面对挫折、保持激情,并坚持不懈地努力。因此提高逆商,有助于提高团队的复原力,铸就韧性。企业领导者可以通过流程和方法,长期地评估、开发和维持自己的情商与逆商能力,鼓舞和激励员工,让员工释放全部工作能量和激情。

行为指南

以下是改善个人管理压力技巧的具体行为指南。

（1）实践有效的时间管理。要定出自己的使命声明来落实高效率时间管理。

（2）与别人在互相信任、互相尊重、诚实、友善的基础上建立合作的关系。在别人的感情银行账户上多存入。同和你一起工作的人建立密切、稳定的社会关系。

（3）重新界定你的工作,以增加技巧的变化和多样、重要性、任务的同一性（全面性）、自主和反馈。

（4）重新肯定优先次序和短期计划,使你的活动方向明确、重点集中。优先处理重要的事而不是紧急的事。

（5）生活过得平衡,在体力、智力、文化、社会、家庭和精神以及工作各领域自觉增强你自己,以全面增强你的弹力。

（6）进行经常性的体育锻炼、饮食适当,以增强你体力的弹力。

（7）实践小胜战略以增加你的心理弹力和顽强性,确认并庆祝你和其他人获得的小胜。

（8）至少学会一种深度放松技术并经常实践。

（9）同至少一个人建立开放、信任、同甘共苦的关系。同某个肯定你的价值、在有压力时给你提供支持的人建立辅导关系。

以下是改善自我情商的具体行为指南。

（1）清晰的自我认知,真实地认识自己,了解自身真实感受,并以此作为行动的依据。成为自己生活的主宰,不要沦为感觉的奴隶。

（2）妥善管理自己的情绪、冲动的能力,适应性地调节、引导、控制、改善自己的情绪,积极应对危机,增进实现目标的情绪力量,高度自控。

（3）能够进行自我激励,面对挫折和失败后,依然坚持不懈,在低潮时整理自己的情绪,调动自己的精力和活力,适应性地确立目标,创造性地实现目标,走出生命中的低潮。

（4）培养同理心和同情心,去感同身受、设身处地地体会别人的情绪和情感,培养换位思考的能力和习惯,认知和理解他人的情绪,感受到他人的需求与欲望。

（5）恰当处理和管理自己与他人的情绪反应,清晰地认识别人,建立良好的人际关系。

（6）造出一种"情感汤",设立情感标准,感染和影响公司的工作情感与工作氛围,把成员经常的情感反应作为最有效的反应。

以下是改善逆商的具体行为指南。

（1）找到自己的激情，需要通过大胆且多次的尝试，勇敢追求，在实践中找到真正的兴趣。

（2）设立阶段性的明确目标和技能获取计划。

（3）根据计划坚持练习，并对成果进行评估或者寻求专业的反馈，之后根据反馈来完善，追求更高标准。

（4）找到所热衷的事业对社会的意义，持续激励你不断前进的原动力是一种使命感，去贡献社会，获得人生价值。

（5）拥有成长型心态，始终对自己有信心，保持希望。相信在有利的条件下，只要坚持努力就能成功。

自我评估

PSTRI 压力测试问卷（节选）

Wallace 开发的"心理身体紧张松弛测试表"（psychosomatic-tensim-relaxation inventory）简称 PSTRI。该表包括 50 个自我判断的题目，要求被试者在 15 分钟内完成。

你可以用大约 10 分钟的时间填写 PSTRI 压力测试问卷，不要在每一题上费很多时间考虑，根据你的感觉填写。该测试表能够帮助你大致了解自己的压力，对你的压力管理有一个很好的引导。

仔细考虑下列每一个项目，看它究竟有多少适合你，然后将你对每一项目的评分，根据发生频率打分。

打分标准：总是——4分；经常——3分；有时——2分；很少——1分。

1. 我受背痛之苦。

2. 我的睡眠不足且睡不安稳。

3. 我头痛。

4. 我腭部疼痛。

5. 若需要等待，我会不安。

6. 我的后颈感到疼痛。

7. 我比多数人更神经紧张。

8. 我很难入睡。

9. 我的头感到紧或痛。

10. 我的胃有毛病。

11. 我对自己没有信心。

12. 我会自言自语。

13. 我忧虑财务问题。

14. 与人见面时,我会胆怯。

15. 我怕发生可怕的事。

16. 白天我觉得很累。

17. 下午感到喉咙痛,但并非染上感冒。

18. 我心情不安,无法静坐。

19. 我感到非常口干。

20. 我的心脏有毛病。

(计分见附录 2.1)

时间管理

回答下列问题时,按照打分标准,选择适合你的数字填在空格处。这是要看你每个活动的频度。按照你的实际情况填写,而不是你认为好的填写。这个作业对你有多大用处要看你是否准确评价你自己行为的能力。

打分标准:

0 分——从来不	3 分——常常
1 分——很少	4 分——经常
2 分——有时	

＿＿＿ 1. 我每天都把要做的事列一个单子。

＿＿＿ 2. 我把要做的事情,按照它们的重要性和紧迫性安排先后次序。

＿＿＿ 3. 我一次只集中做一件重要的事,但是小事就几件一起做。

＿＿＿ 4. 我把大项目分成几个小的阶段来做。

＿＿＿ 5. 我找出我的任务中一个只占 20％的精力却能产出 80％的效果。

＿＿＿ 6. 我用一天里最好的时间做最重要的事。

＿＿＿ 7. 每天我都有一段工作时间不受干扰。

＿＿＿ 8. 我从不拖拉,总是今日事今日毕。

＿＿＿ 9. 我给自己规定办事的期限。

＿＿＿ 10. 我在等人的时候做些有用的事。

＿＿＿ 11. 每次一开会,我先规定这次会的时间。

＿＿＿ 12. 我坚持按议程开会,而且每次都按时结束。

＿＿＿ 13. 下级到我这里来谈问题,我总是要求他们提出解决办法。

＿＿＿ 14. 我在办公室外面或在走廊里接见来访者。

_____ 15. 可能的话我自己到下级的办公室去谈问题。

_____ 16. 每天我都留四分之一的时间处理事先无法掌握的会议和约会。

_____ 17. 至少有时候,我让别人替我回电话和见客。

_____ 18. 我有一个地方,可以在那里不受干扰地工作。

_____ 19. 当我向别人交代工作时,我说明要求他们主动做些什么。

_____ 20. 我愿意让别人完成任务,也归功于他们。

(计分见附录 2.2)

情商管理

请你圈选你对以下描述的同意程度	极不同意	不同意	有点不同意	还可以	有点同意	同意	极同意
1. 通常我能知道自己会有某些感受的原因	1	2	3	4	5	6	7
2. 遇到困难时,我能控制自己的脾气	1	2	3	4	5	6	7
3. 我通常能为自己制订目标并尽量完成这些目标	1	2	3	4	5	6	7
4. 我通常能从朋友的行为中猜到他们的情绪	1	2	3	4	5	6	7
5. 我很了解自己的情绪	1	2	3	4	5	6	7
6. 我很能控制自己的情绪	1	2	3	4	5	6	7
7. 我经常告诉自己,自己是一个有能力的人	1	2	3	4	5	6	7
8. 我观察别人情绪的能力很强	1	2	3	4	5	6	7
9. 我真的能明白自己的感受	1	2	3	4	5	6	7
10. 当我愤怒时,我通常能在很短的时间内冷静下来	1	2	3	4	5	6	7
11. 我是一个能鼓励自己的人	1	2	3	4	5	6	7
12. 我能很敏锐地洞悉别人的感受和情绪	1	2	3	4	5	6	7
13. 我常常知道自己为什么觉得开心或不高兴	1	2	3	4	5	6	7
14. 我对自己的情绪有很强的控制能力	1	2	3	4	5	6	7
15. 我经常鼓励自己要做到最好	1	2	3	4	5	6	7
16. 我很了解身边的人的情绪	1	2	3	4	5	6	7

(计分见附录 2.3)

案例分析

是否该辞职

这是 IMS 国际集团在新加坡的一家分公司,它也是 IMS 国际集团产品业务的开发中心之一,内部结构如图 2.4 所示。除了新加坡,它在德国还有另一个开发中心,以及在中国、印度尼西亚和波兰三个生产中心。

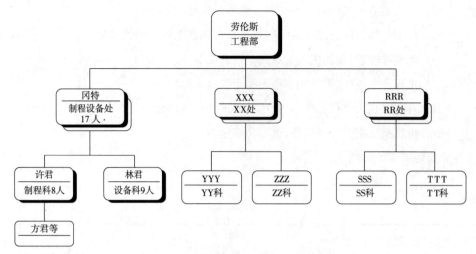

图 2.4　IMS 国际集团新加坡分公司内部结构

IMS 国际集团是一家传统的欧洲消费电子制造商,历来以发明创新为公司形象,拥有多项消费电子产品的发明权。近年来,由于全球企业环境变化,公司被迫转为市场导向型,更加注重客户和利润。公司愿意承担经过分析计算的风险,对员工要求比以往更高、更严格。而且,对提高品质和降低成本有更强的驱动力。

公司生产彩电和多媒体电脑用协调器。除了内销,它也提供给世界各主要彩电和多媒体制造商。公司经营状况良好,多次获新加坡生产力标准局颁发的品质和管理奖,公司也连续多年保持利润增长,公司技术主要在于消费电子产品设计,以及大规模生产制程开发。主要设备和制程更新换代时间在 3～5 年。公司产品面对来自客户和竞争对手的极大价格压力。客户每年都要求超过 5% 的削价。而竞争对手为了争取较大的市场占有率,也不惜削价,低于成本促销,竞争已达白热化。

劳伦斯:调谐器厂工程部经理。

冈特:调谐器厂工程部制程与设备开发处经理。德国专家,两年前被调来新加坡发展亚太地区业务。在工作上,向劳伦斯汇报。他具有很强的概念性和技术性技能,人际关系则相对较弱。

许君:调谐器厂工程部制程与设备开发处,制程开发科科长,主任工程师。在工作上向冈特汇报。曾被派往德国,在冈特手下工作两年,相处愉快。

林君:调谐器厂工程部制程与设备开发处,设备开发科科长,高级工程师。在工作上,向冈特汇报。

方君:制程开发工程师之一。在工作上,向许君汇报。

两年前,冈特刚来新加坡,受到许君欢迎。因为两人在德国就是上下级关系,建立了一定的友谊。冈特目光敏锐,能为公司描绘出技术发展蓝图,并推动组织向前发展。许君则是资深的工程师,可以协助冈特,并准备在三年后成为他的接班人。

然而,事情的发展不尽如人意。两年来,冈特和许君发生了许多冲突。许君也因此承受很大压力,心里有很多压抑。经过许君再三申请,劳伦斯把他调离了工程部,使工程部在冈特离开之前,失去一位能干的工程师、冈特的接班人。

有一次,劳伦斯交给冈特一项任务,希望他的部门能够优先处理。这时,整个部门都已超负荷,冈特想来想去,最后觉得只有许君是最合适人选。可是,许君正巧出差在外。冈特只好找来方君,并指示他如何去做。一个月以后,方君发现任务并不如冈特所说的那样简单,可能无法按期完成。他找到上司许君,而许君认为,既然该任务是由冈特亲自分派,自己不该过问,叫方君直接与冈特讨论。几天以后,冈特发现该项目进展不顺利,找来许君和方君商量,希望能够找到解决方案。讨论中,三人起了争执。冈特因为经验丰富且亲手处理,占据上风,说服二人接受了他的方案。但是许君并不开心,心想:既然你要亲手处理,就不该让我来帮你收拾残局。

还有一次,在员工晋级的问题上,两人也发生争执。年中,冈特与许君经过讨论提交了一份推荐晋级名单给劳伦斯,其中没有方君的名字。到了年终,方君从人力资源部发的公司书信中,知道自己获得晋级,十分高兴,把结果通知了大家。许君知道后十分惊讶,向冈特问及此事,冈特的答复是:"我也不同意这个升职,但那是劳伦斯的主意。"许君对这样的回答并不满意,心想:至少也应该事先通知我一下,让部下来告诉我算怎么一回事嘛?!

类似这样的事情又陆续发生,许君的健康也每况愈下,常请病假,他在考虑是否该辞职。

问题讨论:

1. 许君面对什么样的压力?

2. 许君采取什么策略应付压力? 它能起作用吗?

3. 在这种情况下,你认为什么是对付压力的有效办法呢?

4. 这些办法同本章所谈的管理压力的模型有什么关系?

技巧练习

时间管理

1. 在下面的空位里列出你过去一个月内所从事的工作活动以及各项活动所花费的时间(假设你每天工作 8 小时,每星期工作 5 天,即你有 160 小时的工作时间)。

		时间(小时)	占总时间的百分比
一	为会议做准备	24	15%
二			
三			
四			

五　_____

六　_____

七　_____

八　_____

九　_____

十　_____

2. 把上述所列明的工作活动重新划分为下列图表里的四个组别。

一	二
——为会议做准备 ——参与会议 ——会见顾客 ——会见供应商	——打字书写 ——准备进展报告以便提呈给上司 ——市场调查 ——阅读及分析下属呈上的报告
三	四
——嘱咐下属 ——概念联想会议 ——向直属上司询及口头指点 ——视察生产线	——打电话 ——没有从事具建设性工作 ——小歇片刻

3. 你在过去一个月里所花费在各个组别的时间有多少？

一 53 小时	二 39 小时
三 36 小时	四 32 小时

4. 有哪些工作活动是你认为应该多从事的？

_____

_____

_____

_____

5. 那你又会如何改动你的时间运用呢？

_____

_____

_____

_____

第三章
从"何"说起——沟通的技巧

为何你不懂我的心

一个管理者有80％的时间花在口头沟通交流上，所以口头沟通对改进人际关系有着关键性的影响。许多学者写了许许多多交流学、语义学、语言学等有关沟通的书。许多大学也有专门对语言交流做学术研究的系，许多商业学校开设商业交流相关课程，许多单位有公共关系部，还有从事单位内部交流的专家。可见沟通的重要性。大多数人都感觉他们自己是很有效的沟通者。他们觉得沟通中的问题多来自别人的弱点，而不是他们自己的弱点。实际上，每个人都认为自己在所在企业里的沟通方面做得比别人好，至少也是同别人一样好。大多数人都承认他们的企业里都存在沟通不良的问题，但几乎都认为别人应该负责。可以看出来，虽然大多数人都同意人际沟通技巧十分重要，但又似乎并未迫切地感觉到要提高自己沟通的水平。

沟通到底是什么？是"我说你听"吗？为什么很多时候，"你说我不懂，而我说你也不懂"呢？

企业里的沟通中往往出现以下的问题：我想了未必全说，我说了你未必全听，你听了未必全懂，你懂了未必全信，你信了未必全做，你做了也未必全好。所以沟通过程中会有许多"打岔"的因素，产生了沟而不通、行而不果的问题。

沟通是人与人之间传达思想、观念或交换情报、讯息的过程，它是你我之间的意见交流，等于你说给我听，加上我说给你听，以求得相互了解并且彼此达成某种程度的谅解。缺乏谅解，人与人之间就很难沟通。

沟通也可以说是人与人之间，或者组织与组织之间传达思想、意志、观念或决定的历程，透过讯息的有效交流，以增进彼此的了解，谋求协调，促进共同目标的达成。因此透过经常的沟通，促进彼此的了解，进而建立若干共识，便成为十分重要的历程。

性格交流分析

一个人经过长久时间的发展而形成的行为模式的集合就是他的性格，是被其他人认识到的特质和行为。这些行为模式由三个层面的自我状态组成，可以被不同程度地觉察，即家长自我（parent ego）、成人自我（adult ego）和儿童自我（child ego）。这些性格只是在不同情境下的自我行为模式表现，这些自我状态的运行和生理年龄并无太大关系，而是和心理年龄有关，是一种心理状态。例如作为妈妈或爸爸,其实人格中拥有家长、成人和儿童三种自我状态,孩子同时也拥有家长、成人和儿童三种不同自我状态。

人与人的交流和互动过程其实也是性格交流的过程。性格交流是人与人之间心理互动的反应和结果,不同个性的人在不同的自我状态和心理状态下与人进行交流,会相应地引起对方不同的反应。例如有些人会发现自己有不同的性格表现,在不同的情境下的反应与所面对的人有直接的关系。正如性格交流分析方法的提出者、心理学家艾瑞克·伯恩(Eric Berne)所说:"尽管有时候我们不能直接觉察这些自我状态,但是我们可以发现行为以及在某些时刻这些自我状态在运作。"

家长自我

家长自我是每个人在童年时代从父母、哥哥、姐姐、老师或者其他权威那里承接和学习而来的部分,是成长过程中受到周围环境影响而形成的价值观和行为模式,什么是应该的,什么是不应该的。就如同在头脑中有一个小的录音带记录下来的信息,被放置和储存在自我状态中,随时可以被使用。有时候,你所要做的只是按下合适的按钮,就可以像电话重拨号码一样获得你所需要的信息。这样的"录音带"还可以被倒带,不断重复使用。也许,当你从童年时代来回放记忆时,会运用家长模式:"这是对的!""这是错的!""你应该……""你不应该……"家长自我可以被认为是那些能够唤起的价值倾向和被评估的行为。但这种价值倾向和行为模式并不是真正必要的真实价值,而只是从父母权威那里学习到的价值判断。

举例来说,小孩子在吃饭时,会摆弄食物,会挑食、剩食,有的父母则会教育他们:"不要这样,吃光你的盘子。要知道地球上有很多人在挨饿,而你可以吃到想吃的东西,是多么幸福的事。"而父母的这种价值判断可能正是从自己的父母那里得到的,现在他们又如此教育自己的孩子。我们许多人在小时候正是这样被教育,不剩下饭菜是好的习惯,否则就是坏的习惯。

家长自我状态就是个人从父母、老师等有影响力的人那里学习而来,整合进自己人格的部分。处于家长自我状态时,会发现自己的外在行为表现很像自己的父母,而内在的想法和感觉也是如此。家长自我有四种不同的类型。

1. 控制型家长

控制型家长(controlling parent)的典型表现形式为设定规则和限制、表明价值和标准、严肃和坚定,甚至强硬。他们会设定各种各样的目标和要求去对待别人,以使对方按照自己的方式和价值观去行事,不希望对方有自己独立的观点和行为。

2. 爱心型家长

爱心型家长(nurturing parent)的典型表现形式为安慰、关怀,在别人需要帮助时会毫不吝啬地提供帮助。爱心型家长是一个人的个性中理解和照顾别人的部分,行为表现是鼓励、表扬、认可,具有较多同理心,能感同身受和理解别人。

3. 批评型家长

批评型家长(critical parent)的典型表现形式是责备、批评、打击等。当人们处于批评型家长的状态时,会攻击别人的个性和行为,进行评判和批评。他们总是准备以一种"应该"或者"必须"的方式去对待别人。具有强烈批评型家长自我的人总是会批评,要求别人应该或不应该怎么样。

4. 溺爱型家长

溺爱型家长(rescuing parent)的典型表现形式为过多代劳、援救,试图随时提供帮助。他们认为别人是需要帮助和照顾的,甚至可以没有原则和界限地去帮助别人。这部分家长的自我出现时,会像照顾孩子一样无所不为,为对方做得太多。

成人自我

成人自我是自我性格中那些逻辑和理性的部分,行为上会以解决问题为导向、以进行合理化决定为主要特征。人们在成人自我状态运作时,会从儿童自我部分获取感情因素的内容,从家长自我部分获取价值判断的内容,会利用既有的资源来思考、记忆,并以不带感情的方式来表现和应用,再根据外部世界的现实进行检验。

成人自我的典型表现是严肃正经、客观务实、组织有序,以解决问题、作出决定为导向,善于倾听、观察、推理。他们会进行理性、客观的思维和判断,根据现实情况分析收集的资料,拥有丰富的知识,以相对的心态和理性的方式去应对工作与生活。成人自我是有洞察力和控制力的,能够控制自我精神状态中的成人自我、父母自我和儿童自我部分。

儿童自我

儿童自我则是一个人出现和感性相关的行为时的状态,这种自我状态包括在孩童时代时从孩子的经验中学习的自然的冲动和态度。儿童自我也有不同的形式,包括自然儿童(natural child)、顺从儿童(conforming child)和叛逆儿童(rebellious child)。

1. 自然儿童

自然儿童的典型特征是富有想象、自发自然、直觉性强,忠于自己的感觉、需要和愿望。自然儿童做事情是因为他们喜欢,他们不压抑或扭曲自己的感觉,但是他们的行为不是制造混乱的,也不是对环境有害的,他们比较坦率和自然地表达自己真实的想法与感觉。

2. 顺从儿童

顺从儿童的典型特征是服从、记忆、适应、急于讨好大人。做别人让他们做的事情,如果别人真的想让他们做,他们就会去做。他们会去做符合父母、老师、合乎情理或符合社会期望的事。他们并不一定表达自己真正的感觉和想法,因为害怕得不到认可。

3. 叛逆儿童

叛逆儿童的表现形式是藐视、争辩、抗议、固执。叛逆儿童不听别人告诉他们怎么做,他们或者是消极的反抗者,或者是用遗忘来抵制别人想让他们做的事情,他们抗拒权威,不愿意受到约束和压抑,即使别人让他们做的是合乎情理的事情。

三种自我状态平衡

健康平衡的人格必须拥有三种不同的自我状态,即家长自我、成人自我和儿童自我,这是自然而然和情感需要的。这三种自我状态的内在自我状态和行为模式不同,如儿童自我行为是刺激性反应关系,当有事情发生的时候,儿童自我状态几乎是立即反应,也许只是一瞬间的反应,没有经过理性处理,而成人自我则不是立即反应,而是经过周详的考虑、评估和理性判断后,才进行反应。因为,三种自我的平衡可以让人成为是一个健康、可以共事的人。人们在不同的时机下会有三种自我状态的行为,健康的人格要保持这三种自我的平衡:在理性和解决问题的时候,让成人自我状态出现;在其他没有压力和状况发生的情况下,可以释放儿童自我,放开玩乐,变得自然而然且感情丰富;当人们进入家长自我状态时,可以从经验中反应,而不需要总是重新使用方向盘,以发现价值和加快进行决策的效率。

但是也有人的三种自我发展不平衡,这就会造成问题,在企业管理中,这种不平衡的性格会带来管理上的麻烦和困扰。有的人似乎只是被一种或者两种自我状态控制,尤其是当成人自我状态没有在使用位置时,而被批评型家长自我或者叛逆儿童自我控制时,会在工作环境中带来麻烦。例如那些以叛逆儿童自我为主的人,不愿意合乎情理地解决问题,而是通过抱怨和情绪化或让人出其不意与惊讶的方式来解决问题。甚至有时候他们非常难以理喻,不但不能解决自己的问题,还总要制造问题来取得管理者的注意。

批评型家长自我的人格形成主要来自喜爱批评的父母,没有办法采用理性的方式,他们有时候的表现方式是好像已经知道很多事情的答案,已经知道什么是对的、什么是错的,会进行很主观的评判:"看,不要用这些事情来打扰我,我已经心中有数了。"这时候不管有多少人带来了多少真实的信息,他们都仅相信自己的批判,顽固不化,已经有了关于这是好的、这是不好的,你应该怎么样、你不应该怎么样的决定,而无法理性、客观地去面对现实。即使是成人自我强烈的人也是有麻烦的,他们往往是工作狂,是非常无趣的人,他们永远没办法放下自我,轻松玩乐。

性格交流分析与管理

性格交流是人与人之间心理互动的反应和结果,而在企业管理中,运用性格分析交流与管理,可以有效地与不同自我状态的员工进行沟通。性格自我的表现直接影响到自己的行为模式和沟通方式,对方也会根据自己的方式反映出不同的状态,如当以批评型家长自我状态与员工沟通时,可能会引发对方的叛逆儿童自我状态,造成冲突和不愉快。

在企业管理中,最高效的自我状态是正向的控制型家长自我、正向的爱心型家长自我、成人自我和自然儿童自我,最低效的自我状态则包括负向的批评型家长自我、负向的溺爱型家长自我、叛逆儿童自我和顺从儿童自我。

性格交流和转换管理可以让我们去判断自己与别人之间的互动模式,可以让我们知道哪个自我状态在更多地影响我们的行为,从而影响到和我们正在互动的人的行为模式,基本原则是了解我们的自我状态会引起对方的反应模式。作为管理者和经理人,有两种性格交流模式是很有效的:一种是开放的,另一种是互补的。我们想努力达成好的开放式交流结果,如天然儿童自我对天然儿童自我、爱心家长自我对天然儿童自我、成人自我对成人自我、爱心家长自我对爱心家长自我。

例如,经理人对员工以爱心型家长自我的方式说话:"我想你可以在写报告时更仔细一些,因为我发现有些输入和语法错误。"她的员工以顺从儿童自我进行反应:"好的,我没有注意到这些错误。"这种沟通是正常容易的,双方都觉得舒服。而如果这个经理人以批评型家长自我来说:"你怎么这么笨?你给我的报告有各种各样的语法和输入错误。如果你不知道怎么样做一份好的报告,我看不到你在职业上的发展前途。"员工也以顺从儿童自我反应:"对不起,我下次不再犯这样的错误了。"这种沟通表面上看来是最省力和有效的,但是员工内心或许会感觉不舒服。

不匹配的性格交流是指不适合或不在预期内的交流,对方的反应不在发起者的背景范围之内,如对方的自我状态反应和预期的不一样,反应者会感觉没有被理解并造成困扰。这时候,可以暂时停止分享,选择倾听。例如,Alan 以成人自我状态问同事:"现在是几点了?"他本来希望同事以成人自我状态回应,但是同事以批评型家长自我来回应:"不要问我这么多问题。"这时候引起对方的争论或者反击时,就发生了破坏性的不匹配交流。或者有时候经理以批评型家长自我来应对员工的顺从或自然儿童自我状态时,而员工却以叛逆儿童自我反应,这时候就会产生冲突。

企业组织中的性格交流管理会影响到企业文化和工作状态,如果出现一些极端的状态,就会给组织带来危害。如一种极端的情况是组织被批判型家长状态主导的人管理,总是有"我好,而你不好"的评判,员工总是有像孩子一样的"我不好,你也不好"或者"我不好,你好"的感觉,这种组织是消极的。如果企业都是批评型家长自我和顺从儿童自我的互动行为,就会形成一种老板文化,下属只是一味服从,而缺乏创新和主动负责的精神。

沟通的类型

沟通可以分为语言沟通和非语言沟通两大类。

1. 语言沟通

语言沟通是通过语言文字进行的沟通,又可以细分为口头沟通和书面沟通两类。

1) 口头沟通

在面对面的沟通中,口头沟通的方式运用较多,如交谈、讨论、演讲以及会议等。口头沟通可以直接、及时地交流信息、沟通意见,具有灵活多样、传递快速、反馈及时等优点。但是同时具有准确性和严密性不高、传递中容易失真、法律效力和约束力弱等缺点。口头沟通的效果取决于由"说者"和"听者"所构成的言语沟通情境。说者在沟通过程中积极地对信息进行编码,然后输出信息。同时,听者也要积极地思考说者提供的信息、进行译码,并作出反应。

2) 书面沟通

在间接沟通中,书面沟通用得比较多。书面沟通的好处在于它不受时空条件的限制,易保存、易复制、准确性高、严密性强、法律效力强,还有机会对内容进行修正。所以沟通的信息不容易造成失误,沟通的准确性和持久性都较高。但是,书面沟通往往耗费时间长、难以及时反馈、成本较高,所以对沟通对象的影响力不如口头沟通的效率高。

2. 非语言沟通

非语言沟通主要指说和写之外的信息传递,包括手势、身体姿态、音调(副语言)和表情等。非语言沟通与语言沟通在效果上是互相补充的,有研究显示在人所获得的信息总量中,语词的信息只占了 7%,声音的信息占了 38%,而来自身体语言,主要是面部语言的信息大约占了 55%。非语言沟通内涵丰富、种类繁多,主要类型如下。

1) 身体语言沟通

在日常生活中,人们经常采用身体姿势或身体动作来与别人交流信息、传达情感。比如,摆手表示制止或否定,搓手或拽衣领表示紧张,拍脑袋表示自责,耸肩表示不以为然或无可奈何等。衣着服饰也能表达人的情感和观点。例如,出席正式会议时服饰要严肃而得体,销售人员拜访客户时通常要西装革履,甚至衣服的颜色、包的样式也需要与主人的态度和场合相协调。沟通者的坐姿、站姿、走姿等也传达着很多的信息,特别是情感信息。例如,情感亲密的人坐在一起的时候就会面对面,形成一个包围的小圈子以排除外来人的干扰或介入。而相互憎恨的人之间往往会有更高的说话声调、动作会比较激烈等。

2) 副语言沟通

语言的重音、声调、语气,以及哭、笑和停顿等要素也能表达思想和情感,心理学上把这些非语言的声音信号称为副语言。语调和停顿的变化,可以使字面相同的一句话具有完全不同的含义。例如,缓慢地、细心地讲话表示我们在与一个小孩子、一位老人沟通,轻声小心地讲话(比如用升调、加强的语气、闪烁其词、附加问题等)表示我们面前出现了一个高地位的人等。

3) 眼神沟通

在人际沟通中,眼神沟通的作用是巨大的,其功能主要表现为注意、劝说、调节和表达情感。目光接触往往能够帮助说话的人进行更好的沟通。彼此相爱的人和仇人的目光是完全不同的,前者含情脉脉,后者怒目而视。当我们喜欢一个人的时候,我们就会与他有更多的目光接触。在西方文化中,交谈双方往往更倾向于较长时间的目光交流和注视,以表达对对方的尊重,而在中国文化中,互相注视的时间则相对要短一些,长时间的注视会引起生理上和情绪上的紧张,对此,人们通常会很快做出回避行为。

沟通的过程

沟通通常是由信息的发送者把信息编码后通过一定的渠道发出,接收者在收到信息后进行解码,然后认识和理解,并做出反馈。反馈过程也需要通过一定的渠道,并进行编码和解码,如图 3.1 所示。

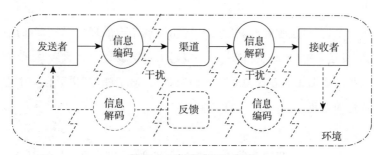

图 3.1 沟通过程示意图

1. 信息

沟通发生之前,必须存在一个意图,也就是"要传递的信息"。信息是一个统称,信息有多种表现形式。我们要表达态度、观点或情感时,这些要表达的态度、观点或情感就是信息,我们要说话、写文章时,相应的语言文字就是信息。

2. 沟通双方

发送者也称为信息源,发送者把信息发出,通过一定渠道送达接收者那里,要传递的信息在发送者与接收者之间传送。发送者和接收者既可以是个人,也可以是群体或组织。

3. 编码和解码

为了便于传达,要把信息转化为信号形式,这就是编码,然后通过媒介物(渠道)传送至接收者,由接收者将收到的信号进行识别和理解,还原为原来信息,这就是解码。例如,要表达"我同意"这一信息时,可以进行多种方式的编码,语言、文字、姿势(点头)、行动(马上去做)都可以算是进行了编码。

4. 信息渠道

渠道也称为通道,是发送者选择、用来传递信息的媒介物。渠道与编码方式有时是一致的,有时是不一致的。例如,当你与对方面谈沟通时,口头提出你的意见,你所用的语言既是编码方式,也是沟通渠道。当你给外国客户拟订的合同提出修改意见时,使用了英文编码方式,但发送渠道可以用传真、快递或邮件,这种情况下编码与渠道就是不一致的。

5. 信息反馈

因为沟通是把信息发送给别人,并期望获得对方认可或理解的过程,所以通常接收者解码后要对信息进行反馈,反馈过程也需要产生反馈信息,也要对反馈信息进行编码和解码。反馈可以确认信息是否准确、是否得到理解,也可以对进一步沟通提供更多的信息。

不反馈的情况也是有的。例如,有人给你发送一条笑话短信或节日问候短信,你有可能做"收到"或"谢谢"之类的简单回复,也可能不做任何回复。

有时候,不回复也是一种反馈。例如,你的同事从外面给你发来一条短信:"下班时,请帮我关一下电脑,收到免回。"如果你不回复,就表示正常完成了他交代的工作。

6. 沟通环境

环境也称为背景,信息接收者与发送者具有相同或相似的环境,编码后的信息才能被正确地解码。例如,发送者把"我同意"这一信息编码为英文发送给接收者,接收者如果不懂英文,就无法解码,相应地也无法进行沟通。人们经常用"对牛弹琴"来形容一个沟通对象无法理解自己所要传达的东西。

7. 干扰

干扰也称为噪声,是指引起信息失真、影响信息传递、妨碍沟通效果的因素。它存在于沟通过程的各个环节,并有可能造成接收者的错误理解。典型的干扰因素包括发送干扰、传输干扰、接受干扰、系统干扰、环境干扰等。如果你给对方发送电子邮件,对方收到的内容中有乱码,这就是传输过程中产生了干扰。

怎样沟通

沟通可分为三个层次:上对下、下对上及平行沟通,不同层次的沟通必须注意不同的要领。

1. 上对下的沟通要领

(1) 多说小话,少说大话。很多人会说大话,好用专门术语或深奥难懂的名词,这就是大话。常用具有亲切感的小话,才够生动,比较容易打动人心。

(2) 不急着说,先听听部属的意见。若非紧急情况,上司应该是说最后一句话的人,不是说第一句话便决定的人。能够养成部属主动开口的好习惯,对上下沟通十分有利。

(3) 不说长短。若一个上司当着甲说乙的缺点,又当着乙说甲的缺点,大家都会怀疑这样的上司,必定会在背后议论他。

(4) 不要厉声指责。不要严厉指责,以免伤了和气,引起意气之争。万一忍不住发火,要设法熄灭。

（5）广开言路，采纳意见。不要死不认错，若上司敢于向部属认错，更能得到部属的信任。

2. 下对上的沟通要领

（1）上司若听不进去，再说也无益，所以下属要设法让上司想听，而且说的时候要有效。

（2）有相反意见，勿当面顶撞。只要不说话，显得沉思，上司就会看出来，叫他们说。

（3）有不同意见，要先说好，再表达自己的意思，提供参考。

（4）意见相同，要热烈反应，加以支持。

（5）有他人在场，要顾虑上司的面子，让上司放心我们不会伤害他，才能赢得他的信任。

3. 平行沟通的要领

（1）大家一般高，所以要从自己做起。尊重对方，对方才会同样地回报。彼此尊重，才能沟通。

（2）本位主义太浓，会造成障碍，应该设身处地，站在对方的立场考虑。

（3）基于互惠互利的原则，增加大家的责任感。

（4）用诚意来促进了解，平常多建立关系，不要临渴掘井，很难收效。

（5）可以圆通，却不能圆滑，如果让人感觉缺乏诚意，就很难达到沟通的效果。

沟通的理论是一般性的，现实环境则往往是特殊性的，人往往受其文化及习惯所左右。东方人一般比较含蓄，往往许多沟通是介于说与不说之间。说也不是，不说也不是，便是在沟通的过程中经常出现的两难问题。如何"说了好像没有说一样"，而又"没有说却好像说了一样"，这是中国人的说话艺术。

无论对上、对下，或平行沟通，都要切实做到有言有默，才能顺利达成目标。应该说的才说，不应该说的不说。该说的，一句不可少；不该说的，半句都不可多。知默然后知言，自己持默，对方才会开口。我们常说希望多听对方的意见，自己却说个不停，把时间都占用完了，对方怎么有机会开口？对方不想听，最好持默，你越说得多，他越反感，绝对不要只顾自己说了安心。

良好的沟通必须以情为先，大家情绪平稳，当然乐于倾听，一般人以为有学问才能有效沟通，其实关怀对方，让他言默自如，不觉压力，才容易获得更多信息。

沉默不语的时候，身体可以进行非语言沟通。"察言观色"便是提醒我们行动的声音比说话的声音更有力。我们常说下属不是听上司说怎么做，而是看上司怎么做，就是这个道理。

为何沟而不通

企业里常常上、下两情不通，造成沟通的障碍。原因可能是上司或下属在表达上出现了沟通的弊病。

1. 上司常犯的六弊

（1）总认为自己官大、学问大，样样都要胜过下属。

（2）听见批评的话，就很不高兴，却很高兴发现别人的错误。

（3）显得能言善道，有时是强词夺理。

（4）唯恐下属不知自己如此聪明，经常炫耀一番。

（5）常摆出一副威严的姿态，与下属拉开距离，使下属畏惧而不敢敬言。

（6）自以为是，一味执着于自己的成见。

2. 下属常犯的三弊

（1）存心讨好，报喜不报忧。

（2）见风转舵，投上之所好，以致对错不分、是非不明。

（3）胆怯怕事，阳奉阴违，多一事不如少一事。

许多人说话，喜欢看对方反应而改变自己的意见，这种见风转舵的作风，不见得完全一无是处，却增加沟通许多的困难。除非十分了解对方，否则不容易明白其真正用意。功力高强的人，同样一句话，"人听起来像人话，鬼听起来像鬼话"，这种"一石二鸟"的沟通方式，确实是高招，不过也可能造成混乱，达不到沟通的效果。

别忽视这些沟通渠道

正式沟通系统，是以上所讨论的组织内命令传达或下情上达的正式通路。非正式沟通系统，则是正式沟通系统之外成员之间的交谈。正式沟通和非正式沟通都很重要，不可偏重，最好能兼顾。非正式沟通系统的内容可分为传言、流言、谣言这三类，对待不同类型的内容需采取不同的措施。

1. 传言

它是组织成员互动的结果，不是空穴来风，一般有些事实依据，所谓"无风不起浪"。只是这些事实，在正式沟通系统中未能妥善处置，因而成为传言。组织中免不了传言，无法防止，也不必畏惧，反而要善加利用，作为向上沟通或向下探测的工具。

2. 流言

它是组织中被人加以利用来中伤别人的坏话，可以杀人不见血。流言有的根据事实，却加以膨胀或扭曲，目的在增强杀伤力，使被中伤的人受到更大的打击。对于流言，必须采取重视的态度，查明事实，使受害者得到澄清，使真相大白。

3. 谣言

完全没有事实依据，但不一定存心伤害他人的话，叫作谣言。谣言应止于智者。聪明的人听到谣言，就能理智地判断是否有事实依据。团体中若大多数人的态度都相当明智，谣言就会止于智者。不过，谣言往往不会自动停止，因为人有好奇心，听到新奇的东西，一般会顺口顺传，成为谣言散布者而不自知。所以一旦发现谣言，应该勇敢地站出来辟谣，这种道德勇气，是团体内安定的力量，不可忽视。

对下属采用支持性的沟通技巧

接下来,我们要集中谈一种可以帮助管理者准确而诚实且又不影响人际关系的人际沟通——支持性沟通。在支持性沟通中,不仅提供的信息是准确的,而且沟通双方是互相支持的。带来的结果是积极的人际关系。支持性沟通的目的不是让别人喜欢你,说你是个不错的人。也不是要让你在社交中被接受,而是因为支持性沟通能够促进积极的人际关系,而这种关系能使组织生产效率提高、问题解决得快、产品质量高,比那些关系不好的组织少有矛盾。不仅如此,支持性沟通,可以提供优良的顾客服务。对顾客投诉和误解常常需要支持性沟通的技巧来解决。管理者不但要有能力运用这种沟通技巧,而且要帮助下属培养这种能力。

以下是两个典型的案例。

(1)小陈是你公司的销售部经理。你的公司生产并销售航空航天工业用的零配件。他属于你直接领导。小陈的部门总是完不成计划,销售人员的平均销售额在全公司的平均额以下。小陈的月报也总是不及时。看了他报来的最近的销售数字之后,你又一次约他谈一谈。你按时到了他的办公室,他却不在。他的秘书对你说,几分钟前,小陈的一位销售经理来过,报告说有几个职工今天早上上班迟了,而且休息的时间拖得太长。小陈于是跟着这个经理给员工训话,他要提醒他们工作的要求。秘书请你等15分钟,他很快就回来。

(2)小李毕业于十大名牌大学之一,有学位,最近到你的公司财务计划组工作。来之前,她的推荐信和学历都很好。但是,她在组里的表现常常喜欢打击别人、抬高自己。你听到不少意见说她很傲慢,自吹自擂,还公开批评别人的工作。当你第一次同她谈话时,她否认自己有问题。她说,如果有什么的话,那就是她对提高小组的工作水平起了积极的影响。最近,她的同事又反映对她的意见之后,你打算同她再谈一次。

这两个案例的基本问题在哪里?你打算如何处理?你要说些什么、怎么说,来争取最好的效果?

首先,让我们区分管理者面临的两类基本的人际沟通问题。上面的这两个例子有助于确定这两类问题。在小陈一案里,基本是需要指导。指导是指管理者必须教给下属怎么做,给他规定标准。下属必须受到这种教导,知道怎样把工作做好。指导问题一般是由于能力差,信息不充分或不了解情况,或下属不负责引起的。在这种情况下,管理者提出准确的信息就很重要。下属必须清楚地了解,问题是什么以及怎样去克服。

在第一个例子里,小陈是代管了下级的事情,而他却不让他的下级自己处理他们碰到的问题。在第二章"压力管理和情绪管理"中,我们谈到上司代替下属做事是无效时间管理的一个主要原因。不坚持让他的下属在向他报告问题的时候也提出解决办法,直接干预他的下属该处理的问题,小陈自找的负担太重了。他不让他的下属去解决他们自己的问题。凡是一个人想解决所有的问题、把持所有的事情、掌握所有的问题的地方,生产力总是受到损害。在这种情况下应该指导小陈如何避免对下级越俎代庖,如何既有效地下放责任,也有效地下放权力。

小李的例子则说明她需要辅导。因为她的问题出自态度,个性冲突,为自己辩护,或其他与感情相关的事情时,管理者需要给予辅导而不是指导。小李的能力和技巧不是问题,但是她不愿承认问题的存在并且需要改变。这就需要管理者给予辅导。小李在她的职位上是很称职的,所以指导或规劝都不是有用的办法。而辅导的一个重要的目的是帮助小李认识到有问题而且要找到可以解决问题的办法。指导适用于能力不足者,管理者的态度是:"我可以帮助你做得好些。"辅导则适用于态度问题,管理者的态度是:"我可以帮助你认识到问题的存在。"

当然,许多问题既涉及指导、又涉及辅导。管理者常常要给予指示和忠告,同时要帮助员工理解和愿意做改变。认识到这两类问题的区别是很重要的,因为把问题弄错了,就可能解决不了问题,反而使问题恶化。在辅导的情况下给指示和忠告(指导)往往会增加对方的自我辩护或抗拒而不愿改变。例如,劝告小李,告诉她如何做工作,哪些事情不该做(例如批评别人的工作)或许只会使她为自己辩护得更厉害,因为她还没意识到自己有问题。同样,在需要指导的情况下只给予辅导只会避开问题,却不能解决问题。比如,小陈知道有问题,但是不知道如何去解决。这里需要的是指导而不是认识问题。

那么,剩下的问题就是:"我怎么能对别人进行有效的指导或辅导?在这种情况下有什么有效的行为指南?"指导和辅导都基于一些基本的沟通原则,表3.1归纳了这些原则。

表 3.1　有效沟通的八项原则

原　　则	不　要　说	应　该　说
1. 对事不对人	因为你才有问题	我们怎么解决这个问题?
2. 要描述而不要审判	你那样做,错了	发生的事情是这样;我是这样表态的;我做了这样的建议,我觉得这样比较好
3. 心口如一	我难过了吗? 没有,一切都很好	你的行为确实使我难过
4. 要先肯定而不要先批评	你不懂,所以我们要按我说的办	我有些想法,你有什么建议吗?
5. 要相关而不要截断	你总是要别人注意你	在会上,你打断我三次
6. 要具体而不要笼统	我要讨论这个	关于你刚才所说的,我想(不管你要讨论什么)讨论这个问题
7. 要承担责任而不要推诿	你的意见很好,但是……	我决定否定你的要求,因为……他们通不过
8. 要倾听而不是单方面提供信息	我以前就说过,你犯的错误太多	你认为是什么妨碍了改进工作?

在指导和辅导中如果不遵循支持性交流的原则,结果将导致各种消极后果的两个问题。表3.2归纳了这两个主要问题。

表 3.2　有效人际交流的两个问题

为自己辩护	不给予肯定
• 交流结果使一方感到受到威胁或打击,于是自我保护高于一切 • 精力花在设法为自己辩护,而不在倾听别人的话 • 普遍的反应是进攻性、愤怒、竞争性和/或回避	• 交流使一方觉得无能、没有价值,或微不足道,要重建其自我价值 • 精力都花在设法表现自己的重要性,而不在倾听别人的话上 • 普遍的反应是表现自己,以自我为中心的行为,冷淡和/或失去动力

为了克服这两个大问题,在帮助下属改变他们的态度和行为时要遵守有效沟通交流的八项原则。

有效沟通的八项原则

对事不对人

对人的沟通的一个问题是:虽然大多数人的行为可以改变,但是能改变基本个性的人却不多。因为一般来说,对人的沟通会使关系恶化却不能解决问题。对人说话往往是设法说服对方"你应该这样想",要么是"你就是这么一种人"。(例如"你是一个无能的经理,一个偷懒的工人,一个迟钝的办公室工作人员")。既然多数人觉得自己还不错,对于这样的交流普遍反应是自我辩护或干脆拒绝。针对人的沟通中没有实质性的内容是个关键缺点。

针对事情的沟通,注意力则集中在问题和问题的解决而不在人的表现上。这是很有用的,因为它关注的是行为和事件,有时也要表扬人。说这样的话:"你是个独断专行的人"和"你迟钝"是针对人;而说"我很少见到你帮助人做决定"和"我们的关系在恶化"则是比较叙事的。给人加以某种意图也是针对人的(例如"那时因为你想控制别人")。但是,对某种明显的表态表示关注则是对事的(例如"你今天在会上的有些发言带讽刺")。

在指导中,针对问题的交流也应该有人们普遍接受的标准,而不是表示个人的意见。个人意见容易被理解为针对人的意见,引起人的自卫,而将一种行为与普遍接受的标准相对比则比较客观。例如,一方面说,"我不喜欢你这种穿戴"是表示个人意见的,也许会引起对方的抗拒,特别是听的人并不觉得说者比他/她自己的意见更有权威。另一方面,"你这种穿戴不符合公司穿着的标准"或者说"每个人上班都要打领结"这样的说法有客观标准,就显得有权威性。因为涉及的是事而不是人,就不大会引起别人要自卫的感觉。有效的支持性沟通并不需要回避表示个人对别人行为举止的意见和感觉。但是这样做的时候,他们还应该记住下面谈到的这些原则。

要描述而不要审判

人们如果用审判性沟通的方式,他们就会对对方作出一种判断,好像对对方或其行为贴上一个标签,或"戴帽子",比如说"你是个坏人""你这样做错了""你无能"。这种审判性沟通一般都会使对方觉得遭到打击而为自己辩护。可能的反应会是:"不,我不是坏人""我没做错""我同你一样有能力"。结果只会引起争论,伤害感情和损害人际关系。

在人们对某件事感受很强烈,或者觉得受到威胁的情况下,他们往往对别人的行为做消极的评价。有时候他们还会以给别人贴个标签的办法来缓解自己的气愤,或减少自己的焦虑:"你是个坏人,那就意味着我是个好人。因此我觉得好受些。"还有的时候,他们感受很强烈,总想对对方没有达到他的要求或期望给予惩罚:"你这样做该受罚。你活该。"这种做法的问题在于审判性的沟通往往是自以为得逞。你给别人戴帽子只会导致别人给你也戴帽子,这会使你为自己辩护。这样一来,沟通的准确性和关系都会恶化,而不会改进。接着是争论和偏见。

代替审判性沟通的是描述性沟通。它可以消除沟通中审判的趋势,也不致引起双方各自辩护。描述性沟通有三个步骤,归纳在表3.3中。

表 3.3 描述性沟通

步骤	第 一 步	第 二 步	第 三 步
内容	• 尽可能客观地描述事件、行为或环境 • 回避指责 • 如果需要,拿出事实和证据	• 描述你自己对该事件、行为或环境的反应或感觉 • 描述已经产生或可能产生的客观后果 • 注意力集中在那种行为和你自己的反应,而不要集中在对方或他/她的个人特点	• 提出一个较能被接受的解决办法 • 准备讨论别的解决办法 • 注意力集中在解决方案上,而不要放在谁对谁错上

首先,尽可能客观地描述需要说明的已发生的事件或行为。这种描述应该客观,即其中的成分能够得到别人的证明。行为,如前所说,应该对照公认的标准而不是个人的意见或偏好。主观印象或说别人动机的性质无助于描述事件。这种描述"你这个月完成的计划比部内其他人都少"可以得到证实(有客观的记录),而且只关系行为,联系的是一个客观标准,而不是下属的什么动机和个人品格。因为没有评价,没有给行为贴什么标签或"戴帽子",没有个人攻击,下属不大会觉得受到威胁。描述一种行为是比较中立的态度。

其次,描述对行为或行为后果的反应。不要设想对方是问题的根源,应该把注意力集中在行为引起的反应及其后果上。这要求谈话人了解他们自己的反应,而且有能力去描述。用一句话来描述往往是最好的方法:"我很担心我们的生产力。你的业绩的水平令我们的计划受挫。"同样,可以这样指出行为的后果:"这个月的利润完了,我们部在评比中落后了。"或"有两位顾客打电话来表示不满。"描述感觉或后果也降低了引起自我辩护的可能,因为问题限制在说话的人的感觉和客观后果,而不涉及下属的特点。如果这些感觉和后果不是以指责的方式描述出来,谈话人的主要精力就会集中在问题的解决,而不是在辩护上。

最后,提出一个比较能被接受的解决方案。把个人与行为分开,这有助于给对方留面子,使他觉得自己受重视,个人的自尊得到保护,应该改的是那个行为。要注意不可传递这样的信息:"我不喜欢这样,看你怎么办。"改变不一定就是交谈的一方的事情。应该找出一种双方都能接受的解决方案,而不是决定谁对谁错,也不是谁应该改、谁不应该改:"我想建议我们定期碰头来帮助你比上个月多完成六个项目。"或者说:"我愿意帮助你找出妨碍你取得更大成功的障碍。"

重要的是要记住,这些描述性沟通的步骤并不是说要一方去改变。往往要寻求一个双方都满意的中间点(例如一方对不慌不忙的工作态度要更容忍点,而另一方则要自觉地工作得快一点)。不但如此,在需要做评价的时候,要按照公认的标准(如"你的行为不符合规定的标准"),可能的后果(如"你继续这种行为会导致更严重的后果"),或者同一个人的较好的表现比(如"这可不像你过去的表现")。重点在于避免引起对方的否定或使他为自己争辩。

心口如一

最好的人际沟通和最好的关系是建立在一致的基础上的,就是说,说的事同沟通者所想和感觉的完全一致,无论是口头的还是非口头的。当对下属指导和辅导的时候,诚实的言辞总是比人为的、不诚实的言辞要好。不表露他们真实感情的管理者,或者不讲出他们心里真正想法的管理者,会造成一种印象:好像还有什么不可告人的安排。下属感觉到有什么事情没有说出来。因此,他们对这种交谈者不大信任,而是把注意力放在猜想上:到底他隐藏了什么,而不去倾听对方的话,也不去设法改进。这就造成了虚假的印象,达不到沟通的目的。

两个人的经验、认识和沟通越是一致,就越能保证关系趋于相互一致,趋于相互更准确地了解沟通,趋于改进双方的心理调节和功能以及双方相互更为满意。相反,经验、认识和沟通差异越大,以后沟通中的关系差异也越大,破坏了准确的了解,双方不大能有充分的心理调节和功能,双方也相互不满意。

要先肯定而不要先批评

支持性沟通应以平等的态度帮助下属认识到他们可以识别和解决问题。沟通中的灵活性是指管理者愿意接受和面对一个事实:除了他们自己已经掌握的以外还会有更多的情况和解决办法,其他人对问题的解决,也有他们的见解和看法。所以上司应以真诚、谦虚的态度,对新的看法采取开放的态度来进行交流。在灵活的沟通中,要区分事实和意见,证据和设想。灵活的交流是一种共同解决问题的意愿,而不是控制对方,也不是摆出老师教学生的架子。

最后,管理者的沟通中如能肯定彼此一致的方面并且共同做承诺,就能调动下属的积极性。在辅导和咨询的过程中,既要找出积极的行为和态度,也要找出消极的行为和态度。在指出次要问题之前,管理者要指出重要的问题;先指出一致的方面,再指出不一致的方面;先指出下级叙述中的有利之处,再指出不利之处;先表扬后批评;先谈下一步积极的方面,再说过去的错误。其目的是肯定别人有助于创造自尊和自信感,这会转变成自身的积极性,要求表现得更好。相反地,否定别人很少会产生这种积极的结果,但遗憾的是它却是一般管理者对下属普遍的态度。

沟通中,我们常发现许多人不等待、不倾听,不去理解而是打岔,先入为主,批评或者不管人家说的什么;而他们自己说的话又常常含糊不清、前后不一、啰唆、不诚恳,或者是教条。结果,谈完后,人们觉得言犹未尽,误会更多,比谈话前的距离更大。无效的沟通引起对自我价值和人际关系产生反面的感觉。这种谈话不承认对方的存在、特点或重要性,特别是交谈中对别人表现优越感、生硬、冷漠。

沟通中的一个大忌是优越感。表现优越感的谈话给人一种印象,好像只有讲话的人知情,别人都一无所知;只有讲话的人妥当,别人都不妥;只有讲话的人能干,别人都不能干,或者只有讲话的人有权,别人都无能。这就在讲话的人和他传递信息的对象之间造成一种障碍。

表现优越感的交流可能是以贬低别人的形式出现,好像别人都不好,只有说话的人自己好,或者以高人一等的面目出现,谈到别人时故意抬高自己。常见的表现优越性的谈话是爱用行话、缩略词,或者是别人听不懂的词,而在谈话者与听者之间造成障碍。医生、律师、政府官员和其他许多专业人员好用行话、缩略语不让别人懂,或旨在抬高自己而不是为了沟通信息。讲别人不懂的外国语也会造成有优越感的印象。

生硬是使沟通无效的第二个大忌。这种谈话绝对化、不含糊、不容置疑,不考虑任何别的意见和观点。讲话教条,"无所不知"的样子,常常使别人尽量少讲话,或是不顾别人的观点。除了教条以外,生硬的沟通还有以下几种情形。

(1)从来不对别人的意见表示同意,或者表示同意时,要说"他们同意我的意见",而不说"我同意他们的意见"。

(2)把别人的意见都说成符合自己的意见。

(3)从不说"我不懂",而是对什么问题都有答案。

(4)对别人的意见和信息不表示开明。

(5)使用审判性或抹杀的说法,而不用理解和肯定别人的说法。

(6)表现为容不得批评和不同观点。

(7)对复杂的问题做简单化的定义。

(8)使用笼而统之的说法(给人以关于这个题目该说的都已经说过了的印象)。

沟通的第三大忌是冷漠。冷漠表现为不承认别人的存在或不承认别人的重要性。这种态度可能表现为沉默,对别人说话不予回应,不正视别人,脸上没有表情,常常打断别人的话,使用非人称的说法(如说"不该如何",而不说"你不该如何"),谈话中做些与谈话不相干的事,沟通者表现对对方无所谓,或给人印象是对对方的感觉或观点无动于衷。无动于衷指的是沟通者不理会对方的感觉或意见。或者说人家不合理"你不应该那样想",或者说"你的意见不对",或者说人家幼稚"你不懂""你理解的情况不对",或者更糟的是说"你的意见根本就是不了解情况"。

使沟通无效就是:反应旁若无人,不理解别人,不让人家沟通,不让人家谈自己的经验,有时疏远别人在辅导和咨询中使沟通无效,比在批评和不同意时的破坏性更大,因为批评和不同意至少还承认了别人说的什么、做了什么,值得来纠正、予以反应,或者至少是注意到了。

要相关而不要截断

支持性沟通要在某种程度上或以某种形式和以前的交流相连接,应该是顺畅地连接。截断式的交流则会造成和过去说过的话失去联系。如果不让对方有机会建立一种相互满意的关系,或不让双方都对交流做贡献,沟通就无法进行。当一方不让另一方把话说完,采取一种竞争式的、非胜即败的架势,发出令人迷惑的信息,不让对方对沟通做贡献,沟通就进行不下去,因此,问题也就不能有效地解决。截断式交流的情况可能如下。

(1)缺乏一种平等的说话的机会。当一个人总打断别人的话;当一个人把持着谈话,只是他一个人说话;当两个人或者更多的人同时要说话;这时交流就要被截断。谈话不能顺畅进行。

(2)中断的时间太长。谈话双方长时间停顿,或者一方长时间不回应对方,交流也会被截断。中断谈话不一定全是沉默;听的时间也可以做些表示,如"嗯……""啊……"或者重复一下已经说过的话,而谈话却并没有进展。

(3)控制话题。当谈话的一方单独决定话题(而不是双方来决定),交流也难以为继。双方可以交替地提出话题。例如不接着刚才所说的,或者把话题转到应该回应的事上。

这三个因素——轮流讲话、控制时间以及控制话题——被维耶曼(Wiemann,1977)称为"互动管理"(interaction management)。能够运用连接交流的人比那些在交流中截断的人在人际交流中的能力更强,他们以支持性沟通肯定了交谈对方所说的话,从而酝酿了共同解决问题的可能和集体的精神。

善于沟通的人会运用好几种行为来掌握谈话的情景,使之连接而不被截断。在互动中,他们会根据下属先前说过的话提问题,等待下属说完一句话才回应,而不是替人家把话说完,或者一次说上两三句话就停一下,好让人家插得上话等,来使谈话继续下去。

要具体而不要笼统

一般说来,事情说得越具体,就越有用。举个例子,说:"你这个管理者对时间可没管好。"这太笼统,没有用;若是说:"你今天花了一小时做会议计划,或许你可以让你的助手来做。"后一种说法就提供了具体的信息,可以成为行为改进的基础。"你不会与人沟通"不如说:"扮演这个角色中,你花了60%的时间做评价性表态,而只有10%的时间叙述问题。"沟通越具体,越可以避免走极端或绝对化。下面一些极端的话常引起人们为自己辩护或反感。

甲:你从来不征求我的意见。

乙:我征求你的意见的。在做决定前我总是同你商量。

甲:你永远不考虑别人怎么想的。

乙:我是考虑的。我非常关心人。

……

另一类笼统的说法是非此即彼。例如:"要么你按我说的做,要不我就开除你。"这样也容易引起反感。我们应避免用"常常""从来""永远"绝对的字眼,这样容易激怒对方而引起自我辩护。具体的谈话必须有用,即所说的事、问题或行为是能够证实的,而且人们能够解决问题,才能达到沟通的效果。

要承担责任而不要推诿

对自己所讲的话负责,或者承认主意是自己的而不是别人的,都属于承担责任的谈话。用第一人称代名词,如"我""我的"来表示承担责任。用第三人称代名词,或第一人称代名词的多数格,像"我们认为""他们说""也许可以说"等,会让人觉得你推诿责任。推诿责任的谈话是推到不知道的人、集体或不相干的来源(如"许多人认为")。谈话的人回避对所传递的信息承担责任,因此也就回避互动投入。这使人认为谈话的人采取事不关己或者不关心的态度,或者对所提出的主张信心不足而不愿承担责任。

回避责任的谈话产生的一个后果是听的人无法确定听到的信息中的观点,"如果我对这个信息不了解,我该问谁?"不仅如此,一个不承担责任的方式说出来的信息使人觉得:"我要在你我之间保持一个距离。"说话的人是以一个代表的身份而不是以本人的身份,以信息传递者的身份而不是以当事人身份讲话的。相反地,承担责任的谈话会显得较有诚意和有投入的意愿。

要倾听而不是单方面提供信息

前面讲的支持性交流的七个属性都是集中在信息提供上,但是支持性交流的另外一面,倾听对方的谈话并作出有效的回应,也是非常重要的。

在沟通中,有效地倾听别人的讲话最重要。尽管倾听很重要,但大多数人在交谈中只有45%的时间在听别人讲,许多人还是不善于倾听。拉尔夫·尼克尔斯和伦纳德·史蒂文斯

（Ralph Nichols. & Leonard Stevens）（1957）通过测验得出结论，个人倾听的有效率通常为25％，即他们所听到和了解的只是人际沟通的四分之一。当问他们在多大程度上是巧妙的倾听者时，85％的人给自己打的分是一般或在一般水平之下，认为自己很有技巧的只有5％。特别遗憾的是，往往是对人们最亲近的人，如家人和同事，倾听的技巧最差；对亲近的人比对外人更容易打岔，而且更容易过早地下结论（即不听人家讲）。

人们一心只想满足他们自己的需要时（例如，要面子、说服别人、当赢家、不想卷入某件事），当他们已经先有一个判断时，或者当他们对谈话的人或他传递的信息抱着消极的态度时，他们不可能有效地倾听，因为一个人一分钟可以听500个字，而一般只能说125～250个字，听的人脑子里有一半时间可以在想别的事。

因此，要做一个好的倾听者不容易，这不是天生的。需要开发听的能力和了解别人传来的信息的能力，同时还要帮助加强交流双方的关系。

一对一的沟通

支持性沟通不仅在正常谈话和解决问题时有效，在个人管理面谈时也很有效。管理有效与否的一个重要区别在于管理者是否给下属机会听取反馈，使他们感觉自己得到支持和理解。提供这些机会不容易，因为这需要花费大量的时间。许多管理者很想给下属以指导和辅导，对他们进行培训，可就是抽不出时间。所以，制订一个管理面谈计划给下属提供发展和反馈的机会，是使管理有效的重要机制。

管理者经常地，每个月一次或每两周一次，同他们的下属个别谈心，工作效率会大大提高。我们称这种个别谈心为个人管理面谈。实行个人管理面谈制度有两个步骤。

（1）开一个角色协商会（role-negotiation session），明确指示这个制度的期望、责任、评价的标准等。不开这样的会，大多数下属人员就不清楚对他们有什么期望、对他们的评价根据什么。管理者和下属人员协商与工作有关而在政策里却没有规定的问题。会议达成的协议和规定的责任要做书面记录，在管理者和下属人员间起一个非正式合同的作用。角色协商会的目的是明确双方对对方的要求是什么。

（2）排出管理者同其下属一对一交谈的计划。这也是实行个人管理面谈制度最重要的一步。这种交谈应该是经常性的（不是在犯了错误或出现危机的时候），而且是单独的。这种会谈可以为管理者提供给下属指导和辅导的机会，帮助他们提升技巧、改进工作表现。因此每一次会见应该有45分钟到1小时，集中谈以下这些问题：

① 管理和组织问题。

② 互相交流信息。

③ 人际关系问题。

④ 进步的障碍。

⑤ 管理技巧的培训。

⑥ 个人的需要。

⑦ 工作表现的反馈。

⑧ 个人关心的事或问题。

这种谈话总会提出一些要在下次谈话前实现的行为,有些是下属需要做的,有些则是管理者需要做的。双方对谈话都要做准备,都要提出要谈的题目。这不是管理者召开的正式的评价会议,而是管理者和下属都要投入的发展与进步的会议。这给下属一个机会,能同管理者共同研究问题和汇报情况。因而,有助于排除无计划的干扰,免除了冗长无效的集体会议。下一次谈话时,要检查一下前次谈话定下的要做的事情,这就鼓励了不断进步。

实行这个制度的优点在于:它不仅提高了小组的效率,而且加强了个人的责任感,提高部门会议的效率,以及改善了交流的进行。实际上,管理者也可以有更多自己支配的时间,因为这个计划给他们减少了不少干扰和无计划的会议,而且在必须改正错误或做反馈的时候,能及时给予指导和辅导,帮助他们加强了人际关系,同时使问题得到解决,工作也得以改进。

成功会议的诀窍

这里我们要特别讨论:如何掌握有效的会议技巧。开会是十分频繁的活动,但往往由于极为普遍而容易被人忽略,甚至很多人认为会议只是一些琐碎的事,从来没加以认真处理。另外,管理者花在会议活动上的时间非常多,特别是职级越高的,花的时间便越多。因此,有效地利用会议,能更有效地发挥团队的潜能;相反,一个处理不当的会议很可能破坏团队的合作性。

有效会议的 4P

有效的会议管理者头脑中有准备和召开会议的四步:目的(purpose)、与会者(partici-pants)、计划(planning)和流程(process)。

1. 目的

目的是指会议召开的原因。决定何时开会的四条主要指导准则如下。

(1)信息共享。当所有需要的信息并不由哪一个人独占时,当创意应由大家共同产生时,当不清楚需要或应提供什么信息时,就应召开会议。

(2)增强承诺,因为个人对他们参与计划和实施的行动有承诺,应当召开会议来增强这样的参与。

（3）信息传播。当许多人必须通过相同途径接收相同信息时，或当最高信息必须迅速传播时，会上的信息共享比一对一会谈更有效率。此外，在会上个人有机会对所分享的信息提供反馈和讨论。

（4）解决问题和决策。集体在完成复杂任务和做高质量决策时应该开会讨论，因为这种情况下需要各种不同的信息，会议可以帮忙解决复杂问题并做集体决策。

2. 与会者

与会者即应邀出席会议的人。为进行一个有效的会议，决定会议规模和邀请出席者的构成非常重要。太多或太少，又或出席者组成不当，也是导致会议失败的原因，因为太多人很难在会议上讨论较深入层面的结论；太少人的话，又会引致分享信息不足的现象，徒劳无功。

会议由同质性—异质性、竞争—合作和任务—流程三个主要内容组成。

同质性—异质性的群体是由类似背景、个性、知识和/或价值观的成员组成。因此，较少产生冲突和分歧，但结论也许没有新鲜感或创意。异质性的集体存在很多分歧，虽然可能会产生批评和争论，但也极有可能产生极具创意的结论。

竞争—合作在解决问题上表现十分杰出，成员有共同目标，他们能采取合作的态度来完成任务，因此人际交流更有效、工作更努力、参与程度更高，他们能得到更高的满足度和更好的绩效表现。

在任务—流程上，目的是要寻求两者之间的平衡，因为任务导向过多，任务可能完成，但成员却缺乏由感情交流唤起的满足感；而关系导向过多，可能由于高度的士气和参与精神，使参与者感情满意度很高而任务却可能没完成。

3. 计划

计划的意思是准备会议的议程。这是十分重要的一个部分，因为参与者和主持人可能不知道有关信息、对自己应扮演的角色感到模糊甚至没做好准备等。至于会议主持人则可能把太多事项堆在同一会议中讨论、处理等。

为了有效地利用会议，Tropman(1985)提供了下列指导准则，我们可做参考。

（1）半期准则。下次会议的所有议程项目必须在上次会议和下次会议间一半时间前准备好。如果会议是周会，下周的会议议程项目必须在本周中期收集完。这将有时间对议程项目进行分类合并，在会议外逐一处理某些项目，并且在会议前定下和分发议程表。

（2）四分之三准则。其包括上次会议纪要和议程安排的信息包应当在会议间隔四分之三时发送给与会者。例如，如果是每周会议，该信息包应当在下次会议前两天发出。

（3）议程表的准则。会议安排应当用行动性词汇和/或总结性语句，而不是单个词。例如，用"批准备忘录"而不是"备忘录"，用"决定生产安排"而不是"生产报告"。这样会对会议的成果提供明确性和推动力。

（4）六分之一准则。本次会议大约三分之二的时间应当用在议程安排项目上。剩下的三分之一应分为两个六分之一。其中一个六分之一时间用于上次会议安排项目及后续工作。另一个六分之一会议时间应当用于未来议程安排项目（如计划或准备）。这样能保持会议的连续性并使议程项目不会遗漏。

（5）三分之一准则。所有会议时间应分成三部分：①启动时段，涉及不太困难的项目，迟到者赶到，人们进入状态；②重要工作时段，在此期间考虑最困难的问题；③减压时段，在此期间会议开始松弛减压。指令性项目应当在第一时段处理，决策项目应当在第二时段处理，第三时段处理讨论项目。

（6）报告的准则。散发给与会者的报告应当包含执行者的总结和/或选择项的备忘录。执行者的总结凸显主要点和报告的结论。选择项备忘录总结了讨论的方案和决定的方案。这减少了为找到相关信息而四处寻找和为匆匆读完报告而花费会议时间。

（7）议程"钟"形准则。这条准则是前面几条有关何时进行何项准则的具体陈述。为减少争论，应将注意力放到讨论和解压项目上。

（8）议程一致性准则。议程上的所有项目都必须讨论，而不在议程上的不应讨论。这条准则帮助确保会议不会偏离议题，特别是偏到那些没人准备且信息不充足的议题上。

（9）时间一致性准则。该准则很简单：准时开始，准时结束。遵守会议的时间安排。这确保所有议程项目都有充足的时间，后来者不应当让会议等他们，并使与会者能估计会议结束时间。

（10）纪要的准则。会议记录应有三个特点：议程相关性（记录的信息与议程项目有关），内容相关性（会议记录格式应跟随议程安排表，这样快速浏览可获相关信息），集中于决策（记录应当反映决策和一致同意的行动，而不是达到决策的过程）。

这十条会议准备的准则帮助确保与会者何时到会，会议何时开始，以及为使会议有成果、有效率所应采取的计划和结构。

4. 流程

流程指的是整个会议实际的过程如何确保会议有效。Huber(1980)为举行会议列出了七个步骤。

（1）回顾。在会议开始时，应回顾议程表和应完成的任务以及前次会议确定应取得的进步。这将帮助与会者准确获知期望和鼓励他们集中注意力于任务上。这也使会议控制时间更容易。

（2）介绍。应当彼此介绍会议参加者并帮助他们感到舒适，特别是在考虑有争论的问题时。彼此的信任和关系就显得特别重要，有时在会前先进行社交活动会有助于会议的进展。

（3）基础准则（ground rules）。应当明确表明期望什么类型和多大程度的参与，能容许对议程安排的何种变更,应遵守什么时间框架等。一开始就确定会议结构有助于会议不偏离轨道。此外,还应决定采取何种方式决策。例如,为达成共识,每个与会者都必须同意吗?是多数同意原则吗?每个人有一票吗?在决策和达成共识上有几种方法,应当决定会上采用哪种。这些方法是:

① 多数法则:每位与会者对各种方案投票,投票获多数的方案获得通过。

② 总数最高:当有两个以上方案时,没有哪一个获得多数票,因此,采用得票最多的。

③ 民意投票:为获得与会者对各种方案的感觉,进行不具约束力的投票。为删除不受支持的方案,在达成决议前可能进行数次。

④ 权重评分:与会者对各个方案可按 100 分制评分,这样就可记录他们的支持强度。例如,如果有三个方案,一位与会者可给一个方案 90 分,另两个方案各 5 分。得分最多的方案通过。

⑤ 分等级:各种方案分等级,平均等级最高的方案通过。

⑥ 一致同意:全体与会者必须同意采纳某个具体方案。

⑦ 原则上同意:虽然不能在所有具体细节上同意,但可以识别并同意某些总的原则。因此接受的是原则而不是整个提议。

(4)报告。在会议初期,应让那些事前准备汇报的人做报告。这有助于他们承担责任,缓解汇报者的焦虑,汇报也不应该拖到会议结束时,这也让汇报者能在汇报后集中精力于其他项目上。

(5)演示。为保持与会者的兴趣,应使用不同的媒介来提供信息。分发材料、投影光片、幻灯片、挂图、录像、黑板图等都有助于保持兴趣和提高汇报信息的效率。总之,与会者在会议中应当能用至少两种感觉:视觉和听觉。

(6)参与。与会者对会议的参与应平等,这并不是说每个人发表一样多的评论。那些有更多信息和对此专题有特殊兴趣的人参与较多。但是,控制过度参与者即那些主导讨论的人和鼓励那些有可能贡献却不太愿意这样做的人一样重要。不同观点之间也应平等,这样某一派的代表不会主导讨论。鼓励与会者讨论的方法有:

① 询问开放性问题而不是只等"是"或"否"的问题;

② 用与会者的语言而不是行话和深奥的术语来提问题;

③ 鼓励与会者谈出与主题有关的个人经验;

④ 用自己经验的例子来阐明观点;

⑤ 与你交谈的人进行目光接触并在他们完成陈述后总结他们的论点;

⑥ 询问集体成员对其他与会者看法的反应;

⑦ 在适当的时候,让别人回答你提的问题;

⑧ 作为主持人,应确信你协助而不是主导着讨论的进行。

(7)总结。结束会议时,应当总结达成的决议、分派的任务、取得的进步、讨论的要点和会上所学的东西。计划下次会议要报告的行动项目。帮助与会者感受花费时间开会后的成就感。这还是一个预定下次会议的好时间,可提出何时分发会议纪要和下次会议安排,并要求做什么准备。

处理有问题的团队成员

当主持人面对问题成员的时候,便需采取一些对策来应付了,以免耽误会议的进展。表 3.4 列出了 11 种在会议上常出现的破坏性的行为,并列了相应的对策给读者参考。

而在整个处理的过程当中,要加以注意的是应付手法不应让有关成员感到难受或尴尬,更不应以威胁方法让他们安静下来,领导人的目的不单在于让会议顺利进行,更要判别团队成员的感情特点,因为这样才能使团队协调和塑造文化。因此,领导人应运用支持性的沟通,协作性的冲突管理和授权技巧,以公开、直接、问题导向和支持性的方式来改善问题成员的行为。

表 3.4　对付有问题成员的建议

类　型	行　为	建议的对策
敌意	"这没有用" "这是典型的工程技术的观点"	"其他人怎么认为的?" "你或许正确,但是咱们来看看事实和证据吧。" "看来我们在具体问题上有分歧,但是我们在原则上是一致的。"
自以为是	"我比在座的诸位在此工程的时间都长……" "我有经济学博士学位和……"	"让我们看看事实。"(避免争论和推测) "在此方面的另一位著名权威说过……"
大嗓门	不断地提出意见和问题 (试图主宰会议)	打断:"你能总结你的主要观点/问题吗?" "我欣赏你的见解,但我们应当听听别人的。" "有意思。请帮我们弄清楚它与我们主题的关系。"
插话	在别人讲完之前开始说话	"请稍等,小陈,让小张把话说完。"
曲解	"小李真正想说的是……" ("小李对此问题的反应是……")	"让小李自己说。小李,请继续说完。" "小李,你会怎样反应?" "小李,你认为小陈正确地理解了你说的吗?"
长舌者	"没有一条法规规定你不能……吗?" "我听说财务副总裁说……"	"有人能证实这个吗?"(假设没人反应) "咱们别再占用大家的时间,除非我们能证实此信息。"
低语者	两人之间烦人地开小会	提示: 1. 走近他们并进行目光接触 2. 停止谈话并制造死寂场面 3. 礼貌地请他们会后再谈
沉默的 分神者	读报纸,翻动眼珠 摇脑袋,烦躁不安	提示: 询问他们以判断他们的兴趣水平、支持水平和经验水平。试图让他们参与讨论而建立同盟。如果不见效,在休息时与他们讨论你的关注

续表

类　型	行　为	建议的对策
大忙人	进进出出会议室,取得消息,处理危机	提示: 预防性措施有:会议安排得远离办公室;会议前检查常犯者是否开会时间可以减少中断次数
迟到者	迟到并打断了会议的进行	提示: 宣布会议时间为偶数(8:46)并强调按时的必要性。让迟到者不易找到座位,并在他找到前停止谈话。建立"迟到者基金"来购买小吃、点心
早退者	遗憾地宣布,他们必须为另一个重要活动退场	提示: 在开会前,宣布结束时间,并问是否有人有冲突

资料来源:PEOPLES D A. Presentations plus[M]. New York:John Wiley & Sons, 1988:147-155.

教练式沟通技巧

通过教练式培养可以帮助团队成员快速成长,引导团队成员发掘自我潜能,激发他们自己寻找解决问题的新思路和新途径,从而更加快捷、更加容易地达到目标。GROW 教练模型是非常实用的工具,能帮助团队领导者在工作中更有效地促进团队成员成长。该模型包含四个步骤,每个步骤的英文单词首字母组成了 GROW。

1. 第一步:明确目标(goal)

帮助员工确定他/她真正的目标,即员工想做什么。这一阶段需要设置短期目标和长期目标,是保证以后一切行为正确性的基础。含糊不清的目标会导致混乱以及时间和精力的浪费。领导者可以通过这些问题来帮助团队成员真正了解自己的目标:你想取得什么成绩?你的目标是可以被衡量和可实现的吗?

2. 第二步:帮助员工分析现状(reality)

帮助员工分析现状:现实情况是什么? 这一阶段需要客观地分析问题、环境,是决定未来行动的依据。此时,领导者需要引导团队成员客观地描述事实,确保他真正认清实际情况,而不是根据自己的印象、想法行事。需要注意的是,现状需要的是描述不是判断,检验现状的最重要标准是客观。当你的团队成员把现状描述清楚之后,也许解决方案就能够孕育而生。

3. 第三步:列出备选方案(option)

一旦组长和团队成员厘清了目前的现实状况,明确困难所在,接下来就需要探寻可能解决的途径、罗列各种解决选择,以找到最好的解决方案。在这一阶段,方案的数量比每个方案的质量和可行性更重要。列出解决问题的备选方案、可以做什么。只有激发员工的创造力,才能挑选出最适合的行动计划。注意在这个过程中你可以给团队成员建议,但不要替他做决定,多鼓励对方开展思考,提出更多可以解决问题的方案。

4. 第四步：下决心执行行动计划(way forword)

有了目标和方案之后,团队成员还需要致力于行动。也就是在对备选方案充分调查和分析的基础上,决定最优的行动计划。该阶段就是通过安排后续的步骤,把采取某个方案、做某事的决心化为现实。领导者可以通过提出以下问题来坚定团队成员行动的决心。

(1) 你准备怎么做?

(2) 你准备什么时候实施?

(3) 谁还需要知情?

(4) 在这个过程中,你可能还会遇到哪些问题?

(5) 这一做法会实现你的目标吗?

(6) 还有哪些需要考虑的事项?

(7) 你有几分把握执行已达成的行动计划?

小结

在本章中,我们主要讲沟通,但沟通并不仅仅是语言沟通,正如本章开始所提到的,真正的沟通其实是从心理层面开始的,是性格交流沟通的开始,是人与人之间心理互动的反应和结果。由心理互动开始,不同个性的人在不同的自我状态和心理状态下,相应地引起对方不同的外在语言和行为反应,有时候我们自己都不能直接觉察的自我状态,其实是引起沟通障碍的根本原因。

企业有效沟通的最主要障碍在人际。管理者同他们的下属和同级之间的沟通问题仍然普遍存在。这个问题的一个主要原因是沟通未得到支持和认可,造成不信任、敌对、为自己辩护、觉得自己不称职等。

我们在本章指出有效的沟通者要坚持支持性交流的原则,这就要保证所传递的信息更明确、更能理解,而且要使对方接受、重视并支持。当然也有可能因为在努力使用这些原则时过于注重技术反而有损于支持的目的。光注重技术而忽视基本的诚实和关心,就可能显得做作,或前后不一致。但如果在沟通中实践这些原则,就可以有效地加强人际关系。

个人管理面谈能提高小组的效率,在增进人际关系的同时,也改进了工作,在企业里,有效的会议管理是非常重要的。因为它是企业里沟通的重要管道,也能增进团队合作精神。

行为指南

下面的行为指南有助于你实践支持性沟通。

1. 指导需要给予忠告或指示以帮助别人逐渐改进行为;辅导所需要的是理解和提高

认识。

2. 说话要对事不对人,就是说,指出行为的后果或事件的性质,而不要评价人。

3. 要谈你的真实感受而不要不顾你的真实感受以致谈话态度前后不一致而损害关系。

4. 使用描述性的语言,而不要用审判性的语言。客观地描述发生的事情;描述你对事件的反应以及事件的客观后果;提出可以被接受的解决方案。

5. 用语要承认对方的重要性和独特性;谈话中要以你的平等待人的态度和语言的灵活性表示你搞好关系的诚意;谈话时要做到双向交流;在指出不一致的意见或负面意见之前要明确双方一致之处。

6. 说话要具体而不要绝对(非此即彼,非白即黑);使用形容词分别问题的层次,注意力要集中于可以控制的事物。

7. 使用连接性的说法,使谈话从已经说过的话自然地发展下去;确保谈话双方都有平等讲话的机会;不要造成长时间的停顿;不要自己完全控制话题;要承认自己已经说过的话。

8. 对你自己讲的话要承担责任:使用第一人称代词"我"而不要用"他们"这样的代词。

9. 要表现支持性倾听:根据你指导或辅导的具体情况,用各种方式回应对方的话,多用反射式回应。

10. 制订个人管理面谈计划,其特点是要做支持性交流,可以指导、辅导、培养下属发展的能力。

11. 当准备或主持团队会议时,记住管理会议的四个 P:目的、与会者、计划和流程。

12. 处理有问题的团队成员不是通过威胁或使他们受窘的方法,而是通过支持性沟通、协作性的冲突管理和授权技巧来帮助他们为团队作出更有建设性的贡献。

自我评估

有效的沟通

回答下列问题时,按照打分标准,选择适合你的数字填在空格处。按照你的实际情况填写,而不是你认为好的填写。

打分标准

0 分——从来不　　　　　3 分——常常

1 分——很少　　　　　　4 分——经常

2 分——有时

＿＿＿ 1. 我非常了解何时应该或不应该给予意见与指引。

＿＿＿ 2. 当我辅导别人时,我尽量帮助他们确认他们的问题所在。

＿＿＿ 3. 给予别人意见时,不管是正面或负面,我会完全忠诚,毫不隐瞒。

_____ 4. 给予别人意见时,我是对事不对人。

_____ 5. 我用客观的衡量标准评估和回馈。

_____ 6. 别人对我的回馈都会感激。

_____ 7. 回馈时,我会引用叙述式的手法,就是客观地分析事件的过程、可能发生的后果以及我对它的感受。

_____ 8. 对那些我希望纠正行为的人,我会给予具体的提议。

_____ 9. 我和别人沟通时,都会顾及他的自尊与尊严。

_____ 10. 对于别人的观点,我都会考虑,尽管我可能不大赞同。

_____ 11. 我不会以不屑的语气对人讲话。

_____ 12. 在讨论时,我会灵活与开通地提出我的见解。

_____ 13. 与持相反意见的人讨论时,我会试图集中在我们互相赞同的地方。

_____ 14. 我给的意见通常都会是具体与直接的,而非笼统且含糊的。

_____ 15. 我不会垄断与别人的交谈。

_____ 16. 我对自己的言语和见解负责任。我应用"我觉得"而非"他们觉得"。

_____ 17. 我仔细聆听也表示了解。

_____ 18. 当我发问以了解别人的见解时,我通常会问实质问题多过质疑问题。

_____ 19. 我经常会和我共同工作的人交流。

_____ 20. 我非常清楚何时应该督促人、何时应该辅导别人。

(计分见附录3.1)

案例分析

批评的文化

上个月的某一天,天公不作美,狂风暴雨,海潮汹涌。停靠在新加坡某船厂的10多艘正在维修的各种船舶正经受考验。船厂也同样经受考验。

突然,风助雨势,扯断了一艘10万吨级油轮的缆绳,油轮开始向大海中心漂去。一刹那,岸边的电缆、氧气管、煤气管均被扯断。火花闪射,压缩气管在水中、空中狂飞乱舞。由于处于修理状态,发电机、主机均不能使用,该油轮失控地随波逐流,不但几次碰撞别的船舶,还几次差点撞上对面的炼油厂,险象环生。

管理层乱成一团。有人奔走相告,有人用传呼机叫唤安全部,有人急电拖船公司……由于刚好是周末,很难找到拖船公司。眼睁睁看着油轮上发出红烟求救信号,总经理气得直跺脚。

船厂背景

船厂成立于1963年,是日本和新加坡的合资企业。成立初期,管理层以日方人员为主,从监工到总经理,日方人员占了80%。管理方法当然沿用日本人的管理方式,管理层也努力创造日式的企业文化,加强员工忠于企业、为企业献身、个人服从于企业的精神教育。同时,管理层也注重管理人员的本土化。监工阶层已于20世纪80年代实现本土化;部门经理和修理经理均由日方管理层精心挑选、认真训练,并于1990年,管理层由本地人接管,全部实现本土化。

企业文化自然而然地由日本企业文化转化成"当地人"的企业文化或独特的船厂文化。随着社会的快速发展,劳工密集型的船厂员工由以当地人为主渐渐被外国劳工所代替。当地的管理层,沿用日式管理,管理来自国外的员工,形成了管理方法的独特之处,形成了特别的企业文化。

修船厂的管理情况

A. 组成:修船厂下分修船经理部、船体部、外装部、轮机部、电装部、涂装部。各部门负责每条船各自的修理业务。

B. 指挥机构:修船厂由厂长负责,厂长指派修船经理负责各船的修理作业。各个生产部门派出相应的部门小组执行各自的业务。由修船经理负责对外协调船东、船员关系,对内协调进度、安全生产、成本控制、生产过程等。

C. 劳动力来源:主要劳动力由外包商组成,外包商老板多数为当地人,员工多数来自印度、孟加拉国、马来西亚、中国或越南等国。劳动力由各个职能部门组织,它们均有自己相对固定的外包商。

存在问题

以厂长为首的一班管理人员,每天到生产部门、工地巡视,若发现某些工人或下层管理人员的所作所为有欠缺的地方,则必定给予严厉批评、怒骂甚至威胁要加以开除,他们最常用的一句话即是:"我送你回国!"(因为大多数员工为外国人)

当然,绝大多数情况下,管理层不可能送他们回国。一方面,劳动力的国内源泉已干涸,没有任何年轻的新加坡人愿到船厂工作;另一方面,厂方不远千里聘请外国员工,因为这是唯一可以依靠的劳动力,绝不会轻易送回。但管理层抓住外国员工来新加坡"淘金"、不轻言放弃的心理,随意辱骂,鞭打快牛。相对来说,外国员工由于"穷则变"来新加坡,他们均较努力工作,不论多么辛苦、多么危险,如果有超时工作,他们都会奋不顾身去做。每次的工作意外,死亡的多数是外国员工。

这里"批评"似乎成了管理的代名词。"指责"是悬挂于外国员工头上的重物。这个随时可能砸到他头上的重物,使他们提心吊胆,他们只好不断工作。但由于"骂"只是来自上司,当上司不在身边时,他们便散漫了、偷懒了,甚至藏在某处睡觉。到时,上司发现工作难以按时完成,只好给予超时,反而对他们有好处,自然喜不自禁。

工地或车间里的直接上司、监工或修理经理,大多数是当地人,绝大多数快到退休年龄,许多已力不从心,对员工们的工作作风只能睁一只眼、闭一只眼。不单是现场管理人员已老化,各部门经理,甚至厂长,也大多50多岁,他们没有什么文凭,只有"武"凭,即多年的工作经验"武"出来的。管理层对人才青黄不接的局面其实应早能预见而采取措施;或许他们早就预见,只是无计可施。今天的局面,其实是历史的必然。

到1990年后,中国年轻的一代大学生开始进入船厂。管理层深感这些年轻人冲天般的干劲,也注意提拔这些有文化、有经验的年轻人。但当时船厂的管理思想还相对落后,提拔新一代管理人员的方式,还是离不开老一套的"重关系"的方式。这里的口头禅是"关系重要过表现";升职不是看成绩,而是看关系的远近程度,看某人能否逢场作戏,可以说,赏罚不明,不重实绩。大多数中国大学生都很不错,他们在船厂的表现,给管理层的年轻化带来了希望,但他们仍然是外国劳工,依然不可避免受到批评。

本文开头的那艘油轮,主管修理业务的是一个年轻的中国工程师。他经常受到批评。或许是"运气"不好,他负责过的修理船只中,有一艘船上发生火患,十余人不幸遇难。本文开头的那艘油轮拉断钢索,撞坏别的船舶,船厂经济、名誉损失不小。到后来,船上仍一直发生大大小小的意外。每次意外,总是他一个人受到指责,他有口难辩,在该船修理未完的情况下,终于忍受不了,辞职了事。

总经理、厂长却又反复挽留,甚至托他的朋友去他家里做他的思想工作,要他回厂工作,说什么"批评"他是为了他好,而且保证不再"责备"他。可是他去意已决,好马不吃回头草,说就算是回中国,也不再回船厂工作。

"批评"已成为这里特殊的"企业文化",无论是工程进度慢、质量不合要求、船东投诉,还是生产安全有问题,都会被指责;这里的一切,似乎只能用批评来解决。

问题讨论:

1. 这个案例违反了支持性沟通的什么原则?

2. 怎样才能把这次沟通改成有积极效果的沟通呢?

3. 你赞成批评文化吗? 为什么?

4. 试探讨这样的沟通对企业文化造成怎样的影响,总经理和厂长接下来应该怎么做。

大元网络公司

大元网络公司副总宋长福踏实勤劳、绩效良好,虽无显赫的高学历,但极为难得的是,随着职位渐渐提升,他也能接受现代化的管理理念。

研发部陈经理是追随宋副总多年的老下属,虽然在员工心目中他只是一位具有中等才干、不太能接受新观念的人,但由于尽责尽职,他深得上级的信任。他为了报答宋副总的栽培,对各项任务无不全力以赴。他认为领导下属就像带兵作战一样,号令严明,赏罚分明,在过去十数年,他做得很好,下属也都符合他的多做少说的原则。

然而,近来他感觉员工的意见越来越多,要求也得寸进尺,经常发牢骚,把他们的不满都写在脸上。他向宋副总提起这件事后,宋副总就拿了一些有关现代管理的书给他看,并安排他到企管进修中心去充实管理知识,还要他多与员工接触。受训期满后,陈经理发现他在受训时学的满腹管理知识与沟通技巧竟派不上用场，即使勉强用上，也未必收到如书本上所描述的那种效果。举例来说，上完沟通课程第二天早上，他兴致勃勃地召集部门员工向他们宣布："我的办公室门永远开着，欢迎各位随时找我讨论问题。"然而员工仍害怕进他的办公室。陈经理主管两个小组，分别负责产品开发和运维。开发组组长邱浩，运维组组长王和；开发组负责产品研发，运维组则负责产品运营维护。邱浩是清华大学计算机系科班出身，由基层干起，对工作充满热忱，表现优异，所以被提拔为组长。王和给人的感觉是口才好、善交际、长袖善舞，虽然他并非科班出身，仍然凭关系获得陈经理的提拔而当上组长。

这两位组长各有不同的领导风格。平时除了公务上来往外，都各行其是，所以也相安无事。邱浩比较重视正式的沟通，常举办座谈会，希望大家把问题摊开，以避免不必要的困扰。然而几次座谈会后，邱浩发现效果并不理想，原因是员工所提出的问题，大部分是他权限之外的问题，如人员短缺、加班的时数、休假问题。这些问题呈报上去，大多无下文，因此最近几次的座谈会大多由他一人唱独角戏。

王和则对属下采取放任的态度，由于他非科班出身，对专业知识了解不深入，故而尽量避免直接和员工接触。平时工作完全交给主管去处理，但为了表示对下属关心，他设了个意见箱，给员工反映表达的机会。平日他全力营造和上级的关系，希望在员工心目中建立一个很吃得开的形象。任何交际场合他一定出席，为员工办生日晚会时也一定有办法让上级光临。他认为自己做得很好，下属应十分佩服他，也肯听他的话。他的工作都是通过主管传达，而自己从来不直接下达，因为他认为任何形式的命令皆会引起人们的不快，他要保持良好的人际关系。

王和志得意满之际，终于踢到铁板。有一天产品运营方面出现问题，某程序出现故障，导致产品无法运行，要求运维组紧急调派人员解决问题。于是王和紧急调派一组人前去处理，不料其中一位原本该升他为组长的廖生竟当着员工的面说："请组长给我们示范一下高超的技术。"他当场愣在那里，心想："我平时对你们付出那么多，没有回报也就罢了，为何当众给我难堪？"

开发组和运维组的工作因有非常高的关联性，两部门人员时有摩擦。开发组认为运维组素质差，工作品质低落无效率使产品无法维持高效率的运营。运维组的人则指责开发组的人平常缺乏良好技能，程序开发不合理，才使产品运营故障率高。两边组长平日很少往来，甚至互瞧不顺眼，因此这个问题迟迟未能圆满解决。

在年终一次聚会上，陈经理召集两位组长，希望了解他们工作上的问题。陈经理温和地说："二位是本部门的中坚干部，今天请二位来是想了解你们工作上有何问题。"

邱首先说："我认为运维组的能力有待提升，效率也不够好，往往耽误产品运营，造成业绩下滑。"王见矛头指向他，于是不高兴地说："本组人手不足，难免忙不过来，你们程序开发也有问题，刚上线的产品不到两天就出故障。"

陈经理此时插嘴道："二位别争了，以公司目前状况暂时无法增加人手。请王组长回去向员工说明公司的处境，邱组长也请加强程序开发人员技能的训练。"邱见经理这样说，只好转开话题。王说:"经理,我希望两组在某些事情上的做法能够统一,甚至配合其他部门的做法,免得员工互相比较,增加不必要的困扰。"邱对这一点倒是颇有同感。于是他回应道:"这点我很同意,但怎么做呢?"两人同望向经理,经理认为这是长久以来的问题,而且两人个性不同,行事作风也因人而异,实在不好解决,于是敷衍地回答:"你们自己研究一下好了。"

邱见问题仍不能获得解决,心中嘀咕道,又是浪费时间,于是提出一个他很在意的问题:"经理,为什么每次座谈会向你提报销的问题,都没有下文?"经理面有难色地说:"你们的问题不光只是牵涉本部门,事关全公司,我已向上级反映,上面说很好,希望你们继续提出有关问题。"随后又补充地说:"以前我们工作可不是这样子的,哪像现在意见那么多,只要你努力工作,公司不会亏待你的。"

邱听了加重语气说:"我这全都是为了公司好,可不是为自己,问题不答复,叫我怎么向员工交代?"陈经理也提高声调:"跟你说了!已向上级报告了,你要我怎样?"王看气氛不对,赶快出来打圆场:"别为了员工的事,伤了大家和气。那些人总是贪心不足,像我对员工那么好,也不见得有什么回报。"会议就在不愉快的气氛中结束了,就在两人要走出会议室时,只听陈经理仍不悦地大声说:"你们两位听着,只要把我交代下去的任务做好就行了,其他的别给我找麻烦。"走出会议室,只听王向邱嘀咕说:"都是你惹经理不高兴。"

问题讨论:

1. 陈经理应怎么做,才能和下属建立良好的沟通关系?

2. 你觉得邱、王两位领导的管理方式各有何优劣? 应如何改进?

3. 应如何做才可减少两组之间的摩擦?

4. 为什么主管对员工付出那么多,却常得不到回报? 应如何改善?

技巧练习

描述性沟通

细读下列各题,并将答案写于另一张纸上,凡描述一个人的行为的句子,填"D";评判一个人的行为的句子,填上"J"。

句子:

_____ 1. 小许尝试讲述国庆日的情况,小陈却打断她。

_____ 2. 老蔡为人很诚恳。

_____ 3. 阿发从来就不明白王总所讲的话。

_____ 4. 钟益既粗鲁又忘恩负义。

_____ 5. 老刘改变话题。

_____ 6. 老林企图惹我生气。

_____ 7. 今天是出外游玩的好日子。

_____ 8. 你在过去半个小时内的第四次作答,才完成我其中一个句子。

_____ 9. 阿明和阿利在这堂课里造了最多句子。

_____ 10. 小惠很害羞。

_____ 11. 小芳的作业就如同其人一样杂乱无章。

_____ 12. 阿志在过去三堂课里都没说过一句话。

_____ 13. 昨天小组会议的首半个小时,你一直目不转睛地凝视远方。

_____ 14. 今天我在上学途中看见三只蝴蝶。

支持性沟通

阅读以下的对话,注意小陈的反应。

文强:我觉得老张很难相处,难合作。

小陈:老张人那么好,他不会吧?

文强:他对我的建议和想法总是有意见。

小陈:无风不起浪,那你的想法和意见肯定有问题,怎么不见他批评我?

文强:他每次都不等我把话说完,总是打断我的话。

小陈:是不是你说了什么或做了什么? 这不是我认识的老张。

文强:我不知道我说了什么或做了什么惹他不耐烦。

小陈:那你直接去问他嘛!

文强:我有,可是他说了半天,绕着圈子说话,我都不明白。

请做以下练习:

1. 如果你是文强,你会觉得怎么样?

_____

2. 如果文强来和你交谈,若你愿意仔细聆听,请问你会如何回答?

文强:我觉得老张很难相处,难合作。

_____

文强:他对我的建议和想法总是有意见。

_____

文强:他每次都不等我把话说完,总是打断我的话。

_____

文强:我不知道我说了什么或做了什么惹他不耐烦。

_____

文强：我有，可是他说了半天，绕着圈子说话，我都不明白。

教练式沟通

请通过以下沉浸式案例的互动演练，体验如何通过 GROW 模型来对团队成员进行教练。

李可是维尚家具的一名资深设计师，最近，他刚被晋升为项目经理，负责承接一个出口定制的新项目，然而，项目进行得并不顺利。李可决定找直属领导王珂汇报这一情况，寻求帮助。假如你是王珂，思考在下面的场景下你要如何回答。

李可：领导，这个项目太难推进了，目前的主要问题卡在需要大家通力完成的项目的评估报告迟迟无法完成，更别说后续的一系列设计工作。我们来自不同部门，组成这个横向团队，我又不是他们的直属领导，我也不知道该怎么办了。

你该如何回答？

李可：我们急需在一个月内完成报告。

你该如何对李可进行引导？

李可：当要他们汇总材料时，不是没有时间，就是材料拼凑现象严重。我找他们也谈过几次，他们对此都有充分的借口，而且听不进别人的建议……

从李可的回答中，你认为解决的关键是什么？

一天后，李可再次走进王珂办公室，说：我想了想可行的解决方案，有两个：第一个是设定考核机制，采取强制手段；第二个是增进团队成员彼此的了解，组织团建，增加互动机会。

对于李可的方案，你应该如何给李可建议？

李可回去之后又重新思考了解决方案：我准备让他们先各自想一想，针对目前这种工作效率和不太协作的气氛，提出一些可行的方法，并给出一个综合方案。同时，我想创造一些机会，让大家多沟通、多协作，增进彼此工作之外的了解。

你应该提问关于实施中的哪些问题，来帮助李可下决心去执行？

怎样才能打动他的心

激励是管理中一个重要的环节,企业业绩出现问题是由于缺乏一个高激励的工作环境。本章将讨论缺乏激励的问题和如何制造高激励的环境。

Douglas Mc Gregor(1960)提出了一个XY理论。X理论基本上相信"人之初,性本恶"的观点。这个理论的基本假设是:人们本质上不愿意努力工作或承担责任,因此,为了使工作能够完成,管理者必须实施恐吓、威胁、命令等措施,并对他们进行密切的监督才能使其完成任务。与此相对,Y理论则相信"人之初,性本善"的观点,认为人们基本上都想把工作做好并愿意承担更多的职责,Mc Gregor相信Y理论,因此,他主张管理者通过积极的激励以帮助人们发挥他们的潜能。但不幸的是,大多数的经理人员偏向同意员工无工作动机的X理论的假设。

激励说起来可以很简单——只要让员工觉得自己被关心,产生高意愿去完成任务;但运作起来却是很复杂,不一定能行之有效。有些人认为用鼓舞或开空头支票描述未来远景便等于激励。有些人认为人诚恳、态度坦诚就是激励,却缺乏真正的有效措施,结果也没达到效果,更有些人施用压力来激励,短期内或许能提高绩效,但长远来看,也未必能持久。对有些管理者,激励只是一种口头禅,说说好话,做做好人,当然不会有长远的效果。

可是激励难,不激励更难。若不激励,工作士气低落,更不可能产生动力。缺乏激励可能产生不良效果,如士气低落、员工流动率大、彼此漠不关心、缺少人情味、厌烦工作、生产力低、浪费、抗拒改变等,最终造成绩效不佳,影响目标。所以如何去把激励做好,是所有经理的一大挑战。激励就好比一把刀的两边,用得好,能产生效益;用不好,反而弄伤自己。

人为什么能够被激励

一个人在工作过程中经常要遇到困难、挫折、挑战、传统环境、传统习惯、传统观念,以及自己的懒惰、贪心、享乐等,使得工作热情降低、效果低下,进而导致事业的失败!所以企业的领导者最大的一个职责就是努力使各层次员工保持高度的工作热情和动力,这就是激励。

人人都有一些与生俱来的需要,如稳定的收入、希望别人重视自己、渴望成功等,要达到受"激"而"励"的功效,管理者就必须做到针对目标的需求"有的放矢"。

个体能够被激励的原因可以归纳为以下几点。

(1) 每个人都有不同的欲望和追求。比如追求财富、追求名望、追求人际关系的和谐、希望被人尊敬等,这是激励的前提。

(2) 每个人都有一定的纪律性和被约束性。人是有理智的动物,所以在克服自己的惰性方面,人有着与生俱来的纪律性,这是激励可以产生效果的基础。

(3) 每个人都有归属和合群的需要。社会是一个群体,每一个人都生活在社会中,所以人都需要与别人和睦共处,不希望自己被抛弃或孤立,这是激励产生效果的重要机理。

公正未必公平

关于感觉到不平等的故事

小张在这个工作岗位上已经干了 6 年,工作内容是清洗汽车配件,每小时能够挣 10 元。他总是能够达到 1 小时 20 件的生产效率。由于扩大了生意,王老板雇用了一个新的没有经验的员工小杨。小张知道小杨最开始工作时的工资是每小时 10 元。

(1) 在随后的几天和数月里,预测每小时零件清洗量大致会怎样。

(2) 就小张和小杨的表现,我们还能作出怎样的预言?

小杨刚刚被雇用 1 个月左右,王老板又雇用了另一个工人小舟。王老板准备改变新雇员工的工资结构,给这个新来的小伙计每小时 5 元。

(1) 雇用新人的目的何在?

(2) 我们可以预言这 3 个员工每小时的清洗量大致是多少吗?为什么?

(3) 还有其他什么东西可能改变他们的工作表现吗?

请用下面的公平理论解释以上现象。

激励的用意在于改善组织气氛,使成员互相了解、彼此协调,创造良好绩效。但是往往激励的过程造成不公平的问题,得不到的人会有不平之感,造谣生事,弄得气氛不愉快,产生反效果。可是若大家都一概有奖励,也会丧失激励的预期效果。

所以激励是很难做到完全公平的,重要的就是改变公平的观念。管理者必须坦诚地表明,我只能做到公正,却很难做到公平。如果管理者一直强调自己公平,员工就会抓漏洞批评他不公平。其实公平是不可能的,组织只能公正地做到合理的不公平,如果大家样样要求公平,就会产生反效果,所以管理者只能尽量地建立"合理的不公平"。

公平理论

公平理论是由美国心理学家亚当斯(Adams)1965 年提出的。该理论的基本要点是:人的工作积极性不仅与个人实际报酬多少有关,而且与人们对报酬的分配是否感到公平更为密切。人们总会自觉或不自觉地将自己付出的劳动代价及其所得到的报酬与他人进行比较,并对公平与否作出判断。公平感直接影响员工的工作动机和行为。因此,从某种意义来讲,动机的激发过程实际上是人与人进行比较,作出公平与否的判断,并据以指导行为的过程。

1. 公平关系式

公平理论可以用公平关系式来表示。设当事人 a 和被比较对象 b,当 a 感觉到公平时有下式成立:

$$Op/Ip＝Oc/Ic$$

其中:Op——自己对所获报酬的感觉;

Oc——自己对他人所获报酬的感觉;

Ip——自己对个人工作投入的感觉;

Ic——自己对他人工作投入的感觉。

当上式为不等式时,可能出现以下两种情况。

(1) 当 Op/Ip＜Oc/Ic,即自己的收入/自己的付出＜别人的收入/别人的付出时,显然不公平,员工认为自己获得的收入过低,会产生不满情绪。这种不满情绪促使他去摆脱这种状态。他可以有三种选择:①找上司理论,争取增加自己的收入而达到公平;②减少自己的生产数量、时间或其他投入,从而减少付出而达到公平;③离开这个组织,到新的组织中去寻求公平。

(2) 当 Op/Ip＞Oc/Ic,即自己的收入/自己的付出＞别人的收入/别人的付出时,员工会认为不公平,这是因为收入过高而引起的不公平。但这种不公平不会产生不满情绪。这种不公平同样会给员工带来紧张感,促使员工去改变不公平状态。这时,员工所采取的方法通常是增加自己的付出以达到公平。

2. 纵向比较

除了进行横向比较,还存在着在纵向上把自己目前的情况与过去的情况进行比较的问题,结果仍然有三种情况。如 Opp:自己目前所获报酬;Opl:自己过去所获报酬;Ipp:自己目前的投入量;Ipl:自己过去的投入量,则:

(1) 当 Opp/Ipp＜Opl/Ipl 时,他觉得很不公平,工作积极性会下降,除非管理者给他增加报酬。

(2) 当 Opp/Ipp＝Opl/Ipl 时,他认为激励措施基本公平,积极性和努力程度可能会保持不变。

(3) 当 Opp/Ipp＞Opl/Ipl 时,一般来讲他不会觉得所获报酬过高,因为他可能会认为自己的能力和经验有了进一步的提高,其工作积极性不会因此而提高多少。

3. 公平理论要点

(1) 它与个人的主观判断有关。上面公式中无论是自己的或他人的投入和报偿都是个人感觉,而一般人总是对自己的投入估计过高,对别人的投入估计过低。

（2）它与个人所持的公平标准有关。上面的公平标准是采取贡献率，也有采取需要率、平均率的。例如有人认为助学金应改为奖学金才合理，有人认为应平均分配才公平，也有人认为按经济困难程度分配才适当。

（3）它与绩效的评定有关。我们主张按绩效付报酬，并且各人之间应相对均衡。但如何评定绩效？是以工作成果的数量和质量，还是按工作中的努力程度和付出的劳动量？是按工作的复杂、困难程度，还是按工作能力、技能、资历和学历？不同的评定办法会得到不同的结果。最好是按工作成果的数量和质量，用明确、客观、易于核实的标准来度量，但这在实际工作中往往难以做到，有时不得不采用其他的方法。

（4）它与评定人有关。绩效由谁来评定，是领导者评定还是群众评定或自我评定，不同的评定人会得出不同的结果。由于同一组织内往往不是由同一个人评定，因此会出现松紧不一、回避矛盾、姑息迁就、抱有成见等现象。

4. 公平理论的启示

首先，影响激励效果的不仅有报酬的绝对值，还有报酬的相对值。其次，激励时应力求公平，使等式在客观上成立，尽管有主观判断的误差，也不致造成严重的不公平感。最后，在激励过程中应注意对被激励者公平心理的引导，使其树立正确的公平观，一是要认识到绝对的公平是不存在的；二是不要盲目攀比。

管理层必须让员工明白且愿意接受，尽力把自己的工作做好，激励的目的不在相互比较，而在自我调适，把力量朝向团体目标，做好应做的工作。如果机会很多，每一个有本事的人都有机会，那是真的公平，但是现实中往往机会没那么多，以至于不是每个人都有机会，所以经常有人抱怨"不是我不行，而是别人不给我机会"。企业要提供机会，有本事的人就来争取，但机会不够多，不能一概都有机会，所以不见得公平，要让员工明白，没有绝对的公平，只有合理的不公平。

动机问题还是能力问题

良好的绩效是能力与激励的乘积，接下来我们就着重讨论能力和激励的问题。

$$绩效表现＝动机×能力$$
$$动机＝意愿×承诺$$
$$能力＝天赋×训练×资源$$

心动才能行动

业绩的第一个要素是动机。动机代表了一个人的愿望和承诺，并表现为努力。有些人想去完成某一个任务，却很容易受到别人影响而导致精神涣散，他们虽有高的愿望，却只有低的承诺的水平,而另一些人则一味地埋头苦干,表现出很强的持久性,但是他们的工作对他们来说却不是鼓舞人心的,这些人有高的承诺,却只有很低的工作愿望。管理者平时对员工的激励是很重要的。有效的管理者会花费时间去加强他们对下属的激励,关注他们的培训、所遭遇的困难、所需要的支持等。

满足感来源于激励因素

心理学家赫兹伯格(Herzberg)指出:使员工觉得满足的因素和觉得不满足的因素并不相同。他称之为二因理论。前者大多属于内在的,如成就、被赏识、工作本身、责任、升迁、成长等,他称为激励因素;后者则大多为外在的,如公司的行政、待遇、人际关系、工作环境、安全感等,他称为保健因素。当员工满足时,他所指出的因素大多为内在的;当员工觉得不满足时,他所列举的因素则为外在的(表 4.1)。赫氏认为一个员工没有不满足感,不代表他有满足感,他没有不满足感,是因为保健因素良好,而真正的满足感则来自激励因素。

表 4.1　激励因素与保健因素

满足的因素(激励因素)	不满足的因素(保健因素)
成长	地位
升迁	与部属的关系
责任	与同事的关系
工作本身	薪水
被赏识	工作环境
成就	公司的政策与行政

保健因素只能消除员工的不满与怠慢,却不能真正激励员工发挥潜能和提高水平。而激励因素如果得到满足,就能激发员工发挥潜力,调动员工的积极性。从马斯洛(Maslow)的需求层次理论来看,人类有五种主要的需求,由低至高依次为生理的需求、安全的需求、社会的需求、尊重的需求和自我实现的需求。前三层都属于保健因素,如果获得满足,并不能引起满足感,一般来说,只是没有不满足感。而后两层则属于激励因素,员工在生理、安全、社会等需求满足后,便能够追求更高层次的尊重和自我实现的需求,因而更希望发挥自己的潜力,做出一些更有意义和有价值的事情。

业绩与士气兼顾

有效的激励必须平衡业绩和士气两方面。就像图 4.1 所示的,有效的激励方案必须能够同时提高员工的满意度和生产率。过分强调满意度而忽略业绩表现,又或是只顾业绩表现而忽略员工满意度的管理皆为不合适甚至是不负责任的管理。那些强调满意度而排斥业绩的人可能会被人认为是一个大好人,但是他们的"纵容型"的管理风格造成人员纪律松散,阻碍优良的业绩发展。相反地,经理人员对下属的工作漠不关心;上司发布命令,雇员必须照指令去做。这会造成雇员不快乐或不满,从而造成人员的高流动率。因此,虽然这种对雇员的利用和剥削在短期内能够提高生产率,但长远则会造成由于缺员、人员调动甚至故意破坏或产生暴力行动而令生产率下降。

当管理者既不强调满意度也不注重业绩时,表明他们对职责和掌管的事情的态度是怠慢的、不负责任的,这种玩忽职守的情况反映了其对管理知识的缺乏。

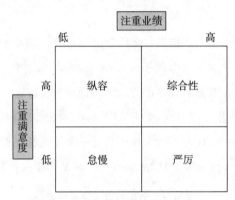

图 4.1　满意度和业绩之间的关系

有效的激励是一种强调业绩同时也强调满意度的管理,有效的管理者能够在这种矛盾中求取平衡。但这并不意味着在每一种具体情况下两个目标都能得到完全满足。在不同情况下,我们需要从不断变化的工作环境中权衡轻重。但从长远观点看,管理者对两个目标应给予相同的考虑。

期望(期望理论)

期望理论是由美国心理学家弗鲁姆(Vroom)提出的。弗鲁姆提出的期望理论的基础是:人之所以能够从事某项工作并达成组织目标,是因为这些工作和组织目标会帮助他们达成自己的目标,满足自己某方面的需要。

弗鲁姆认为,人们采取某项行动的动力或激励力取决于其对行动结果的价值评价和预期达成该结果可能性的估计。换言之,激励力的大小取决于该行动所能达成目标并能导致某种结果的全部预期价值乘以他认为达成该目标并得到某种结果的期望概率。用公式可以表示为

$$激励力＝效价×期望率$$

弗鲁姆认为,人们从事任何工作的激励将取决于经过其努力后取得的成果的价值,乘以其努力后将在实质上有助于达成目标的信念。换句话说,激励乃是个人寄托在一个目标的预期价值(效价)与他对实现目标的可能性(期望率)看法的乘积。当一个人对实现某个目标认为是无足轻重时,效价为零;而当他认为目标实现反而对自己不利时,效价为负。这两种结果都不会对个人产生激励力。同样,如果期望率为零,也不会激励一个人去实现目标。所以促

使个人做某事的激励力将依赖于效价和期望率,只有效价和期望率都很高时,才会产生巨大的激励力。

弗鲁姆的期望理论辩证地提出了在进行激励时要处理好三方面的关系:第一,努力与绩效的关系。人们总是希望通过一定的努力达到预期的目标,如果个人主观认为达到目标的概率很高,就会有信心,并激发出很强的工作力量;如果他认为目标太高,通过努力也不会有很好的绩效,就失去了内在的动力,导致工作消极。第二,绩效与奖励的关系。人总是希望取得成绩后能够得到奖励,当然这个奖励也是综合的,既包括物质上的,也包括精神上的。如果他认为取得绩效后能得到合理的奖励,就可能产生工作热情,否则就可能没有积极性。第三,奖励与满足个人需要的关系。人总是希望自己所获得的奖励能满足自己某方面的需要。然而由于人们在年龄、性别、资历、社会地位和经济条件等方面都存在差异,他们对各种需要得到满足的程度就不同。因此,对于不同的人,采用同一种奖励办法能满足的需要程度不同,能激发出的工作动力也就不同。

强化(强化理论)

强化理论是由美国哈佛大学的心理学家 B. F. 斯金纳(B. F. Skinner)提出的。他认为,人的行为具有有意识条件反射的特点,即可以对环境起作用,促使其产生变化,环境的变化(行为结果)又反过来对行为产生影响。因此,当有意识地对某种行为进行肯定强化时,可以促进这种行为重复出现;当对某种行为进行否定强化时,可以修正或阻止这种行为的重复出现。因此,人们可以用这种正强化或负强化的办法来影响行为的后果,从而修正其行为。根据这一原理,采用不同的强化方式和手段,可以达到有效激励职工积极行为的目的。强化可分为如下几种类型。

1. 正强化

为完成一项合乎需要的行为而呈现出一个令人愉悦的后果即为正强化。若干因素能影响积极强化的强度,这些因素因有助于解释最佳强化条件而可能被视作原理。只有合乎需要的行为实施之后才能实行强化刺激;强化刺激的规模越大,对合乎需要的行为的频率影响也就越大;一个人越缺乏强化刺激,就越影响日后产生合乎需要的行为。

正强化的方法包括奖金、对成绩的认可、表扬、改善工作条件和人际关系、提升安排担任挑战性的工作、给予学习和成长的机会等。

2. 负强化

一个令人不快的事件出现在员工行为发生之前,然后在员工行为发生时被消除即为负强化。负强化的方法包括批评、处分、降级等,有时不给予奖励或少给奖励也是一种负强化。

3. 忽略

忽略指所有的强化事件被停止。强化增大合乎需要的行为的频率,而忽略减少以至最终消除不合乎需要行为产生的频率。忽略的目的在于减少无助于实现组织目标的员工行为的发生。要减少那些干扰正常工作秩序的不合乎需要的行为,忽略是一个颇有效的手段。忽略虽可有效减少不合乎需要的员工行为,却不能自动以合乎需要的行为取代不合乎需要的行为。如果合乎需要的行为没有取代合乎需要的行为,不合乎需要的行为就可能故态复萌。因而,使用忽略的同时应结合使用其他强化方式以发展合乎需要的行为。

强化理论的使用原则如下。

(1) 要依照强化对象的不同采用不同的强化措施。人们的年龄、性别、职业、学历、经历不同,需要就不同,强化方式也应不一样。如有的人更重视物质奖励,有的人更重视精神奖励,就应区分情况,采用不同的强化措施。

(2) 目标明确、小步前进、分步提高。首先,要设立一个明确、鼓舞人心而又切实可行的目标,只有这样,才能进行衡量和采取适当的强化措施。其次,还要将目标分解成许多小目标,完成每个小目标都及时给予强化。

(3) 及时反馈。所谓及时反馈,就是通过某种形式和途径,及时将工作结果告诉行动者。

(4) 正强化比负强化更有效。

用目标管理实现自我管理

目标管理(MBO)是一种运用于整个组织的方法,由彼得·德鲁克(Peter Drucker)于1954年提出。它把组织目标和个人行为联系起来,保证每个行为都有目的地达到预定的目标。

与传统设定目标的方法相比,目标管理的特点可归结为:目标的实现者本身就是目标的制定者,一种参与式管理;将组织目标与个人目标紧密结合,实现团队业绩的同时也达到了员工的满意;强调自我控制,使员工对自己负责;促使权力下放,实现有效授权;目标管理有一套完善的目标考核体系,能够根据员工最后的工作结果,如实反映员工的贡献。

1. 理论基础

目标管理的理论基础为目标设置理论。目标设置理论表明,困难的目标比容易的目标能带来更高的个体绩效;与没有目标或仅有泛泛的"尽力而为"目标相比,困难而具体的目标能够带来更高的绩效;对绩效给予反馈会带来更高的绩效。我们可以把这些结论与目标管理进行比较。目标管理明确提倡具体的目标和目标反馈。目标管理虽然没有明确说明,但它隐含的意思是:目标必须被人们认可才行得通。和目标设置理论一致,目标管理也认为,当目标足够困难、需要员工付出一定努力才能实现时,目标管理是最有效的。

2. 目标管理的过程

目标管理由四个基本部分组成,每一个部分有若干侧面。

(1) 制订目标。下属与上司确定并注重工作目标,而不是规则、活动和程序。制订目标过程包括识别工作责任和特定范围、提出每一范围的绩效标准、制订实现目标的工作计划。

在"革新办公室系统公司"里,蜂窝电话公司的一名销售代理的目标是每个月销售1 000美元价值的设备、每两周销售5套新的蜂窝电话系统。"革新办公室系统公司"的管理层认为,要实现这个目标,每一销售代理每周得完成20次销售访问。

(2) 参与。在下属有效参与目标管理前,他们必须在工作中有某种程度的自主权,或者必须把增大自主权作为过程的一部分加以规划。自主权使员工可对其做什么以及如何做进行规划和控制。因而应重新设计极日常、极程序化的工作,然后再对其采用目标管理过程。下属享有一定的自主权意味着管理者必须授权。

(3) 实施。实施目标管理过程需将制订目标获得的结果转化为最终导致实现所需目标的行动。实施中,上司应停止对下属活动的日常监督,而给予他们较大的自由和选择。但上司应在需要的时候到场指导下属,帮助他们实现目标。上司应在一年中定期会见下属,检查进度,讨论任何需要的协助及对目标做必要的修订。这种态度可防止员工将目标管理视为僵硬的制度,可以鼓励他们研究有意义的新问题或所发生的变化。

(4) 绩效评估与反馈。

目标管理的绩效评估涉及:①找出目标和测量因素;②对照目标测量绩效;③与员工一起审视绩效;④找出提高未来绩效的途径。

通过绩效评估和反馈,下属就清楚认识其发展。反馈是目标管理的一个关键部分,因为它明确了员工实现目标的程度,对于改进工作绩效,以新的技能、态度和动机的形式固定个人的发展来说,了解结果至关重要。以工资之外的形式奖励绩效的方法很多,但最终来说,实现目标后所产生的满足感是员工最珍爱的奖励之一。

组织公民行为

组织公民行为是20世纪80年代由美国印第安纳大学的丹尼斯·奥尔干(Dennis Organ)教授及其同事托马斯·贝特曼(Thomas Bateman)首次提出来的概念。奥尔干于1988年在《组织公民行为:好战士现象》(*Organizational Citizenship Behavior:The Good Soldier Syndrome*)一书中正式提出。这种行为在组织正式报酬体系中并没有直接或明显认可和规定,而是由成员自觉自愿表现出来的个体行为,可以更加促进组织的有效运转。1997年,奥尔干基于"关系绩效"的概念将组织公民行为重新定义为:"有助于维持和增强任务绩效的社会和心理环境的行为。"

所以,组织公民行为是由员工自发所做出来的个体表现和个体行为,超越了本身的职责内容和规定范围,并没有在常规的报酬系统里明确规定,也没有在工作标准和职责范围内规定,并非职业角色定位的要求,而是员工自动自觉所做出来的行为,能够极高地促进组织的有效性。

组织公民行为五因素

在奥尔干的研究中,组织公民行为由五个因素组成。

1. 利他行为

在团队中,员工不仅仅考虑自己的得失,而是以利他为原则,关心其他同事的心情和状态,愿意主动帮助其他同事完成任务,帮助同事避免工作上的失误。

2. 尽职行为

一般组织都对不同员工岗位有一定的工作标准和要求,但是员工却可以自动自愿地超出本来的标准,甚至是尽力完成规定外的任务。

3. 运动家精神

组织中的环境总是有好有坏,有理想的情况,也有不理想的情况,而员工总是能以积极、乐观、正面的心态和工作方式,不抱怨,不放弃,克服困境,并能够牺牲个人利益,顾全大局。

4. 谦恭有礼

在团队中,态度谦和,尊敬和善待同事,能够创造团队良好的合作氛围和工作环境。

5. 公民道德

员工主动把自己视为组织中的一员,以组织和机构的利益为主,主动关心、投入和参与组织中的各种活动,根据组织要求调整自己的行为,参加重要但非规定一定要参加的活动,关心组织的重大事件,对组织发展提出建议等。

在企业组织中,组织公民行为的增加有利于形成和创造积极的团队气氛与愉快的工作环境,能增强组织对环境变化的适应能力、提高员工的工作效率、提升组织绩效。Podsakoff 和 Mackezie 在 2000 年则将组织公民行为归纳总结为七个维度,即帮助他人、运动家精神、忠诚于组织、顺从于组织、自我驱动、公民道德和自我发展。

角色内的行为或角色外的行为

在一般组织中,员工的工作行为可以分为两类:一类"角色内的行为"是指在职位说明书、工作合约中明确规定的工作职责;另一类"角色外的行为"是指员工做出的不在规定之内的工作内容。有的学者认为组织公民行为属于"角色外的行为",但又是组织中需要员工自发表现出来的优秀行为。这个观点有些争议,但在一定程度上也反映了组织公民行为包括非职业角色规定部分的行为。

众多研究表明,组织公民行为不是由单一的因素所决定,而是多维度的。如果组织的运作只是简单地依靠规章制度和员工的例行公事,那必定是相当脆弱的组织系统。从以上可以看出,组织公民行为的这些因素和维度虽然不能进行量化衡量,也不能写进组织的制度规章,却都是企业组织运作所需要的重要因素。组织公民行为可以作为组织管理的指示器,管理者可以识别和培养健康的组织公民行为,对员工工作生活质量进行监控,使组织公民行为更多地发挥积极的作用。

在组织中,影响组织公民行为的是组织环境和个人因素,如是否有领导者以身作则倡导和引领组织公民行为,领导者是否能以身作则关心员工,组织是否创造这样的文化氛围去引导这样的行为标准,员工能否从中深受鼓舞和激励,感受到组织对自己的支持和照顾程度,对组织产生认同感与归属感,表现出相应的组织公民行为。

心理授权

从组织公民行为的定义来看,作为管理者可以很清楚地看到,组织公民行为是提升团队合作、提高团队效能的重要因素之一。如果组织和管理者能够激发团队成员的组织公民行为,不仅能极大地增强组织凝聚力,避免组织内部冲突,还能有效地促进组织健康、有序地发展,留住优秀人才。

而组织公民行为更多的是因为能够使员工的心理层面产生认同感和内在驱动力,管理者如果能够进行有效的心理授权,就能影响组织中的成员行为。心理授权是指组织成员在组织和团队中所体验与拥有的心理状态,以及在工作中所寻求和获得的工作价值观与个体价值观匹配程度的心理感受。

授权有三种角度的定义,分别是过程法、结构法和心理法。过程法认为授权是将权力和责任下放给员工的一系列的管理实践和管理者行为。结构法主要关注改变外部领导角色的工作安排,将责任转移给团队成员。心理法则认为授权不在于执行任务和行动流程本身,而在于下属因授权行为而产生的被信任的心理状态,是一种想要完成任务的期望的内在工作动机,体现在四个认知维度:意义、能力、选择和影响。基于以上的理念,根据员工认知的四维框架来定义的心理授权是指:

(1)顺利完成工作所需要的能力。

(2)选择完成任务的方式的自由度。

(3)认为所做工作很重要,很有意义。

(4)相信他们的工作会对更高一级系统的有效性产生影响。

组织承诺

组织承诺是指团队成员在心理层面上对于组织的认同度、参与度以及归属感,这种承诺并不是基于正式的工作关系和劳动合同而形成的,而是基于一种心理认同而形成的"心理合同"或"心理契约",其强度与之前所提到的心理授权也有密切关系,更能与企业、组织紧密连接。承诺是个人的内在情感所产生的一种规范力量，对组织、事业、工作、价值等产生认同感，并且产生忠诚与投入的行为表现。

组织承诺这一概念最早是由 Becker 在 1960 年提出的，定义为由单方投入产生的维持"活动一致性"的倾向，包括投入一切有价值的东西，如福利、精力、技能等。组织承诺是员工随着其对组织的"单方投入"的增加，而不得不继续留在该组织的一种心理现象。

加拿大学者 Meyer 与 Allen 提出了组织承诺的三因素模型，将组织承诺定义为"体现员工和组织之间关系的一种心理状态，隐含了员工对于是否继续留在该组织的决定"。三种因素分别如下。

(1) 感情承诺：是指员工对组织的感情依赖、认同和投入，对组织的感情不是基于物质利益，而是从内心所产生的深厚感情，并由此而表现出对组织的忠诚，努力勤奋地工作。

(2) 继续承诺：当员工在组织内待了很多年，已经投入感情和努力，换来了优厚的待遇，如果离开，将带来损失，于是不得不继续留在该组织内的承诺。

(3) 规范承诺：受社会的深刻影响，员工已经具有社会责任，并形成了继续留在组织的义务感和承诺。

西方研究显示，员工的组织承诺是员工离职行为的一个重要预测指标，增强员工的组织承诺是降低员工离职率的重要措施。研究员工组织承诺的预测因素和提升机制成为组织预防人才流失的重要途径。大量证据显示，领导者行为是员工组织承诺的重要影响因素，尤其是变革型领导在各种文化背景和组织情景下都与组织承诺正相关。

组织公平

组织公平指的是在工作环境中，员工对于组织内部的管理实务以及与相关决策的公正程度的感知程度。

三种组织公平类型

目前，组织公平一般分为分配公平、程序公平和互动公平三种类型。

1965 年，Adams 的分配公平理论提出在组织中进行资源分配时所表现出来的公正程度，以及员工们对于分配结果的反应，员工对于最终分配结果和自己的投入相比是否公正，并不是看收入的绝对值的大小，更重要的是参照的相比较的相对值的大小。分配公平主要用来预测员工对具体的情景下和自己相关的结果的影响，如报酬满意度。

程序公平则是指在分配时是否具有程序控制权。在分配时具有程序控制权的一方对于最后的结果会觉得比较公平，而没有控制权的一方则不会感觉到公平。程序公平使组织的公平研究进入新的阶段，被用于预测组织承诺等与组织评价有关的态度。Groenberg(2007)对如何判断程序公平提出了五条主要原则：① 决策中的发言权；②执行规则的一致性；③基于准确的信息；④被倾听的机会；⑤保障无偏见。

通过关注决策过程中的人际互动和沟通层面而将组织公平推进到互动公平阶段，互动公平则是"关于人际交往的公平"，是员工对于组织做决策前是否进行充分的沟通、是否参考员工意见及考虑员工立场等问题的感知程度。

组织公平研究的一般结论是分配公平对具体情景、与个人相关的结果，如薪酬满意度、工作满意度等有更大的影响，程序公平对一般性的组织态度和系统性的评价有更大影响，与绩效、缺席、公民行为、组织承诺等相关，互动公平则在预测与主管个人有关的结果时更加有效。

综合的激励方案

综合的激励方案包含以下六个要素。

两相情愿的目标

有效激励的基础是建立正确的目标。在建立目标的时候，我们必须谨记，目标要有效，它必须是可以被理解和被接受的。因为只有当组织内每个人都了解及接受目标，他们才会一起朝目标迈进。特别是当工作环境不利于目标完成的时候，这就显得特别重要了。如果当工作条件对完成目标非常有利的话，下属们便会承诺并去完成。当然若管理层并没有表示出支持的态度，这些强加的目标或分配的任务很可能会被看成不受欢迎的要求。结果，下属们将会很不情愿地接受这些强加的目标。但有时拟定一个能被理解又能被接受的目标是不容易的事。很多时候，管理者作出的决定，下属未必认同，有些下属会要求更大的话语权。

研究结果已经证明目标本身的特征将对目标是否可以完成产生重大影响。有效的目标是具体的、一致的和有适当挑战性的。目标应该是具体的、可被衡量的，而不是抽象的。如"可信赖""努力工作""表现积极""尽力"等目标都太笼统不易被测量，因此只有有限的激励价值。相反地，比如：减少15％的成品退货（质量）、减少平均的装运日期2天（客户满意度）以及在48小时内答复所有雇员的建议，便是较好的具体目标了。

目标也应该是有一致性的。比如要求在某时间内所写报告的数量增加，又不能增加他拜访雇员和客户的时间等，则属于不一致的目标——在某种意义上说它们在逻辑上是不可能被同时达到的，或者说两者是不相容的。这种不一致的目标只会让员工产生挫折感和思想上的混乱。当下属抱怨目标是不相容或不一致时，管理者应该充分、灵活地去重新考虑目标的内容。

好的目标必须具有挑战性，困难的目标比容易的目标更具有激励性，也就是"成就感激励"。按照这个观点，员工们是根据他们成功的机会和预期完成任务的重要性来评估新任务的挑战性。一般地,高的期望会培养出更好的业绩。

除了选择正确的目标之外,一个有效的目标方案也必须包括反馈,反馈的功能可以澄清期望、调整目标的困难度,也为个人提供评价的机会以确定他们工作的优劣。

甘做"清道夫"

在建立目标之后,管理者应把注意力转到如何帮助下属顺利完成任务上。管理者给予的帮助可以是多样的,包括:使员工相信他具有完成工作所要求的能力,为他们提供必要的培训,帮助他们获得所需要的资源和鼓励,与其他工作单位相互协作及取得其他工作单位的支持。让下属感到管理者随时随地都愿意为他的工作作出支持。

有效的支持必须根据具体的环境、不同的情况而定,而且在有事实依据的实施过程中,管理者应该扮演协助性角色,应该根据不同的人、不同的组织背景和不同的任务而采取不同程度的措施。当下属认为强有力的管理层必须给予支持,若遇上对工作环境不甚了解的管理层,下属不但无法得到充分的支持,甚至会变为工作的障碍。而当管理层不必要地对下属进行干预时,下属很容易感到他们不被信任或被故意为难,同样也没法把工作做好。

奖励与惩罚

一个有效的激励方案,必须建立在两个互相联系的基础上。

第一,管理者应该把奖励和业绩联系起来,而不是看级别或成员的关系来定。因为,若不与业绩相关的话,业绩高的人便会感到他们得不到赏识,而往往这批人员又是公司的重要资产。因此,激励方案必须让这批人员得到满足。

第二,管理者应以惩罚来杜绝妨碍生产效率的行为,并以奖励来支持建设性的行为。若员工感到无论是高级职位或是低级职位却同时享有基本上相同的待遇,亦即赏罚不分明的时候,就会造成高绩效人员的积极性被消磨掉,最后导致这批人员离去。

另外,管理者与下属交往的行为也是一项重要的激励要素,对员工的行为有很大的影响。管理者必须掌握与下属交往的正确技巧,以增强管理的效用。而且,一个管理者要明白自己的行为和态度对下属所产生的影响。所谓"上梁不正下梁歪",管理者必须以身作则,以行动证明自己的信念。一些在管理者眼中不重要的事或行为,实际上可能对下属产生了很强的增强或抵消的结果。管理者对下属行为的反应一般有三种:没有反应、消极反应和积极反应。

第一种是没有反应:比如某上司不想去鼓励某种行为因而作出故意没有看见的反应,这就会导致该行为被间接地鼓励,而出现不断重复的行为。因为,没有反应本身可能就是奖励。

惩罚和奖励是两种激励的技巧,但是,每一种技巧的运用必须有其目的,惩罚应该被用于消除不被接受的行为。但是,一旦个人行为已经达到一个可以被接受的程度,否定性的反应(惩罚)将不会使这种行为达到更优越的水平。只有通过积极的强化(奖励),才能使员工朝着目标业绩继续努力。

许多高绩效的员工经常会变得很烦躁、不愿讲话,因为他们感到"管理层对于那些把事情搞砸的人太软弱了",这是由于一些管理者总是抱着乐观或是息事宁人的态度,希望问题能自动解决。这些管理者常用不闻不问的态度来削弱或缓和个人所犯错误的后果,甚至是鼓励高业绩的人去接受和忍耐这些错误的严重性。虽然这种大事化小、小事化了的态度有它的理由和好处,但这种不正确的反应却也容易导致两种后果:工作单位的士气会受到严重的影响,业绩差的人的行为不能得到改进。

第二种常被误用的反应是消极反应:不对业绩佳的人做表扬和鼓励。这种消极反应也使表扬失去了功能效应。这些管理者总是吝于表扬,期望下属的业绩能有更进一步的突破,所以一再要求下属每件事情都做得尽善尽美。在这个过程中,管理者会激怒他们的员工。员工会觉得管理者要求太高,不近人情。同时,这种方法会使员工产生一种自我保护的反应,潜意识期望上司犯错,而且犯的错误越大越好。

不幸的是,许多管理者确实是用这种"狂吠"的激励法,他们把与员工之间的关系仅限于当他们越界时就向他们"狂吠"。这种否定型的管理风格会造成一种降低士气的工作环境,并且不能培养出优良的业绩。相反地,员工们会被激起反抗情绪,只做基本的工作,避免犯错,所谓多做多错、少做少错、不做不错,这样的方式只会造就中庸者。而且,一般水平的业绩不但变得可以接受,而且变成是理想的业绩了。这就是误用奖励和惩罚的后果。

第三种则是积极反应,管理者对于员工的行为给予及时反馈。员工做得好,管理者给予激励;如果表现欠佳,管理者则利用引导和鼓励的方式,期待下属未来更好的表现。这样积极的方式有助于建立上司和下属之间的信任关系,在沟通中保持积极向上的情绪,也有助于提升下属的工作积极性。

纠偏矫正

奖罚的最后动机是改进行为,达到绩效。若奖罚的后果不能进一步塑造有效行为,使不可接受的行为变成可能被接受,使可能接受变成优异的行为,那奖惩也失去了它的原有意义。改进行为必有三个步骤:责备、纠正和奖励。

1. 责备

责备时切记有错误必给予惩罚,而惩罚时只针对具体问题,不要去算旧账,也不要做一般性、非实质性的责备。讨论的重点应该在于如何去改进一个问题或行为,而不是让对方难堪,所以责备的语气态度非常关键,严而不厉,会减少下属敌视或抗拒的情绪。

2. 纠正

责备过后必定要把不恰当的行为纠正过来,让受责备的人知道怎样在将来得到奖励。在这个过程中,必须让他们觉得不是他们做的每一件事情都是错的,都会受到责备。如果对期望的行为不清楚,那么员工就会感到迷惘而不知所措,也不知道怎样去改进。管理者必须记住不要为否定而否定,任何否定性的反馈都应该有一个积极的纠正,而不是因为下属惹火了上司而受到惩罚。如果管理者能够在责备后描述一个比较正确的行为或做事方式,那么这种责备的反抗效果就会降低。

3. 奖励

奖励有效与否,很大程度和接受者的认同与否有关。因此,管理者必须理解下属所期望的奖励是什么,很多时候,这也涉及一些个人的价值观。管理者的最大错误是强加自己的主观判断,自以为是地认为理解下属的喜好。很多研究发现,经理和下属间对奖励的反应存在一些分歧。员工多数把注意力集中在管理者能做的事上,如对其表现努力认同、给予帮助等,而管理者则把注意力集中在组织内所提供的功能,如优厚的报酬、工作的安全感、提升的机会等。当然,不同行业、年龄、组织、教育等因素会影响员工本身所渴望的奖励。

在讨论激励的两大因素时,我们已经讨论过内在因素比较能激发员工的潜能,而得到工作满足感,那管理者应该怎样才能把这种能力激发出来呢?在工作中员工若觉得自主性(即是可自由选择怎样去做、做什么)越高,那他就越感到对成败的责任,有了责任感,就会提高他对工作的承诺,承诺本身就是一种很大的激励。最后,员工若收到自己工作表现的反馈,他们对自己工作的结果越来越有认识,就越能有激励的效用。同时,组织内不可盲目地奖励,不宜奖励时不可以奖励。比如打字员把字打好,这是分内事,若是加以奖励,就养成不正确的观念,以为那是应得的,造成相反效果。

保持公平

一旦对每一个员工的正确奖励被确定,那么管理者必须考虑怎样去分派这些奖励。这就牵涉到公平。如果员工感觉到他们没有得到应得的公平份额,突出奖励的任何积极作用将会被抵消。

公平指的是员工对于奖励公正的理解。公正的评价是建立在一个社会性比较过程的基础之上的。在这个过程中,员工们独立地对他们投入工作中的(输入)和他们从这个工作中获取的(结果)进行比较。输入可以包括工作时间和工作质量,还有受教育程度和经验。而结果包括诸如报酬、超时工资、增加的职责和声誉之类。这个输入和结果的比率与其他人的相应比率相比较,这个比较结果是公平的、可信的基础。如果员工们感到不公平,他们将会在行动上和思想上局限自己。在某些情况下,这可能会导致激励和业绩的下降。在心理认知上,他们可能认为,他们真的不应那样努力地工作,因此,他们降低了他们自己输入的价值。在行为上,员工们可能要求提高报酬(提高他们的结果),或通过其他途径来降低他们的输入,以求得到公平感。管理者必须密切关注下属们对于公平的理解,因为员工们可能会高估或低估各种输入的价值。另外,了解下属对公平的理解,很多时候揭露出真正的不公平现象,从而让员工重新理解真实的情况,并调整自己对工作的投入和所得的标准。例如,员工们的工作效率应该跟上最近发生的技术革新而有所提高或者是他们的工作职责的增加。这种对合法化的不公平性的确认和纠正行为会大大增加员工的承诺和忠诚。因此,有效的管理者应该不断地去对他们的下属关于公平的理解上"检查真实性"。

掌握及时性

最后,我们讨论奖励和反馈的时间性问题。有效的激励必须尽量把员工行为和奖励及回馈之间的时间缩短,即奖励要及时,并把奖励列入反馈流程的一部分。

让我们先讨论关于及时奖励的部分。奖励,即使是被高估的奖励,除非它们在正确的时间被授予,否则它们将失去它们的激励效果,只有契合时机的强化和鼓励,才能使员工们知道哪一种行为正在被鼓励,在一个错误的时间给一个奖励可能会相反地去鼓励另一种不受欢迎的行为。

不幸的是,虽然时机对于行为强化是一个关键的因素,但管理者在实际操作中经常忽视掉时机的重要性。许多组织的管理层经常对员工业绩的评定结果拖延几个月,大大地限制了深入讨论工作业绩的有效性。拖延业绩和反馈之间的时间会冲淡奖励和惩罚的实际效力。

有效的管理者懂得及时奖励的重要性。他们利用正式的业绩评价流程去讨论业绩的长期趋势,解决业绩反映出的问题,并设定下一个业绩目标。他们依靠的是简明的、经常性的、高度可视的业绩反馈。他们在一个星期内至少找一次机会去表扬他们下属的优良的工作习惯。

那些具有100%的动机和75%的能力的员工去完成一个任务,应该能达到一定水平的业绩表现。但是,如果员工只有10%的能力,而没有动机的话,最后可能导致任务不能顺利完成。

培养有心有力的员工

业绩的第二个要素是能力,能力则包括天赋、训练和资源。天赋是个人运用到工作中的天生的,包括体能和智力,也包括个性特征。而我们大多数人内在的能力都能够通过教育和培训而得到提高。所以重点在于执行任务的能力,而不是执行者的能力。除此之外,环境要素的影响就是指组织中是否提供充分的资源(技术、人事及政策)给员工,使其能利用之并完成任务。

对于表现差劲的员工,我们首先要问:是能力不足,还是激励不足? 为了找出答案,管理者需要收集四方面的信息。

（1）任务的困难程度。

（2）对下属能力的认识。

（3）下属努力的程度。

（4）下属的业绩改善的程度。

一个缺乏能力的人业绩不良的原因有几个：请错人；雇用时的错误评估；是某人在某一个职位上做得相当好而被提升到一个需要更高的技术水平的职位上时（这就是所谓的彼得法则所表明的：人们被典型地提升到越过他们能力水平的职位上）；人力和物质资源的供应局限等。那么，这个人的能力表现便不符合其任务的要求了。

因此，经理人员应该留意那些能力不足的雇员所表现出的以下三个危险信号。

1. 逃避专长

当某些人对某些情况表现出能力不足的信号时，他们并不通过运用能力来应付新情况，反而通过逃避他们所拥有的技术专长的形式来面对新环境。这种情况经常发生在管理者感到没有把握运用专业知识和经验来解决新出现的问题的时候。

2. 抓紧过去的成功

某些人在组织内的价值只是依据过去的业绩或者以从前的标准为基准，他们只依靠过去成功的方法来应付眼前的问题。这种行为在组织中是普遍存在的，也就是：不能根据变化的市场条件，转变他们对工作的使命。

3. 吹毛求疵

那些对自己能力失去信心的管理者可能会具有非常强的防御心理。这样的管理者可能会分派给别人他们大部分的职责，因为他们不认为自己能有效完成任务，他们也可能成为吹毛求疵的管理者，他们过于谨慎地检查每一个细节，他们不但没激发任何创造力，相反却以否定主义思维阻碍了别人的做法和努力。

要克服由缺乏能力而造成的业绩问题，我们可以为员工提供再培训、重组、重新安排或最后解雇。

一旦管理者确定了某人表现欠佳的原因是能力不足，便应该安排一个业绩考查的会面，以解决问题所在，而我们会建议先从辅导和训练开始。除非管理者已有充足的证据证明问题来自天赋的不足，否则，应先假定它是由于缺乏资源或培训所造成的。管理者应理解困难或障碍在哪里，重点在于强调如何支持他完成工作，可以问："你能顺利地完成这件工作吗？"让下属表达他们没法得到充分的支持的障碍在哪里。管理者应该警惕那些不能顺利完成任务的下属，不能只是抱怨外在的因素。同时，管理者应该审查这些缺乏支持的抱怨，然后确定它们是否真的存在及存在的程度。即使下属夸大了他们的困难，管理者也应该从他们的角度来表达你帮助他们解决问题的意愿，而不是从管理者的角度来找出他们的缺点。

第一个选择就是再培训。虽然培训的开销很大，但是在竞争环境中，技术变革非常快，以至于雇员的技能很快就过时了。员工们很大可能在他们整个的职业生涯中从事多项不同岗位的工作,而每一项工作都需要不同的技能。公司为了保持竞争力,便必须重新培训他们的员工。

若工作表现很差,管理者可以进一步利用"重组"观念,把有关人员的职位及职责重新分配。例如,我们可安排一位助手去帮忙处理一线管理者在其岗位上的许多技术细节问题,好让他们留出更多的空余时间来关注人员的培养或者是从事开发出一些长期计划的思考。

如果一个已经修正的工作说明并不能很好地发挥作用,那么第三个选择便是重新安排业绩差的员工到一个更少职责的工作岗位,又或者安排他到一个要求更少技术知识或人际关系技巧的职位上。

最后一个选择是解雇。如果再培训或重组都没有奏效,而组织中再也没有重新安排职位的机会,管理者可以考虑把这个雇员从这个组织中解雇。但这个选择一般受到工会所定下的协议、上级的看法和政府法规等的制约。不过,解雇表现差的人员的主要原因并不是减少管理的问题,而是希望把那些问题员工从群体中抽离,以免造成更大的影响。

小结

其实在组织中,在那些明文规定和职位说明之外,员工自觉自愿的一些行为能更加促进组织的有效运转,形成和创造积极的团队气氛和愉快的工作环境,增强组织对环境变化的适应能力,提升组织绩效。这种组织公民行为能够使员工的心理层面产生认同感和内在驱动力,而管理者如果能够进行有效的心理授权,使员工寻求和获得的工作价值观与个体价值观匹配程度的心理感受,则可以加强成员在心理层面上的认同度、参与度以及归属感,形成除工作关系和劳动合同之外更有效的组织承诺的"心理合同"或"心理契约"。

本章还集中讨论如何有效提高员工的积极性,以及激励的两难之处,也介绍了能力和动机之间的基本区别与不同的解决方式,强调管理者必须平衡员工的满意度和工作的业绩。本章也区别了维持因素和激励因素所达到的不同效果。最后本章讨论了激励的六大因素。

行为指南

提高能力和建立一个高度激励的工作环境关键性准则。

1. 清楚地确定一个可接受的总体业绩水平或者具体行为目标。

    A. 确保个人理解,为达到你的期望,什么是必须去做的。

    B. 如果可能,协同形成一个目标和期望。

    C. 尽可能地使目标具体并具有挑战性。

2. 帮助排除达到目标的所有障碍。

    A. 确保个人有足够的技术资源和人事以及政策支持。

    B. 如果能力的缺乏或表现出正在阻碍业绩，使用这样一系列补救措施：再补充、再培训、工作重组、再安排或者是解雇。

3. 使奖励和惩罚成为提高业绩或靠近行为目标的一种措施。

    A. 仔细审查你的无反应对别人行为产生的结果（无视一种行为很少被解释成为一种中性反应）。

    B. 当某些人的努力低于你的期望和他们本人所拥有的能力时，要不断地惩罚他们。

4. 当惩罚必须实施时，把它作为一种个人进行学习的经历，清楚地确定出问题并解释他应该怎样被改正。

5. 把可被接受的行为转变成优良的行为，奖励每一种水平上的改进。

6. 利用吸引个人的强化性的奖励。

    A. 在个人对奖励进行选择表现出灵活性。

    B. 提供具有吸引力的外在奖励以及提供满意的有回报的工作（内化的满意）。

    C. 不要过度使用奖励，保持奖励的突出性。

7. 周期性地检查下属对于奖励分配公平性的理解，纠正与公平性比较相关的错误理解。

8. 最小化关于业绩方面的行为和反馈之间拖延的时间，包括奖励或惩罚的实施（及时的反馈对塑造行为的效果最佳），对目前的业绩和长远的机会提供诚实与准确的评断。

9. 领导者以身作则，倡导和引领组织公民行为，关心员工。创造这样的文化氛围、引导这样的行为标准能鼓舞和激励员工，在组织内建立组织公民行为标准和文化。

10. 对下属授权，不仅在执行任务和行动流程本身，更要从心理上给予员工信任，相信他们具有顺利完成工作所需要的能力、自由度，相信他们的工作会对更高一级系统的有效性产生影响。

11. 通过关注决策过程中的人际互动和沟通层面，将组织公平推进到互动公平阶段，在做决策前与员工进行充分的沟通，参考员工意见，考虑员工立场等问题的感知程序，从而建立组织公平。

自我评估

需要层次问卷

下列句子中有七个可能的答案。

+3 分	+2 分	+1 分	0 分	−1 分	−2 分	−3 分
极同意	同意	稍同意	不知道	稍不同意	不同意	极不同意

请在七个答案中圈出与你意见最相符的一个。

你必须完成每一项,时间是 10 分钟。

1. 工作表现良好的员工应该给予特别的工资。

2. 有了更详尽的工作说明,员工们将清楚地知道公司对他们的期望。

3. 经常提醒员工,他们的工作全赖公司与别家公司竞争的实际能力。

4. 身为监工应该多注意其属下员工所处的工作环境。

5. 监工必须勤奋工作,在其所管辖的地方营造一个友善的工作环境。

6. 认可员工超越标准的工作表现对雇员来说是非常重要的。

7. 监工漠不关心的态度可能会导致员工受挫的感觉。

8. 员工都希望能把自己的技术与能力应用在工作上。

9. 公司的退休福利与股票计划是员工留下的重要因素。

10. 每份工作都可以变得更刺激与富有挑战性。

11. 许多员工都希望把每一件事做得最好。

12. 管理层可以赞助工余的社交活动以示对员工的关心。

13. 对自己的工作感到自豪其实也是一项重要的奖赏。

14. 员工希望能在其工作岗位中被视为"表现最佳的"。

15. 在非正式工作小组中,员工关系的素质是颇为重要的。

16. 个人奖励红花将会改善员工的工作表现。

17. 员工与上层管理人的看法一致是很重要的。

18. 员工一般喜欢分配自己的工作,并且能在极少的监督下作出与工作有关的决定。

19. 员工有工作安全感是重要的。

20. 员工认为有良好的设备供使用是很重要的。

(计分见附录 4.1)

案例分析

PCI 企业

国际电子企业 PCI 是黑白液晶显示机印刷电路板制造商,也从事原装备以及全包合同。但是,其业务核心是印刷电路板制造与原装备。它的前身是一家名为 ALTARI 的美国电脑公司。它在 20 世纪 70 年代初期个人电脑刚开始快速发展时来新加坡设厂生产 ALTARI 个人电脑,但在短短的七八年的时间内因败给美国的苹果个人电脑而宣告撤离新加坡,把厂房内的一切设备与场地卖给本地商人,从事印刷电路板与液晶体显示的制造,在约 15 年的时间里经历过几次转手,换了几位不同的财团老板,最后被一个印度尼西亚华裔的家族财团买下,由外界聘用一位总裁来管理业务。但是,企业的经营权与管理权合一,家族财团还是保有最后的许可与批准呈上的计划。

PCI的厂房位于早期的裕廊工业区,原本是个20世纪60年代初期建立的纺织工厂,后来被美国ALTARI买下改装成电脑生产厂,它占地宽阔,即使在今天,也只是有效利用了三分之一的场地,另外三分之一被卖出去集资建立它在印度尼西亚、菲律宾及英国的生产业务,余下三分之一放置不用。随着新加坡地价与厂租逐年地增加,PCI因拥有自己的场地带来不可多得的优势,使其在生产成本管理上不会成为一种负担,且在有形资产上增加不少。

可是,厂内大部分的印刷电路板制造设备与组件装配都是二手买入,只有其在海外的生产业务用全新的生产机械设备。因此,在生产力与作业上会逊色其他本地同行。特别是其液晶体显示制造设备为之落后,大部分还保留在美国ALTARI在20世纪70年代时设立的生产设备与程序。在20多年里因没有资金注入,没有进行过设备更新与程序改进,全部由操作员一件件地用手工来生产,生产效率低,产量不高。

只是在20世纪90年代初期,因得新加坡政府的技术援助基金,液晶体显示制造才尝试在其生产设备进行局部的改进或重新设计,大部分还是由来自马来西亚的非技术性操作运作。PCI没有因为劳工成本的上涨与本地劳工市场的吃紧和本地政府不鼓励非技术外劳的输入,而进行大胆的自动化改革,生产出来的良品率不高,只有50%～65%,较高档次的生产很难维持在40%～50%良品率的水平,废品极多,而且全部的原料都是从日本与欧洲各国进口,价格也逐年提高,产品的成本主要是劳工与原料。

同时,PCI也在那时候获得印刷电路板与液晶体显示的制造品质ISO 9000证书,且成为上市公司来聚集资金,进行其在海外的生产业务投资。公司有合理的保健因素,是经过多年的改进取得的。财务状况健康,就是盈利在电子业成长好的年头总是比别人来得逊色,营业额保持稳定。

PCI在这时候由外界聘请一位三十来岁的苏君为液晶体显示制造部的经理。向他汇报的有生产课的主管、产品课的主管及工程课的主管。苏君本身刚从英国北部修完企业管理硕士,拥有五六年印刷电路板制造与装配生产制造工程师的经历。来新加坡后,他即受聘于PCI为制造部经理,满怀信心,志气高,有远大理想,自信可以成大业。他上任后第一件事是进行生产技术提升。

工程课包括主管在内是学历较低的非大学毕业的工程师,但每个都是有七八年或以上的液晶体显示生产经验的老将,而且因有政府供给的技术援助基金,正尝试去改进生产设备来提高生产力,一切都是从零开始,过程艰难且富有挑战性,因缺少在自动化机械设计上的经验,设计不够全面,进度缓慢且时有故障发生。

苏君上任后,不重视老将们的成就,没有给予赞赏与肯定,总是觉得工程进展太慢、设计水准不够,认为工程的进度与生产设备的陈旧是因老将们本身学历不够不能称职,且苏君本身也没有从旁给予指导。苏君因此从外界聘请多位拥有高学历(最少大学毕业)的工程师加入,有一位博士和好几位硕士,他们都是在大学里从事 IC(Integrated Circuit,集成电路)研究开发多年经验的科研人员。即使工程课的主管也换掉,由一位拥有多年 IC 装配设计经验及硕士学历的陈君取代。他们都没有从事液晶体显示生产运作的经历,也没有设计自动化机械改进的经验。但他们对现代尖端的 IC 与彩色液晶体显示的认识极为丰富,这些新进的工程师很得苏君的器重与信任。

原先的改进在完成初步的尝试阶段后,由于老将们先后在一年内相继离去而告停。新加入的工程师相继接替重新进行分析评估和提出改进计划,因缺乏对机械改进的认知,只会时常向苏君提议买入整个建好的机械来取代或一次性把整套生产线由上游到下游彻底地换掉,苏君也向韩国一家自动化机械公司询问过,得知需要超过 1 500 万元的资金购买一条只需三四位操作员的全自动化高产量生产线。可是当苏君向上层管理要求批准时,遭到印度尼西亚华裔财团的拒绝。理由是投资过于庞大与需要一批可以胜任的技术班子来支持日常运作,且工程课还没有向上层证明过可以胜任的能力以及有过哪些成功过的尝试在改进原来设备的技术能力。

苏君没办法,只好再回去向工程课要求全体工程师在原来的设备进行局部分阶段改革,可是工程师们总是提出在一些局部制程上购入昂贵的现成机械来取代,不在原来的陈旧设备上进行改进而遭上层管理回拒。一年的时间过去了,还是没有任何重点的改进计划在执行,而苏君因原有的老将离去后,没有称职的工程师去维修与保持旧设备的运作,新的工程师因对旧有的机械爱莫能助,每当生产线出现问题总是抱着去看看的心态,问操作员一些生产程序问题后,交由基层技师去修理,然后回办公室去注意无效的资料报告。产品生产的效率低落不少,废品增加,上层的压力在苏君身上也增加不少,最后苏君时常用逼与骂的方式向工程课施压,转于注重维持往日生产效率。整个工程课的工程师士气低落,总是觉得英雄无用武之地,包括主管在内都求去心切,忙于寻找新工作。

问题讨论:

1. 从激励的角度来分析 PCI 公司现在面对什么样的问题,应该如何去解决。

2. 你认为苏君的激励方式有何优、缺点?若可以重新来过,你认为他应该如何调动 PCI 员工的积极性而达到高绩效?

技巧练习

奖惩的效应

这个活动必须在一组(10 人以上)进行。

1. 在小组中请两三位志愿者出来,请他们到门外。(不能观看到和听到室内的活动)

2. 指导员把一件物品当成"目标"(不突出也不隐秘,如黑板擦、彩笔等)放在一个指定的地方(如桌上、板上等)。

3. 指示班上成员:

(1) 当第一位志愿者进来时,他越靠近"目标",就越不作声;他越远离"目标",就越作"嘘"声。——"惩罚"策略

(2) 当第二位志愿者进来时,他越靠近"目标",掌声越大;他越远离,掌声越小。——"奖励"策略

(3) 当第三位志愿者进来时,两者兼施。

4. 请第一位志愿者进来,指示他必须在最短时间内寻到"目标",他有三次机会给予正确答案。过后,不管他最后找到或找不到,请他站到一旁观看(不能作声)。

5. 请第二位志愿者进来,重复4的步骤。

6. 请第三位志愿者进来,重复4的步骤。

7. 集体讨论:

(1) 三位志愿者的行为有何不一样?

(2) 三位志愿者谈个人当时的心理反应。

(3) 哪一种策略比较有效或无效,为什么?

(4) 如何将讨论结果应用在实际工作环境中?

激励他人的活动

建议完成的作业:

1. 回想一种情况,你对某个业绩远远低于你的期望的人负有一定的责任,你确定这个人面对业绩不佳的问题。安排一次与这个人的会见,并讨论他的表现问题。在这次讨论的基础上,制订一个双方都能接受的行动方案。如果是能力不充分的问题,就考虑采用再培训、重组、重新安排和解雇等挽救步骤;如果是努力不充分的问题,请考虑运用本章讨论的激励要素,然后汇报结果。

2. 确定四五种情况,你必须使用惩罚行为,对象可以包括朋友、家庭成员或同事。利用关于责备、纠正和奖励的准则,想出一个具体的方案来改变对方的行为。在这次实践的基础上,考虑你怎样在其他相似的情况下使用这些策略。

第五章
不打不相识——冲突的化解

冲突是把"双刃剑"

在社会中,每个人因为自身的成长背景、价值观以及本人性格等因素的不同,在人际交往中很容易因做事的观点、手法或目的的取向不同而引起矛盾甚至冲突。在组织中,由于各成员共同在一个环境中工作,冲突发生的机会更是大大增加了。这是一个我们不能避免的事实。

就表面看,冲突好像只有负面影响。但是,很多管理学者却认为,组织中的冲突既是不可避免的,同时也是具有价值的。这个立足点在于冲突的矛盾心理状态附带着竞争的价值,有助于维持甚至发展组织的活跃性。在一些情况下,冲突能带来新的思想、新的解决方法、新的能量,它能激发创新和变革,也就是员工的好胜心,从而推动他们完成绩效目标。

图 5.1 中显示适度的冲突能产生积极的结果。若能正面地处理冲突,它将化解双方的歧见,使其关系更加深固和紧密,在解决的过程中,加强双方的了解。因此,他们提出,管理者不但不能逃避冲突,更需以正面积极的态度去管理冲突,使其对组织的益处发挥出来并避免任何负面的影响;有些更提倡管理者故意去挑起组织内的冲突,以达到其有益组织目的。所以,对管理者来说,不是如何压抑冲突、消除冲突,而是如何管理冲突使之产生良性、积极的结果和影响。当然,要避免其产生的负面影响并进一步发挥其益处,并非容易做到。因此,本章便向读者阐述出现冲突的原因、对冲突进行管理的技巧,让管理者可以掌握方法并应用到实际情况中去。

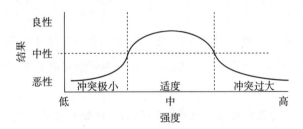

图 5.1　冲突产生的良性结果与恶性结果

冲突观念的变迁

冲突是与组织发展相伴而生的,从一个角度来看,冲突是组织成长中不可避免的,是组织的有机组成部分,人们对于冲突观念的认识也是不断发展和变化的。在最近 20 年来,人们的冲突观念有截然不同的转变。

传统观点认为冲突妨碍组织的正常运作，致使最佳绩效无从达成，冲突是可以避免的，管理者的任务之一就是消除冲突。另一种观点认为冲突是任何群体与生俱来、不可避免的结果，但它并不一定是坏的，它有着对群体工作绩效产生积极影响的潜在可能性，可以称其为人际关系观点。第三种观点代表着当代思想，它认为冲突不仅可以成为群体内的积极动力，实际上某些冲突对于有效的群体工作来说是必不可少的，可以把这种思想称为相互作用观点。

1. 传统观点

冲突的传统观点认为，所有的冲突都是不良的、消极的、有害的，它常常成为麻烦、破坏、非理性的近义词。相应地，这种观点认为，冲突的出现表明群体内的功能失调，所以，必须避免冲突。

在 20 世纪 30 年代至 40 年代，这种冲突的传统观点占主导地位，它代表了大多数人的观念。人们认为冲突是功能失调的结果，它出现的原因来自这样几个方面：沟通不良，人们之间缺乏坦诚和信任，管理者对员工的需要不敏感。

这种观点相应的对策比较简单，那就是尽量避免所有冲突，以此来提高组织和群体的工作绩效。为了避免冲突，就必须仔细了解冲突的原因，解决组织中的功能失调。

2. 人际关系观点

在 20 世纪 40 年代末至 70 年代中叶，人际关系观点在冲突理论中占据了主导地位。冲突的人际关系观点认为，冲突在任何群体和组织中都是与生俱来、无法避免的，也是不可能彻底消除的。

人际关系观点认为，既然冲突是不可避免的，管理者就应该接纳冲突，承认冲突在组织中存在的必然性和合理性。冲突不但不一定会给组织带来不利的影响，而且有可能成为有利于组织工作的积极动力。

3. 相互作用观点

冲突的相互作用观点认为，安静、和平、合作的组织容易对变革和创新表现出冷漠与迟钝，管理者应维持一种冲突的最低水平，这能够使群体保持旺盛的活力，有利于不断创新和应对变革。

相互作用观点并不是说所有的冲突都是有利的，一部分冲突是有建设性的、功能正常的，但也有一部分冲突阻碍群体的工作绩效，它们是具有破坏性、功能失调的冲突。

什么引发了冲突

要成功地管理冲突，管理者必须先找出引起冲突的来源，用相应的冲突管理策略。冲突原因一般可分为四类，分别为个人差异、信息不足、角色矛盾和环境压力。以下我们分别解释各冲突原因的本质。

1. 个人差异

我们每个人都在种种因素中存在着差异,这些因素包括个人的价值观、经历、家庭背景、文化传统和受教育程度等。因此,每个人对事情的观点角度以及对其他人的关系的期望存在明显的不同,这些差异往往在个人实现自己目的的过程中与别人产生冲突。这种原因所引起的冲突往往是最难解决的,因为它涉及个人感情的因素,而争论的课题也通常没有绝对的对错。

2. 信息不足

组织内冲突也可能由于个人对掌握的信息遗漏、误解或数据提供模式不同等造成。这类冲突的原因很普遍,只要能采取澄清的方法让信息明确下来,问题是比较容易解决的。

3. 角色矛盾

现代的组织结构中,常常因个人所处的部门之间具有互相依赖却又互相不兼容的矛盾而引发冲突。不同部门皆肩负不同的责任和目的,但它们却不能独立完成任务。例如,市场部会较注意顾客的满意度,生产部较注重产品的制造过程及质量,而财务部则注重成本和效益的关系。由此可见,各部门均有目的的优先排列,而排列又不一致,引起冲突是很常见的。而如果这个冲突来源又加上个人差异及信息不足同时出现的话,冲突便很容易被激起了。

4. 环境压力

环境压力可以催化和扩大因其他因素所造成的冲突的形成。这个因素包括时间紧迫、资源分配问题等。另一种则是环境的不确定性,这很容易造成个人的彷徨和焦虑感,因而导致与别人的冲突。但这种属于短暂性的冲突,且很容易因环境确定下来而消失。

以上四种便是冲突原因的种类,管理者须注意的是当其进行诊断的时候,态度上切忌以偏概全。比如,某些人可能看上去脾气很差,但这可能只是引起冲突的小部分原因。管理者要避免把问题的出现只往某一个因素上解释,或者把过去发生问题的原因一成不变地应用到以后发生的冲突上等,这些行为只会让冲突的真正原因永远埋在泥土里,得不到正视。

冲突的过程

有些冲突的过程很复杂,有些冲突的过程很简单,理论上可以把冲突的完整过程划分为五个阶段,分别是冲突的酝酿、冲突的感知、行为意图、冲突发生、结果,如图 5.2 所示。

1. 阶段Ⅰ:冲突的酝酿

冲突过程的阶段Ⅰ是一些潜在的冲突条件生长发芽,这些条件并不一定导致冲突,但它们是冲突产生的必要条件。冲突的潜在条件也称为冲突源,或者通俗地说,就是冲突产生的原因,最常见的冲突原因包括争权、夺利、理念不合三种,用专业的术语讲,冲突产生的原因包

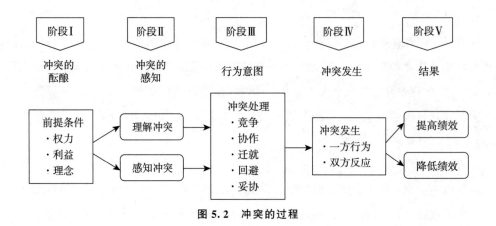

图 5.2　冲突的过程

括以下几种。

(1) 双方的价值观、理念和目标不一致。

(2) 一方使另一方权利或权力受损。

(3) 一方使另一方经济利益受损。

(4) 双方对事实的解释存在分歧。

(5) 双方的行为期望不一致。

2. 阶段Ⅱ：冲突的感知

阶段Ⅰ中提到的条件只是潜在的,这些潜在的冲突不一定会演变为真正的冲突,也许当事人并没有感知到这些冲突的存在,只有当一方或多方认识到冲突或感觉到冲突时,前面所说的条件才会导致实际的冲突。

认识到冲突的条件,并不意味着它就是感知到的冲突。例如,A 可能认识到 B 与 A 之间意见十分不一致,但这并不一定会让 A 感到紧张或焦虑,也不一定会影响到 A 对 B 的感情,所以冲突的感知才意味着冲突的正式开始。

阶段Ⅱ之所以重要,是因为此时冲突问题变得明朗化了。在这一阶段,双方对冲突的理解和感知决定了冲突的性质,也极大地影响到冲突的可能解决办法。例如,如果我把团队奖金的冲突界定为一种"你多我少"的格局(即总额有限,你拿得多,意味着我拿得少),那么,我当然不乐意你多拿奖金。如果我的理解和感知是团队成员奖金只与个人业绩有关,而与别人奖金多少无关,那么,我对你的奖金增加并不会有很大的敌意,充其量只是有些羡慕而已。

另外,情绪对冲突的感知有着重要的影响作用。研究发现,消极情绪会导致过于简单地处理问题,降低了信任感,对对方的行为也会作出消极的解释。在同样的条件下,如果有一方心情不好,发生冲突的可能性或者冲突的程度就会大得多。

3. 阶段Ⅲ：行为意图

行为意图是介于一个人的认知、情感和外显行为之间的从事某种特定行为的决策。

为什么要把行为意向作为冲突过程的一个独立阶段？公安局在侦破凶杀案时，不仅要找到杀人凶器和相关证据，而且要调查"杀人动机"。有时证据已经有了，但"杀人动机"还没有查明，由于一个人的行为并不能准确反映他的行为意图，所以负责案件侦破的人员并不会就此罢休，而是要深入调查，找到真正的"杀人动机"。这说明，行为意图是非常重要的，了解一个人的行为意向，对于调控他的行为具有直接的作用和意义，所以管理者不仅要关注组织成员的行为，而且要关注他们的行为意图。

4. 阶段Ⅳ：冲突发生

这一阶段中冲突是明显可见的，表现为当事人双方进行的说明、反应、活动和态度。也就是说，一方有行为，对方如何反应。冲突发生的过程对冲突双方而言都是一个刺激，可能会由于判断失误或者缺乏经验导致冲突背离了本来的意图。这时更要引起管理者的重视。

冲突发生是当事人双方相互作用的过程。例如，你向我提出要求，我进行争辩；你威胁我，我也反过来还击你。如此下去，既有可能升级，也有可能平息。

冲突发生时的冲突强度高低有所不同，从低到高可能出现的强度如下。

(1) 轻度的意见分歧或误解。

(2) 公开的质问或怀疑。

(3) 武断的言语攻击。

(4) 威胁和最后通牒。

(5) 挑衅性的身体攻击。

(6) 摧毁对方的公开行动。

在冲突强度的最低级别上，冲突以微妙、间接、节制为特点，表现为轻度的意见分歧或误解。例如，培训师在台上讲课，台下的听众认为讲得不对，就属于这种情况。随着冲突强度的上升，建设性逐步下降，破坏性逐步提高，最高级别的是摧毁对方的公开行动。例如，罢工、骚乱和战争显然都属于这种情况。接近最高级别的几种冲突强度常常是功能失调的，功能正常的冲突一般来说位于接近最低级别的位置。

5. 阶段Ⅴ：结果

冲突结束阶段，冲突的结果就呈现出来了，冲突的结果既有可能导致组织绩效提高，也有可能导致组织绩效降低。

通常来说，功能正常冲突的结果表现为：激发创新和创造力，提高决策质量，促进思想交流，及早发现隐患，防止问题演变为危机。功能失调冲突的结果表现为：对立、不满、相互抱怨、群体凝聚力下降。

冲突的结果也可能表现为表面上的平静，但矛盾只是暂时平息，并没有消除，以后一旦有机会，冲突还会重新爆发。

冲突的表现

冲突大致表现为以下四种类型。

(1) 目标冲突。目标冲突是个人或群体所求的目标与别人不同时,在过程中所产生的矛盾与问题。

(2) 认知冲突。认知冲突是个人或群体所坚持的信念或想法与别人不同时,所产生的歧见与相对立场。

(3) 情感冲突。情感冲突是个人或群体在情感或动机上与别人不同时所产生的摩擦与偏见。

(4) 行为冲突。行为冲突是个人或群体的言行举止与别人不同时,所产生的抗拒与敌对的情况。

冲突的层次

冲突也有不同的层次,它可以是个人内心的冲突、人际的冲突、群体间的冲突和组织间的冲突。

(1) 内心的冲突。当一个人被两件事情吸引,扮演两个不同的角色或去做不愿做的事,或感觉背弃自己的原则与信仰时,就会产生内心的矛盾、挣扎,这就是个人内心的冲突。

(2) 人际的冲突。这是属于个人与个人之间的冲突,可能是个性的差异、价值观的迥异、立场的不同,造成两个人之间不能协调,有争议。

(3) 群体间的冲突。这是群体与群体间或部门与部门间的冲突,通常是目标的不同或资源分配的问题,造成两股对立的力量,由于卷入的人比较多,所以也比较复杂。

(4) 组织间的冲突。这种冲突常见于同行间不同企业的竞争,甚至是不同行之间,或者两国之间的矛盾与争端。

个人应付冲突的惯用招数

在这节中,我们将讨论个人对冲突的反应类别。根据 Ruble 和 Thomas 的研究,个人在冲突中表现出的两个有关的态度的程度,分别为果断度和合作度,而由这两种态度的不同强弱度交互、混合下形成五种人们对冲突的具体行为反应,分别为竞争行为策略(competing)、妥协行为策略(accomodating)、回避行为策略(avoiding)、折中行为策略(compromising)及双赢行为策略(collaborating)(表 5.1)。

表 5.1　五种冲突处理办法的对比

冲突处理方法	适 当 时 机
竞争	当采取快速、决断性行动是重要的 不受欢迎的行动需要执行 在极重要的问题上，你知道你是对的 对抗非公平竞争行为
妥协	你发现你错了，为了显现你的理性学习以及被他人接受 问题对别人远比对你重要，若满足他，可维持关系 你无法对抗，要输了，则设法减少损失 当和谐及稳定是极度重要时
回避	此论题琐碎，另有更重要的问题要解决 当你发现要满足你的要求已经没太大指望了 需要冷静下来透视问题 话题已经偏离主题而成为其他问题的前兆
折中	目标很重要但尚不值得采取更强硬措施或决裂 对太复杂的论题为求暂时的平息 在时间压力下接受权益的办法 当合作、竞争均不可行时备用之
双赢	双方面的问题都很重要并且不得妥协，而需找出整合性答案者 为了综合持不同观点者的洞察能力 经由融合各方担心的问题达成共识，以获得彼此承诺 想砍断阻碍双方关系的感觉

竞争行为策略

当某人对冲突采取高度果断度（即只注重个人意愿）及低合作度的态度时，竞争行为便会产生。个人会为了满足自己的需要而把别人牺牲掉，一般具体做法是利用自己的权威或计谋去操纵、忽视甚至威胁别人来达到自己的目的。很明显，若重复地使用这种冲突的处理方法，组织内的敌意和怨恨不但不会消除，更会累积起来，而导致互不信任。

妥协行为策略

当某人对冲突采取低果断度和高合作度的态度时，便产生妥协行为反应。与强迫行为策略相反，这种反应是为了满足他人的要求而委曲求全把自己的要求牺牲掉。这种人通常为了保持与别人和谐的关系而把自己的权益牺牲，并且因此无法对情况做一客观的评价。重复地使用此反应，无疑把自己的自信及地位也贬低了。

回避行为策略

当某人采取低果断度和低合作度的态度来应付冲突的时候，那表示他以回避方式来处理问题,他们通常避免谈及甚至搁置相关课题,最后导致忽略了双方的利益。重复使用此方法的弊处是其会造成有关人员的失败感,因为真正的问题始终存在而又未获得任何解决。

折中行为策略

这是当事人采用中度果断度和中度合作度的态度产生的行为。双方会尝试满足双方要求。同时,大家都愿意为共同的利益作出牺牲。表面看,这种方法似乎符合大家的利益及要求,但很多时候,有关人员若以避免意见分歧来减少冲突为目的而并非为解决问题为目的的话,最终不但不能把问题解决,并且为了维护表面的和平共处而把问题掩盖起来,导致问题不断严重化。

双赢行为策略

这是高果断度和高合作度的态度所形成的反应。每个反应被视为真正能够解决问题的方法。因为它使双方都能满足自己的要求,达到一个所谓"互惠互利"的局面。在寻求问题解决的过程中,它不但鼓励互相信任和协调,更能培养管理者的自我管理技能,使授权得到体现。

在此,我们可以归纳出冲突管理的五种策略反应(表5.2)。

表 5.2　冲突管理的五种策略反应

策　　略	具 体 反 应
竞争	全部我取
妥协	全部你取
回避	弃置
折中	各取一半
双赢	扩大利益、双方皆满足

协作式的冲突管理是一种双赢策略,它能:

(1) 建立更高的目标。

(2) 将人和事分开。

(3) 重利益不重立场。

(4) 为双方利益创造选择。

(5) 应用客观尺度。

(6) 以所获而非所失来定义成功。

选择适合你的策略

双赢式的管理策略就本身性质而言较具优越性,但经理们在选择合适的策略的时候,则必须考虑个人风格及所处环境的要求。

个人风格

很正常的,个人的性格及偏好对我们选择策略有很直接的影响。我们都倾向于选那些与我们价值取向一致的策略。不同性格的管理者皆有其对冲突管理策略选择的取向。

(1)利他型。偏向于以与别人和谐的关系而获得满足,较不注重回报。他们的性格是信任别人、乐观、理想化和忠诚。这类人偏向于适应式冲突管理策略。

(2)自负型。偏向于坚持自己立场以及明确的回报,他们从引导别人行为中获取满足感。性格的特点是充满自信、具开创精神和能言善道。这类人偏向于强迫式策略。

(3)分析型。偏向以自我效能感以自主和逻辑思考性而获得满足,他们性格谨慎、实干和讲求原则。这类人偏向以较缓和的手段解决问题,如采取折中式或妥协式策略;但当冲突加剧的话,他们有可能采取回避式策略。

环境要求

考虑个人因素之余,我们也必须考虑环境因素作为选择的准则之一。而对环境要求我们可大概列出四项要求做考虑的范围,它们分别为问题的重要性、关系的重要性、相对权力和时间压力四个方面(表5.3)。

表 5.3　各种冲突管理策略适合的不同状况

状况的考虑	冲突管理策略				
	竞争	妥协	回避	折中	双赢
问题的重要性	高	低	低	中	高
关系的重要性	低	高	低	中	高
相对权力	高	低	一样高	一样高	低—高
时间压力	中—高	中—高	中—高	低	低

(1)竞争策略。此策略适应于问题重要性高、关系重要性低、相对权力较高以及时间压力属于中至高的水平时。

(2)妥协策略。此策略适用于问题重要性低、关系重要性高,与冲突方具同样的相对权力,而时间压力属于中至高的水平时。

(3)回避策略。此策略适用于问题重要性低而关系重要性又低,相对权力一样,而时间压力属于中至高的水平时。

（4）折中策略。此策略适用于问题重要性和关系重要性皆中等、相对权力又一样以及时间压力低的时候。

（5）双赢策略：此策略适用于问题重要性和关系重要性皆高，相对权力属于低至高的水平，但时间压力较低的情况。

总的来说，管理者应以以上不同程度的环境因素来决定采用何种策略应付冲突。虽然双赢策略的成效最好，但双赢策略也是最难以成功实施的。因为它非常复杂和耗神，需要更多的技巧。

部门间差异导致的冲突

除了前面所述的个人因素，组织中也可能因为任务、目标、资源、绩效标准的差异而产生冲突。

（1）任务的相互依赖性。个人与群体间任务的相互依赖性越大，需要互相协调共同完成工作的机会越多，冲突的可能性也越大。

（2）管理权限的模糊。对某项工作的权限不明确，也会引起冲突。比如聘用人员时必须经过遴选程序，经过人事单位与用人单位的批准，当一个部门同意、另一个部门不同意时，就会产生冲突。

（3）共同资源的依赖。当几个部门必须为共同短缺的资源而竞争时，冲突必定会发生。当资源有限时，几个部门便开始争夺资源，总有一方得、一方失，也就造成了冲突。

（4）缺乏统一的绩效标准。不同的绩效标准和奖励是组织内部冲突的另一个因素，主要是因为不同部门间不同的绩效标准。比如销售部门强调对市场变化作出反应，而生产部门则强调高效率。这种情况下，各部门都力图达到各自的绩效标准，从而产生了冲突。

组织冲突的后果

1. 群体内的改变

（1）群体凝聚力增加。因有了外来的威胁，影响群体的利益、地位及成员的声望，冲突能使其中一方的群体精神提高，暂时抛开个人的差异，内部也产生了要求忠诚度、服从规章、行为一致等，甚至要求牺牲小我、完成大我的精神。

（2）群体变得更有工作导向。为了克服外来的挑战，内部工作气氛提高，更强调达成群体目标。

（3）领导行为转向专制。由于处于危机，群体比较要求专制、有权威的领导，并强调控制、行动的速度、任务导向，以求能在最短时间内采取行动达到目标。

2. 群体间的改变

（1）产生偏见。对敌方采取敌视、丑化或者不闻不问，因此不再保持中立，只看到对方的弱点、问题,而忽略或贬低了其优点。由于知觉的扭曲,对对方的友善信息也被否定,总之对方没有一点是对的。

(2)攻击性增加,沟通降低。逃避任何和对方沟通交流的机会,有时为了肯定和印证自己的看法,采取敌视态度并攻击对方,而且也可能拉拢周围的人,联合起来妨碍对方的工作或使之受挫。

常见解决冲突的败招

研究发现,企业中有四种普遍应对冲突的行为是无效的,它们不但无助于冲突的解决,而且会产生新的问题,但它们仍普遍存在于企业中。

(1)无所行动。当冲突发生时,许多经理人最普遍的反应是视而不见、避而远之,他们有一种侥幸心理,希望经过一段时间后,问题会自然消失。可是事实有时往往相反,冲突若不适时处理,经过时间的发酵,可能会愈演愈烈。

(2)官僚手法。有时候,经理人知道问题的存在后,不正面处理,反而不断地说"需要进一步研究",需要向不同的部门了解情况等。这只能让当事人火上浇油,解决不了问题。另外,有时程序太长、太复杂,也会使原有的冲突进一步恶化。

(3)诋毁人格。有时发生冲突时,当事者会被冠以"问题者",人格受到诋毁,让大家远离他,不信任他,把问题个人化,迫于群体的压力,他或许会保持沉默,不然就离开,希望问题从此得以"解决"。

(4)好人手法。许多经理人因为喜欢被视为好人,听一方数落另一方的不是,点头表示理解,又听另一方投诉对方的不是,也表示有道理,两边都想讨好,立场不清,只会造成纠缠不清的局面,越说越乱,越抹越黑。

缓和部门间的冲突

当冲突发生后,就必须采取行动以避免它产生恶性循环的后果。管理者可采取两种方法:一是尽力改变员工的态度;二是改变员工的行为。改变行为,可以减少公开冲突,但部门间可能依旧不融洽、不闻不问、各自为政。如果改变态度,就能促使部门间彻底改变关系。尽管这需要花更长时间,却能使员工的合作有实质性的变化,并取得共识。以下讨论从改变行为到改变态度的不同方法。

(1)自然分离法。当冲突双方工作联系不密切、相互不影响时,分离法是很有用的,尽管它不能促使他们改变态度,却能暂时缓解问题。

(2)定下规则法。通过判定明确的条规、程序,让大家有更清楚的"游戏规则",可以减少冲突的发生,当然这也不能改变基本的态度。

(3)整合法。通过统一目标来调和部门之间的互动,使他们能共同协调,也使部门间能相互交错，认识彼此间的相同处，整合者必须穿梭部门间进行劝说，使大家能在共识的基础上进一步合作协调。

（4）谈判法。这是把相互冲突的双方召集在一起，面对面讨论彼此的分歧点，希望通过公开讨论谈判，达成共识，寻求解决方案。

（5）第三者介入。在某些情况下，聘请专家进行咨询，专家可以从中立的立场发挥协调的作用，也能直接提出意见，帮助问题的解决。

（6）愿景的设立。建立一个更高远的目标，建立群体目标，使之团结合作，在企业生存受威胁时，这种方法能使长期对立的各方联合起来，把公司从危机中拯救出来。

（7）群体培训。利用外部培训专家，组织优良的培训项目，有助形成协调一致的工作态度，帮助各部门建立一种感情结合，产生更积极向上的群体精神。

当冲突恶化时

若冲突已到达一个恶化的阶段而只靠发起者和反应者两方已无法把问题解决时，调解人便需要加入以帮助化解冲突，减少负面的影响。

承认存在冲突并提议解决问题的方法

首先，调解人必须重视冲突双方的问题。对问题的轻视只会使双方提高防卫性并影响解决问题的效果。其次，调解人要决定是否需要一个会议，让双方一起谈还是先单独与各方会面。在这里要注意的是争论者的立场、动机、争论者之间的关系等。如果双方在了解和动机上差距甚大，调解人应当在双方会面前通过一对一的接触缩小这种差距。另外，联合会议不但可以为同级的争论者召开，也可以让不同职级的争论者召开。如果争论源来自广泛的他们不能控制的局面，先单独会面可增加你对根源的了解并改善个人解决分歧的能力。然后在联合解决问题会议中，调解人引导双方增强解决问题的技巧。

对争论双方保持中立姿态

有效的调解人需要不偏不倚。如果在联合会议上，调解人表现出强烈的个人偏见，另一方也许会退场。但是，这样的个人偏见更可能在私下会谈中出现。不管这些偏好的评论有多可信、多有理，也会破坏调解人的长期可信度。相反，有效的调解人尊重双方的观点并确保所有看法都充分表达了。有时候，判断是难免的。例如对违反公司政策、进行不道德或不遵守协议的个人，他们明显是犯错了。因此，保持公正时要考虑发起人是冒犯了事还是冒犯了人。如果该人明显地错了，应加以纠正，但应当采用一种使他感到其形象和工作关系并未受到永久损害的方式。纠正可以私下进行，并必须以讨论问题为导向而非性格导向。

调解人保持解决问题的氛围

调解人应着重针对情况和冲突对业绩的影响,而不能对相关人做性格上的批评。调解人同时要防止争论者的某一方主宰了整个讨论,在发表他们的意见时要保持质量的平衡。因为这会影响他们接受最后结果的愿意程度。

协助开发解决方案而不是问题的责任

当争论双方工作上具密切关系而争论又时常发生时,调解人应偏重授予他们解决问题的技能。调解人应让他们了解过去发生争论的主要诱因,从而让他们了解问题并非源于某单独事件。这样不但能帮助他们把真正的问题解决,更能避免对每次争论做审判式的评价,而转向帮助双方开发更多的解决问题方案。

在利益而非立场的基础上开发选择方案

有些人认为角色不兼容引起的冲突是不可能达成一个调和的解决方案的。因此这种冲突的调解人最好能检查立场后面的利益(目标和关注点)是什么,因为它推动立场的形成。因此,调解人应尽量找出各方因利益不同所导致的冲突所在。

当各方阐明他们的利益后,帮助双方识别可以达成协议与和解的领域。这是解决长期问题的一个主要转折点。确保各方充分理解并支持所同意的解决方案,建立后续程序。

就行动方案达成协议

调解人切勿以为一旦争论者在某些原则上达成协议便算把问题解决了而把细节忽略掉。调解人必须协助定出双方都能接受的具体行动计划,并让争论各方了解各自责任所在以及做进一步监督。例如,安排另一次会议让各方提交进一步的报告,才算功成。

如何维持和激发适度的冲突

创建不同观点表达的平台

不同的观点是冲突存在的基础,在以创意、研究、开发为主导的企业,或者在创意、研究、开发类的部门要大力倡导争论。例如,在理论研究、创意策划、项目投资、产品开发等工作中,倡导争论可以让正面、反面的观点、论据充分挖掘出来,也可以让创意性思路有效激发出来。在这样的组织中,应当建立认可适度冲突的组织文化,让员工畅所欲言,只要是有助于启发思维、探索规律、完善组织管理的冲突,都应该大力提倡。

新加坡化工企业 Billion Miles(BM)也有这样一个鼓励提出不同意见的正式系统。员工可以通过它向上司提出质疑,而不受到处罚。如果意见仍得不到解决,该系统将提供第三方进行调解。惠普公司对持不同意见的人进行奖励,即使他们的想法最后未被管理层采纳。

引进外脑

引进外脑包括两方面:一是从外部引进人才;二是请外部专家或咨询机构做项目咨询或管理顾问。

适当引进外部人才有利于维持和激发适度的冲突,因为新进人员还没有接触该组织的团队文化,脑子里面框框比较少,思维相对比较开阔。另外,由于还没有和内部员工建立起非常紧密的私人关系,较少会因为面子上不好过而三缄其口,也不会受内部派系的制约。

外部专家或咨询机构参与组织管理和决策也有利于维持与激发适度的冲突,因为外部专家或咨询机构会客观地指出组织的问题和弊端,内部有些人员不说、不敢提的方案,外部专家或咨询机构会实事求是地提出来,所以通过外部专家或咨询机构可以有效避免报喜不报忧的局面,维持和激发适度的冲突。

对抗型决策

统计决策理论中,按决策问题所处的条件,把决策分为确定型决策、不确定型决策和对抗型决策三种,但这里说的对抗型决策是组织在外部竞争或对抗中的决定,它包含两个或几个方面之间的竞争,并且不是所有的决策都在决策者的直接控制之下,而要考虑到竞争方的策略,如战国时田忌赛马的故事就是对抗型决策的典型例子。这种对抗型决策是在决策论证过程中,决策者有目的地指定赞成方和反对方,采用自由辩论的形式,为决策者提供正、反两方面、详尽真实的决策依据。

谈判的过程

谈判过程由准备和计划、界定规则、阐述和辩论、讨价还价、结束与实施五个步骤组成。简要说明如下。

准备和计划

谈判开始前,需要做一些必要的准备工作。例如,冲突的性质是什么? 这场谈判的来历和背景如何? 哪些人参与谈判? 你想从谈判中得到什么?

除了准备自己方面的内容,还要判断对方对谈判目标有什么想法,他们可能会提出什么要求,他们坚守自己立场的程度,对他们来说有哪些无形或隐含的重要利益,他们希望达成什么样的协议。如果不仅掌握了自己这一方的背景材料,而且你能预期到对手的立场与观点,那说明你准备得比较充分了。

界定规则

界定规则是确定谈判的原则和让步底线,以及时间、地点、人物之类的具体规则。例如,什么人参与谈判?谈判在哪里进行?谈判限制在多长时间?谈判要受到哪些方面的约束?如果谈判陷入僵局,应遵循什么具体程序?

在这一阶段,参与各方需要交流他们的最初提议和要求。

阐述和辩论

各方相互交换最初观点和提案后,都会就自己的提议进行解释、阐明、澄清、论证和辩论。

这一阶段不一定是对抗性的,也许只是交换信息、交换支持自己意见的材料。

讨价还价

谈判过程实际上是一个为了达成协议而相互让步的过程,谈判双方毫无疑问都需要作出让步。但让步通常不能一步到位,而是随着讨价还价的进展逐步进行让步。

结束与实施

这一阶段需要把已经达成一致的内容正规化,可以是签订合同,也可以是形成会议纪要或备忘录,还可以是形成一份文件或规章制度。为了让谈判结果顺利实施,还需要制定保障实施的必要的程序。

谈判技巧

提问的技巧

谈判中进行适当的提问是了解对方态度和底线的重要手段,提问的技巧在很大程度上影响着对方是否愿意讲出真实信息,也影响着对方能否接受自己的要求。

一名传教士问上司:“我在祈祷的时候可以抽烟吗?”

另一名传教士问上司:“我在抽烟的时候可以祈祷吗?”

结果,前者得到的回答是:“不行!”,后者得到的回答是:“可以!”

在谈判中,可以有针对性地选择使用下列几种提问方式。

1. 开放式提问

开放式提问所提的问题可以自由地回答,只要问题有针对性就行。例如,你的看法如何? 你们的报价是多少?

2. 封闭式提问

封闭式提问所提的问题是指只能在限定的几种情况中选择答案或结果。例如,你同意吗? 你们的报价比上次高还是低?

开放式提问与封闭式提问的对比见表 5.4。

表 5.4 开放式提问与封闭式提问的对比

开放式提问	封闭式提问
你有什么问题?	你还有问题吗?
为什么?	是因为这样吗?
什么时间?	明天可以吗?
谁?	是他吗?
什么地方?	是在你们公司吗?

3. 诱导式提问

诱导式提问不是为了从对方那里获得答案,而是为了诱导对方接受自己的观点和意见。例如,销售员与潜在客户在电话中谈到约个时间面谈一下时,销售员问:"你什么时间有空?"这属于开放式提问,这样问的效果并不好。如果销售员问:"明天你有空吗?"这属于封闭式提问,效果也不好。比较好的提问方式是:"你明天有空,还是后天有空?"

4. 澄清式提问

澄清式提问是针对对方的答复或已经提供的信息重新措辞进行提问。例如,"你刚才说对目前正在进行的这宗生意可以做取舍,是不是意味着重新报价后还有成交的机会?"

陈述的技巧

谈判中经常要用到陈述的技巧。例如,控制谈判进展、打破僵局、消除尴尬。在谈判进行的正常过程中,如果对陈述技巧掌握不好,也可能让对方不满意。

陈述意见要尽量做到平稳中速,在特定的场合下,可以通过改变语速来引起对方的注意,加强表达的效果。一般问题的阐述应使用正常的语调,保持能让对方清晰听见而不引起反感的高低适中的音量。

在把握陈述技巧时,特别要学会如何表达拒绝,也就是要巧妙地说"不"。一般来说,要尽量把否定性陈述以肯定的形式表达出来。例如,当需要说"不行"时,可以说:"让我再考虑一下吧。"或者说:"我必须和我的合伙人商量一下。"

即使在由于对方的坚持,使谈判出现僵局,需要表明自己立场之时,也不宜用否定的字眼去指责对方。你不妨这样说:"在目前的情况下,我们最多只能做到这一步了。"或者说:"我认为,如果我们能妥善解决那个问题,那么,这个问题就不会有多大的麻烦。"

这样说,既维护了自己的立场,又暗示有变通的可能。在此情形下,请多用"我""我们",而少用"你""你们"。

另外,还要把好方案的发现权美誉冠给对方,这对促使谈判成功有一定的积极意义。

聆听的技巧

聆听看起来是一件简单的事,其实不然,争吵和冲突往往是由于双方的相互误解,没有真正理解对方的意思造成的。谈判时,尤其要注意以下几个聆听技巧。

(1)多听、多问,少说为佳,认真聆听对方的每一句话,尤其是理解言外之意。

(2)当对方说"顺便提一下……"时,这往往是一件重要的事情。

(3)当对方用"老实说""说真的""坦率地说"开头时,往往是故作姿态。

(4)不要急于自作聪明地解释或判断对方的意思。

(5)表现出有兴趣的态度,在重要之处发问或要求解释,这不仅能获得准确的信息,而且可以让对方相信你在注意聆听。

(6)学习控制自己,抑制自己争论的冲动。

(7)做笔记。做笔记不但有助于聆听,而且有集中话题及取悦对方的优点。

结束谈判的技巧

谈判结束时,可以根据实际情况选用以下几种方式。

(1)见好就收。见好就收就是及时把握时机,否则,错过时机,争执也许就是旷日持久的了。如果你已经获得原先设定的谈判目标,应该选择见好就收,赶快作出结论、签订协议,以免夜长梦多、节外生枝。

(2)适时宣布双方"战平"。也就是双方都让步,让到一定程度握手言和,不再坚持原来的条件和要求。

(3)要么达到目的,要么我们不干。如果自己的条件优越,并且选择其他合作伙伴的余地大,那么,可以采用这种方式,也就是咬定坚持的条件(一般不是最初的条件),绝不放松。

(4)通牒最后期限。直截了当地确定最后期限,此时间作为结束的日期,如果对方提前让步,则提前结束;如果不让步,则在此日期结束。

(5)最后的让步。谈判双方都可能会说:"你们如果再让这一步,马上就可以签合同了!"如果对方答应,就属于最后的让步。这一策略要求在讨价还价过程,总是应该留有最后一手以作为最后的让步。

小结

冲突一向以来都会令人觉得是不好的东西,永远带着负面的影响。虽然管理上很多研究都表明其具有价值的一面,但毕竟,冲突让人感到不安。为了帮助管理者克服这方面的抵抗情绪,进一步好好利用冲突来改善组织内部的活力,我们在本章中介绍了冲突的问题,然后再着重探讨不同的冲突管理策略。选择不同策略必须考量个人风格及环境的要求因素。组织中的冲突是难以避免的,必须找出合适的冲突管理方法,才能有效地解决问题。有时需要用调解人协调,但是调解人的态度和行为必须诚恳,才能帮助协调冲突。

行为指南

有效的冲突管理涉及分析和行为元素。第一,重要的是理解冲突的真正根源、选择适合的冲突管理或谈判方法。第二,必须有效地实施此方法。

冲突管理的行为指导准则如下。

1. 收集冲突根源的信息。检查争论的焦点,识别根源。四种根源(及其各自焦点)是:个人差异(理解和期望);信息不足(信息错误或解释错误);角色不相容性(目的和责任);环境压力(资源稀缺和不确定性)。

2. 利用协作方法管理冲突,包括集成谈判战术。除非特定的环境要求运用其他的替代方法。

3. 运用强劲方法,只有当局面对你非常重要时,一种亲密、持续的关系不再必需时,你比别人有更多权力和有紧迫性时。

4. 运用妥协方法,只有当局面对你不重要,但一种亲密持续的关系至关重要时,并且当你没有其他选择(权力)了,而且时间也不是一个因素的时候使用。

5. 运用妥协方法,在只有当局势非常复杂和对双方中等重要(双方强烈感到局势的不同方面),关系中等重要,双方有相等的权力和时间压力很小时。

6. 运用回避方法,只有当局面对你不重要,且关系也不是至关重要,你的权力相对平等或比对方大,并且时间不是一个主要因素的时候使用。

针对调解人的行为指导如下。

1. 承认存在冲突。

　　A. 选择最适合的方式(是一对一会谈,还是集体会议)进行教练和寻找事实。

　　B. 提出一个问题解决方法来解决争执。

2. 保持中立姿态。

　　A. 采取协助人而非法官角色。不要小看问题或因他们不能解决自己的分歧而贬低他们。

    B. 对争执者和局势保持公平(提出被违反的政策)。

    C. 如果必须纠正,私下进行。

3. 管理讨论以确保公平。

    A. 将讨论集中在冲突对业绩的影响和持续冲突的破坏效果。

    B. 保持讨论的问题导向,而不是个性导向。

    C. 不允许任何一方主宰讨论。为保持平衡直接提问。

4. 通过集中于立场后面的利益开发可选项。

    A. 寻求争执者论点/声称后面的"为什么"。

    B. 帮助争论者看到他们在目的、价值和原则等上的共同点。

    C. 运用共同点来产生多个可选方案。

    D. 保持一种非法官的方式。

5. 保证各方都支持同意的计划,检验对具体行动的理解和服从。

6. 为后续工作建立一个机制。

    A. 创立基准来度量进步和保证责任。

    B. 鼓励灵活地调整计划,以满足将来的环境。

自我评估

Thomas-Kilmann 冲突管理问卷

请在下列问题中选 A 或 B:

1. A. 有时我让别人负责解决问题

    B. 与其和您谈判商议我们之间的不同点,我尝试强调我们之间的相同点

2. A. 我尝试寻求折中方法

    B. 我尝试去解决他和我的问题

3. A. 一般,我会坚持我的目标

    B. 我可能尝试安抚他人情绪和保留我们的关系

4. A. 我尝试寻求折中方法

    B. 我有时牺牲我的意愿以满足他人的意愿

5. A. 我时常要求别人帮忙以解决问题

    B. 我尝试去做一切以避免紧张关系

6. A. 我尝试避免让自己不开心

    B. 我尝试争取我的立场

7. A. 我常拖延问题直到我有时间去想

　　B. 我放弃一些想法以交换他人的想法

8. A. 一般我会坚持我的目标

　　B. 我尝试公开讨论一切的问题

9. A. 我觉得不需要太在乎不同的看法

　　B. 我会尽量争取以我的想法去做

10. A. 我坚持我的目标

　　B. 我尝试寻求折中的方法

11. A. 我尝试公开讨论一切的问题

　　B. 我可能尝试安抚他人的情绪和保留我们的关系

12. A. 我有时不表明立场以避免制造矛盾

　　B. 我会让他如愿以偿,如果他也让我如愿以偿

13. A. 我提议一个折中点

　　B. 我争取表态

14. A. 我告诉他我的想法,也要求知道他的想法

　　B. 我尝试让他了解我的想法后面的逻辑和好处

15. A. 我可能尝试安抚他人的情绪和保留我们的关系

　　B. 我尝试去做一切以避免紧张关系

16. A. 我尝试不去伤害别人的感受

　　B. 我尝试去说服别人有关我的想法的各种优点

17. A. 一般我会坚持我的目标

　　B. 我会尝试一切以避免紧张关系

18. A. 如果那样做能使他开心,我就让他去吧

　　B. 我会让他如愿以偿,如果他也让我如愿以偿

19. A. 我尝试公开一切问题

　　B. 我尝试拖延问题直到我有时间去想

20. A. 我尝试马上解决我们的分歧点

　　B. 我尝试寻求一个合理的综合方法以平衡得与失

21. A. 在谈判时,我考虑别人的意愿

　　B. 我会倾向直接讨论问题

22. A. 我会寻求一个中立点

　　B. 我坚持自己的立场

23. A. 我常常希望大家都能达成他们的意愿

B. 我有时间让别人负责解决问题

24. A. 如果对那个人很重要,我会帮他满足他的意愿

B. 我会尝试使他同意折中的方法

25. A. 我尝试让他了解我的想法背后的逻辑和好处

B. 在谈判时,我会考虑别人的意愿

26. A. 我提议一个折中点

B. 我常常希望大家都能达成他们的意愿

27. A. 我有时不表明立场以避免制造矛盾

B. 如果那样做会使他开心,就让他去吧

28. A. 我常常会坚持自己的目标

B. 我时常邀请别人帮忙以解决问题

29. A. 我提议一个折中点

B. 我觉得不需要太在乎不同的看法

30. A. 我尝试不去伤害别人的感受

B. 我常常跟别人分享问题以使我们能一起想出解决方法

(计分见附录 5.1)

案例分析

鸿景酒店

鸿景酒店是一家典型的家庭式企业。董事长洪祥式是一位从金门南下文莱的白手起家的华人,吃苦耐劳,奋斗数十年后开创和经营鸿景酒店。鸿景酒店虽然是一家拥有 150 间客房的四星级酒店,但经过两三年的经营,公司业务逐渐步上轨道,业绩蒸蒸日上。公司一般员工都是来自邻国的东盟国家,40% 以上的员工来自菲律宾,30% 来自马来西亚,8% 来自新加坡或印度,当地国民则只占员工总数的 20%。

最近,董事长洪祥式对饭店中的两位员工感到头痛:一位是企业信息部门经理兼其女儿之助理盈盈,另一位则是前台经理马君。

盈盈是董事长好友的女儿,一位刚从大专迈入社会,胸怀大志,满怀信心,立志要学以致用,要为社会作出贡献和闯一番事业成就的少女。凭着家人的支持,盈盈谋求到了她生平的第一份工作。从秘书职位干起,不计劳苦,努力学习。她秉持着认真工作的态度,品格良好,深获董事长的信任。短短的半年内,董事长即指派这位少女负责和管理饭店的资讯系统。

马君在饭店未开始营业前加入鸿景酒店,并参与营业前的所有策划。马君在过去三年里

对饭店的事务极为主动,尤其对资讯系统很感兴趣。一向以来,马君与前任企业信息部门经理关系良好和协助企业信息部门经理负责饭店整个资讯系统。饭店上下员工,遇到任何问题,都前来向他请教,马君也不计较地给予协助。马君很和善,常和员工团聚用餐,谈笑风生,气氛融洽,深获员工的喜爱。每逢喜庆佳节、旅游旺季,他竭尽能力招兵买马,由于服务生不足,马君屡屡游说其下属,加班给予协助。根据这些年来的耕耘,以及付出的心血和表现的绩效,所以他觉得企业信息部门经理一职乃非他莫属。马君万万没意料到,董事长竟然如此看重年纪轻轻的盈盈,让她承担责任重大的企业信息部门经理之职位。

现在,马君眼看自己的目标已被别人夺取了,自己这几年默默付出的心血功亏一篑,心有一万个不甘和不服。于是,他绞尽脑汁,想尽办法,联合员工打击报复盈盈。在董事长面前,他装得若无其事,背后则不理睬盈盈,甚至借故教训盈盈。另外,马君也故意在系统上做手脚,使盈盈被传呼机传到几乎每个晚上不得安宁。并且,系统故障停滞的问题,导致财务报告无法如期完成以及前台作业流程无法正常进行,例如客房无法及时办理登记和退房等。其实,马君是潜意识里向公司示威,常常特意让盈盈摸索几个小时后,他才假情假意出来帮忙,然后毫不费力地把问题给解决了。这表明了"没有我是不行的!"。

盈盈也知晓整个事件是马君设下的计谋,为了不中其计,唯有忍气吞声,继续干活。盈盈具有资讯管理的大专背景,理直气壮,不愿意向马君请教、沟通和妥协。最后,在忍无可忍的情况下,她愤而离职了。

董事长面临失去一位信任的员工,却又无法炒掉马君,因为他还有其利用价值;至于在挽留人才盈盈这方面太伤脑筋。他在想,问题出在哪里呢?为何如此不知所措呢?

问题讨论:

1. 本案例中的冲突根源是什么?
2. 盈盈和马君对冲突的处理采取怎样的策略?有何优缺点?
3. 在这种情形下适用的冲突管理方法是什么?每种方法有多少成效?
4. 如果按照双赢行为冲突管理的方法,董事长怎样能使冲突管理更有效?

分车的决定

A公司是上海一家生产过滤器的专业公司。公司一直致力于空气净化领域的产品,目前主营业务为空气过滤器的研发、设计、制造及销售。

A公司由总经理朱力伦的父亲老朱董事长创立,公司一直稳健发展。老朱董在行业里名声不错,对公司老员工照顾。公司一向重视员工福利,给予很好的薪酬和分红,各部门经理还可分配到一部公司用车。公司的分车政策从老朱董时就延用下来:公司提供车给部门经理,路税和保险由公司付,但部门经理要负担维修费,车油一人一半。

朱力伦总经理从2006年回国加入企业,经历10年不同部门历练,2016年完全接任。小朱总加入后希望能吸引更多年轻有为的青年加入公司发展,于 2017 年年初进行扁平化管理改革。公司部门现包括生产、研发、销售、行政、品质和公关部门等。疫情期间,公司面临复产复工的员工短缺和健康安全问题、生产原材料涨价和产业供应链中断等困难。在日益复杂不确定的环境下,公司不可避免地面临各种矛盾冲突。小朱总希望他更好激励高管团队,群策群力共同面对未来的发展。

总经理：朱力伦先生

1. 去年公司预订了一辆新车宝马 520,2020 款 Li 领先型,将于下个月抵达。自 2020 年开工以来,公司全员一直忙于复工复产,新冠疫情期间做过部门重组精简。疫情时期,公司高管们对未来不确定性有些疑虑,你很需要鼓舞士气,加大变革力度。

2. 公司过去每隔一两年都会购买新车以激励高管。过去几年,车都是由总经理决定分给各个部门经理的。但是每次分配后都有很多问题,大家不尽满意,觉得你不公平。所以,这次你决定开部门经理会议,让大家来讨论和决定如何分配公司用车。你必须在半个小时内完成会议,而且必须达成共识。

3. 你有 6 个部门经理,每个人都想要换新车。你希望改变过去由上而下的权威决策,可以让大家参与决策。你决定不要自己做决定,而是希望各个部门能达成共识决定。

生产部门经理：刘金炎

1. 你今年 48 岁,在公司做了 20 年,是老朱董培养起来的骨干。

2. 在疫情期间,很多一线员工无法及时到岗,你带着部门团队在生产中经常加班加点,保证了生产线的正常运转。

3. 你目前驾驶的是一辆本田雅阁,这是 8 年前老朱董让你开的,说是日本车人性化,因为可以放多东西、载更多人、油耗小、驾驶舒适。

研发部门经理：王成

1. 你今年 27 岁,在公司做了 1 年,是小朱总从别的公司把你挖过来的,负责新的研发部门,你加入公司以来的表现是相当突出的。

2. 公司的研发技术优势,是公司过滤器产品领先的关键因素。疫情期间你针对市场需求,研发新产品,调整了公司的生产线,为公司创造了巨大的营收。

3. 你目前开了一部雪佛兰科鲁兹两厢。车的状态不太好,也比较耗油。

销售部门经理：蒋力伟

1. 你在公司做了七八年,为公司开辟海内外市场,历来销售业绩一直很好,今年的表现也很好。

2. 在疫情期间你的团队销售转为线上,通过钉钉、Zoom、Welink 等各种与客户、供应商等商业伙伴及时连接。疫情期间,各部门精简,人员调动,你的部门被抽走了三分之一的团队。

3. 你开的车是本田思域,车子3年还算新,但你觉得比较小,你经常要拜访客户。

行政和 HR 部门经理：方元元

1. 在公司做了2年,目前驾驶一辆大众Polo。车出了点意外,车门有点受损。

2. 疫情期间你努力做好公司复工的各项工作,如员工灵活调岗、精简员工,以及员工健康、安全与环境管理工作等。

品质检验部门经理：李亮

1. 你是从湖北来上海打工的,做了2年。因为疫情,你春节没有回家过年。

2. 你的车子最旧,已经快10年,福特嘉年华,又耗油,而且经常有问题。

公关部门经理：赵晓华

1. 你经常跑外地,有时一去就是三四天或五六天才回来。

2. 疫情期间你做了很多政府工作,才力争公司快速得到复工复产。

3. 虽然开的是马自达6,一辆5年车龄的车,但不知道为什么,车常常有问题,经常要维修。

会议结束,请讨论以下问题。

问题讨论：

1. 小组注意最后决策吗？为什么？

2. 小组以什么方法、方式达成决议？

3. 领导在过程中扮演的角色是什么？其优缺点是什么？

4. 这个部门的团队精神,其优缺点是什么？

5. 如何加强部门的团队合作精神？

技巧练习

互惠互利

请说出一个即将发生(在未来3个月内)而你又希望能够争取到一个互惠互利的解决方法的事件。试想想以下要点。

1. 你所关注的是什么？而对方所关注的又是什么？

2. 这个事件的主要课题是什么？

3. 你们之间有些什么共同赞许的政策/规矩/原则？

4. 什么样的结果是双方可以接受的？

5. 你们需要哪些资源？而这又是谁的责任呢？

6. 有哪些新的方法可以达到期盼中的效果？

分析冲突

建议做的作业

1. 选择一个你特别熟悉的具体冲突。运用该冲突框架分析本章讨论过的冲突根源并仔细分析形势,这是什么类型的冲突? 为什么会发生? 为什么会延续? 接着,运用指导准则选择合适的冲突管理策略,识别最符合该情形的普遍方式。考虑当事人的性格和相关的环境因素。这种方法双方曾用过吗? 如果双方已使用了这种方法,为什么没有成功?

2. 自愿充当两人或两个团体冲突的调解人。运用协作方法的准则进行调解,调解前拟制一项行动计划。确保认真考虑在协调会议之前私下会谈是合适的。报告这种情形和你的计划。你觉得怎样? 哪种具体行动效果良好? 成果是什么? 你应当如何改善?

第六章
行而有力——权力和影响力

掌中乾坤话权力

只有幼稚无知的人才会相信：最好的建议总会被采纳，最有能力的人总会获得提升，良好绩效的单位会得到公平的预算和奖励。这些都是政治性的决定，它是权力、影响力互动过程的产物。

领导指的不仅是职位或一个人，它还是一个影响的过程，是一个人运用权力化为影响力，使其他人愿意去实现他/他们想实现的目标的一个过程。所以要有效地领导，首先得发挥个人的权力和影响力。

"权力"的概念对于了解组织行为是极为重要的。在组织行为学里，权力被定义为：驱使他人去做你想要做之事的能力，或使事情依照你的想法进行的能力。权力是一种综合运作的过程，它是调动和有效运用资源的能力，这种调动能力取决于环境状态背景及参与过程的人的个性。

权力的本质是对他人的控制，有关"权力"一词有一个有趣的现象，它没有动词形式，你不能"权力"某些现象，然而你可以影响某些事物，所以权力是一种过程，它只有在被运用时才能被觉察到。权力运用的过程是对组织资源分配过程及结果产生影响力。权力的有效利用，可以增加你的个人权威、提高你的影响力、增加下属的归属感、鼓舞士气，从而得到更好的工作绩效。相反，权力的缺乏和权力的滥用将导致个人影响力的下降。权力并无好坏之分，只有大小之别，而权力的大小并非决定影响力大小的唯一因素。

政治策略是权力和影响力的桥梁，权力的获取和扩大需要策略或手段的行使；同样，权力的运用也需要政治策略，适当的策略会使权力发挥得淋漓尽致，权力基础也得以巩固。

影响力是权力运用过程的结果，人们追逐权力，其实更重要的是将权力转化为影响力。一个有影响力的经理，不仅自己信心十足，对下属同样有鼓舞的作用，甚至对竞争对手也有一种威慑的作用。下面列出了有影响力的经理特征。[①]

（1）能够代表某个遇到麻烦的人有效进行调解说情。

（2）帮助某个有才能的下属获得一个令人向往的职位。

（3）使超过预算的经费能够得到批准。

（4）迅速接触高层的决策制定者。

（5）和高层的决策制定者保持定期、经常的接触。

---

① KANTER R M. Power failures in management circuits[J]. Harvard business review，1979，57：65-75.

（6）提前获得决策和政策变化的信息。

权力的基础何在

有效地运用权力是管理成功的关键因素。有效的领导者有一个共同的突出特点：他们使其他人感到他们是有权威的，这些领导人之所以有权威，是因为他们已经学会了怎样在组织或机构中建立一个强有力的权力基础。他们之所以有影响力，是因为他们能运用他们的权威去帮助他们的同级或下属完成额外的工作，这种额外的工作，是在没有政策做补充的情况下进行的。也就是说，这种工作的完成是困难的，不像一般的工作，并不需要特别的权威或天赋。

对许多人来说，权力似乎是"低俗、肮脏"的政治行动。他们在谈论它时，觉得不舒服，联想到的是"耍手段""趾高气扬""冷酷无情""心狠手辣"的官僚政治。这种对权力的看法是一种狭隘的观点。权力本身没有危害作用，它也经常带来很多好处，就像药物一样，能救人，也能害人，重要的是权力被运用时，运用者的道德伦理观念会影响它的正或负的效果。

权力仅在运用权力的人和响应权力的人相互作用时存在，权力是为了实行资源的有效利用，而调动这些资源的能力，对这种资源运用的有效性的感知程度取决于：

（1）控制和被控制双方权力的不对等性。

（2）对调动资源合法性的认可。

（3）对双方都有利的令人满意的结果。

权力的六种不同基础如下。

（1）奖酬的权力基础。这种权力来自领导人对资源的控制，如控制人力资源、提高工资报酬、影响提升和职位。

（2）强制的力量基础。奖罚的权力、威胁的权力和利用自身的职位强迫他人行动的权力都是强制权力。

（3）合法的权力基础。合法的权力是在遵循组织规则的范围内行使，这一权力通常是由组织的权威来运用的。

（4）个性的权力基础。这种取决于领导人个人的才能和魅力。人际关系的处理技巧和他人的情感支持是这种权力的资源。

（5）专家的权力基础。这种权力来源于知识，有时也被称为智慧的权威，这种权力建立在其他专家对该领导人专业水平认可的基础上。

（6）信息的权力基础。这种权力来源于关于人的事件或其他有助于预测未来事件的信息背景资料。

将权力保持在适度水平

当我们对组织内的重要问题有一个创造性的想法和独特的见解，而却必须面对一些软弱无力的决策者时,那是很让人沮丧和灰心的。许多有抱负的年轻人进入企业,以为凭着信心和能力就能扶摇直上,但是他们很快就会泄气,因为企业里有许多老顽固为了保护自己的地盘而拒绝新建议、新做法。

组织中个人的权限保持在合适的水平是必要的,个人权力和个人业绩的关系由图 6.1 反映。

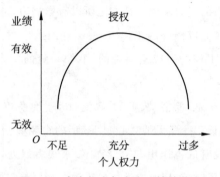

图 6.1　个人权力与个人业绩的关系

可以看出,个人的权限保持在适当的水平,其效果将是最好的,缺乏权力和滥用权力两种情况都降低效率或阻碍效率的提高,所以,适当地授权,既能够保证崇高品质,又能够使目标实现。授权是管理者帮助其他人获得和使用他们在工作中所需权力的一种过程,在进步的组织中,经理人越来越倾向授权,不再认为权力是传统金字塔组织高层管理者所拥有的东西。可以说,阶层的时代已经过去了,授权是一种逐渐受欢迎的自我管理形式,成为组织的主要基础(见第八章)。

当权力不平衡时,会出现两种极端情况:有职无权、有权无职。

有职无权意味着权力缺乏,而有权无职则意味着权力滥用。一个组织中没有权力的成员可能会恼羞成怒而试图破坏这个系统,也可能变得可怜和畏缩。不管哪种情况,每个人都会遭受损失。

有影响力的经理不仅能更独立地完成工作,而且他们能够向下属提供更多的信息,创造更多的有用资源。当下属意识到他们的老板有相当强的向上影响力,他们往往会感到他们在组织中有更高的地位,并且他们保持高昂的士气。相反,没有权威只能去培养专横,而不是真正的领导权。至少,在大型组织中,无权经常创造出无效、散漫的管理部门,并且形成一种可怜、专制、想当然的管理风格。这对组织的发展、资源的有效利用是一种极大的浪费。

当一个人处在一个职位,拥有远远超过这个职位应有的权力时,问题就出现了,由于他们早期的"成功",他们对自己拥有的权力津津乐道,以至他们认为自己是至高无上的,他们满脑子都被自我价值和自我重要性占据了,充满了傲慢,这使他们对别人的提议不耐烦,尤其是不愿听取不同的意见、反对的意见,最后必然导致失败。这样的例子屡见不鲜,这类人有其特点,虽然他们成功过,然而由于傲慢和偏见,由于权力滋生的自我,最终埋葬了自己。

聪明的领导意识到,从长远的观点看,没有人能从不平衡的权力分配中得到好处,所以在组织中适当地授权,保持个人的权限于适当的水准,维持权力平衡,乃是至关重要的。

获取权力需靠策略

一方面,对于许多人来说,追逐权力只是低俗和肮脏的活动;但另一方面,人们却向往着权力,希望享有更多、更大的权力,这就是人性。权力的获取是成功的象征,追逐权力并无不可,并且是一种上进的表现。权力的获取需要讲究策略、依靠策略。

学会获得权力,首先要知道权力的源泉,两个最基本的因素决定了一个人在组织中的权力:个人影响力和职位影响力。每一个因素的变化取决于组织环境对于这两种权力资源的相对重要性,不同学者有不同的观点,这两种权力资源可以理解为:"你是谁?""你在什么位置上?"在不同的组织中,其地位也往往不同,如在等级森严的组织中,如政府部门、军队等,这些组织往往是根据职位头衔来分配奖励的,而不是按个人的功绩。在一些小型企业,每一个雇员的工作都被看得很清楚,有进取心、能作出贡献的推销人员和能够解决重大技术问题的工程师更可能得到重视和奖励。然而,如果一个人想为自己建立一个坚实的权力基础的话,他必须同时发展两种权力资源,在每一个人的职业生涯中,他们会发现他们在组织中的境遇,或多或少地受到这两种权力资源的影响。如果一个人占据了组织中的一个关键职位(权力的职位源泉),但他却不能运用策略把它变成自己的资本,那么他将不能认识到这个职位所具有的全部权力潜能。相反,如果一个人具有权威所需要的个人素质(权力的个人源泉),但是他只是在一个无足轻重的职位上默默无闻地工作,那么他也不可能认识到自身的潜力。因此,获取权力的策略应该着眼于努力提高个人素质和有效利用职位特点两个方面。

注意你自己的人格力量

个人方面的权力存在于个体中并且独立于个体地位之外,个人素质与上司或老板对自己的印象如何,直接影响到个人的提升或权力的扩大。一般来说,素质较高的个人认为他们能掌握自己的命运,追求自己的目标,他们充满了使命感,而不被环境压力所压倒。人格力量的权力资源有以下几个重点。

(1)专业知识:反映认识能力。

(2)个人魅力:个人修养和个人魅力,包括有效的吸引力。

(3)良好的人际关系:良好的人际关系则是与他人相处的能力。

(4)开拓创新精神:意味着活力。

(5)勤奋:代表个人的承诺。

(6) 团队精神：代表个人的信用。

专业知识

专业知识是指某人通过其他人所没有而需要的知识、经验或判断等以控制他人行为的能力，在现代的社会，专业知识是一种重要的权力资源，它来源于正规的培训和教育，或来源于实际的工作经验。当你审查了专家职员的职位，你可能得出他们并没有什么权力的结果，认为他们担任的组织角色比起直线管理部门来说，并不十分明显，他们的工作通常只是一些常规的工作，由他们自己完成任务，通常和公司的核心目标没有什么联系，但是，一个专家职员可以通过培养自己在组织生活中的一个特殊方面的专业知识，来弥补自己职位权力的不足。当然，专家权力是相对的，不是绝对的，在技术密集型、变革迅速的组织中，专业知识提供了一个强大的权力基础。在这样的组织中，技术型的专家特别有权威，因为高层管理部门离组织的核心工作活动较远，管理部门对基础性的研究、生产创新、职工队伍的兴趣转变等问题，委托给专家负责解决，从而使专家在他们的知识领域内发展了一种垄断的影响。一个拥有知识的人容易增加权威，但是，也有可能产生负面的影响，聪明的下属会采用一种不威胁到上司的策略，把自己的知识为上司所用，这时，他作为一个专家的地位也得到加强；反之，则很可能得到负面的结果。

拥有专家的权力往往能使一个员工顺从你的指导，因为他会认为你知道该做什么事和如何去做，你是一个行家。然而，拥有专家权力也有其不利之处，首先，成为某一方面的专家需要相当长的时间和努力，而经过长时间从事这一专门领域的工作，你的思维方式可能被固化，结果，你被定型为某一领域的专家，如果你想开阔自己的视野，从事一般的管理工作，别人可能会觉得你不胜任，因为你只是某一方面的专家。所以，年轻的经理们一定要注意别让自己的注意力集中在一些狭窄的商业活动上，而限制了自己更多的发展机会。而现实恰恰是，一些人急于建立自己的权力基础，当组织中有一些小的专家职位时，因为对权力的渴望，他们会很快申请占据此职位。经过一段时间后，他们才发现，自己落入专家陷阱，从而意识到建立一种与各种组织活动有关的更为广泛的知识基础的价值，而这种价值才是真正有助于长期升迁。

拥有专家权力的另一不利之处在于"印象管理"，印象管理是指因为你是专家，所以人们对你的工作判断存在一定的偏见，如果你总是采用过去做事情的方式，他们可能会认为你的知识已经过时，如果你写了一篇充满技术术语的报告，他们则怀疑你的有效沟通的能力。所以，人们判断你的能力，并不仅从你已经获得多少的学位、经过多少培训课程，或者是你已经从事某个领域工作多少年，他们也从你的工作方式来取得线索。

个人魅力

个人魅力的范围相当广泛，从待人处世的方法，到个人的价值观、信念、信仰、言谈举止、道德、品格等。个人修养造就了个人的魅力。忠诚正直、廉洁奉公、处事公正等这些高尚的人品能够产生巨大的个人影响力。从内在的性格来说,具有个人魅力的人往往具有绝对的自信和强烈的内在信念,并具有投射这种印象给追随者的行动力,能道出追随者的希望、理想和恐惧,洞悉追随者的需要、希望和价值,使追随者深信他能领导他们迈向胜利、成功和美好的未来。迷人的个性能够吸引有能力并且有奉献精神的人为他工作。下面列出了一些受人喜欢的特点。[①]

(1) 保持一种公开的、诚实的和忠诚的态度。

(2) 能通过感情交流而培养起亲密关系。

(3) 对人积极的认可与接受。

(4) 如果为这种关系需要,会做出一些牺牲。

(5) 以同情或移情的方式给予社会性的支持。

(6) 参加维持关系所必需的社会交往活动。

拥有让人喜欢个性的人比那些具有令人讨厌个性的人更具有影响力,他们的观点能够得到更多的信任,一旦他们得到提升,他们更能得到同事的拥护。这些拥有良好个人修养的领导,能够使下属感到轻松,他们对下属的说服工作也会更加有效。

从外表来说,得体的举止言谈和吸引人的仪表将增添个人几分魅力。研究表明,那些被认为是有迷人外表的人也被认为具有为社会所欢迎的个性,外表吸引人的人比组织中同等地位的人得到更多的报酬,并且他们可能得到更高的业绩评价,尽管工作上他们与同事相比并不见得突出。

个人的长相是天生的,个人的仪表却掌握在自己的手中,不论长相如何,你可以是仪表堂堂,也可以是一副失魂落魄的样子,对一个成年人,如果要求对他们的基本形象做很大的改变,那将是很困难的,你可以通过有意识的了解,从修饰、衣服和形态等对自己作出适度的改变,以提高个人魅力。

良好的人际关系

在工作中建立良好的人际关系和工作关系,是影响别人的又一重要形式,有人称为感情投资,有的管理学者认为,个人事业的成功,30%取决于技术、知识和智慧,70%取决于公共关系,美国哈佛大学商学院教授约翰·科特(John P.Kotter)曾说:"建立在相互尊敬、羡慕、了解和友谊基础上的良好的工作关系是完成工作的一种重要权力来源。当人们的差异极大,彼此相互不信任,而由于存在相互关系又不可能采取命令的方式要求他人时,没有良好的工作关系,即使是可能性很大的设想,也可能被拒绝和抵制。此外,良好的工作关系可以作为重要的

---

① CANFIELD F E;LAGAIPA J J. Friendship expectations at different stages in the development of friendship [D]. Louisville:The Southeastern Psychological Association,1970.

信息渠道。否则,就不可能建立起信息来源。"

　　人际关系和友谊在实际管理操作中并非联系在一起,也就是说,并不意味着你必须同你的同事、下属或上司成为好朋友,而实际上,与自己办公室的某些人建立一种特别亲密的友谊是不被推崇的。因此,一个人并不需要同工作中的每一个人结成朋友。但是,必须拥有吸引他们的个性特点。

开拓创新精神

　　开拓创新是组织活力之源泉,是组织生存与发展的必由之路,墨守成规、亦步亦趋,只会导致组织停滞不前,甚至灭亡。前者总是给人以希望、振奋。一个目标达到了,又迈向一个新的目标,使人们在工作中产生了乐趣、发挥了才能,所以开拓创新精神是一种新型、有强大生命力的个人影响力。

勤奋

　　勤奋是一种美德。作为上司,下属的勤奋必然会获得自己的好感,因而某些极重要的任务,可以放心地交给这样勤奋的下属去完成,下属的权力从而提高了,现实生活中,组织中的高级官员,不可能参与所有的重要任务,他们被迫让下级成员去完成许多对组织目标非常关键的任务,因而高级官员必定对下属产生更多的依赖。勤奋的下属自然就会获得上司的赏识,而被授予更大的权力。

　　另外,高度的努力也能够提高个人其他方面的特征。例如在某一任务中,努力工作的人可以提高他们对于某一领域方面的知识,因而,他们的建议更有可能被采纳,他们也更易获得与组织中其他成员有关的信息,这些信息往往可能是其他人所不了解的关键。

　　个人的勤奋也必须讲究技巧,在正常报酬情况下,如果你的勤奋被看成对别人的压力,你的额外努力将使集体中的其他人感到不舒服,以致你的努力被看成个人野心的扩张,这将导致不和谐和抵抗。所以,个人勤奋必须是集中于提高组织的目标,着眼于集体利益,勤奋才有其积极的影响力。

团队精神

　　任何企业都有其组织目标、宗旨和价值观,这些都是企业文化的一部分,新成员和组织外的人往往不能了解企业文化所扮演的角色。所以,对于新成员,企业需要对他的思想和行为进行塑造,确保其行为与企业的目标和价值体系一致。所以,许多企业奖励具有团队精神的个人,尽管这些人看来没有什么特别之处,他们以自己的行为献身于组织目标,从不计较个人的得失,而被企业的其他成员所接受。正是由于拥有受人拥护的价值观念和信念,他们为其他成员树立了榜样,也对其他成员产生了个人的影响。

个人权力的影响方式的确是丰富多彩的,其影响力也是巨大的,发掘个人权力的源泉是我们迈向权力的一条途径。不断完善自我、提高自我、充实自我,我们会发现对他人的影响会逐渐提高。丰富的专业知识、高尚的个人修养、迷人的个人魅力、良好的人际关系加上勤奋和献身精神,会在权力的道路上越走越宽,帮助我们成为一个具有领导和影响力的人。

职位权力

职位权力是以强制服从作为后盾的权力,是与组织结构联系在一起的,它是组织的基本机能,它可以使组织保持基本运作。职位权力的影响方式有以下几种。

(1)合法要求。管理者在职权范围之内,可以要求所管理的人员,履行与工作有关的职责和义务。

(2)奖励报酬。奖励报酬分为经济性的奖酬和非经济性的奖酬。前者包括提供佣金、红利、加薪、入股、福利待遇等经济诱因。后者包括表扬、升迁、调派较好的工作、提供较好的工作条件、调整有利的工作行程、授予更大的自由权等非经济诱因。

(3)强迫。强迫影响方式在于以恐惧引发服从,如批评、谴责、罚款、减薪、调职、降级、停算年资或停止加薪、开除等。在以前,强迫方式包括肉体强制和革除人身自由的强制等,但在现代管理中,强迫方式已受到一些严格限制,而且,强迫方式有其负面作用,管理者尽量不用这种方式影响他人。

(4)决策。通过决策的制定和实施,影响个人和组织。修改工作程序重组工作、重定职务、机构调整、人事任免、组织目标的确定、政策的制定、解决问题方案的抉择、资源的分配等,都是决策影响方式。

(5)信息控制。正式组织的信息是通过组织的等级结构系统来传送的,只要拥有管理职位,就可自动获得来自组织上层、下层、平级及外界的情报。管理者通过控制情报信息的流通程度,如秘而不宣、半掩半露,还是歪曲报道、夸大其词,从而影响被影响者。操纵情境和绩效反馈都是典型的信息控制影响方式。不过,信息控制不只是职位权力所拥有,个人权力也有信息控制的影响方式。

通过职位权力的来源和职位权力的影响,可以有效地利用职位特征,发挥职位权力的潜力,赢取更大的权力。一般来说,职位特征有其中心性、关键性、灵活性、曝光率和相关性(威登·卡门伦,1998)。

中心性和关键性

中心性和关键性源自一个职位在工作沟通和工作流程网络中的位置。任何一个工作职位,都不可能是孤立的,一个工作岗位有其上级和下属,有平级的其他部门,其工作内容也有一定的流程,所以处在某一岗位上,必须和各方面打交道。这样,就形成了一个广泛的信息网络,任何职位都是网络上的一点。一个职位越是处在整个网络信息流的中心,它的功能对网络中其他职位的影响越关键,那么拥有这个职位的人的职位权力就越大。

这就是职位权力的中心性和关键性。除了日常工作之外,没有一个人拥有去完成他所期望的工作所必备的信息和资源,孤立信息网络之外,就不能为完成一个不寻常的重要工作收集信息、获得资源以及他人的支持。接触范围单一狭窄的人,在与其他部门打交道时,很难表现出灵活的态度和协调的能力。

获得权力的一个重要途径就是去建立一个广泛的任务网络和人际关系网络。通过提高在一个交流网络的中心性和在一个工作流系统中的关键性,来提高一个职位的权力。这个职位活动的结果对整个组织的影响越大,它的权力基础也相对越大。

对于有抱负的年轻人,在接受一个职位时,他应该对该职位所处的任务网络进行分析,了解该职位的发展潜力,来决定是否该接受这个职位。我们应该领悟到并非具有特殊工作能力的人就可以得到提升,我们应该努力去建立自己的非正式的个人权力网络,广结善缘,自然得道多助。

以下是一个简单的确定方法来帮助你判断所担负任务的关键性。

(1) 你的职位所完成的工作,在多大的程度上依靠别人。

(2) 你的职位所完成的工作要求的技术水准和专业化知识。

(3) 别人是否可以代替你。

灵活性

建立一个权力基础不能缺乏灵活性。所谓灵活性,就是自由度,即在工作的开展过程中,你是否能够即兴创作,你的创新精神是否得到鼓励,你是否能很自由、方便地去做你想做的事。在一个封闭、沉闷的组织中,你只能按一定的规则、惯例去做事,思维也会变得迟钝,而环境在变化、时代在变化,你想使自己变得有权威几乎是不可能的。

衡量职位的灵活性大小可以从组织的奖励系统开始,当组织奖励那些照章办事的人时,这样的职位并没有多少灵活性;相反,因为特殊的业绩和创新而受到奖励的话,说明自我决断受到鼓励。

曝光率

按照职位设计,不同的职位有不同的职能。处于某一职位的人,由于工作性质的需要,他可能经常“抛头露面”,组织内的人,尤其是高层管理者会注意到他;而另外一些人,日常的工作只是默默无闻,组织内的其他人甚至不知道他的存在,你可以想象这样的人,他的职位影响力会有多大？用曝光率来形容职位权力的这个特点是恰当不过的。"提升的关键是出色的业绩乘以曝光率。"这句话的真正含义是：即使业绩出色，如果不能引人注目，也等于没有表现。

曝光率的一个衡量标准就是你在组织中，因工作所交往的人的数量和质量，数量衡量你所交往的人的范围，而质量衡量你所接触的人的层次。这可以解释为什么关系型的职位比任务型的职位更有权力，也就是说接触组织中的某些要人比接触其他人更为重要。

要引起他人的注意，不仅仅是职位的特点，对个人来说，在实践中，个人的个性显得很重要，有些人天生就喜欢与人接触，这样的人在这样的职位上是如鱼得水、发挥自如，而另一类人，他们天生内向，不会也不喜欢抛头露面，即使有这样的机会，也不能很好地把握，甚至适得其反。利用曝光率这个职位特点来增加权力，也必须考虑到个人的个性。

引人注目的最好方式是直接接触，面对面的交流比报告的方式更有效果，没有经验的管理者经常认为，通过写一篇出色的报告，自然而然会得到称赞，事实往往相反，如果一个小组的一个成员组织了一篇非常好的报告，而另一个成员为一个管理委员会做了一个很好的介绍，这个出席者很可能得到更多的赞扬。公务繁忙的经理，更倾向于他们在会议上所看到的，而不是通过他们在办公室所读到的。

另一个获得他人注意的重要机会是参与"解决问题"小组，通过这个渠道，表现你的专业知识，更重要的是，当任务小组的报告被高层领导接受时，你的名字将与负责问题突破的小组联系在一起，为高层留下深刻的印象。

相关性

相关性和关键性联系在一起，因为一个具有相关性的任务，倾向于被视为很关键的任务，相关性可以理解为你的工作任务是否为公司的主要业务。例如，一个为石油公司做设计工作的工程师，比起一个为电子公司做设计工作的工程师的影响力要小。计算机专家们在软件开发公司工作比起在保险公司工作会感到有更大的权力。在后者之类的组织里，程序开发只是一种支持辅助功能，对于企业盈利只有非直接的影响。

我们已经讨论了职位权力的五个特征，有效利用这五个特征，学会运用这些特征的技巧和策略，并非易事。对一个权力角逐场上的新手，开始时会觉得生疏和抗拒，经过时间的考验和磨炼，会慢慢领会其中的诀窍。注意下列重点。

（1）以双赢的思想与别人建立关系网，这样你能与别人合作愉快。

（2）学会运用官僚主义。大多数人不喜欢应付官僚主义。如果你能处理好它的话，等于多掌握一门技巧，能人所不能。

（3）学会应付公众，如培养戏剧表演风格。公开演讲常常是一种有用的技能。

（4）与掌权者一起工作。有时你可以观察掌权者的做事手法，从中学习，你还可以取得信任,使他们愿意与你一起工作。

(5)树立积极的形象。正如市场上的一样产品,你需要有一个简单、明确的形象,让人们理解并记在脑子里。

(6)思考未来。高瞻远瞩能做到许多目光短浅的人所不能做到的事情。

(7)对来自地位较低的人的批评不必生气。如果你生气和做回应,只会伤害自己。

(8)勇于承担有挑战性的项目。这将使你的能力得到锻炼,更容易领先他人,并取得更大的胜利。

运用你的权力获得影响力

有影响力的人拥有权力,但不是所有有权力的人都有影响力,影响力的获得需要得到他人的接受。前面已经说过,权力的运用结果会产生影响力,但权力的运用需要策略和技巧。任何权力和影响力的研究都不可避免要提到政治策略,政治策略可以看成协调利益冲突的艺术,它也是权力的使用,以达到平衡个人和团体的利益。

正是采用了良好的政治策略和技巧,权力的运用过程才顺畅,而个人的影响力也得到增强。在组织的活动中,政治策略的使用,必然存在个人利益问题,组织行为并不存在绝对的道德水准,所以我们不能期望组织存在绝对的合理和公平,也不能幼稚地认为组织行为都是合乎道德的。

政治行为是不可避免的,同时,违反伦理道德的政治行为绝对存在,但是我们并不鼓励"玩弄权术";相反,我们鼓励廉洁的、道德的政治行为。然而,如果不了解政治策略的残酷,不能在政治方面成熟起来,就根本不可能运用权力,更不可能产生影响力,用心良苦但政治上幼稚的领导是很难为组织作出重大贡献的。

新官上任

当一个人提升到一个新的职位上,虽然拥有了较大的权力,但是并没有相应的影响力,所以新领导就会迫切地想运用他的权力去得到影响力,特别是年轻、有抱负的领导,当他们得到提升后,情绪高涨,往往有大干一番事业的雄心壮志。古语说:"新官上任三把火。"这时,要小心放火,否则会引火烧身。在这个时候,尤其要冷静思考、慎重地采取措施,运用好政治策略。

刚上任的头 100 天可决定成败,无论是个人的升职或者是到一家新的公司任职,都是发起和影响一个计划的最佳时机,也是树立自己影响力的关键时刻。在这个时候,别人对你有新鲜感,你可以利用这份新鲜感,影响别人对你的看法。对一个新上任的新领导,只要看他一开始应付是否恰如其分,就可以判断他是否会遭遇困难,如果他很喜欢表现、过分自负或盲目地浪费力气,那么他将会碰到麻烦。我们希望看到的是一个心理平衡、认真和深思熟虑的人,他有自己的主见,有一套管理的方法,按部就班,充分发挥其影响力。一个新上任的管理者,不妨参考以下几点意见。

1. 及早采取行动

上任开始,所做的事,会影响到别人以后对他的看法。重大的职业生涯变动是扩展个人的影响力的最佳时刻,当你在事业上有所变动时,人们已经开始用不同的眼光看待你,所以要好好利用这种状况。

2. 不要轻易许诺

新上任的领导,或许对公司的环境不是相当熟悉,要尽可能到基层去接触下属,听取下属的意见和建议,有些下属可能会抱怨公司的一些政策,在对问题清楚的了解之前,千万不要轻易许诺改变。

3. 改变组织必须考虑实际情况

即使你有成功的经验,在对组织的实际情况不了解时,也不要轻易宣布改变组织,这样,容易引起下属的抵抗或者下属人心恐慌,不利于工作的开展。

4. 安抚对手、笼络人心

如果你是从公司内部升迁的人,为了争取这个职位,你可能会有竞争对手,当你得到这个职位后,你应该去安抚这些对手,使他们乐意在你的手下工作,不管该对手给你制造了多大的麻烦,这样才既显出你的宽大,也不会引起新的阻力。

5. 赞美前任

除非前任是个罪犯,打击前任,对自己并无好处,应该注意到前任可能会有一些要好的下属,对前任的打击会被转移到这些人身上。这样,必然会引起对抗。

驾轻就熟之后

每一位管理者在他的职位上工作了两三年后,他对业务已相当熟悉,对公司的运作、下属的情况也相当了解,同时,他形成了稳定的管理风格,下属对他也形成了一定的印象和看法,他的影响力趋于稳定。在日复一日的工作中,他可能沉浸于其中,忙于处理日常的事务,这时,他应该坐下来,冷静地反思,这段时间工作的得失,是否组织需要新的激情,自己的管理措施是否得当,简单说,就是是否可以改进权力的运用,以增加和扩大影响力。调查表明,很多经理或主管在这个时候迷失了自己,虽然他们熟悉业务,对下属有一定的影响力,但他们不知道,影响力要维持和扩展。这就是为什么他们中间的大部分不能获得进一步的提升,只有少数人能够脱颖而出。如果你是一个成熟的领导者,为了维持和扩大已有的影响力,不妨试试以下的意见。

1. 总结自己的领导历程

担任这个职务以来,你是如何运用权力来获得影响力的? 管理的策略是否恰当? 有着什么成功的经验和失败的教训？原因是什么？

2. 了解下属或同事对自己的看法

你和同事或下属已经相处了一段时间,他们对你的看法有一定的代表性,设法从各种渠道了解他们对你的印象和评价,这些评价往往是正确的。你认为这些评价是否恰当？如果是,如何改进？如果不是,是否存在有效沟通的问题？

3. 组织是否需要创新

当一切稳定以后,组织中的每一个人对一切习以为常,组织趋于稳定,然而,组织是否太过沉闷,是否需要创新和活力。在一个充满生机的公司中,影响力才能持久和扩大。

4. 及时培养接班人

培养某些下属作为自己的接班人,一旦自己升迁或调职,组织还能正常运作。致力于特别培养和锻炼某些下属,当这些下属的能力提高后,可以减轻自己的工作负担,下属也因为受到重视而更加努力工作,形成良性的循环。某些情况下,存在这样的事例,当公司考虑提升你时,由于你现有的职务比较关键,而又没有其他合适的人顶替你的工作,这时,公司会暂缓提升你,而选择其他人,你失去了一次机会。

向上管理

向上管理是指为了给公司、上级及自己取得最好的结果而有意识地配合上级一起工作的过程,可以说,这是让上级改变的过程。为了能掌握权力并有效地实施影响,或许去影响某个上司或者是其他处在组织更高职位的人是更重要的。向上管理存在一定的难度,真正有能力的经理才能实现向上管理。向上管理的困难包括:

(1) 传统观念的认识,历来的管理都是自上而下的管理。

(2) 和上级权威人物交往沟通困难。

(3) 易被视为政治行为。

(4) 万一不当,罪责难逃。

在进行向上管理之前,必须明确反思自己,是否树立了正确的观念,那就是向上管理的目的是工作更好地开展,为了组织的目标。同时,向上管理应注意技巧,让上级自己决定改变:

(1) 不要让上级觉得下属存心让他改变。

(2) 先和同事商量以争取支持。

(3) 提供信息让上级自行改变。

(4) 不要隐瞒,应该是诚实和信任。

(5) 迎合他的长处,尽量避免他的短处。

(6) 适应彼此的个性和风格。

(7) 有选择地利用他的时间和资源。

为了能掌握权力并有效地实施影响,应该注意:保护自己免受上层滥用权力;培养能提前向上施加影响的能力。对于能够增加或扩大你的权力的上层,有以下两个常用策略。

1. 提出问题

在公司中引起高层经理的注意力不是容易的事,但是,做到了这一点,我们就能深刻地影响组织的战略方向,以及公司所做的各种决策。高层管理部门不可能有时间去深入处理所有的问题,所以为了影响高层管理部门去关注一些问题,并分配足够的资源去解决它,我们不得不有效地提出问题,如果我们不能有效地做这件事,我们可能会因此失去信誉,并且会因此失去将来影响上层的能力。如果我们能有效地提出问题,我们在公司中的地位会明显上升。因此,成为一个问题的先锋或代表,可以扩大我们的影响力,使我们变得更容易被看见,而且,通过这样一个机会,我们可以接触以前无法接触到的人物,有助于扩展我们的人际关系网络,最终将导致我们被提升。怎样以最好的方式来提出问题?怎样才能引起你的上司或高层管理者的注意力?以下是一些非常有效的方法和途径。

(1)一致性。选择一个与我们自己的职位和兴趣一致的问题。一个在营销部门工作的人试图提出一个与电脑技术有关的问题比起一个信息专家来说更没有效。

(2)信誉。通过表现诚实、直率以及通过证明自己对于这个问题的兴趣不仅仅是为了个人目的来维持你的信誉。那些看起来是为自己服务的问题是很难成功的。

(3)沟通。获得或保持一个宽的沟通网络和沟通途径。尽量利用各种沟通渠道,包括面对面地交谈、写备忘录、发电子邮件、召开讨论会、发布新闻剪报等。

(4)和谐。选择那些与组织的关键原则协调一致的问题,避免选择那些与企业文化相矛盾的问题。

(5)解决性。使别人明白这个问题是可以解决的,不能解决的问题不会引起他人的注意。

(6)回报。指出这个问题对于组织或对于这个管理人员的长期回报,这个潜在的回报看起来越高,这个问题越可能受到关注。

(7)专业知识。确定出解决问题所需要的专业知识。如果解决问题所需要的专业知识存在于组织中或者最好是在高层管理者的视野范围下,那么这些问题就越可能引起注意。

(8)责任。指出高层管理者有不得不提出这个问题的责任。强调忽视这个问题或不解决这个问题的消极后果。

(9)描述。确定这个问题并简洁地用带有积极情感色彩的词语描述出来,并有数据加以支持。复杂的和混乱的信息不会引起认同,因此必须用精确、简单的词句来解释,并且尽量用一种新颖的方式来描述。

(10)连带。把这个问题和其他高层管理人员感兴趣的重要问题连带在一起,并且指出我们的问题和其他已经被提出的问题之间的关系。

（11）联合。让委员会中的其他人帮助我们提出这个问题，建立自己的支持者联盟，从而使这个问题不容易被忽视掉。

（12）可视性。在一个公共讲坛上提出这个问题而不是在某个私人聚会提，听到这个问题的人越多，它越可能被列在上司的议事日程上。

2. 帮助上司

向上施加影响是帮助我们的上司：特别是向他们提供他们既没有要求也没有期望的好处。在关于顾客满意、顾客忠诚和全面质量管理的研究中，已经发现：个人会培养出对于那些在他们的产品和服务中提供了"惊喜和愉悦"的人的长期忠诚。当一个提供者给了一个顾客超过他或她所期望或要求的更多的价值，长期的责任和忠诚感就会在顾客中产生。考虑到上次某人"给了你额外好处"而当时并不想要它，并且从来不曾要求过它，那你怎么感觉那个人怎么样呢？完全可能，你对那个人的忠诚、责任和感激将可能会增加。

帮助我们的上司也会产生相似的效果，我们的权力和影响力将会扩张。并不是因为我们正在努力变得更有权力，而是因为我们在努力帮助我们的上司变得更成功。当我们机智地懂得我们的上司的需要，并且明白他或她的责任时，我们的权力将增加。

（1）解决问题。问一下自己："我的上司正面对什么问题，并且他或她希不希望我或其他任何人去解决？为了消除这些问题我能做些什么？"

（2）理解。了解上司必须做的工作、信息的来源、主要的挫折或障碍以及什么被上司认为是他或她最大的挑战。

（3）分析。分析上司的实力、弱点以及作为一个管理人员的偏好风格，哪里是他或她的盲点？在什么领域中问题可能出现？

（4）自知。自己的才能和专业知识处于哪个领域？能完成上司的哪些任务？决定出我们能对上司的领导权进行补充并创立附加价值的地方。

（5）沟通。让上司知道自己的活力，以及出现的问题。确保向上司传递他正常情况下接收不到的信息，扩大可获得的相关信息的数量，但是注意不要把上司淹没在琐事之中。

（6）值得信任。避免神秘性，避免隐藏事情，通过表现出可靠性、一致性和诚实来赢取上司的信任和依靠。做好自己的事，然后考虑自己能为上司提供额外帮助的方式。

（7）保护。帮助保护上司免受讨厌或者是不重要的事所累，在没有被要求时，自愿去照顾那些事情，帮助你的上司抽出思考、计划和分析的空闲时间。

（8）倾听。仔细听取各种观点，如客户、同事、低级雇员及你的上司的观点。当与你的上司讨论问题时能够提供一个广泛了解的观点，使你不仅能够阐述你自己的观点，而且能够阐述他们的观点。

（9）及时。要以比期望还快的速度汇报结果、传递信息及作出反应。

（10）创造性。注意能够对你的上司有帮助的新思想、新观点和改进措施。如果其他人有了新思想，应该把荣誉让给别人，但是一定要帮助你的上司了解新思想，不管它是什么来源，努力使自己和你上司的工作不断有小的改进，但是一定要用一种有价值、创造性的方式来不断地寻求帮助的方式。

常用的权术策略

人们常用的权术策略如下。

1. 压力

通过硬性要求，强制命令或威胁别人服从。如果对方不服从，就会遭到相关惩罚。压力的有效使用离不开职位权力的保证。

2. 交换

为了赢得别人的支持，与别人进行利益交换。承诺如果对方接受自己的影响，自己将在未来给予相关的利益。

3. 合理性

通过客观事实和逻辑推理来向别人表明自己的想法、指示是正确的，以达到说服别人的目的。

4. 结盟

用共同利益诉求来说服别人，使对方相信大家本身就是利益共同体，荣辱与共，争取他人的拥护和支持。

5. 情绪诉求

在提出请求前，利用个人感情，激起对方对友谊的重视，从而影响对方的判断。

6. 制度约束

制定一系列的奖惩制度，对组织成员的行为进行规范。

7. 合法化要求

说明和强调自己有指挥他人的权力，而且这些权力是得到制度保证的合法权力。

8. 沟通

通过和别人有效的沟通，使对方理解并接受自己的想法或行为。

9. 支持和鼓励

支持和鼓励对方，尤其是在对方沮丧和失落的时候。

10. 寻求高层人士的支持

从上级那里获得支持，利用高层权威来强化对别人的要求。

组织中的政治行为

在各种社会组织中，组织的各个层面、各个发展阶段，政治行为无处不在。组织中的政治行为是很难避免的。组织由很多个体或群体成员组成,每个成员的目标、价值观、利害关系、组织政治知觉都有所不同,这就形成了对资源的潜在冲突。

为了追求或保护自身的利益,组织成员通过运用自身的既有权力与资源来获得更多的权力与影响力,以应对环境以及决策的不确定性,这一连串为获取个人利益最大化的行为就构成了广义的政治行为。尤其是在环境不确定如组织变革时期,组织内部需要做相应的调整,此时必然会影响到很多人的切身利益,冲突情况的出现也就相对频繁,组织政治行为的发生频率较高。

一份关于组织政治行为调查结果(表 6.1)表明,大部分人认为组织中存在权术,政治行为也被广泛接受。

表 6.1　组织内的权术调查

观　　点	美国/%	中国香港/%
组织内经常存在权术	93.2	95.8
成功的经理必须是政客	89.0	90.5
职位越高越有政治性	76.2	94.0
有权就不需要玩政治	15.7	23.9
为职位晋升必须从事政治	69.8	67.3
高层应排除政治活动	48.6	42.0
政治使组织变得更灵活	42.1	25.0
组织内如能免除政治更好	55.1	53.0

组织政治行为管理的对策主要有以下几方面。

1. 建立畅通的沟通渠道

频繁的组织变革和扁平化的组织结构变化趋势,导致组织内部环境的不确定性提高,组织政治现象也相应增加。如果能够通过各种沟通渠道,包括正式和非正式的沟通渠道,让员工及时、全面地了解到信息,降低员工的疑虑,避免其为了保护自身的利益而从事政治行为。

2. 减少模糊性

增加员工升迁、人才引进、薪酬确定、资源分配上的透明度。组织应该以工作绩效为依据,构建公平、公正、公开的薪酬政策和升迁制度,这些措施不仅有助于降低员工的组织政治行为,还可以降低员工的离职倾向。

3. 形成公平、公正的决策过程

许多组织将权力集中于高层,而低层次的员工无法提供想法及建议来影响决策过程及结果。公平、公正的决策过程有助于低层次员工对组织决策的理解和接受,降低组织的不确定性。

4. 鼓励员工参与和互动

让员工熟悉组织的运作,降低员工的政治知觉。员工互动可以增进员工间的相互了解,有效地提升成员间的信任度,降低了不正当政治行为发生的可能性。组织可以举办一些活动如集体野营、舞会等提高员工间的互动。

5. 赏罚分明

奖勤罚懒,对于工作认真、业绩突出的人,给予奖赏;对于才能平庸、善于钻营的人给予惩罚,并用制度保证奖赏和惩罚的有效实施。

6. 领导者以身作则,从自己做起

领导者应该以身作则,以组织目标为出发点,不搞私下活动,不搞小圈子。对下属一视同仁,公正、公平地对员工的工作进行监督和管理,从而带动其他员工也表现出组织导向行为,提高组织绩效。

小结

在这一章讨论了两种技巧——获得权力和把权力转变成影响力。我们先讨论权力的来源、个人的属性和职位的特征。一个强有力的人处在一个弱的职位上,一个软弱的人处在一个强的职位上,这两种情况都存在缺陷。最理想的是一个强有力的人处在一个强的位置上。

一个管理人员为了使工作圆满完成和对一个重要目标获得承诺,他就必须建立起一个权力基础。但是没有影响力的权力是无效的,因此我们讨论了怎样通过选择一个恰当的影响策略来把权力转变成影响。劝说策略会比较容易建立信任并鼓励内在化的承诺,而恐吓和威胁则侵蚀信任,产生仅仅是表面化的依从,并且助长了奴性。

把权力转变成影响力,不应该仅仅是针对向下的关系。也就是说,面向组织的下属成员,也应该向上层,也就是说面向组织的高级成员。有效的向上影响将明显地提升一个人的职业发展前程。通过帮助高级管理者安排议事日程(提出问题)以及为上级管理部门的成功而为之工作(帮助上司),一个管理者的影响能大大提高。但是在运用这两条准则时,管理者不要只为自我野心,而应该以一种真诚、为公司献身和支持上司的心态为出发点。

行为指南

在一个组织中,有效的管理包括获得权力和发挥影响力,获得权力的关键准则包括:

1. 提高你在组织中的个人权力,通过:

A. 发展一个你在这个领域是有知识的专家的领域。

B. 培养关键性技能。

C. 培养友谊的属性(真诚、亲密、接受、正当的自我价值,容忍和礼尚往来)。

D. 改进你个人仪表。

E. 比所期望的付出更多的努力。

2. 提高你的职位的中心性和关键性,通过:

A. 扩展你的沟通联系网络。

B. 有固定的信息路线通过你。

C. 使你的工作职责至少有部分是独有的。

D. 承担那些对于工作流是关键的任务。

E. 提高你的工作的技术复杂性。

3. 提高你的工作的自由度和灵活性,通过:

A. 减少常规活动的比例。

B. 扩大任务的多样性和新颖性。

C. 提出新的思想。

D. 参与新的计划方案。

E. 在决策过程的早期阶段参与进来。

F. 寻求不寻常的和着重于设计的工作,而不是那些重复性的保持不变的工作。

4. 提高你的工作业绩的曝光率,通过:

A. 扩大你已有的和上级人士接触的次数。

B. 对于被写出的工作做口头描述。

C. 参加问题解决任务组。

D. 邀请高层管理人员去帮助评价你的工作组完成的重要工作。

5. 提高你的任务对于组织的相关性,通过:

A. 成为一个内部的协调者或对外的代表。

B. 为其他单位提供服务和信息。

C. 监督和评价各个在你自己单位内的活动。

D. 扩大你的工作活动范围。

E. 参加对于组织的高层来说是中心性的各类工作。

F. 成为新成员的培训者、辅导者。

6. 向高层管理者提出问题:

A. 选择那些和你的职位或角色相符合的问题。

B. 诚实地阐述这个问题,并且不是为自己服务的。

C. 对这个问题进行广泛的沟通。

D. 选择某个与组织文化相容的问题。

E. 选择可以解决的问题。

F. 澄清解决这个问题的回报。

G. 确定必需的专业知识。

H. 指出高层管理者对这个问题的责任。

I. 问题应简洁,利用充满感情的想象,并且提供支持数据和新颖的信息。

J. 把这个问题与其他相同重要的问题联系起来。

K. 寻找相似想法的支持者。

7. 帮助你的上司:

A. 解决那些不被要求和期望的问题。

B. 培养对你的上司工作的理解力。

C. 分析你的上司的力量、弱点和管理风格。

D. 保持你的上司消息灵通。

E. 保持信誉。

F. 保护你的上司免受讨厌的不重要的事情干扰。

G. 从各种来源听取各种观点。

H. 反应比期望的快。

I. 为你的上司提供新的有创意的思想。

自我评估

你的影响方式

在每一栏里,选出 4 个形容词,最能够形容你的影响方式。排列最贴切度:4,3,2,1。

A	B	C	D
强逼	谈判	试探	分手
果断	教导	探测	统一
专家	说服	探索	合作
和解	激发	提问	付出
权威	强制	参与	批准
命令	影响	追寻	协商
直接	说服	澄清	公平
表现	操纵	分析	支持
指示	策略	尝试	折中

(利用附录 6.1 的得分表把你的结果列成表)

案例分析

W§W建筑工程私人有限公司

张明华毕业于美国加州大学工程系,毕业后在美国工作了11年,两年前回到新加坡,在W§W建筑工程私人有限公司担任工程师。

对张明华来说,他和其他同龄的男性一样,希望升职,他希望在5年内升上管理层的职位,他喜欢工作,喜欢接受挑战,在职业发展过程,他愿意付出努力,但他也喜欢社交,广交朋友,不喜欢与人冲突。

在W§W公司工作两年后,他觉得自己"高不成,低不就"。他想难道这是华人企业的局限性吗?他很想有一番作为,也认为自己有能力,可是董事长和总经理却似乎不重视他,他的提议很少得到支持。他在挣扎,我在这里有前途吗?

W§W建筑工程私人有限公司的主要业务是为各种民用建筑、商务楼布置整套清水、污水系统,电源设备,煤气管道以及防火装置。董事长陈威是新加坡人,四十多岁,年富力强。12年前公司刚创办时,只有位于Ubi路的一间办公室,一位财务,一位文员,陈威当时自己负责接洽业务并与外界联系,繁忙时也一起用电脑处理日常文件。发展至今,公司已拥有位于Eunos以及Ubi三个办公室、一个大型施工零部件仓库以及一个有相当规模的新产品陈列室,拥有员工91名,并在印度尼西亚巴淡岛及中国广州都设有分公司,承接相同的业务,目前施工项目都较多,利润可观。

董事长精明强干,科班出身,有很强的专业知识及实践经验,爱广交朋友,所以,在加入行业协会(TSP&SA)之后不久便被推选为该会秘书长,他善于与同行发展广泛的交流,并收集各种有价值的信息、资料以帮助公司决策。与上级公司及供应商也保持良好的商业关系及信用,使公司成功中标的机会很大,而且因为订购工程材料数额大、频率高,可以从供货商处得到很优惠的价格。董事长的志向很远,他希望能进一步开拓业务范围,就是拥有自己的工厂,生产各种施工用零部件,这不但能降低采购成本,更可以提升公司的形象,并扩大企业的服务能力,提高竞争力。

公司在印度尼西亚巴淡岛开设的一家工厂正式运行投产,利用印度尼西亚廉价的劳动力及资源,主要生产各种款式、档次的洗手盆、浴缸等卫生器皿,经过新加坡公用事业局鉴定,确认所有产品都符合新加坡现场施工规格要求,于是,公司立即专门设立了一个推销部门,并与行业协会TSP&SA合作,共同推广各类卫生器皿,因其价廉物美,销路非常好。这些产品也应用于公司现场施工,减少了对供应商的依赖。

董事长经常来往于新加坡、印度尼西亚及中国。一方面,监督并指导公司及分公司运作;另一方面,也是在不断寻找新的商业机会。他也比较重视员工培训及采用最新科技,努力做到与社会同步。例如,办公室各部门(包括财务部、设计部及预算部)人员都有机会参加各类与工作有关的计算机培训课程,公司计算机软件更新很快,财务软件,公司内部网络及网际网络都已应时全部运用,还专门聘请了一名计算机工程师,不断完善公司内部网络并做到及时排除公司内计算机操作故障。公司也愿意投资于优质的办公用品,如绘图机、打印机、电脑备份设备、复印机等都选用最知名的品牌,高质量的工作设备带来了工作的高效率。董事长每隔一段时间就会为设计部及预算部人员讲解工作的方法和规范程序,并提供最新的计算机书籍和工程设计指导及规则等工作参考书,对提高工作质量都很有帮助。

董事长陈威及其夫人(财务及人事主管)平时很注重与员工感情的沟通。当有员工生日、结婚或生孩子必定会送礼道贺,公司还组织一年一次的外出旅行。每天工作时间都播放 958 城市频道,听歌曲可以减缓工作压力,在轻松的气氛下完成工作。所以,办公室工作关系都很融洽,几乎没有人际关系的压力。但是,由于公司结构混乱、众多家族成员的加入,以及公司各相关部门缺乏有效协调,也确实存在一些问题。以下从公司组织结构(按从属关系排列)开始分析。

如图 6.2 所示,董事长把新加坡所有工程项目授权工程项目总经理负责,总经理洪辉光不是董事长家族成员,而是通过公开招聘请来的专业人才,在公司已工作近 9 年,他享有公司的股份分红,所以对公司的归属感很强,是一个典型的任务导向型领导。平时见他无论是对董事长还是对下属员工都是在谈工作,要么就是见他在每周一次的工头会议上训斥一周表现不佳的工头。他要负责各工地人员安排、进度规划,协调公司和上级公司的有效配合,工头若遇到现场难以克服的问题都得征求他指导,他最主要的工作还有利用他在行业中的广泛关系去寻找新的工程项目投标,所以他整天都很忙,难得回公司,就连预算部的投标预算结果,都要求文员为他准备各种资料。

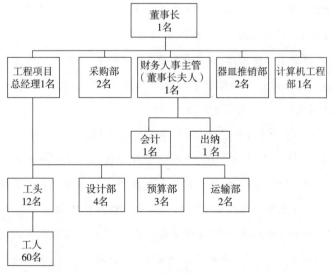

图 6.2 公司组织结构

张明华所在的设计部及运输部,总经理都无暇过问,变成这两个部门直接与工头自己协调。这样一来,工头和设计部就有矛盾,因为总经理对 4 名设计人员从来没有明确的分工,也没有授权由谁负责该部门,大家都不知道哪个项目是自己负责的,公司工程项目很多,10 万～400 万新加坡元的大项目就有 28 个,最近又成功中标得到位于兀兰超过 900 万新加坡元的施工项目,工头给图也是看到谁叫谁设计,工作的随意性很大,造成设计部门推诿现象严重。设计部人员都希望总经理或董事长分一下工,这样大家对工作目标才会明确。董事长却有他的苦衷,他不打算各部门安排一位负责人,原因是怕该负责人分派工作不当反而不利于工作。另外,他担心分工之后,每个人只做分到的那部分,其他都不管了。他认为还是让员工自己去协调所有的工作。张明华认为有分工的必要性,想到预算部门每个星期都会提供办公室每个员工公司施工项目表,并已按项目金额大小分成几张表格,每个工程无论大小都给予特定的编号,于是他建议就按每张表格工程编号 4 个人依次分派,大部分人认为这种分工相当合理,到工头来时,项目该找谁就找谁,而且由一个人负责到底,工作会变得比较明确。

张明华把想法向上汇报给总经理和董事长,都没有得到理想的反馈,他总觉得董事长这种"你们自己去协调"的管理方法真的很愚,公司几乎每一个部门都没有明确的职责分工,也没有部门负责人,造成部门人际关系紧张,无人担任工作,甚至拖延工期等,后果不堪设想。张明华觉得公司有必要在每个部门授权一位负责人,向董事长、总经理负责。只要真正做到选对人员、权责对等及有效沟通,他相信既可以减小董事长或总经理的管理幅度,又有利于整个公司有效而有序的系统化管理。

公司另一个严重的问题就是广泛选用董事长及其夫人的亲友,有的确实很有能力,也虚心好学,深受员工的好评和尊敬,但有的理论和实践方面都缺乏经验,却担任工头,无论他讲得对或错都要听他的,所以在与其他工头合作及与张明华等人都存在沟通问题,带来很多麻烦。董事长也知道此事,但因为是亲友,也不能调离他甚至开除他。张明华觉得作为董事长的亲友在公司中,若担任工头等技术领导的角色,应以牢固的专业知识为基础,才能以理服人,而不是以权压人,更不能导致外行领导内行,长此以往的话,对公司进一步发展也会成为障碍。他对这一点深觉不满,却也无可奈何。

W§W 公司作为一个华人家族企业,已具备向科学化管理发展的良好愿望,公司环境、设备以及技术力量都紧随社会发展的步伐,并通过经常性的岗位培训不断发展提升员工技能,大大提高了工作效率和工作质量,公司也有长期发展的远大目标。员工之间关系融洽,工作气氛和谐,很多员工都有把职内工作做好并对公司负有强烈责任心。但随着公司的业务量及规模不断扩大,原来小公司时的那种简单组织结构及管理方式已渐渐不能适应公司的发展。各部门职责不明、分工不清;公司内部缺乏有效成本控制;聘用亲友,没有完全做到任人唯贤;很多时候董事长凭个人经验决策,而没有听取更好的意见,这些都无形中对公司的继续扩展有阻碍作用。

问题讨论：

1. 这个案例中，董事长陈威和工程师张明华所掌握的个人和职位权力的资源是什么？他们如何运用他们的影响力？

2. 张明华觉得自己"高不成，低不就"，英雄无用武之地，他很想有一番作为，却无从发挥，你认为他应该采取什么策略以产生正面的影响力？

3. 从案例中分析华人企业在运用权力与影响力的优缺点，并建议它应如何加以改善。

技巧练习

建办公楼

1. 分成几个小组，每组 6～8 人，每组给予以下材料：

(1) 颜色卡纸（6 张）

(2) 彩色蜡笔（1 盒）

(3) 报纸（1 天分量）

(4) 剪刀（1 把）

(5) 胶纸（1 卷）

(6) 旧杂志（3 本）

2. 各小组必须用以上材料在 30 分钟内建一栋办公大楼，并给大楼取名。

评分标准：高度　　30 分

稳度　　30 分

创意　　40 分

3. 小组完成任务后，讨论以下问题：

(1) 谁发挥了影响力？＿＿＿＿＿＿＿＿＿＿＿＿＿＿＿＿＿。

(2) 影响的权力基础是＿＿＿＿＿＿＿＿＿＿＿＿＿＿＿＿＿。

(3) 我对小组的影响力是＿＿＿＿＿＿＿＿＿＿＿＿＿＿＿＿。

(4) 我对小组不能产生影响，因为＿＿＿＿＿＿＿＿＿＿＿＿。

(5) 我可以采取什么策略？＿＿＿＿＿＿＿＿＿＿＿＿＿＿＿。

(6) 我应该改进的地方是＿＿＿＿＿＿＿＿＿＿＿＿＿＿＿＿。

什么是领导

领导是管理学界的研究热点之一。管理学界多年来融合了心理学、管理学、组织行为学等多方面、多角度,对领导有着许多种定义,随着时代的发展,围绕领导的不同方面也有了各种研究。领导是天生的,还是后天培养的? 领导行为如何获得有效的结果? 有效领导受怎样的情境因素的影响? 对于这些问题的解答先后形成了领导特质理论、领导行为理论、领导权变理论和领导风格理论。

"现代管理学之父"德鲁克就"领导是天生的,还是后天培养的?"这一问题,经过几十年的矛盾和调整,最终研究表明领导力是必不可少的管理技能,是可以学习的,"领导就是创设一种情境,使人们心情舒畅地在其中工作。有效的领导应能完成管理的职能,即计划、组织、指挥、控制"。在管理学院界最流行的是斯蒂芬·罗宾斯的定义:"领导就是影响他人实现目标的能力和过程。"

管理学界普遍认为,领导者与管理者是不同的,美国哈佛商学院领导学教授约翰·科特提出:"领导是应对变革的,通过开发未来前景,确定前进方向,推动组织进行建设性的变革,并通过激励和影响他人,共同达到企业目标的实现。管理是用于应对复杂性的,通过制订计划、设计规范的组织结构,监督计划实施的结果,使组织达到有序而一致的状态。"管理者和领导者是完全不同的两类人,领导者是科学家也是艺术家,是以个人充满积极的态度面对企业的目标,能够影响一个组织群体,确定所做的工作是否正确、能否达到目标,领导者的重点是"思想"。而管理者是以团队管理为重点,而非个人化的态度面对目标,带领团队有效地完成工作,管理者的重点是"行动"。

对领导的研究是从 20 世纪 40 年代开始的,先后围绕一些关键研究开展。

领导是天生的,还是后天培养的

20 世纪 40 年代末,研究者们关注"领导"主要是从领导特质角度开始,争议的焦点是:领导是天生的,还是后天培养的? 领导具备哪些共同的特质和品格? 围绕着这些争议的焦点,形成了领导特质理论。

传统的领导特质理论认为,领导特质是天生的,不是通过后天培养的。早在 1869 年,弗朗西斯·高尔顿爵士(Sir. Francis Galton)便提出"领导者的特质是天生的"的观点,此后就此展开了许多研究并引发了许多争议。爱德温·吉赛利(Edwin Ghiselli)提出了八种个性特征和五种激励特征的定义,个性特征包括才智、首创精神、督察能力、自信心、决断力、适应性、性别和成熟程度等,激励特征包括对工作稳定的需求、对金钱奖励的需求、对指挥别人权力的需求、对自我实现的需求和对事业成就的需求等。

此外,又有一种"新特性论"。拉尔夫·斯托格迪尔(Ralph Stogdill)把这些领导特性归纳为六类:身体性特性、社会背景性特性、智力性特性、个性特性、与工作有关的特性、社交性特性。

管理大师德鲁克是这一理论的主要流派,他一度认为:"领导力无法教授,也无法学习。"他对于这一话题的困惑与矛盾一直持续到 20 世纪 70 年代才有所转变,一直到 1996 年,他彻底改变了自己的看法,在《未来的领导者》(*The Leader of the Future*)一书的序言中,他这样写道:"必须学习领导力,而且领导力也是可以学会的。"其职业生涯即将结束之际,德鲁克认定,领导力不仅可以学会,而且应当作为独立的专题被阐述,因为它与管理有很多不同之处。

不管领导是不是天生的,不管领导者具有怎样的特质,这些特质之间如何互相作用,对于领导对象、领导行为和结果有怎样的影响,领导特质都无法对领导行为进行明确的分析,于是开始有了对领导行为的研究。

领导行为如何获得有效的结果

20 世纪 40 年代末至 60 年代末,学者们开始研究以下问题:领导者在领导过程中的领导行为和领导效率之间的关系是怎么样的? 领导者的内在特征如何转移到外在的领导行为上? 领导者如何通过寻求最佳的领导行为和工作方式,行使权力和发挥影响力达到最佳的领导效率和组织绩效?

围绕这些话题兴起领导行为理论,对领导效能进行评估。以埃德温·弗雷什曼(Edwin Fleishman)(1948)为首的美国俄亥俄州立大学的一批研究人员发现"结构维度"和"关怀维度"这两个维度对领导行为的影响非常明显,"结构维度"是指领导行为把领导重点放在建立明确的任务、明确与下属的角色分工、制定规章制度和完成组织绩效上。"关怀维度"则是指领导对于下属的信任和关爱,关注下属的观念、个人福利与心理需要等。研究表明,若领导者这两个维度都高,下属也可以达到高绩效和高满意度,高关怀维度领导的下属有更高的工作满意度和积极性。但这两个维度都过高的风格也并不总是产生积极效果,高结构维度和低关怀维度的领导方式效果最差。

1964 年,罗伯特·布莱克(Robert R. Blake)和简·穆顿(Jane S. Mouton)提出了著名的"管理方格理论",根据对人关心的程度和对工作关心的程度这两个维度,组合成 81 种不同的领导方式,在确定领导行为类型与群体工作绩效之间的一致性关系上取得了有限的成功,主要的原因是缺乏对影响成功与失败的情境因素的考虑。图7.1为管理方格图。

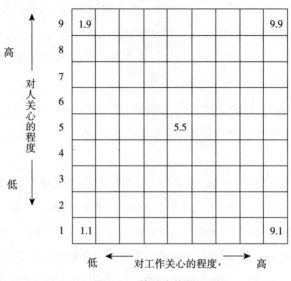

图 7.1　管理方格图

资料来源：BLAKE R R，MOUTON J S. The managerial grid：the key to leadership excellence[M]. Houston：Gulf Publishing，1964.

　　管理方格理论避免了之前的非此即彼的极端判断，而是在对工作关心的领导方式和对人关心的领导方式之间有不同程度的结合，从而产生多种领导方式。图7.1中纵轴和横轴各九等分的方格图，分别代表企业领导者对人关心的程度和对工作关心的程度。由此，领导者可以根据分析组织内外的各种情境，将领导方式改造成"9.9"型的方式，以求得最高领导效力。

　　图7.1中，"1.1"方格表示对人和工作关心比较少，会是失败的领导。"9.1"方格表示对人很少关心，而将重点放在关心工作上，这样的领导者权力过大，只会指挥和控制下属，而下属只能奉命行事。"1.9"方格表示将重点放在满足下属的需要上，对指挥监督、规章制度却重视不够。"5.5"方格表示领导者对人的关心和对工作的关心保持中间状态，无法积极鼓励下属创造革新。"9.9"方格表示对人和工作都很关心，是一种理想有效的领导方式，在这种领导方式下，下属可以了解组织的目标，自我控制和驱动力强。布莱克和穆顿认为，通过以上这些方格的调整和努力，可以使企业逐步改进，上升至"9.9"的管理模式。

　　不管哪种模式和理论，根本还是在于对人和生产的关注，以及上级的控制力对下属的参与度进行领导行为分析。对于领导行为的研究，使"领导可以后天培养"这一观点进一步深化，如果识别领导者的具体行为，就可以为一些渴望成为领导的人进行行为规范的培训，使其成为有效的领导者。这无疑是令人兴奋的。

有效领导受怎样的情境因素的影响

从 20 世纪 60 年代末至 80 年代初,领导效率受哪些因素的影响? 不同的组织,内部因素和环境不同,不同的领导情境下,领导行为和结果有何不同? 这种研究主要集中在领导与绩效的关系会受情境因素的影响,领导行为依赖于任务结构、领导者与成员之间的关系、下属的主导性需求等情境因素,而影响到最终领导的有效性,这也是后来出现的领导权变理论。这种理论认为,领导的有效性依赖于情境因素,体现在管理活动和组织的各要素相互作用的过程中,对许多模型,如菲德勒模型、情境领导理论、路径目标理论和领导者参与模型等进行分析,其实质是根据组织的各要素的关系类型,以及各要素与管理活动相互作用时的关系,以确定不同的管理方式。

没有一成不变的管理模式,环境不同,领导者就需要不断地调整自己,及时变换领导方式,以适应外界和组织的变化。菲德勒模型的提出者弗雷德·菲德勒(Fred Fiedler)在考虑领导者—成员关系、任务结构和职位权力三种情境后,将领导风格分为关系取向和任务取向,认为任务取向的领导者在领导者—成员关系比较好、任务结构比较高和职位权力比较强的情境及领导者—成员关系差,而任务结构低和职位权力弱的情境下工作会取得比较好的工作绩效,关系取向的领导者会在中等条件下取得比较好的工作绩效。

Paul Hersey 和 Kenneth Blanchard 将下属的成熟度设定为情境,对领导维度的划分相同,界定出四种有效的管理方式。成熟度包括心理成熟度和工作成熟度,是下属对自己的行为承担责任的能力和愿望的大小,简单地说,就是下属的心和力。

1. 授权式

在下属非常成熟、有心有力的情况下,由下属独立地开展工作,采取授权的领导方式比较有效。

2. 参与式

在下属很有经验但缺乏意愿,即有力无心的情况下,领导与下属共同参与决策,给下属以支持和协调沟通,采用参与的领导方式比较有效。

3. 教练式

在下属不太有经验但愿意学习,即有心无力的情况下,采取教练的领导方式比较有效。领导会给下属以一定的指导,又注意保护和鼓励下属的积极性。

4. 指示式

在下属不成熟,即无心无力的情况下,采取指示的领导方式比较有效。领导明确告诉下属应当干什么、如何干、何时干。

这些关于领导权变理论的研究与之前的研究不同的地方在于考虑了更多领导的复杂性,除了考虑领导者的特质和行为外,还考虑了与之相关的周围环境因素。

不管是哪些关注点,随着时代的发展和研究的深入,管理学界对于领导的内涵及行为都有了更深入的分析和应用,对领导类型的区分也越来越多样化。后面将对领袖魅力型领导、变革型领导、真诚领导和愿景领导进行详细的解释。

领袖魅力型领导

Charismatic 在希腊语的含义是"天赋",20 世纪初,德国社会学大师马克斯·韦伯引用为"魅力",第一个提出"领袖魅力型领导者"。他定义"魅力"为"个体具有一种特定的超出了普通人的人格品质标准,是那种具备超能力的人,拥有超自然所赐予的超凡力量,或者至少拥有一种与众不同的力量与品质。这种能力是普通人所不具备、难以企及的,被看成神圣的起源"。这种魅力超出了人们的正常生活,很难用理性、美学或者别的观点加以解释。

而基于这种魅力的领导者就是"领袖魅力型领导者",是一种理想的权威类型。其定义是"具有超凡神圣、英雄主义或者模范性品质的领导者,对下属有一种天然的吸引力、感染力和影响力,能够激发信心、信任和信仰"。

领袖魅力型领导的关键特点

罗伯特·豪斯是第一个思考领袖魅力型领导者的学者,他认为人们通常会把领导者的特质归结为个人英雄主义,或者他们拥有某些超乎寻常的领导能力,具备平常人所不具备的特质和能力。有研究学者将领袖魅力型领导的关键特点总结为以下几方面。

1. 愿景规划及清晰表述

拥有理想化目标的愿景规划,拥有极好的语言表述和富有感染力的阐述能力,能为人们刻画出美好的未来,并有极强的能力传达给人们,让人们清晰地明白愿景的重要性。

2. 个人冒险

富有极强的冒险精神,可以全身投入,不惜成本,即使作出自我牺牲也在所不惜。

3. 环境敏感性

对环境具有很高的敏感性,能够对环境进行现实的评估,能够清晰运用周围资源,明白限制。

4. 对下属需要的敏感性

有极高的情商,对人性有深刻洞悉,能够深刻了解别人的能力,洞察别人的需要和情感变化,能够随时作出准备的回应。

5. 反传统的行为

超越和颠覆传统,会有惊人之举,做出被认为新奇和不合规范的行为。

约翰·肯尼迪、马丁·路德·金、比尔·克林顿、史蒂夫·乔布斯等政界和商界领袖,都是大家所熟知的领袖魅力型领导者。菲欧、哈瑞斯和豪斯等学者对 20 世纪所有美国总统的文章及演讲分析研究发现,魅力型总统比非魅力型总统更多运用修辞。马丁·路德·金最知名的演讲是"我有一个梦想",他正是无畏风险、天生的乐观主义者,具有强烈的反理性、反传统色彩,他拥有化繁为简的高超能力,能运用高超的表达能力,利用符号、类比、比喻和故事的沟通,以及激情四射的号召力,所以他的演讲令世人折服。

领袖魅力型领导者能够激发下属的信心、信任和信仰

领袖魅力型领导者能够激发下属的信心、信任和信仰,利用其自身的魅力,影响下属的行为,将下属的认同和组织集体认同联系在一起,进行重大的组织变革。莎莫、豪斯和阿瑟提出了更为完整的领袖魅力型领导的激励理论,即能通过融合下属的认同和组织集体认同,唤醒与转化下属动机的过程,通过诉诸终极价值观,强化下属的自尊与价值意识,是这一过程的关键。

领袖魅力型领导者可以通过以下四个步骤影响下属。

1. 清晰描述有吸引力的愿景

愿景能否成功取决于其清晰度、是否能被更好地传播,以及是否极富吸引力。领袖魅力型领导者能够正式清晰地描述组织愿景和使命,将引人注目的鲜明形象在下属头脑中"烙下"目标和愿景的烙印,调动和激发人们的精力、热情和创造力,将组织现状与美好未来联系在一起,以充沛的精力和奉献精神投入工作中。

2. 传达高绩效期望,表现出充分信心

愿景不仅仅是空想,更要在实现愿景的战略之间找到实现方式,这还取决于下属在多大程度上相信自己具有实现愿景的能力。传达自信是管理者工具箱中居于核心地位的工具。领袖魅力型领导者会唤醒个体的归属感和成就感,增强他们的自尊和自我价值意识,表现出对他们充满信心和优秀业绩的期望。"自我实现的预言"影响着下属的行事方式和结果。领导者的信心、乐观和热情是有感染力的。如果领导者失去了信心,变得犹豫不决,绝不可能期望下属相信愿景。

3. 通过言行和活动,向下属传达一套新的价值观系统,树立榜样

在激发下属的过程中,领导者首先提出蕴含组织核心价值的富有感染力的愿景,树立角色榜样,体现和强化与下属所信奉的相一致的组织核心价值,唤醒下属动机,激发下属的持久动机和热情。价值在领导者激发下属过程中扮演了关键角色。领袖魅力型领导者要成为"示范领导",为了组织的愿景,以身作则,树立榜样。

4. 通过情绪诱导和经常性的反传统行为,表明勇气及坚定信念

领袖魅力型领导者具有极强的情绪感染力,能使下属抓住和领会其传递的情绪,鼓励下属从工具理性取向转为道德取向、从关注个人所得转向关注为集体所做的贡献。

后天培养领袖魅力

尽管有些人认为领导是与生俱来的,但现在许多管理学者却认为领导是可以后天培养的。领袖魅力型领导者是可以通过后天的培训和行为学习而加强领袖魅力的。

领袖魅力型领导者的主要特征是外向、自信而风趣,而外在表现则是富有激情、感召力和影响力,具有很强的成就导向,可以通过一些技巧性培训来加强这些外在的言谈、行为和表现。

(1) 保持乐观的态度,保持激情,激发别人的热情,通过言语进行深入沟通,并运用身体语言,开发自身魅力的光环。

(2) 和别人建立各种联系,与人们形成深入的情感关系和工作关系,通过各种方式表现自己的魅力,促使别人跟随自己。

(3) 进行情商训练,锻炼洞察别人情绪的能力,通过正面积极的态度和行动,调动下属的情绪,激发他们的潜能。

(4) 这些培训方法用在许多方面,包括领导力培训、商学院教育等,有研究者曾利用这样的方法,让商学院学生"扮演"领袖魅力型领导者的角色,通过练习表现出有力、自信,使用富有魅力的迷人语调和非语言行为,与人保持直接的眼光接触,呈现放松的姿态和生动的面部表情等,学生完全可以学会展示领袖魅力。

越来越多的研究表明,领袖魅力领导者与下属的高绩效和满意度高度相关。但领袖魅力也并非普遍适用,而是和情境有关,当下属的任务中包含很多观念成分时,或当环境中带有极大的压力与不确定性时,这种领导方式最成功。

领袖魅力型领导者有着明显的优点,如强势领导,讲究绝对服从,尤其适用于困难时期或危险情境,如遭遇组织突变、危机管理,如果领导者的愿景正确,领导极为高效。领袖魅力型领导者精力充沛、内在清晰、远见卓识、反传统、具有模范性。领袖魅力型领导者多出现于政治、宗教和战争中,或者企业创立或者面临生存危机时。1997 年,当苹果公司遭遇危机、缺少指导方向时,董事会便请乔布斯重出江湖,使苹果公司找回了创新的源头。

虽然每个公司都希望拥有领袖魅力型领导者,但他们也有其缺点和局限,如具有传奇色彩的领袖魅力型领导者未必会按组织的最高利益行事,而是混淆个人利益与组织利益的界限,利用手上的权力把公司打造成他们想象中的样子。这种自我中心的领袖的最大危险是将自我利益和个人目标凌驾于组织目标之上。强势领导下的绝对服从则会在领导者身边聚集一帮唯命是从的人。他们通过取悦领导者获得奖赏,制造不良氛围。而领导者犯错误时,他们也不敢质疑或挑战领导者的权威。所以领袖魅力型领导者既能够成就组织,也能够毁灭组织。像安然公司就出现了为了个人利益不计后果利用组织资源,违反法律及突破道德界限制造财务数字来提升股票价格的行为。

对 29 家从优秀走向卓越的公司的研究发现,这些公司都没有以自我为中心的领袖魅力型领导者。这些公司的领导者具有极强的进取心,拥有非凡的成就,但是他们的进取心是以公司利益为导向的,且能够勇于承担责任和后果。

变革型领导

近年来,全球的商业环境和社会环境更加全球化、多元化,为全球的领导者带来了严峻的挑战和考验。20 世纪 80 年代,美国政治社会学家詹姆斯·麦格雷戈·伯恩斯(James MacGregor Burns)在他的经典著作《领袖论》(*Leadership*)中提出"变革型领导",带来了领导学界的一次大革命,成为近年来学术界和企业界共同关注的焦点。

伯恩斯认为,传统的领导者采取了一种契约式领导,即在一定的体制和制度框架内,领导者和被领导者进行交换,领导者以资源奖励、自我利益等交换被领导者的服从,达成一种"默契契约"的约束。这种领导关系就像是一种交易,下属并没有来自内心的积极的工作热情,没有激发真正的内在动力,这种传统领导者被称为交易型领导者。

而变革型领导者则是能够提高双方动力和品德水平,通过自身的行为表率,关心下属需求,共同创造组织愿景,在组织内营造变革的氛围,推动组织的变革。伯恩斯认为,这种变革型领导者能够激发下属的积极性和责任感,满足下属的高层次需要,使下属为团队、组织和更大的目标积极努力。

变革型领导行为的方式

变革型领导行为的方式概括为四个方面,领导者通常具有强烈的价值观和理想,他们能成功地激励下属超越个人利益,为了团队的伟大目标而相互合作、共同奋斗。

1. 领袖魅力

领袖魅力是能使他人产生信任、崇拜和跟随的一些行为。领导者成为下属行为的典范,得到下属的认同、尊重和信任,具有公认较高的伦理道德标准和个人魅力,深受下属的爱戴和信任。大家认同和支持他所倡导的愿景规划,并对其成就一番事业寄予厚望。通过领袖魅力,领导者可以提供愿景规划和组织使命,灌输荣誉感,赢得尊重和信任。

2. 感染力

领导者具有极强的感染力,能够向下属表达高期望,激励他们成为团队中共享梦想的一分子,运用团队精神和情感诉求来凝聚下属的努力以实现团队目标,从而使所获得的工作绩效远高于下属为自我利益奋斗时所产生的绩效。通过感染力,领导者可以传达高期望,使用各种方式强调努力奋斗,并以简单明了的方式来表达重要目标。

3. 智慧刺激

智慧刺激是指鼓励下属创新、挑战自我,包括向下属灌输新观念,启发下属发表新见解,鼓励下属用新手段、新方法解决工作中遇到的问题。通过智慧刺激，领导者可以使下属在意识、信念以及价值观的形成上产生激发作用并使之发生变化。

4. 个性化关怀

个性化关怀是指关心每一个下属，重视个人需要、能力和愿望，耐心细致地倾听，以及根据每一个下属的不同情况和需要区别性地培养与指导每一个下属。这时变革型领导者就像教练和顾问，帮助下属在应付挑战的过程中成长。

变革型领导者非常重视下属自身的价值实现，相信下属的无限潜能，鼓励他们自我实现。变革型领导者对领导者的内涵有更深刻的理解，领导者影响力包括职权影响力和个性影响力。个性影响力能够对下属的心灵深处产生深远影响，变革型领导是把两者结合起来并对个性影响力更倚重的理论，领导者注意自身的品行，勇于承担责任和风险，给下属做好模范带头作用；同时又以下属的需求为中心，充分了解下属的个性化需求，向下属提供富有挑战性的工作和智力激励，领导者和下属的目标合二为一，团队上下群策群力，为实现共同的目标而奋斗。目标是变革型领导发挥作用的另一个关键机制，追求远大的目标，并且与组织战略目标相一致。变革型领导者鼓励下属不断创新，提高创造性。变革型领导者鼓励下属为了组织利益而超越自身利益，并对下属产生超乎寻常的深远影响。

变革型领导者和领袖魅力型领导者的异同

变革型领导者和领袖魅力型领导者很相近，最先研究变革领导的伯纳德·巴斯认为魅力是变革型领导的一部分，但是变革型领导的概念更宽泛。而有的学者认为，纯粹的领袖魅力型领导者可能只能让下属采纳自己的世界观，但变革型领导者不仅努力培养下属质疑已有观念的能力，还培养下属质疑那些最终由领导者建立的价值观的能力。

环境因素将缓冲变革型和交换型领导行为对绩效的影响。存在变革倾向和风险承受趋势的组织中，容易接受变革型领导者；相反，受传统的习惯、规章和法令所约束的组织中，常把对现状存有疑虑、完成任务时寻求改进方法的领导者看作缺乏稳定性，变革型领导者不适合具有结构稳定和连贯性特征的组织。

真诚领导

一些伦理研究者和领导研究者开始思考领导中的道德含义，一些曾经的知名企业如安然、安达信、世通等因领导者的道德问题而倒闭或严重衰落，使公众开始关注道德标准问题。真诚领导（authentic leadership）也成为大家关注和提倡的领导之一。组织行为学家弗雷德·卢森斯（Fred Luthans）等以领导学、道德学、积极心理学及积极组织学等领域的相关研究为基础，提出了一种全新的领导理论，即真诚领导。哲学家萨特认为，一个真诚的人必须对自己诚实,避免自欺,对领导者更为重要。

首先,真诚领导要值得信任,具备积极的心理,对自我及下属的自我意识及自我行为产生正面影响,激励和促进积极的个人成长与组织发展。其次,真诚领导要坦率真诚,与员工共享信息、坦率沟通,有自己坚定的价值观和信念,并坚持和影响别人。

道德和信任反映的是领导者的精神层面。领导可谓是组织的道德基调,所以领导者需要设置高水平的道德标准,并作出行为示范,鼓励和奖励他人的正直行为。

对于真诚领导者,学者们从其领导特质、品德行为、价值观等方面进行了研究,Harvey 等认为,真诚领导者的一个关键特性是即使面临强大的外部压力,或有引发非诚信行为的诱因,他们仍能选择诚信行为。诚信行为是对正直行事的内在愿望的反映,而不是遵从某些规范或社会压力的结果。

Avolio 等则认为,行为风格本身并不足以将真诚领导者和非真诚领导者区分开来。真诚领导者既可以是指导性的,也可以是参与性的,甚至可以是独裁的。真诚领导者的行为是与个人自身深层价值观和信念相一致的,他们鼓励不同观点,愿意与下属建立合作性关系网,赢得下属的尊敬和信任,以一种被认为诚信的方式来进行领导。此外,他们还通过这样的方式向员工、顾客以及其他利益相关者展示同样诚信的行为方式,从而将诚信建构成组织文化的基础。拥有高水准的诚信的真诚领导者,将行动建立在自己坚定的信仰和价值观之上,他们能够深远地影响别人,与别人进行互动。

Shamir 等认为真诚领导者主要具有以下四个方面的特征。

1. 不伪装自己

领导角色完全是真诚领导者的自我表达,并没有受到他人或社会的压力和期望。他们活得真实自在、言行一致,并不会因为身处领导之位,而刻意发展出一种领导者的形象或面具。真实自在是更能真实地打动和影响别人的。

2. 承担领导职责出于一种信念

他们有坚定的价值观、信仰、理想和使命,他们不是为了地位、荣誉、利益等,而是纯粹出于一种实现理想的坚定信念。

3. 是原创者

真诚领导者的价值观、信念和使命完全出于本性及亲身经历,他们不是模仿来的,而是具有独特的自我定位。他们在人格特质上并不是独特和截然不同的,可能与其他人相似,却是亲身经历证明正确的。

4. 行为以自己的价值观和信念为基础

高度正直,所言与信念一致,高度坦率,他们的行为不是为了取悦他人,不是为了博取声望,也不是出于个人或狭隘的政治兴趣。

真诚领导的四维模型

关于真诚领导的结构，Llies 等（2005）的观点是比较具有代表性的。他们以 Kernis（2003）有关诚信的理论为基础，提出了一个真诚领导的四维模型，认为真诚领导由自我意识、平衡加工、诚信行为和诚信关系导向等成分构成。

1. 自我意识

自我意识是指对个体自己的特征、价值观、动机、情感及认知的意识和信赖。了解自我、忠于自我是真诚领导者的本质特征。另外，理解自己的情绪是情绪智力的成分之一，而 George 的研究也发现情绪智力是有效领导的一个基本要素。因此，Llies 等（2005）认为积极的自我概念和高水平的情绪智力对真实的自我意识应该具有显著的预测效度。

2. 平衡加工

每个人在进行信息接收和整理，尤其是遇到与自己相关的信息时，都不可避免地会存在对于信息的有偏见的判断，有时候会拒绝事实，否定现实的因素，向有利于自己的方向判断。最早 Llies 等将这一维度称为无偏见加工，后来也有研究者在此基础上提出平衡加工的概念，即在接收和处理信息时，能够考虑到别人的想法和观点，根据周围环境对自己的想法进行加工和理解，不偏激、不否定，进行平衡。这一点对于真诚领导尤为重要，真诚领导能够表现出更大程度的平衡加工的倾向。

3. 诚信行为

诚信行为指个人是否以一种与其真我相一致的方式行事。诚信行事意味着个人的行为与其价值观、偏好和需要具有一致性，而不是仅仅为了取悦他人或通过虚假行为去达到趋利避害的目的。真诚领导者对自我表达行为与周遭环境之间的适合性非常敏感，对自己的行为可能带来的影响也具有清醒的意识。领导者的他人导向型自我监控程度越低（other-directedness self-monitoring），即见风转舵水平越低，越有可能表现出诚信行为。

4. 诚信关系导向

重视并努力达到关系中的坦率、诚信，是一个自我展现和发展相互亲密及信任的积极过程。关系诚信与真诚领导具有紧密的联系。具体而言，领导者的他人导向型自我监控与其诚信关系导向呈显著负相关，而其正直则与诚信关系导向呈显著正相关。

真诚领导的作用机制和开发过程

Avolio 等（2004）以真诚领导相关理论及实证研究为基础，建立了真诚领导对下属的相关工作态度及行为的影响机制模型（图 7.2）。

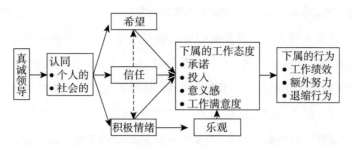

图 7.2　真诚领导对下属的相关工作态度及行为的影响机制模型

资料来源：AVOLIO B J，GARDNER W L，WALUMBWA F O，et al. Unlocking the mask：a look at the process by which authentic leaders impact follower attitudes and behaviors[J]. The leadership quarterly，2004，15（6）：801-823.

从这个模型中可以看到真诚领导影响下属态度及行为的过程。下属的个人认同和社会认同在真诚领导行为与希望、对领导者的信任以及积极情绪等变量之间扮演中介的角色。下属的希望、信任及积极情绪对其承诺、满意度、工作满意度等具有显著的正向影响，从而提升下属的工作绩效、减少员工的逃避行为等。组织情境因素也会影响真诚领导作用的发挥，这些因素包括组织权力和政治、组织结构以及组织文化和气氛等。

真诚领导应该包括领导者和下属之间诚信关系的开发，不仅是领导者本人，也包括下属。真诚领导者的诚信品质和行为深深影响下属，乃至整个组织达成诚信品质。真诚领导者首先通过自我品质的确定，以及自我决识的调节等，在组织与下属中形成积极示范效应，然后再对下属进行影响，使下属成为追随者，产生对领导者的信任、投入和幸福感，从而影响他们的行为及工作方式。

如今全球的矛盾和冲突不断加剧，真诚领导的出现可以缓解组织矛盾，从而影响企业组织与社会环境，创造和谐社会。真诚领导对下属的相关工作态度及行为的影响机制模型正是强调共同创造个人认同感和社会认同感，提升领导与下属的积极乐观的情绪和心态，从而提高下属满意度及工作投入度等，持续提高下属的绩效。

愿景领导

"愿景"是组织重要的目标，但又不同于其他的目标。愿景是以价值观为核心，具有引人注目的鲜明形象和丰富的想象力，能够产生强有力的感染力，使组织内的领导者和员工形成一种新秩序，提供清晰、可实现的未来。真正卓越的领导者，最重要的是有着清晰的愿景，并能够激励他人、实现愿景。不管是哪种类型的领导者，进行愿景领导（visionary leadership）都是其重要的领导力之一。愿景形成直至其被接受为"共同愿景"是一个过程，是领导者的心智过程，更是领导者与组织成员心智互动的过程，最终使愿景在企业组织中形成。

在领导力研究界,Nanus 在 1992 年提出"愿景领导",是在西方领导理论和战略管理理论的基础上产生的,愿景领导是指领导者能够建立具有可靠、真实、具吸引力的愿景,让组织内的所有人努力朝着所有目标的方向,让组织更成功、更美好,从而实现组织里每一员工的价值。愿景包括组织长期的计划与未来发展的景象,是组织现况与未来景象间的桥梁,是提供行动的目标,并帮助领导者超越目前的情境,实现组织的改进与成长的目标。在组织发展的过程中,愿景领导者常会提出真知灼见,并驱使成员采用行动完成新目标,因此也常被视为革新者或理想的楷模。

在所有领导者中,最深远、最鼓舞人心和最有效能的是具有愿景领导力的领导者。没有愿景,企业就失去了发展动力。领导者要利用愿景鼓舞和激励团队,并与团队中个人的价值观和目标结合在一起,创造一个有共同愿景、人人都有归属感的企业环境。

愿景领导模型

英国哈德斯菲尔德大学管理系主任约翰·L. 汤普森建立了愿景领导模型,在他的《愿景领导——战略规划之新思路》一书中,将市场和企业愿景与战略和目标、过程和制度、资源、关系和结构、文化和价值观这五个要素联系起来(图 7.3)。

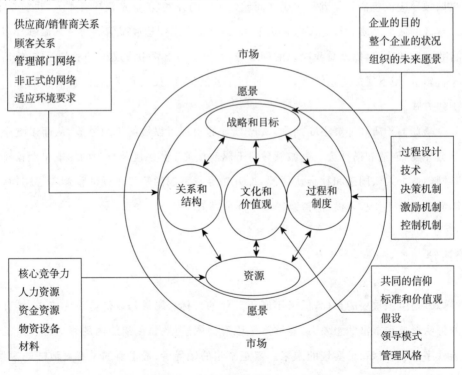

图 7.3　愿景领导模型

资料来源:汤普森. 愿景领导——战略规划之新思路[M]. 王小兰,马静,张丽萍,译. 大连:东北财经大学出版社,1999.

　　企业文化和价值观由战略、目标、关系、组织结构、资源配置方式、处理事情的过程和系统等决定,根据上述模型,可以考虑各组成部分之间系统的相互作用。在组织环境中,愿景的建立是一个过程,领导者能够清楚地描述组织将来的发展方向。

　　实践企业愿景一般有以下阶段。

　　1. 确定组织愿景,使愿景显现并产生

　　愿景代表企业的核心理念、核心价值观及对于未来的展望。愿景的制定是建立在对于企业意志的分析之上的,从企业能力、企业资源及所处的现实环境出发,建立企业能力范围内的企业愿景。但愿景又是面向未来的,基于对于企业战略的制定,将核心理念和战略意图等融合进企业愿景中。愿景不仅是领导者个人的意愿,更是组织全体成员的期望,能激发成员的创造力。

　　2. 愿景传播、成熟,被成员广泛接受,形成共识,形成明晰、成熟的愿景

　　愿景不是虚无的,不是空中楼阁,不仅仅是一个口号,而是可以实现的,是代表企业长期发展必将达到的,是在团队中可以广泛共享和共同拥有的。所以,制定愿景不仅是领导者的意愿,更是需要所有员工共同参与、共同构思,再通过有效的沟通渠道,自上而下共同认可并愿为之付出努力的。员工只有相信自己能够和企业一同成长,一起达成愿景,才能真正相信自己的意义和价值,才更有认同感和归属感,才会更加积极和主动。

　　3. 进行愿景执行与实施,实现愿景所描绘的未来

　　愿景一定是可以通过所有成员的努力实现的,企业愿景能够为所有员工提供一个共同的目标,与员工成为“共同体”,再自上而下共同执行并转化成为企业执行力。组织成员不能仅凭多年后的目标去做今天的事情,而是需要建立可以落实到每个部门的执行层面,根据不同阶段的不同目标,最终形成可以落实的组织目标和执行方案,分阶段行动和推动。

小结

　　本章我们重点对领导进行了介绍,并详细介绍了领袖魅力型领导、变革型领导、真诚领导和愿景领导的领导行为和特点,以及它们如何影响着企业及员工。现在,不管是学术界还是企业界,都已经普遍接受了领导者有天生的一些特质和能力,但是也可以通过后天的培训进行培养。尤其是一些拥有与生俱来的领袖特质的领导,经过后天的培养,在领导行为上加以强化,学会在不同的企业情境中的领导艺术,可以更加卓越和优秀。而我们介绍的几种领导者之间并没有明确地划分区别,许多领导者是兼具其中多种特质的,如领袖魅力型领导者也同时具备真诚领导者的特质,可以让员工更加发自内心地信任和跟随,或者在不同的企业发展阶段进行有意识的调整,可以领导企业度过不同的时期,获得长期的发展。这些领导者都需要具有强大的愿景领导的能力,让组织内部具有强大的未来的期望和目标,使下属有激情和动力朝着共同的组织目标努力。

行为指南

以下是提升领导能力的具体行为指南。

1. 进行拥有理想化目标的愿景规划，具备用富有感染力的语言表述和阐述的能力，为人们刻画出美好的未来，并能够有极强的能力传达给人们，让人们清晰地明白愿景的重要性。

2. 训练自己的冒险精神，无畏风险，能够全身投入、不惜成本、自我牺牲。

3. 对环境具有很高的敏感性，能够对环境进行现实的评估，能够清晰运用周围资源。

4. 锻炼情商，对人性有深刻的洞悉，能够深刻了解别人的能力，洞察别人的需要和情感变化，能够随时作出准备的回应。通过正面积极的态度和行动，调动跟随者的情绪，激发他们的潜能。

5. 敢于超越和颠覆传统，做出反传统的行为、新奇和不合规范的行为。

6. 培养乐观主义精神，保持乐观的态度，保持激情，激发别人的热情，通过言语进行深入沟通，学会运用身体语言，开发自身魅力的光环。

7. 明确传达高绩效期望，表现出充分信心。

8. 通过言行和活动，向下属传达一套新的价值观系统，树立榜样。和别人建立各种联系，与人们形成深入的情感关系和工作关系，通过各种方式表现自己的魅力，促使别人跟随自己。

9. 关注较为长期的目标，强调以发展的眼光，鼓励员工发挥创新能力，并改变和调整整个组织系统，为实现预期目标创造良好的氛围。

10. 不伪装自己，真实地自我表达，活得真实自在、言行一致，并没有受到他人或社会的压力和期望。

11. 有坚定的价值观、信仰、理想和使命，不是为了地位、荣誉、利益等，而是纯粹出于一种实现理想的坚定信念。

12. 诚信行事，个人的行为与其价值观、偏好和需要具有一致性，而不是仅仅为了取悦他人或通过虚假行为去达到趋利避害的目的。

13. 诚信关系导向，重视并努力达到关系中的坦率、诚信，它是一个自我展现和发展相互亲密及信任的积极过程。

自我评估

领导者风格与适应力问卷表

下列 12 种情况发生时，身为单位主管的你将采取何种行动？在每一种情况之下，我们提供了四种行动方案供你采用，请小心研读每一种情况，然后想想你可能采取的行动，最后在针对该情况所提供的四种行动方案中圈选你最可能采取的一种。

请注意：在每一种情况下，你只能圈选一种行动方案。

情况之一

你的下属的工作绩效目前正在急速退步中。最近他们对于你的友善的探询与关怀毫无反应。

此时你将采取何种行动方案？

A. 向下属强调他们不但需要完成任务，而且必须采用统一的工作程序。

B. 向下属表明你愿意随时与他们讨论此事，如果他们有此需要的话。

C. 先与下属讨论，然后定下工作目标。

D. 故意不加干预。

情况之二

你一直在努力使你的下属了解他们的任务以及工作准则。现在你领导的部门的生产力正在节节上升之中。

此时你将采取何种行动方案？

A. 与下属之间从事友善的交往，但继续努力以确保所有的下属都了解他们的任务以及工作准则。

B. 不采取任何特别的行动。

C. 尽你所能以使你的下属产生参与感并感到他们在组织中的重要性。

D. 强调在期限内完成任务的重要性。

情况之三

你单位的工作绩效以及成员之间的人际关系一向良好，在此种情况之下你通常是顺其自然不加干预的，但目前单位成员们无法自行解决一个难题。

此时你将采取何种行动方案？

A. 介入其中而与他们一起解决问题。

B. 让他们自行努力去解决问题。

C. 迅速而坚定地采取行动以纠正情况并重新领导。

D. 鼓励下属去解决问题，并表明如果有需要，你随时愿意与他们讨论。

情况之四

你下属的工作绩效一向良好，他们也同意有变动的需要，而你目前正在考虑一项重大的变动。

此时你将采取何种行动方案？

A. 让下属参与变革计划，如果他们愿意的话。

B. 直接宣布改变的事项，然后在严密的监督下推行。

C. 让下属去决定他们今后的工作方向。

D. 采用下属的建议，但由你指挥这项变革。

情况之五

你单位的成员一直需要主管提醒他们该及时完成任务,以往当单位的工作绩效不佳时,再次向各成员说明他们所应完成的任务往往可提高绩效。在过去几个月中,你的单位的工作绩效节节下降,同时单位成员对于他们是否能达成工作指标也漠不关心。

此时你将采取何种行动方案?

A. 让下属去决定他们今后的工作方向。

B. 采用下属的建议,但确保工作目标达成。

C. 再次说明工作的目标并小心监督。

D. 让下属参与制订工作目标,如果他们愿意的话。

情况之六

你的前任是位事事都管的主管,你接手过后一切都进行得很有效率,目前你想维持如此一个高生产力的局面,但同时也想使工作环境较有人情味。

此时你将采取何种行动方案?

A. 尽你所能以使你的下属产生参与感并感到他们在组织中的重要性。

B. 强调在期限内完成任务的重要性。

C. 故意不加干预。

D. 设法使下属参与决策,但确保工作目标达成。

情况之七

在日常操作中,你的下属充分表现了他们的灵活性,目前你正考虑对组织的结构进行一项重大的变革,而你单位的成员曾对这些迫切需要进行的改革提出过一项建议。

此时你将采取何种行动方案?

A. 详细说明此一改变并小心监督。

B. 取得下属对此变革的赞同,并允许下属组织起来以便实行此项变革。

C. 愿意依照下属的建议去实施变革,但对变革实行保持控制。

D. 避免与下属对抗,让事情自然发展。

情况之八

目前你单位的工作绩效以及员工的人际关系皆相当良好。但你仍然感到有些不自在,因为你感到"英雄无用武之地"!

此时你将采取何种方案?

A. 对下属不加干预,顺其自然。

B. 与下属讨论该情况,然后开始必要的改革。

C. 采取步骤以指导下属使用正确的工作方法。

D. 小心从事,避免因监督过严而伤及上司与下属之间的关系。

情况之九

有一委员会负责对变革提出建议,该委员会迟迟未能完成任务,委员们对委员会设立的宗旨既不太了解也常常不出席开会,更有甚者,他们常常将会议变成社交聚会。客观地说,以他们的才干,他们是可以完成任务的。最近,你的上司委派你为该委员会的委员长。

此时你将采取何种行动方案?

A. 让委员会自行发展。

B. 采用委员们对此情况的建议,但确保委员会任务完成。

C. 再次说明工作的目标并小心监督委员会的工作。

D. 让委员会参与制订工作目标,如果他们愿意的话。

情况之十

你的下属一向是负责的,最近你对工作标准重新加工修订以期提高工作绩效,但你发现这件事竟对你的下属丝毫不起作用。

此时你将采取何种方案?

A. 让下属参与修订工作标准,如果他们愿意的话。

B. 重新修订工作标准并小心监督。

C. 不使用压力以避免下属产生对抗的情绪。

D. 采用下属的建议,但确保下属达到新订的工作标准。

情况之十一

你最近升任一个新的职位,此一职位的前任对他的下属(也即你现在的新下属)采取不过问的政策。目前你的新下属的工作绩效以及努力的方向可以说是适当的。再者,下属之间的人际关系也良好。

此时你将采取何种行动方案?

A. 采取步骤以指引下属使用正确的工作方法。

B. 设法使下属参与决策,同时对贡献良好者加以奖赏。

C. 先与下属讨论他们以往的工作绩效,再考虑是否有采取新措施的必要。

D. 继续采取不过问的政策。

情况之十二

你的下属全都具有执行任务所需的才能。他们的工作记录一向良好并逐渐朝远程目标推进。去年他们也和谐地在一起工作,但是最近的资料却显示他们之间产生了人事纠纷。

此时你将采取何种行动方案?

A. 在下属中试行你的解决方案,并考虑有否采取新措施的必要。

B. 让他们自己去解决问题。

C. 迅速而坚定地采取行动以纠正情况并重新领导。

D. 向下属表明你愿意随时与他们讨论此事,但小心避免伤及上司与下属之间的关系。

(计分见附录 7.1)

案例分析

游戏事业部的演变

苏利文是易网互联网公司游戏事业部总经理。大约 11 年前,苏利文聘请罗舒担任该事业部所属的两个部门的部门长。苏利文对罗舒曾花过一番心血给予培训,认为罗舒的确是一位优秀的管理人才。他的这一判断,是根据多年来罗舒表现出的绩效:产品品质非常好,而且广受玩家欢迎,取得了很好的业绩。事实上,过去 3 年期间,苏利文对罗舒极为放心,任由罗舒独立主持两个部门。

罗舒坚信自己的部门长职位,就在于保持业务的顺畅。他认为工作便是工作,虽然这工作有时令人烦,但亦有时令人喜。他认为,如果某一员工对工作有所不满,则该员工必须调整适应,否则便应自行辞职。据员工表示,罗舒一向就事论事;他坚守岗位,从不过问他事。一切工作均必须依规定进行,否则就不必做。其结果是,员工离职率甚低,几乎每一员工都乐于为罗舒服务,均认为罗工作内行,而且也支持下属员工。

但在两个月前,苏利文退休,游戏事业部总经理另由陶玛斯接替。陶玛斯上任后,第一件事便是约见事业部各重要管理人员,当众宣布若干项今后的工作计划。其中包括:①有关各项决策,应有作业员工参与;②成立一个计划委员会,分请 3 位主管及 3 位作业员工出任委员;③建立一项工建议制度;④尽快建立一项能为管理阶层及员工双方同意的绩效考核制度。陶玛斯总经理还表示:即日起他必将亲自督导,务使各项计划迅速启动。

这次会议后,罗舒深感困惑,决定前往公司与主持事业部销售业务的米奇经理先做一番讨论。

罗舒:新任总经理看来真要大动一番了。

米奇:是的,也许有变一变的必要,本事业部过去在苏利文总经理的时代,的确太松懈了。

罗舒:可是我却认为以往并没有什么不对。苏老总一切放手,任由我们处理工作。我只怕陶玛斯总经理今后一分一秒都不放过我们了。

米奇:就让陶总经理试一试吧。而且,他的几项改革计划似乎也不错呢。

罗舒:不过,我敢说我们的员工一定不会喜欢这样动的。由员工来参与决策,那是很可笑的一种管理方式,恐怕会是行不通的。

问题讨论:

1. 在本案例中,有哪些不同的领导作风?

2. 你认为新任总经理陶玛斯对于罗舒应采取怎样的领导作风?

3. 你是否同意罗舒的观点?为什么?

劳心劳力不如授力授权

授力与授权是一种管理人必须具备的管理技能。而这种技能的理念在于为下属解除控制、约束和限制,从而制造一种内在的鼓励环境,让任务自身产生吸引力,员工能在自愿的情况下完成任务,并获得满足感。它并非一般人所认为的、让员工替管理者办事的概念。虽然很多研究均表明成功的授力能提升员工的积极性、创意以及对工作的满意感,因而产出更优质的产品和服务,然而,放权不易。一些管理者生怕放权后对自己在业绩上有所削减,因而抗拒授权;另一些管理者虽然积极放权,却不得其法,带来难以收拾的局面。因此,本章除了讨论正确的授力与授权观念外,还会讨论如何使用授力与授权的技巧。

授力是一种激励

授力意谓给予能力,帮员工发展自我效能,以克服无权感和无力感的问题;同时,它驱使员工采取行动,并激发由于对工作满意所产生的内在兴奋因素。它包括给予别人完成任务的权利及能力,还能帮助被授力者重新认识自己。

若我们的商业环境是稳定、可预测的,那么我们的管理便容易得多了,我们可以轻易控制组织内一切活动。然而,现代商业环境多变性高、步伐快速,因而导致剧烈的竞争。组织要生存下去,便必须适应这些动荡、复杂和具革命性的环境。因此,组织必须具有高度的灵活性和机动性,而员工则必须具有高度适应及自我管理能力。对管理者而言,必须投入组织人员当中,鼓励广泛地参与和承担责任。可惜,事实表明,组织越是面对复杂的外在环境,内部人员(无论任何职级)却越是变得僵化和回避责任。根据 Cameron 等(1987)的改写,组织内人员最常产生 12 种消极态度(表 8.1)。

表 8.1　12 种消极态度

特　　性	解　　释
集中化	决策集中到组织最高层,权力极少分享
威胁—僵化反应	保守的、自我保护的行为盛行,旧习惯得以坚持,变革遭到抵制
丧失创新性	试错学习法中止了,对风险和创造性的容许度降低

续表

特　　性	解　　释
道义感下降	"窝里斗"和自私情绪弥漫整个组织
环境政治化	形成特殊利益群体并发表意见,每件事都需谈判
失去信任	领导人失去了下属对其的信心,不信任感在员工中盛行
冲突增加	出现内部竞争和争斗,自我中心盛行并凌驾于组织利益之上
沟通受阻	只有好消息才上报,信息并未广泛共享而被少数人把持
缺乏团队精神	个人主义和孤立主义出现,出现缺乏协调的情况
失去忠诚	对组织和领导人的承诺受到侵害,个人的重心是保护自己
做替罪羊的领导人	由于领导人受到批评而导致缺乏领导,优先级别被模糊,出现了围攻的思潮
短视	具有一种危机心理,回避长期计划和灵活性

资料来源:CAMERON K S, WHETTEN D A, KIM M U, et al. The aftermath of decline[J]. The review of higher education,1987,10(3):215-234.

要解决表 8.1 所示的组织内人员在面对变化环境中的弊病,我们便需要授力的技巧了。

虽然许多研究都说明授力能够提升组织的活力、适应环境多变的能力,然而,却仍然有许多管理者拒绝授力。其原因有下列三大类。

1. 对下属的不信任

避免授力的管理者相信他们的下属并不能胜任此工作,具体理由有:下属对承担更多的责任没有兴趣;已经超负荷并不能接受更多的责任,需要太多的培训时间,或者不应当参与由上司承担的责任和完成的任务。他们觉得不授力的原因在下属而不在自己。其理论是:"我愿意给我的人授力,但他们并不接受此责任。"

2. 个人的不安全感

某些管理者认为,如果他们授力于他人,自己就会失去完成任务所能得到的表扬和奖励。他们因为害怕失去权力和地位而不愿分享他们的经验和"行业秘诀"。他们不能容忍模棱两可,因为他们觉得必须了解所有工作的细节。他们喜欢自己工作而不是让别人参与,他们也不愿意承担下属犯错误而导致的成本。其原因是:"我愿意给人授力,但是每当我这样做时,他们不是把事情搞糟就是企图抓住所有的荣誉。"

3. 担心失去控制

不授力的管理者经常对负责和指示管理有很强烈的要求。他们认为缺乏上级的明确指示和目标以及放松控制将导致混乱、挫折和部分员工的失败。他们觉得从上而下的指示是必须执行的。他们经常从闲谈、工作团队、建议系统、岗位丰富计划和其他更改行为看到短期的、令人失望的结果。他们的解释是:"我愿意授力,但员工需要明确的批示和指导准则,不然会导致混乱。"

除了拒绝授力外,缺乏技巧也同样带来负面效应,从而削弱组织的竞争力和员工的效能。

例如,在没有明确的指示或相应的资源的提供下进行授权,责任又不明确,不但没法把任务顺利完成,更可能导致员工心理受创的后果。

由此可见,管理者必须掌握正确授力的技巧,从而引发理想的组织潜能。下一节中,我们将探讨成功的授力必须具备的五个特质,并提出如何才能引发这些特质,达到成功的授力。

授力对员工的影响

该五个特质分别是:自我效能感,自我控制感,自我抉择感,有意义感,信赖感。在这里必须强调的一点是,这五个方面的特质若能得到体现,除了能让授力产生成功的效应外,还能使被授力者得到更多的自我认知。以下我们针对各特质逐一探讨。

自我效能感

对工作而言,具有自我效能感指的是拥有成功完成任务的能力和优势的感觉。被授力者不仅感到能胜任,而且有信心去充分施展此能力。他们有自我控制的感觉并相信自己能学习和成长以面对新挑战。很多人相信这是授力中最重要的元素,因为它决定了人们是否将尝试并坚持努力去完成复杂的任务。为使员工有自我效能感,应该让他们:

(1) 有完成任务的信念。

(2) 有发挥努力的信念。

(3) 有不被外在障碍阻止完成任务的信念。

换言之,人们有基本水平的能力,有完成任务的意愿和没有不可克服的障碍时,他们就具有了自我效能感。

自我控制感

被授力者对结果有种自我控制的感觉,他们相信通过影响自己的工作能对环境发生作用。自我控制是指对通过个人行动能够影响与己相关事务的自信度。因此,自我控制就是指个人对环境的影响。

被授力者不相信外部环境的障碍会控制个人的行动,他们宁愿相信这些障碍都在自己可控制的范围内。他们有一种“主动控制”的感觉,这使他们能将环境与自己的意愿保持一致。与此相反的“被动控制”感是指人们的意愿受到外界环境很大的影响。

自我控制与权力不同,因为它是内在的,着重于控制自己的生活、空间和结果。其目标是控制自己而不是控制别人,是一种发自内心的激励。即使是部分丧失自我控制也会对身心造成伤害。因此,有自我控制感既是健康需要又是授力的需要。当然,即使被授力最多的人也不能对发生的所有事进行控制。但是,授权帮助人们增加他们控制个人成果的数量。

自我抉择感

被授力者也有一种自我抉择感。自我抉择感是指有选择权的感觉。自我抉择感意味着在主导和调节自己的行动上体现选择的感觉。只有当人们能自主并有意识地参与到事务中而不是被迫或禁止参与事务时,他们才会感到自我抉择。被授力者对他们的行为有责任感和归属感。

有自我抉择感的人很可能都有内在控制感:他们觉得能控制周围发生的与自己有关的事。强烈的自我抉择感与在工作环境有极少疏离感更高的工作满意度,高水平的工作参与和更少的工作压力相联系。当人们感到能对与自己相关的事发挥影响,就比那些缺乏这种感情的人有更好的结果。

与自我抉择直接联系的是对执行任务方法有选择权,对工作步骤和时间进程等有抉择权,让被授力者对任务具有责任感及抉择感。

有意义感

被授力者有一种有意义的感觉:他们认为自己努力去做的事是有意义的,他们的理想信念和价值观与所做的事是一致的。被授力者相信并关心他们所做的事,他们全心投入,并为自己的参与产生成就感。因此,有意义感是与价值的理解有很大的关联的。

融入意义的行为使人们产生目的感、激情和使命感。仅仅是获取报酬,帮助组织赚钱或者完成任务对大多数人都不会产生有意义感。某些更深远、更有个性、更具价值的事情与行为有更大的关联。当个人献身于他们感到有意义的工作时,他们将有更高的参与感。他们精力更集中且更执着地去追求目标。因为与有意义的行动相关,人们对工作感到更兴奋,有更多的激情并有更多的自我成就感和自我价值感。有意义感高的授力者比那些有意义感低的人有更强的创新性、更大的向上影响力和更高的个人成效。

信赖感

被授力者会更有信赖感:他们有信心感到自己受到公正和公平的对待。在处于下属地位时,他们感觉到自己不会轻易被利用。即使当他们在别人的控制之下,被授力者也相信他们不会受到故意的伤害。信赖感指的就是内心一种安全的感觉。

有效的授力方法

授力至少有八个具体方法来激发出效能、选择、影响、价值和安全的感觉,包括增强个人控制的经验、树立正确行为的模型、提供信息、提供资源、提供支持、激发士气、建立团队和树立信心。以上方法具体讨论如下。

增强个人控制的经验

增强个人控制的经验，如顺利完成任务、克服任务面临的困难和挑战等，可以让员工具有自我效能感以及自我控制感。一方面，我们可以采取先易后难及渐进策略形式的工作分配。开始时，把较易的任务分配给员工，当他完成此任务后，再一步一步推进，分配较复杂的任务，让他感受到成功。另一方面，我们可以把任务分割开来，让员工完成某部分工作后再进行其他部分的工作。其间要注意的是，每当员工完成某阶段或某部分的任务时，我们都必须给予肯定及表扬，从而提升他对自己能力的认知，让他感到有进步和成功感。那么，他便能感受到掌握工作成果的经验。这种方法对工作效能及员工个人满意度皆具积极的推动意义。

树立正确行为的模型

树立正确行为的模型，目的是让员工感到成功的行为并非遥不可及，而是有迹可循的。这样，员工可以感到自己具备能力去完成任务，亦即前面所说的自我效能感及具有安全感。当然，管理者也应当身体力行，建立榜样行为的形象，以达到上行下效的目的。但更多的时候，由于时间上的不许可，管理者不可能亲自在每个员工面前详述行为模型，那么，管理者便可通过第三者来做一个榜样了。

在一些较高级或较具经验的员工当中，管理者可以突出某些理想的行为来让各员工参照；同时，可让这些员工与其他员工交流心得及经验，甚至可让他们提供指导，务求使这些成功的行为流传出去，并成为组织内仿效的标准。这种抛砖引玉的作用往往激发出更佳的表现。

提供信息

研究表明，提供信息能增强授力的效果。这是由于上司提供越多信息，员工越是感到被信任，他们更愿意投入工作，并能维持与上司良好的关系。掌握足够的信息，员工更能感到自己胜任工作，并感到具较大的自主性。这里所指的信息是有范围的，它们包括与员工执行工作相关的信息，用以帮助员工更顺利地完成任务。另外，其他有关部门也有对员工工作造成影响的信息。还有，经过高层商讨的课题，而又在员工职责范围内的，也应让他们知道。有人可能会怀疑，过多的信息是否会对员工造成过多负担而导致忧患的不良效应。然而，当我们理解到"相关的资料"都是不可或缺的时候，以及让员工明白每人都在一定程度上对业绩负有责任的时候，员工便会主动要求更多的信息了。

提供资源

成功的授力也表示必须为下属提供充足的资源,这里所指的资源不仅是物质层面,还包括其他层面。它包括:给予员工足够的培训和发展的机会,帮助他们掌握技术和管理,给予他们足够的时间、空间以及设备。个人方面,可让员工建立起沟通途径或人际关系网络,使他们工作起来更顺利。另外,给予他们一定范围内控制资源的权力,以确保他们能完成工作任务。换句话说,管理者应该提供能让员工达到预期目标的一切必需品。在提供资源的整个过程中,员工体验到对自己工作的一定控制权,从中能加强自我效能感和自我抉择感。这些都是成功授力的特质之一。

提供支持

这里所指的支持是上司给予员工在社交和感情层面的支持。上司通过称赞、鼓励和赞许等,能使员工感到他们的工作是具有意义和价值的,并同时感到自己受到别人的信赖,因而产生一种安全感。

提供这类支持的形式有很多种。在一般情况下,管理者可以定期地赞扬下属的业绩表现、反馈有关员工的能力和长处,以及举行一些非正式的午餐聚会等。另外,在员工面临工作环境转换或工作前景不明朗时提供辅导、协助以及训练等,也是相当重要的。

激发士气

激发士气主要的目的是制造一个具有趣味性及吸引力的工作环境,并使员工在一个充满活力和朝气的工作环境中感到授力赋予的对工作的价值感,即对工作感到有意义。

要制造一个能激发员工士气的工作环境并不是随便举办庆祝会、生日会之类的活动便万事大吉,它依赖背后一连串的理念和原则,才能达到理想的效果。这些理念清楚地界定了组织的愿景和使命、组织的目标,只有通过活动把员工的个人价值观及具体的工作联系到这些目标,才能使员工感到自己的工作具有意义。另外,用以激发员工士气的方法和活动必须以拥有明确目标,具备自我管理,有持续、客观的评定标准以及具备回馈系统为原则。有如体育活动般,就连犯规的动作也要清楚列明。这样,才能成功地营造一个充满活力的工作环境,从而激发员工士气。

建立团队

建立团队也是达到成功授力的途径之一。团队的运作意味着一种个人参与到群体中的意义。通过团队工作,成员间共享信息,共同参与决策、选择和实施解决问题的方案,最后使任务完成,即说,通过团队合作,个人可以完成一些无法独立完成的任务。

在组织团队中,管理者应该让员工知道根据个人的技能及经验等情况,他们在小组中所扮演的角色是什么,如谁是行动角色和谁是协调角色。同时,管理者应把有不同经验及专长的人员组成一个团队,以确保团队内具有足够的多元性去解决面临的问题。有些时候,建立跨职能小组可能是解决具有不同领域特性问题的好方法。至于奖励和报酬方面,则应在建立小组的基础上考虑。

总的来说,建立团队除了能让员工有参与感以达到被授力的优点外,还能让员工享有更高的自主感和影响力。个人在小组内依所扮演的角色有自主权,而小组本身又有职能及方向上的自主权;个人能产生影响力影响小组的表现,同时,小组又会影响其他外部单位。除了这些,小组内成员更能体验到本身的责任所在,对整个团队来说是十分重要的。团队若能使上述的参与感、自主感、影响力和责任感共冶一炉,便是成功地授力了。

树立信心

建立成功的授力也有赖于一种管理者及员工之间互相信任的关系。因此,管理者必须树立员工对他们的信心。当员工对管理者产生信心的时候,他们之间的一些不安全感、模糊感便会消失,同时把一些因不安带来的不理想行为也抹掉。除此以外,正面的效应也会产生,如具有信心能让员工觉得自己有能力胜任任务,被授力感便提高了。

管理者可以通过以下五个因素来建立与员工之间的互相信任感。

(1)可靠。管理者的行为必须连贯、可靠和稳定。他们的言行态度必须一致。

(2)公正。好的管理者应当公正且不应错误地利用别人。他们在行动上是公平的。员工非常清楚管理者决策时的准则和他们的决策过程。管理者必须判断员工必要的标准,并保证这些标准实施无偏差。

(3)关心。管理者必须对员工表现个人的关注并帮助每个人感觉到他的重要性。管理者认可员工的观点并避免贬低为个人之见。当需要纠错时,关心他人的管理者着重于错误或行为本身而不是员工的性格。

(4)开放。增强信心的管理者在与员工的关系上是开放的,并不存在害人的秘密,相关的信息是公开、诚实地与员工共享。这并不是说管理者不能有秘密,而是说员工不必担心有负向作用的暗藏方案,因为他们的主管是正直和诚实的。

(5)胜任。员工应当知道他们的管理者的能力。员工需要确信管理者有必备的能力、经验和知识来完成任务和解决问题。只会炫耀自己技巧的管理者并不能获得员工的信任。

授权乃根本

对一位管理者来说,不可能由他完成实现组织使命的所有工作。因此,必须将展开使命的工作和责任授权给别人。没有委派和相应的授权,管理者和组织都不能长期发展并成功。授权涉及给别人分派工作,这是所有管理者必须掌握的一个重要技巧。

授权使双方受益

授权的好处可以从三个层面讨论。

(1) 对管理者而言,通过授权,可以腾出更多时间,以处理其他更为重要的事情。

(2) 对员工而言,他们被授权执行某任务时,可以丰富与提升自己的知识和能力,从而获得更多的技巧和经验,也增强了他们的信心。另外,他们也能感到一种别人给予自己的信任和信心,便会表现得更努力,对任务完成的承诺便兑现了。

(3) 对工作任务而言,通过授权,管理者多数能由第三者获取更多客观的信息,从而达到改善决策的效用。同时,授权能提高决策的效率和缩短所需时间。由于把任务分配给各个人,通过协调手段,更能推动组织内的合群性和工作一体化。

当然,授权的好处多不胜数(表8.2),但是必须通过正确的授权,不当的授权只会带来负面、消极的影响。因此,我们必须了解什么时候授权,授权给谁以及如何授权,即辨别正确的授权方法,以及避免授权不当的方法。

表 8.2　授权的好处

好　处	解　释
时间	增加管理者的自由支配时间
发展	发展被授权人的知识和能力
信任	表现对被授权人的信任和信心
承诺	提高被授权人的承诺兑现率
信息	用更好的信息改善决策
技能	提高决策的效率和时间性
协作	通过管理者协调强化工作的一体化

决定什么时候授权

如果管理者要考虑某时候是否一个适当授权的时刻,那么他们必须对下列五个方面表示肯定。

(1) 下属已拥有必要的信息或经验。

(2) 下属的承诺对任务的完成是至关重要的。

(3) 下属的能力可以从这次任务分派中得到扩展。

(4) 下属与管理层享有一样的价值观。

（5）有充分的时间来进行有效的工作。

若管理者在授权时在上述五个方面得到肯定，其授权成功率要比没有的高很多，某些情况可能缺少上述某些因素，但它并不代表组织将永远缺乏这些因素，同时，缺少某些因素也不一定代表授权必然失败。所以管理者可以审查这些因素是否存在，同时在组织内进行必要的变革，积极培养出这些要素来以便制造一个成功授权的环境。

下属成熟度

美国管理学者保罗·赫塞(Paul Hersey)和肯尼斯·布兰查德(Kenneth Blanchard)提出了领导生命周期理论，认为领导行为可分为工作行为和关系行为，并把下属的成熟度作为影响领导有效性的关键情境因素，该理论认为应该依据下属的成熟度水平选择合适的领导方式。

下属成熟度，是指个体对自己的直接行为负责任的能力和意愿，包括工作成熟度和心理成熟度。工作成熟度是指个体完成任务所具有的相关技能和知识水平；心理成熟度是指个体完成任务的意愿和动机。高工作成熟度的个体由于拥有足够的知识、能力和经验，能独立完成工作任务，不需要别人的指导帮助。高心理成熟度的个体主要通过内在动机来激励自己，不需要太多的外部鼓励。高成熟度的下属既有能力又有信心完成任务，低成熟度的下属则有所欠缺。每个人都经历了从不成熟到逐步成熟的发展过程，组织中的成员的成熟度水平也同样存在这样的发展过程：不成熟—初步成熟—比较成熟—成熟。成熟度水平发生变化，领导方式也要随之改变，否则将影响领导行为的有效性。

赫塞和布兰查德认为有四种具体的领导风格：命令型、说服型、参与型和授权型。

命令型领导(S_1)：高工作，低关系。领导者定义角色，告诉下属干什么、怎么干、何时何地干，适用于下属低成熟度的情况。

说服型领导(S_2)：高工作，高关系。领导者提供指导性行为的同时也提供支持性行为，适用于下属较不成熟的情况。

参与型领导(S_3)：高关系，低工作。领导者与下属积极沟通，共同决策，适用于下属比较成熟的情况。

授权型领导(S_4)：低关系，低工作。领导者提供极少的指导和支持，适用于下属高度成熟的情况。

赫塞和布兰查德的领导生命周期模型如图 8.1 所示，横坐标表示工作导向的领导行为，纵坐标表示关系导向的领导行为，工作导向是指领导者采用单向沟通方式来指导下属干什么、何时干、何处干、用什么方法去完成所交给的任务。关系导向是指领导者采用双向沟通方式来指导下属，并充分考虑员工的福利。模型引进第三坐标即下属的成熟度，分成熟度高(M_4)、成熟度较高(M_3)、成熟度较低(M_2)和成熟度低(M_1)四种。下属成熟度不同，领导方式也应有所区别。

领导生命周期理论认为，有效的领导者应该能够适应环境，在不同的领导情境下选择与

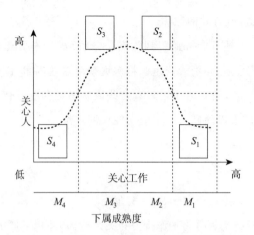

图 8.1　赫塞和布兰查德的领导生命周期模型

之相适应的领导方式。如果下属的成熟度很低,高工作、低关系的领导方式,即命令型领导方式最为有效。领导者通过自上而下的单向沟通告诉下属做什么、怎么做。

当下属进入初步成熟阶段时,工作行为、关系行为均较高的领导方式,即说服型领导方式最为有效。领导者与下属通过双向沟通,相互交流,共同努力,完成任务。

当下属比较成熟时,领导者应减少工作行为,加强关系行为,此时参与型领导方式最为有效。领导与下属通过双向沟通方式,重视下属的意见和建议,鼓励下属参与决策。

当下属的成熟度非常高时,低工作、低关系的领导方式,即授权型领导最为有效。领导者赋予下属很大的自主决策权力,同时适当监督下属行为。

领导生命周期理论为领导权变理论提供了一个易于理解且方便应用的模型,该理论同时也揭示了不存在一个适应于各种情境的领导方式。领导方式是否有效,是关心任务还是关心员工,主要取决于下属的成熟度。

决定授权的对象

当决定授权一项任务后,管理者必须考虑是给某个人还是给一个小组。如果决定组成小组,决定授多大权限给小组成员也非常重要。例如,管理者应决定小组将只调查问题、寻找解决方案还是做最终决策。表 8.3 提供了一个模式帮助管理者决定谁应接受授权——个人还是小组——和是否管理者应当是小组的积极参加者。

表 8.3　决定何时对个人或小组委派

问题	1. 我应当叫他人参与吗?	2. 我应当指示下属成立团队吗?	3. 我应当委派决策权给团队吗?	4. 我应当参加团队吗?
适当选择	是 否	是 否	是 否	是 否
	你自己决策	咨询别人而你自己做决策	咨询该小组,但你自己做决策	让小组做决策

续表

问题	1. 我应当叫他人参与吗？	2. 我应当指示下属成立团队吗？	3. 我应当委派决策权给团队吗？	4. 我应当参加团队吗？
考虑因素	1. 他们有相关信息和技能 2. 他们的接纳和理解很重要 3. 能导致个人的发展 4. 时间并不是关键的因素	1. 相互切磋将弄清问题 2. 相互切磋会增加激励 3. 不同意见会产生更好的解决方案 4. 不会产生无效的冲突	1. 该小组能胜任并节省你的时间 2. 小组成员间的激励会增加 3. 小组成员中有充足的信息和聪明才智 4. 你的时间在小组中能有产出	1. 没人能承担小组的领导责任 2. 你拥有小组所需信息 3. 你的出席并不会打断创意、信息或情感的自由流动

如果你是决定是否在任务或决策上让人参与的主管，你应当浏览问题栏的考虑因素是："我应当叫他人参与吗？"如果你认为下属没有相关信息或技能，他们接受与否并不重要，小组成员并未获得个人发展，时间紧迫或者下属间会引发冲突，你应当回答"否"。此时表明你应当自己完成任务或决策。但是，如果你回答"是"，你将移到下一个问题："我应当指示下属成立团队吗？"浏览此问题的四个考虑因素，然后继续完成模式。最有参与性和授权的选择是对小组委派并作为小组的平等成员参加，而最少授权的结果是自己做事。

授权心诀

接下来，我们将列出一些有效授权应注意的地方，管理者应牢记于心，并好好地利用。

1. 以结果为导向

顾名思义，管理者必须把预期的结果牢记在心，作为委派及授权的依据，在授权时清楚地让下属理解这些预期的结果是什么，并提出在完成任务后个人可获得的好处，与其组织使命的关系以及价值观的表现所在等。

2. 鼓励下属参与

这里的参与是指让下属参与任务授权的决策过程。管理者可以通过提供选择给予下属自行取舍哪种委派的方法，如何时开始及完成、采用何种方法去完成任务或动用何种资源等事项，都可以让下属提出其意见，加强他们的参与感，那么，授权的成效便更高了。员工们也会更乐意地完成任务，体验到授权的好处。

3. 在组织结构中进行授权

这里要提出两点：第一，在进行授权的时候，必须把某项工作涉及的最基层人员包含进去。因为这些员工才是从事直接工作的人员，他们掌握最多及最正确的有关工作的资料。第二，在这种纵行于组织数个职级的委派中，管理者的指令必须按照职级的分布而发出，切勿越级授权，否则便会造成一个断层，不但让断层职级人员无法感到授权，更破坏了整个组织内的权责制度。

4. 广泛授权

有时,管理者自己保留爱做的事而把不爱做的事给下属,非常容易看出这样做对道义、激励和业绩的不良效果。一方面,当员工感到他们仅被利用来完成"任务"时,就不愿完成委派任务。另一方面,管理者不必害怕与下属分担困难,应该持续地在超负荷时授权,且不仅授权"好"事,也授权"坏"事,让下属感到自己被信任,有共进退、共甘苦的感觉。

5. 完全彻底的授权

在有限的资源环境下,管理者必须依据客观环境之下列明,并让下属理解他对某项任务授权的限度到哪里。这些限度均根据下属可控制任务本身的时间及内容而定。例如,下属从对任务的时间及内容皆没控制以至下属对任务的时间及内容皆有控制,程度可以有很大的不同,而从下属对任务这两方面所控制的限度又会反映出授权的程度有多大。例如,完全没有控制则授权程度最低以至可完全控制时,授权程度最高。当然,其中内容可控制的部分又可分为若干限度。管理者必须小心按环境需要而定出授权限度,并彻底执行。

6. 使权力与责任对等

这是最简单的却同时是很多管理者做不到的授权守则。授责不授权,造成下属无法感到有控制权及自我决定权。在这种情况下,他们往往无法利用权威、资源及资信等去完成任务;而授权不授责则多引起滥用职权、不负责任甚至追责无门等问题,更会引起下属对工作的混乱感,任务自然也无法完成。因此,责权对等是非常重要的原则。倘若管理者感到难以授予下属到什么程度的责任,以致无法授予适当的权威,那么他们可以授予员工完成某任务的"基本责任",这可以是一些较短期的业绩结果,让管理者与下属皆能掌握合适的权责平衡,然后再逐步向较复杂的终极责任推进。

7. 提供足够支援

权力被委派给下属后,管理者必须尽可能地为他们提供支持。这包括公布和提供清楚的期望,还包括不断提供相关信息和资源帮助下属完成任务。报告、近期新闻剪报、用户数据、文章甚至随意想法等与委派任务有关的都应及时传送。这些支持不仅帮助任务完成,也传达了对下属的关注和兴趣。管理者应该帮助下属了解到哪里去获得所需要的资源。

对资源应用限制的共识也很重要。因为不可能无限制地取得资源,管理者应明确不可逾越的资源限制。指定预算或者拟定详细的说明是细化限制的基本方法。管理者能提供的另一种支持是给予公开信任而不是责备。纠错、评论工作和提供负向反馈应当是私下进行的,这样才能产生正面的效果。

8. 结果重于方法

一旦委派了任务并授予权威,管理者一般应避免监控员工完成任务的方法。过多的方法监控破坏了授权的五个方面:自我效能感、自我控制感、自我抉择感、有意义感和信赖感。当然,有害和违反道德的方法是不能容忍的,妨碍别人或违反组织原则的方法也是这样。但是,管理者在很大程度上应着重于结果,而不是获得结果的方法。为保持责任,必须有业绩可接受范围的共识。没有这样的规定,对管理者来说非常难以分辨过程与结果。在处理任务上,应允许下属发挥创造性,提高授权感,提高创新性和主动性。

9. 避免向上授权

虽然下属参与授权流程很重要,但管理者必须有意识地抵制向上授权,即下属企图将授权任务推回授权给他的上级。避免向上授权的一条途径就是坚持员工应采取主动发展自己的建议。下属不应当要上司分担问题和寻求建议,而应当被要求提供建议或请求实施的批准。管理者应拒绝解决已被授权的问题。这不仅避免向上授权,也帮助管理者训练员工独立解决问题的能力并避免把别人的责任担着自己做。

10. 明确结果

下属应该知道完成授权任务的结果和影响,有什么奖励和机会,对最终用户和组织使命有什么帮助等,他们更可能接受授权并采取主动。当然,许多具体委派任务并不会有正式奖励系统的直接回报,但某些激励行为——小到背上轻拍、员工聚会的祝贺语,大到金钱奖励——都能增强授权的效果。明确结果也可帮助授权者完成任务,还能增强人际关系。与同事和上司的关系都会因完成任务而增强。因此,任何授权经验的期望结果都是加强个人之间的关系并加强组织的团队精神。

探索信任的各种轮廓

近几年来,全球商业出现诚信和信任危机。而在企业管理中,信任是领导者与下属之间最重要的心理基础,有效的领导者要和下属建立极高的信任,建立稳定的企业组织,在复杂的商业环境中共同努力,才能够在商业社会中具备极强的竞争力和生存能力。

信任的三个关键维度

信任是指彼此对对方的言语、行动、心理状态和决定等,进行有效的判断和心理认知,能够相信彼此不会有风险。这种信任是建立在熟悉性和风险性两种基础上,需要有一定时间的相处了解,需要时间积累出的彼此相信。

作为领导者,需要有效地建立对团队成员的信任,以及构建和促进团队成员之后的信任,才可以更加高效地完成组织目标。当信任被破坏时,团队绩效会受到巨大影响。作为下属,只有信任领导者时,才会从内心愿意接受领导者的领导,领导者才具备强有力的影响力和领导力。当下属认为领导者不诚实或者是利用自己时,就不会愿意追随领导者。

领导者与下属之间的信任具有三个关键维度,也是信任的重要基础。

1. 正直

这是领导者及下属都需要去衡量的品德,具有稳定的价值观,以及正确、坚定的是非标准——是否对于正确、原则性的价值观能恪守并坚持。CFO(首席财务官)媒体机构曾做过一项有趣的调查,他们对570名白领进行的28种领导特质排序的调查发现,诚实和真实是其中非常重要的品德和特质,而这也是正直的表现。

2. 能力

这是指具备专业的技术和技能,积累了一定的经验,具有协调合作的人际方面的能力和知识,也具有职业化的工作态度和工作方式,在团队中让人相信其具备相当的经验和实力,能完成工作。

3. 仁爱

这是指具有对人的仁爱之心的品德,能设身处地为别人着想,能够尊重上下级同事、关爱同事,对客户或其他相关人员友善,具有同理心、心地善良等特质。

信任关系的八种类型

在企业和组织中,领导者和员工之间的关系不是单一的。员工的性格、能力、品德不同,所擅长的领域不同,领导者与员工之间信任的基础也不同。从正直、能力、仁爱这三个维度出发,领导者可以和员工之间有八种类型的信任关系。

1. 直言不讳者

这样的人性格坦白直率,喜欢直言不讳,即使有些说出来之后反映的真相可能会造成别人的痛苦和困扰,或者是忠言逆耳,并不会让人觉得很舒服,让人产生心理上的抗拒,因为有的人并不一定想听到真相甚至是逃避和拒绝真相。在企业管理中,有些管理者会不喜欢这种人,但其实管理者很难意识到这些人的作用,忠言可以带来更正面的意义和价值,让管理者了解更真实的状况,进行更理性的分析和判断。所以管理者需要信任这种类型的员工所反映出来的真实情况,从心理上更加包容和接纳地去倾听和判断,从更加有建设性的角度去吸取和采纳,这种信任关系可以让直言不讳者更清晰地认识到自身的价值,而管理者在信任的基础上可以从表达方式和行为方式上加以引导,让他的表达方式更理性客观,让其他人理性平和地接受。

2. 刚正不阿者

有些人虽然没有过人的才气或品德,但具有坚定不移的态度和行为方式,以及明确的是非观念和行为标准,尤其是稳定的价值观和准则,而受到人们的尊重。这样的人对于企业文化和企业规则能很坚定地执行和坚守。所以当管理者在面临棘手的伦理困境或者管理难题时,可以去征询他们的意见,得到公正、坚定的建议和解决方案。而在公司的执行层面,这样的人通过言行一致的稳定性和坚持,可以在员工中形成标杆效应,即使有一些不理解或不支持者,或者有一些摇摆不定的人,在他们坚持如一的态度和行为中,也可以开正气之风,获得示范效应。

3. 忠诚支持者

这种人的价值观与管理者紧密一致,以忠诚和正直为荣,并且对人真诚,不会背叛。管理者与忠诚支持者合作,会从心理上感觉非常安全,会感受到他们明显的同理心和坚定的支持感。对于管理者而言,当需要拥有忠诚和信任时,可以去找他们一起工作,甚至可以在觉得需要心理支持时,聊一些无关紧要的话题,也会增强内心的信任感和坚定信念。

4. 明星专家

这些人是某些专业领域的专家,拥有卓越的技能和极高的专业性,但不一定具有良好的"软技能",可能在人际沟通交往中有一定的问题,也可能并不具备共同的价值观。如一些IT(信息技术)工程师、专业技能人员等。但当管理者遇到某些具体问题或者专业难题需要解决时,可以去寻求他们的意见,获得在专业领域中最专业的建议和解决方案。

5. 交易高手

这些人可能会采取直接、随意的方式工作,会让有些人觉得不舒服或缺乏技巧,却能"搞定事情",解决一些让领导者很头疼的问题。虽然有时候他们可能在某些做法上会与管理者的价值观发生冲突,但由于这些交易高手能够在必要的时候为管理者解决一些很现实的问题,带来的也是非常显而易见的利益和帮助,获得最终的结果上的直接体现,所以管理者尽管不一定赞成,但还是会乐于接受他们。

6. 啦啦队长

这些人愿意提供精神感情的支持。他们可能并不是最出色、最优秀的同事,甚至并不一定具备和管理者相同的价值观,但管理者在情绪低落或士气低落的时候,可以常常去找他们寻求情感的鼓励。他们的价值不在于专业知识或道德标准,而是他们愿意随时"在那里",无条件地给予管理者精神上的支持和鼓励。这样的精神鼓励的力量可以帮助管理者渡过低谷、危机和难关。

7. 值得信赖的伙伴

他们"拥有一切",既具备管理者需要的各种支持,也具备专业的能力,有诚信,能提供精神支持,以管理者的利益为出发点,是管理者最值得信赖的伙伴。拥有他们,管理者就拥有巨大的价值。他们不一定成为管理者的私人朋友,但可以被管理者极度需要,成为最坚定的支持者和合作者。管理者可以全方位地信赖这些伙伴,需要更有选择性地关注这些信赖伙伴,找他们解决重大问题和关键难题,而不是去处理那些浪费时间的琐事。这种信任关系是企业当中最重要的,当然也是管理者最难获得的。

8. 一般支持者

这些人即使没有哪个方面脱颖而出,但是具备一定的能力、德行和诚信,仍然可以有效完成特定的任务。作为领导者,在企业组织中要有效地辨别不同类型的信任关系,并明白人无完人,其实不论哪种员工,都可以对其实施某种程度的信任。如有些专业能力极强的员工,可能会是明星专家,虽然在仁爱和正直方面稍弱,却在企业的专业目标完成中起到最重要的作用。而有一些仁爱型的员工,是愿意在精神上支持和鼓励管理者与同事的"啦啦队长",他们能在需要情感支持的关系和任务中发挥特长。

当然,最完美的是三者兼具的"值得信赖的伙伴",但是这种关系是最难得的,也是需要时间和精力去培养的。作为管理者,针对这些不同类型的员工,与他们之间的信任关系是不同的,采取的信任方式、管理方式和工作方式也会有所不同。管理者要理清楚"谁"和"什么"的轮廓,因不同的对象而采取不同的方式,在不同的管理问题上找不同的对象,千万不可以一视同仁或者混淆方式。

图 8.2 为信任的轮廓。

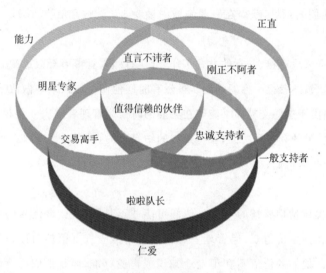

图 8.2　信任的轮廓

资料来源:MCGRATH C,ZELL D. Profiles of trust[J]. MIT Sloan management review,2009,50(2):75-81.

信任的基础和原则

对不同类型的员工采取不同的信任方式,此外,基于不同的内在因素的信任也不同。例如有些领导者是依靠权力地位、公司的契约、规章惩罚、法律条文等去获取员工的信任,员工出于对上司的威慑和惧怕而采取信任,尤其是一些新员工初来乍到,慑于老板的权威,害怕受到惩罚。但这种信任关系其实很脆弱,也可能是一种表面形式的信任。

还有一种信任是基于了解的信任,是组织中长时期的合作和磨合之后,建立在了解彼此行为和共同经历基础上的信任,并且随着时间的推移和关系的深入而更加牢固。这也是企业组织中最常见和最关键的信任关系,即使偶尔有违背,但是在长期合作过程中已经建立了很稳定的信任关系。

还有的信任是出于对彼此的认同,尤其是价值观和情感上的认同,当这种认同感产生强有力的情感纽带的联系时，就达到了信任的最高水平。尤其这种关系随着时间的延长，加上基于了解的信任，有着彼此深入了解的内心世界以及情感上的共通，有着对彼此的行为方式的熟悉和默契，有着共同的目标和行为模式。

在企业组织中，管理者可以通过一些原则来加强不同层面和不同类型员工的信任，以一些方式进行信任机制的建立和内在信任心理的培养。信任是相互的，一个不信任别人的人，也很难获得别人的信任。只有打破彼此的不信任，才能建立信任的基础。坦率、真实地表达意图，以开放的心态公布信息，让大家在公开透明的环境中更加真实地合作。只有真正的信任才能产生真正的信任，信任能把大家团结在一起，加强团队凝聚力，相信彼此可以依赖，相信企业遇到危机和难关时，大家可以互相支持、共同渡过。

不信任只能促进不信任，不信任的人会毒害组织，甚至会自我毁灭。如果一个组织中，大家各怀鬼胎、各自伪装，互相排斥和猜疑，每个人都像刺猬一样，害怕被别人利用和伤害，员工关注的不是集体的利益，而是暗地里各自为政，追求自己的利益，则会激发组织功能失调和冲突，最后伤害和毁灭组织。

小结

授力意味着帮助别人建立自我效能感、自我抉择感、自我控制感、有意义感和信赖感。许多组织面临环境动荡、复杂和竞争，管理者感到很多的威胁，结果常常倾向于更少而不是更多地授力与授权。但是，没有授力与授权与员工，组织就不能长久地成功。因此，学会怎样成为一名能授力和授权的管理者是一项至关重要的技能。本章讨论了管理者可用于授力他人的八个方法，也提供了一系列确信授权的原则和标准，这会帮助下属更容易接受授权，提高道义感并促进激励，改善协作和效率，使下属有更好的发展，增加自由支配时间，强化人际关系和工作业绩。被授权的员工往往比未被授权者更有生产力、身心健康、有积极性和创造性、工作执着、值得信赖、有良好的人际关系，有更高的内在激励性和更高的道义感与承诺。

作为领导者，只有有效地建立对团队成员的信任，以及构建和促进团队成员之后的信任，才可以更加高效地完成组织目标。员工只有信任领导者时，才会从内心愿意接受领导者的领导，领导者才具备强有力的影响力和领导力。而作为领导者，在企业组织中要有效地辨别不同类型的信任关系，明白人无完人，其实不论哪种员工，都可以针对不同的特点实施某种程度的信任，加强不同层面和不同类型员工的信任，进行信任机制的建立和内在信任心理的培养。

行为指南

当你练习授权别人并开始授权委派时，你想用下列指导准则作为提示。

1. 增强别人个人的控制经验,通过:

   A. 分解大任务并帮助他一次做一部分。

   B. 在任务之前让人参与简单任务。

   C. 凸显并庆贺别人的小胜利。

   D. 逐渐增加别人岗位的责任。

   E. 逐渐给别人增加解决问题的责任。

2. 成功树立你期望行为的模式,通过:

   A. 展示任务的成功完成。

   B. 指出在同一任务上成功的其他人。

   C. 协助与堪称楷模的人的交往。

   D. 为人找到教练或导师。

   E. 与人建立导师关系。

3. 为他人提供所需支持,通过:

   A. 在他们表现良好时表扬、鼓励,表达赞许和肯定。

   B. 给员工及其家庭或同事写信或便条,表扬引人注意的成绩。

   C. 为人们经常提供反馈。

   D. 增进非正式社会活动以增强人们之间的联系。

   E. 放松监督并延长结果报告间隔的时间。

   F. 举行正式或非正式的表扬仪式。

4. 激发别人的积极的情感,通过:

   A. 增强鼓励形成友谊的活动。

   B. 为使气氛活跃有趣,周期性地发送轻松的信息。

   C. 凸显员工个人重要价值观与组织目标的共同相容性。

   D. 明确结果对最终用户的影响。

   E. 通过明确目标、规定有效得分的规则和反馈系统与明确犯规行为,增强在工作中的
      游戏的特性。

5. 提供别人需要的信息以完成他们的工作,通过:

   A. 提供与任务完成相关的所有信息。

   B. 不断提供技术信息和目标数据,这些是你不时得到的。

   C. 发送相关的跨单位和跨职能的信息给那些没有途径得到的人。

   D. 提供信息渠道或拉近与组织高层人士距离的途径。

   E. 提供获取一手而不是二手信息的途径。

   F. 明确员工行动对客户的影响。

6. 为别人提供所需资源以完成任务,通过:

A. 提供训练和发展经验与从何处可获得这些的信息。

B. 提供技术和管理支持与从何处可获得这些信息。

C. 提供所需时间、空间和设备,以及从何处可获得这些信息。

D. 确保获取相关的网络途径。

E. 为别人提供自行决定权来分配资源,以帮助完成最终目标。

7. 让别人参与团队小组和任务小组,通过:

A. 为小组分配一项重要任务或问题。

B. 让小组不仅解决问题,还实施解决问题的方案。

C. 为增强平等参与,为小组分派一名协助人而不是一名领导。

D. 在小组成员中鼓励信息分享和学习。

E. 奖励系统至少部分地建立在团队成员的基础上,而不仅仅是在个人表现的基础上。

F. 帮助团队小组成员互帮、互教。

8. 让别人树立信心,通过:

A. 对他人的行为保持一致,值得信赖。

B. 你的决定和判断都很公平和公正。

C. 对他人表现关心和个人关注。

D. 你的谈话开诚布公。

E. 在将获取的目标上,展示经验和能力。

9. 为有效授权工作,遵循下列 10 个经验法则:

A. 一切从结果开始。

B. 完全彻底的授权。

C. 欢迎下属参与。

D. 使权力与责任对等。

E. 务求在建构中进行授权。

F. 责任着重于结果。

G. 提供足够支援。

H. 不仅授权"好"事也授权"坏"事。

I. 避免向上授权。

J. 明确结果。

10. 领导者和员工之间的八种类型的信任关系的使用:

A. 对于直言不讳者,管理者需要信任其反映出来的真实情况,从心理上更加包容和接纳地去倾听和判断,从更加有建设性的角度去吸取和采纳。

B. 对于刚正不阿者,管理者可以在面临棘手的伦理困境或者管理难题时,去征询他们的意见,让他们在员工中形成标杆效应。

C. 对于忠诚支持者,可以和他们一起工作,在需要心理支持时,增强内心的信任感和坚定信念。

D. 对于明星专家,可以在遇到某些具体问题或者专业难题需要解决时,寻求他们的意见,获得在专业领域中最专业的建议和解决方案。

E. 对于交易高手,可以在必要的时候让他们为管理者解决一些很现实的问题,获得结果上的直接体现。

F. 对于啦啦队长,可以在情绪低落或士气低落的时候,找他们寻求情感的鼓励和精神鼓励的力量。

G. 对于信赖的伙伴,可以全方位地信赖,找他们解决重大问题和关键难题。

H. 对于一般支持者,可以在一般情况下让他们有效地完成特定的任务。

自我评估

个人授力评估

本表用于帮助你识别自己在工作中的授力程度。你应当基于自己的工作来回答各个题目。

评分标准

1分——非常反对　　　　2分——反对

3分——中立　　　　　　4分——赞同

5分——非常赞同

____ 1. 我所做的工作对我非常重要。

____ 2. 我对做自己工作的能力有信心。

____ 3. 在决定怎样做自己工作上,我有极大的自主权。

____ 4. 我对自己工作单位发生的事影响力较大。

____ 5. 我相信同事对我完全开诚布公。

____ 6. 我的工作活动对我自己有意义。

____ 7. 我的工作非常适合我的能力。

____ 8. 我能决定怎样完成自己的工作。

____ 9. 对本部门事务,我有极大的控制力。

____ 10. 我信赖同事并共享信息。

____ 11. 我关心在自己工作中做什么。

____ 12. 我非常自信自己完成工作的能力。

_____13. 在怎样做自己的工作上,我有相当多独立和自由的机会。

_____14. 对本部门的事务,我有极大的影响力。

_____15. 我相信同事会信守诺言。

_____16. 我所做的工作对我有意义。

_____17. 我掌握了做自己工作所必需的技能。

_____18. 在开展自己的工作上,我有机会发挥个人的创造性。

_____19. 在部门决策中,我的意见发挥了作用。

_____20. 我相信同事们关心我的幸福。

(计分见附录 8.1)

案例分析

东海贸易公司

20 世纪 60 年代,新加坡政府致力于工业生产,极力发展对外贸易,东海贸易公司就是在这种背景下应运而生,被政府指定为一家相关贸易公司,促进本地产品的出口,并为本地工业寻找廉价的原材料,对本地的贸易起到了"催化剂"的作用。东海贸易公司正式成立于 1968 年,1972 年在新加坡挂牌上市,到 20 世纪 80 年代已发展成了本地最大的贸易公司之一。其30 多家子公司遍布全球,如中国、印度、俄罗斯、美国、越南等,贸易网络延伸到 40 多个国家。东海贸易公司组织结构如图 8.3 所示。

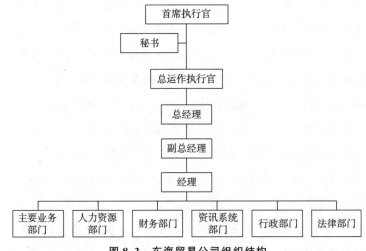

图 8.3 东海贸易公司组织结构

LT 部门是东海贸易公司属下的一个部门,由于公司规模较大,LT 部门相当于一小型企业,其组织结构如图 8.4 所示。

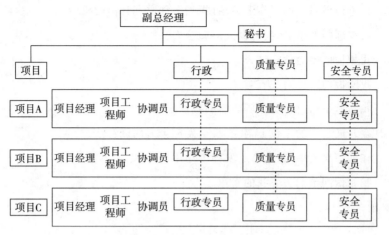

图 8.4 LT 部门组织结构

LT 部门现有三大项目 A、B、C,分给三个项目经理,每人下设一位项目工程师和一位协调员,这属于"直线关系",直接影响部门的效益,对这三个项目,共同分享行政专员、质量专员和安全专员,他们对于部门来说属于"幕僚关系",间接影响部门的效益。

总的来说,LT 部门是在总管理者的有效管理下,充分利用并合理分配了有限的部门资源(原材料、人力),达到了公司预先设定的目标。比如,在 2012 年 3 月初,新加坡陆路交通局颁授了一个新项目给 LT 部门。

新加坡陆路交通局进行对外发标,公司管理层得此信息后,通过研究,最后决定由 LT 部门准备投标。当 LT 部门总管理者接受此任务后,召集部门会议,商议此任务的可行性和如何去投标,几个工程师用一周时间认真研读了标书,得出结论:技术上,LT 部门完全有把握,关键是要找合适的供应商。此时,总管理者找来高级工程师张明华等人分头去世界上几个机电产品大国搜寻资料,最后找到了厂家。此时,总管理者要求员工全力以赴,一定要拿到此标。而且总管理者委派张明华与另一名工程师钟达成负责标书的准备工作。他们着手与该厂家联系,确认在技术上达到要求,在标价时,为拿到此标,他们考虑从公司长远的利益出发,以后还有许多可以争取做的项目。在保证一定的利润前提下,以较低的价格与竞争者竞争,他们把想法与准备的结果告诉了总管理者并得到同意。LT 部门最终在 2012 年年底正式投标且成功拿到工程项目。最近,张明华就正忙着提高此项目的设计,以获得 LT 部门的最终确认。

整个过程,可以看出总管理者的决策能力,在做决定以前,他召集张明华与钟达成开会,以便让他们了解他将来的决策和目标,使他们在明确目标方向的前提下,放手去做,不怕会迷路而偏离公司的目标。

但是 LT 部门在管理上也有不足的地方,在评估业绩时,一方面,由于激励体制不完善,有控制失效的现象。员工常常觉得"为什么我们要做,做多做少都一样,做多了,出错的机会还大,还要遭批评;不做,什么麻烦都没有"。另一方面,公司的待遇较差,有些员工 4 年中没有一次升职,像张明华就觉得辛苦准备了半年终于拿到上面所说的项目后,总管理者连一句赞赏的话也没有,更不用说有什么大型或小型的庆功宴。反正在这里做好是理所当然的,做不好就被训几句,也没什么大不了的。

最近,张明华与钟达成发生了摩擦。两人合作做一个项目,钟达成常常趁着总管理者不在的时候失踪,张明华虽克勤克俭,严格确保进度,可是一直心有不甘,不想与钟达成合作了,而钟达成也感觉到了一点点。前几天,出了一个差错,刚巧公司做人事调整,总管理者安排另一位同事接管钟达成的业务与张明华合作,新同事无意中谈起此差错,这时张明华才知道,钟达成向总管理者说那是张明华的错,张明华得知后,很生气,却也不敢向总管理者说明。已整整一个月过去了,总管理者并没有任何行动,张明华仍与钟达成合作,可是进度却非常缓慢,张明华开始觉得再这样下去,真没什么意义,觉得自己原来的乐观积极性已经越来越低,开始对自己的工作能力怀疑,也怀疑自己在这家公司的前途。

问题讨论:

1. 在 LT 部门中,授权最成功的是什么?

2. 总管理者在授力方面的问题是什么?

3. 试分析张明华的心理转变,及其原因和结果。

4. 如果你是总管理者,你会怎样做?

技巧练习

授权的练习

1. 采访一位管理者,请他/她谈其授权实践中,哪些特别有效、哪些没有作用,判断管理者知道或运用授力与授权原则的程度。

2. 设想你面临需要帮助的情境。这可以是你想完成的一项任务、你需要做的困难决策,或者试想组建工作小组。保证你想到要涉及其他人的事。记录下你能授权其他人帮助你的具体事情。在你让他们做你想他们做的事的同时,你怎样能帮助他们做他们想做的事?

3. 与一位不善于授权的管理者会谈(找到这样一个人并不困难,因为大多数领导人倾向于更有权、更专断而不是授权)。作为一名学习和练习过授力与授权的学生,共享你所学的知识并提供能帮助该管理者改进的建议。

第九章
独行不如群行——团队的作用

众人拾柴火焰高

团队出现在 19 世纪末 20 世纪初,但当时并非特别流行,直至 20 世纪 70 年代日式的"品质圈"管理风行后,才再度掀起热潮。早期的团队模式只负责提出和讨论问题以及举荐方案的工作,名谓"解决问题小组"。后来出现了任务更为广泛的"特殊目标小组",其工作包括:改善或重新设计工作流程;与上级、同级或下级的内部联系;负责与外部顾客或供应商的联系等,因此,包括执行方案的工作领域。到了 20 世纪 90 年代,出现了新的"自我管理小组"它们把以往属于各层次和职能部门的责任转成为小组内所需负责的任务。

由此可见,团队工作模式从过往较简单演变到了今天较复杂的技术并成为一种被广泛应用的管理技巧。

团队工作的优点

一般情况下,团队工作有下列优点。

(1) 以个人行动产生大量的创意和信息,因此决策和解决问题的支持信息更完备并且质量更高。

(2) 由于团队成员的流程参与,在解决问题和决策过程中改善了相互间的理解和接受。

(3) 有更高的动机激励和业绩水平,人们比在单独工作时更主动和更有精力。

(4) 比个人更能承担"危险转折"——乐于接受危险方案并采取创新行动。

总的来说,团队工作模式所带来的优势在于能够提高组织中的生产率、生产质量以及团队成员的精神意志,从而直接提升组织的业绩。另外,团队成员都认为团队工作模式令人难忘。他们共同面对困难和挑战,共同努力摆脱困境,共同负担责任和分享成果。这种共同进退的精神无形中鼓舞与强化了组织中的士气和成员间的凝聚力,让成员感受到荣辱与共的深厚感情,也培养了他们互相关怀的高尚情操。

但纵使团队有许多优点,它也不是包治百病的万能药,它并不能处理组织内每一个问题,如一些简单的日常性和高度标准化的工作便不需要团队了。

因此,主管们必须按个别的环境和需要来判断是否应用团队管理模式,如考虑决策时间的长短、团队成员配合的程度等。而当决定采用团队技巧时,我们应该怎样实行?本章中,我们将集中讨论建立团队和团队工作的关键管理要素。

团队的类型

1. 一般团队类型

根据团队存在的目的可将组织中的团队分为三类：问题解决型团队（problem-solving team）、自我管理型团队（self-managed team）和跨职能型团队（cross-functional team）。

（1）问题解决型团队。在问题解决型团队里，成员就如何改进工作程序和工作方法交换看法或提供建议。但是，这些团队几乎没有权力根据这些建议单方面采取行动。在 20 世纪 80 年代，应用最广的一种问题解决型团队是质量圈。这种工作团队由职责范围部分重叠的员工及主管人员组成，一般在 8～10 人。他们定期见面，来讨论他们面临的质量问题、调查问题的原因，并提出解决问题的建议、采取有效的行动。

问题解决型团队的做法行之有效，但在调动员工参与决策过程的积极性方面尚显不足。这种欠缺导致企业努力建立新型团队，这种新型团队是真正独立自主的团队，它们不仅注意问题的解决，而且执行解决问题的方案，并对工作结果承担全部责任。

（2）自我管理型团队。自我管理型团队又称自我引导团队，或者经授权的团队，它是组织结构中永久性正式的元素，是一种强调员工投入的团队模式。这种团队得到授权，有权根据每天的具体情况制定决策，以完成对自身的管理。它代替了原来由监督者管理的传统团队形式，自我管理型团队的成员承担了本来由经理或者一线监督者承担的责任。团队成员虽然不是监督者，但是要为诸如计划、工作安排、绩效评估和质量控制等问题共同负责。

自我管理型团队一般有 5～15 名成员。团队应该足够大，以提供不同的资源和技术；但是又要足够小，以便有效率地运作。成员在决定工作节奏、分配任务方面必须有相当强的判断力。这一点要取决于员工的多重技能，即接受培训、在团队中接受多项任务的能力。在自我管理型团队中，每个人都要承担不同的任务甚至是团队的所有任务。一般来说，一个人掌握的技能越多，基本工资也会越高。团队成员可以自己安排培训、充电，检验是否掌握了相应的技能。所以，自我管理型团队的成员会有很强的责任感和很高的成就感。但是，这种团队并不适合所有的组织，有时实施这种团队形式也不一定就带来积极效果。比如，虽然自我管理型团队的员工满意度普遍较高，但缺勤率和流动率也比较高。

（3）跨职能型团队。在传统的组织中会遇到"职能隔离问题"，即由于某职能部门的员工只局限于本领域的问题，不去与其他部门的员工进行交流而出现的问题。这就创造了人工的"边界"，阻止了更多的整体性思维和与组织内部其他部门成员协调的机会。在今天的组织中，为了更好地进行水平整合，形成更好的多边关系，团队已经成为组织重要的组成部分。跨职能型团队就是由代表不同职能部门的成员为了完成同一项任务而组建的。这种团队使不同领域的员工有机会相互交流信息、激发新想法，以一种更加宽广而又相对现实

(结合各个部门的实际)的思路去解决面临的问题或者运作复杂的项目。

跨职能型团队的弊端在于：因为团队成员需要学会处理复杂多样的工作任务,这就会延长团队的形成时间。成员由于来自不同的部门,难免会带来原有部门的工作风格,再加上员工个人的背景、经历以及对待、处理问题的方式差异,要想建立起真正的信任可绝非一日之功。

2. 德鲁克的团队类型

(1) 棒球型团队。在这种团队中,所有的成员都发挥作用,但没有作为一个整体发挥作用。棒球队的每位队员都有固定位置,他绝不能离开这个位置,所以每个人上场击球,完全就是孤军作战。德鲁克认为外科手术队伍和福特汽车公司都属于棒球型团队。在传统的设计队伍中,设计人员完成他们的工作后就交给研发工程师,研发工程师再依次交给制造部门和营销部门。同样,在一个脑外科手术中,麻醉师不会帮助护士和主治医师,反之亦如此,即"一个萝卜一个坑"。棒球型团队适合制造和运送产品的现代物流业。

(2) 足球型团队。这种团队成员虽然有固定的位置,但是他们作为一个整体在发挥作用,而且每个成员都有其他成员起相互配合的作用。德鲁克举的例子是大型交响乐团,在交响乐团中,大提琴手不会去接替小号的角色,他们都要坚守各自的位置。不过,他们在同一场演出中要遵照同一个乐谱,听从同一个指挥的安排。

(3) 网球双打型团队。这种团队里,成员有自己喜欢的位置而不是固定的位置,他们相互取长补短,不断地调整。这种团队一般都比较小,一般不超过 9 人,研发小组及创业团队都属于此种类型。

团队角色

1. 马杰里森和麦卡恩的团队典型角色理论

马杰里森和麦卡恩(Margerison Charles & Dick McCann)认为,团队犹如一个轮盘,其中典型的团队角色有八种(表 9.1)。

表 9.1   马杰里森和麦卡恩的团队角色

角 色	喜欢人数的比例/%	角 色 特 征
报告者—建议者	30	在团队中扮演顾问的角色,擅长将数据汇总并以简单易懂的方式提供给团队中的其他成员,不喜欢冲突,对冲突有预见性
创造者—创新者	10	对变化和创新有狂热情绪,敢于打破传统,对一成不变的工作方式不屑一顾,习惯于独立做事,即便遇到固有方法和思路的阻挠,也会义无反顾
探索者—推销者	10	往往是变革的提倡者,精力充沛,喜欢与人交谈。擅长采纳别人的意见并在组织中进行宣传。一般都比较有人缘

续表

角　色	喜欢人数的比例/%	角　色　特　征
评估者—开发者	10	性格开朗,社交能力强,喜欢寻找新机会,并采纳别人意见与机会匹配,擅长进行新的风险机会评估,是产品开发经理的适当人选
推进者—组织者	15	强项是组织和整理,注重目标和计划,喜欢有条不紊,属于分析型的决策者,一般负责项目管理类的工作
缔造者—生产者	15	信奉"把事做好",能不改变坚决不改变,忠实于通过建立计划和标准系统将工作有始有终地完成,是实干型人员
控制者—检查者	8	喜欢照章办事,并希望别人都守规矩,具有检查喜好,一般从事会计、质量控制、政策方面的工作
支持者—维护者	2	自身有强烈的价值观和原则性,也全力支持他们的同类,喜欢充当后台的咨询角色,一般比较低调,不怒不喜

2. 三种团队角色理论

根据团队成员的基本个性和他们对工作的态度,对团队角色可有如下划分。

(1)任务中心型角色。任务中心型角色一般表现在促进和协调与工作相关的决策制度,他们的关键词是开始想法或行动,促进事实与信息的采用,归纳汇集各种不同观点,使团队始终处于攻克任务中,询问团队是否接近一项决定,他们的工作内容可能包括:

① 确定团队的目标,考虑团队问题的解决方法,提出新想法,修改团队工作程序。

② 搜寻并分类信息,尤其是找出与解决团队问题相关的信息。

③ 根据汇总的信息和建议协调团队成员的活动。

④ 通过评价团队成员建议的逻辑性和实用度,对团队的有效性进行评估。

(2)关系中心型角色。关系中心型角色侧重于建立以团队为中心的感情和社会相互作用,可能包括:

① 接受并表扬成员的想法以鼓励他们参与。

② 协调团队内部关系,尤其是缓解紧张气氛、化解冲突。

③ 提出有关团队目标的问题,并依此进行团队的动态评估。

④ 态度友善地处理事情,保持良好的亲和力。

(3)自我中心型角色。自我中心型角色可能是只注重一个成员自己的需求,也可能是以牺牲团队利益为代价的,可能包括:

① 以消极、顽固和盲目的冲动来抵制团队的进步。

② 通过吹嘘、宣扬个人成就来增强自己的吸引力,寻求对自己有利的位置。

③ 试图操纵团队,阻碍他人取得成绩和贡献。

④ 与团队成员保持距离以明哲保身。

如何塑造团队精神

塑造团队精神拥有下列八个要素。

统一目标

组织活动中产生的动机,是指成员的个人目标与组织的目标相结合。假如企业缺少了此动机,几乎可说是空有其壳。但是在抱着多样价值观及生活目标的组织中,要使组织成员都对组织目标产生动机,不是那么容易的事。在这种情况下,为了达成组织目标而要将成员的能力及意愿结合起来的话,就需要一个很有影响力的人。倘若没有使下属产生共鸣、保持行动一致的人,就无法达成集团的目标,而担负此工作的人就是管理者。为使人们产生共鸣,应结合坚强的协力关系,必须以"价值观"的一致为前提条件。让公司全员都有相同的价值观,然后再强化至最大效用,就是管理者的责任。所以,管理者要有坚定的信念,确立健全的价值观,再去鼓舞下属,才能使大家朝向共同的目标前进。

合理架构

简单来说,活性化组织的印象就是要"有效率且健康"。为了使组织有效率,必须使组织活动持续且达到效率。而为了顺利达成,就必须将工作的结构及运用、做法有效地组织起来。但是这些制度只可以说是组织中一个"必备的姿态"而已。当组织成员都不用此机构或制度行事时,这些结构只不过是画饼充饥,根本不能发挥其作用。

所以,组织的运用还得看成员的行动而定,而左右行动的是个人的意愿、情感及能力,其中意愿及情感是能力发挥的媒介。在健康的组织中,成员在拥有工作价值的同时形成集团的统一共识,使整个组织充满朝气。

员工认同

在现实里带动组织的是人的行动。人才是组织体系中的基础资源。组织必须经由人的营运才能产生有效作用。人会因为内在的意愿而大大影响到外在能力的发挥。所以,要唤起个人对组织及组织目标的认同感,组织才能有活力并积极运作。下面是唤起个人认同感的一些做法。

(1) 对员工的意见,不只是一味"倾听",必须有"借用下属智慧"的制度及诚意。

(2) 以开放的态度倾诉。

(3) 培养提问和提议的精神。

（4）从日常生活中培养问题意识。

（5）对不平、不满也要表示欢迎。

（6）对提出来的意见要马上有所反应。

集体参与

人都有追求效力感、荣耀的心，而在追求的过程中，就可以得到成长与发展。管理者的一个重要责任，就是要让员工们感受到自己在组织中工作的意义，体会自己在组织中的成长、成就感及成功的喜悦，并使自己的努力得到正当的评价。在很大的程度上来说，参与式管理就能发挥这种功用，员工能在组织中确定自己，每个人都会变得开朗、活泼、有朝气，能做主各自的行动，有创造性、充满自信地工作，使工作场所成为一个很愉快的地方。但是有很多难以发挥个性的工作，也使员工很难在工作中充分地发挥自己。这时候可让他们从运动、休闲、工作场所的美化运动、文化活动等各种能让个人参与及发挥的活动中得到效力感和荣耀感，并且把这份自信带到工作中。

顺畅沟通

不论是什么样的团体，为了维持整个团体的活动，其成员之间，尤其是领导和成员之间相互取得沟通是很必要的。组织中每个人都有自己的立场，在各种各样的场合中，每个人都会选择自己的行动，这些个人的行动对于组织的发展及成果均有很大的影响，所以沟通是非常重要的，它能协调个人的行动与组织的目标，即沟通是组织活动的神经血液。在正式组织中，高阶层人士的沟通还不如一线管理人员的沟通来得更强有力，产生的作用也更直接。企业组织中沟通的核心应该是工作上管理者及下属之间的沟通。

领导以身作则

在可信赖度高的领导者手下工作，下属的士气也会跟着提高。所谓可信赖，就是有自信、可靠、凡事不拖泥带水，乐观进取的精神，相反地就是神经质、碌碌无为、懦弱等。身为领导者，其自身健康与否对于属下众多工作同人的精神状况也有很大影响。当领导者的精神不定、紧张时，下属也会承受精神上的压力，这在组织方面也是一样的。在工作场所，领导者本身的心理健康远比他如何去对待下属这种技术问题更该受到重视。下属经常希望上司"听听自己的意见""了解自己的立场""认定我们付出的努力""能站在下属的立场着想"。每个人都希望别人能了解自己的想法、所发生的状况及曾经做过的努力，并且强烈地希望得到别人的认同。身为下属，为了报答了解自己的上司会奋不顾身地努力争取表现。而身为一个领导者，如果同时被人喜欢又被人尊敬的话，即使默不作声，下属也会如影随形。

敏锐资讯

企业环境瞬息万变,在质、速方面都和过去有极大的差别,如果不积极去发觉变化的预兆、洞察变化的趋势,并且研究对策,势必在变化中被淘汰。对今天的经营者来说,资讯是宝贵的经营资源,对组织有利的决定,或对概念转换、观点转换有利的资讯及好意见都是经营管理中很重要的资讯。有效地收集和发挥这些资讯,会使组织在瞬息万变的环境中能迅速、灵活地解决问题。一个有效的管理者必须积极掌握资讯,从而感知变化,并洞察各种现象的本质。

开放环境

工作场所如果没有形成一个自由活泼、有朝气的氛围,就无法期待提高生产力。若人与人之间无法充分交流,就不可能获得满足感。而为了创造这样的工作场所,就必须营造出自由自在、简洁利落以及随时充满欢乐的气氛。这种气氛,可以通过管理者本人的开朗、没有顾虑、乐观、对下属的努力给予温暖的奖励及由衷的感谢而营造出来。

团队发展的生命周期

团队是指由两个人以上组成的工作小组,团队成员必须共同努力实现团队的目标。管理者在组成团队时最经常遇到的挑战,就是如何组成一个既独立而又对组织目标具使命感的团队。建立成功的团队是需要一个循序渐进的过程的,这个过程包括四个阶段:形成、适应、动荡和运作(图 9.1)。我们将从以下四个方面来分别分析每一个阶段。

(1) 成员的一般行为。

(2) 人际关系。

(3) 任务状况。

(4) 有效的领导行为。

在建立团队之前,各位管理者需要谨记的一点是:一个成功的团队要经过从第一个阶段到第四个阶段的发展,不能绕过某一步,否则只会带来失败。

形成阶段

1. 成员的一般行为

当一批人第一次被安排凑在一起的时候,人与人之间以及人与环境之间皆会产生一种陌

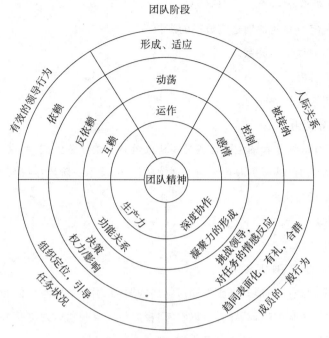

图 9.1　团队发展的生命周期

生的感觉,他们还停留在准备的阶段。这时候,他们心中常存在的疑问是:

(1) 那些是什么人?

(2) 我将要做什么?

(3) 谁是我的领导?

(4) 我们的目标是什么?

(5) 我怎样与别人融合?

2. 人际关系

团队成员间由上述的陌生感而产生下列关系:

(1) 沉默。

(2) 自觉。

(3) 依赖。

(4) 表面化。

(5) 反应。

(6) 不确定性。

在这个时期,成员之间交往极少,他们的交流多以领导人为目标,而把自己保护起来,还没有合拍的行为发生。

3. 任务状况

由于各成员还处于热身的阶段,管理者必须帮助他们尽快适应工作的环境。因此,在这

阶段,任务的特征在于:

(1) 帮助团员定位并使他们适应成员的定位。

(2) 建立他们与领导的关系。

(3) 明确任务目标。

(4) 处理依赖性太强的问题。

4. 有效的领导行为

在这个初步阶段,领导者的主要任务是要让成员弄清楚任务方向,帮助他们融合在一起,准备迎接挑战。在这时,领导一般可采用下列一些行动,使第一阶段尽快结束:

(1) 介绍团员互相认识。

(2) 回答问题。

(3) 建立信任基础。

(4) 明确目标、步骤、规则和期望。

领导者可以采取发问的形式来激发团员提出问题,并确切地回答他们的问题。

另外,在建立信任基础时,领导者可以参考"授力与授权"一章,建立信心的五个方面是可靠、公正、关心、开放和胜任,领导应以身作则。

总的来说,在这个阶段,一个成功的团队至少具备下列各种特征。

(1) 明确的目的。体育运动和音乐表演得到激励是因为目标明确并一直得到重视。

(2) 所有人都了解的目标。每一位团队成员对下列问题都有相同的回答:"我们努力完成什么?"

(3) 逐步达到的目标。大的目标都是逐步达到的,每个大目标都包含较小的目标。

(4) 卓越的标准。所有的业绩都用卓越的标准检验,中庸难以成器。

(5) 结果的反馈。所有团队成员都得到及时反馈。

(6) 运用的技能和知识。当团队成员参与时,他们都能有机会运用他们的技能和知识。

(7) 不断的培训。由于期望有不断的改进,所有团队成员无论是在场上(台上)还是在场下(台下)都得到不断的培训。

(8) 设备和设施。为团队成功完成职责提供充足的资源。

(9) 自主权。团队成员能主动参与并就他们怎样工作有决策权。

(10) 以业绩为基础的报酬。报酬是建立在任务完成的基础上,而不是在头衔、政治基础上。

(11) 规则和惩罚。每个人都事先了解规则和惩罚。它们是公正、一贯和及时的。

当领导者成功地提供了必需的结构和明确的目标后,团队就能向适应阶段前进了。

适应阶段

这个阶段的团队成员开始适应整体工作的环境和自己的工作岗位,同时,由于他们需与其他成员的期望倾向一致,以达到团队目的,他们会感到一些适应的压力。成员交往越多,便越能更快速地形成共同的行为和视野。

1. 成员的一般行为

这个阶段成员心中常有的疑问是:

(1) 准则和期望是什么?

(2) 应遵守多少规则?

(3) 我扮演什么角色?

(4) 我会得到支持吗?

(5) 我们的方向是什么?

(6) 我应当投入多少、承诺多少?

2. 人际关系

由于在这个阶段中成员都开始摒弃个人的目标价值转向寻求合作而获得团队的目标价值,因而形成一个愿意共同行动和取得共同意见的气氛,成员亦能通过达到团队目标而获得个人满足感。这时,人际关系的特点是:

(1) 合作。

(2) 忽略异议。

(3) 遵守标准和期望。

(4) 遵循领导指示。

(5) 人际吸引力凸显。

(6) 遵从团队的远景目标。

3. 任务状况

这时,团队结合的有力黏合剂正在形成,个人试图区别于别人并在团队中找到自己独特的位置,而且促成了团队的融合和团结。但是潜在的压力导致了下面的任务状况:

(1) 保持团结和凝聚。

(2) 角色分类确定。

(3) 明确未来。

(4) 决定对团队未来的遵从程度。

另外,团队成员各自的角色也开始形成及肯定。一般来说,团队中有两大类角色:一类是参与任务的角色,另一类是建立关系的角色。并且,一个成员不太可能同时充分地扮演两类角色,而只能扮演其中一种角色。扮演参与任务角色的人倾向于任务导向,而扮演建立关系的角色的人则倾向于关系导向。下面我们列出此两者的角色特点。

(1) 任务导向者。

① 指引方向:判定进行的途径或追寻的方案并明确目标和目的。

② 信息收集：提问、分析信息差距，征询意见、信念和远见。

③ 提供信息：提供数据、事实和判断并凸显结论。

④ 完善：强化别人表达的创意，提供例子和图示。

⑤ 协调：融合各种创意，并帮助他人检验各自的建议和评论，帮助成员一起工作。

⑥ 监控：开发衡量是成功的指标并帮助保持对结果的责任。

⑦ 流程分析：分析团队采用的流程和步骤以改进效率和时间性。

⑧ 现实性测试：检验所提创意是否可行或可操作。

⑨ 强化：使团队集中于手中的任务并抵消所有的副作用。

⑩ 总结：合成创意和总结归纳团队产生的要点，帮助成员了解已得到的结论。

(2) 关系导向者。

① 支持：称赞别人的创意并指出别人的贡献。

② 调谐：调和个人之间的不同点，并在冲突和偏见的视角中找到共同的地方。

③ 缓解紧张：用笑话和幽默来缓解紧张并使别人自在。

④ 正视问题：挑战非建设性的或者破坏性的行为，帮助确保团队中的正确行为。

⑤ 加油：激励别人做出更大努力去完成任务，激发热情。

⑥ 发展：协助别人学习、成长和成就；教练和指导团队成员。

⑦ 辅助：帮助在团队成员中强化基础并帮助行动间更平稳过渡。

⑧ 协调处理：反映团队的感情并帮助团队平稳运行。

一个团队必须拥有此两种角色的人员，才能顺利完成适应阶段。因为某些成员必须保证任务完成，而另一些人必须确保团队成员是凝聚在一起的。每个团队成员开始扮演不同角色，关键在于：团队中的任务导向者与关系导向者之间必须保持平衡，并得到同等的重视。

角色的运作需与当时环境配合，否则只会带来负面影响，甚至形成非生产性的角色，这类角色被称为阻碍角色，这类角色的特征如下。

① 过分分析：抓住皮毛过于纠缠细枝末节。

② 普遍化：将其他部分排开，得出无根据的结论。

③ 挑骨头：不愿看到别人思想或行为中的优点。

④ 预先决策：在陈述目标、共享信息、讨论各种方案甚至定义问题之前就做决策了。

⑤ 将意见当事实：不能检查提议的真实性并把个人意见当真相。

⑥ 拒受：由于意见陈述人关系而不是意见本身的问题而拒绝接受意见。

⑦ 以势压人：运用地位、资历或头衔强迫别人接受，而不是讨论并检验其价值。

⑧ 主导：过多地讲话、打断甚至插入别人的谈话。

⑨ 阻碍：不允许团体达成决定或完成任务。讨论离题，重弹老调等方法。

4. 有效的领导行为

由于这个阶段极有可能出现上述的阻碍角色，因此，团队领导的一项重要职责就是保持角色的平衡并确保角色不是破坏性的。此阶段需要下列领导者行为。

（1）在团队成员中协助角色分化。

（2）对团队成员表示支持。

（3）提供反馈。

（4）阐明团队的远景。

（5）帮助产生对远景的遵从。

除了提供反馈帮助团队成员增强凝聚力外，团队领导能做的最重要的事是阐明团队的远景。因为它帮助指明将来指引团队的核心价值和原则；它给了一种方向感；它提供了可能性；它比任务和目标的陈述唤起了更深的意义和更强的约定；它帮助团队成员对他们自己及其将来有更深入的思考，是使团队凝聚的黏合剂。

如果组员有机会参与远景的规划，就会产生对远景的承诺。有时利用名义小组技术（Nominal Group Technique，NGT）能增强员工参与和达成共识。NGT 是一种小组决策的技术，包括六个步骤。

（1）团队成员面临一项挑战式局面。例如，怎样实现远景规划。

（2）团队成员各自独立地写下他们的主意。这是提议（非交互影响）阶段。

（3）每位团队成员（一次一人，用轮流方式）向集体提交其主意。不对主意进行讨论。所有的主意被记录下来供全体参考。

（4）当所有人都提交了他们的主意后，开始讨论这些主意的优点。创意得到合并、精简、扩充和修改。

（5）团队成员就他们喜欢的主意各自投票。这可以是每位成员选前两项或前三项，各种方案按 10 分制打分，按等级排列方案或者其他决策方式。

（6）修改后的最佳主意名单投交全体成员讨论。如果达成共识，团队会议结束；如果未达成共识，重返步骤（2）并不断地循环，直到找出最佳主意以达成共识。

这个决策方法可以帮助全体成员参与并表达自己的意见，同时确保团队的一致。除此之外，频繁地沟通能增强对远景的承诺。由于缺乏沟通会让成员认为远景并不重要，所以领导人要不断地一贯地阐述、重复、强化愿景。

总之，在发展的适应阶段，领导者应帮助增强团结和凝聚，帮助团队成员献身于不同的角色，并帮助产生对远景规划的承诺。当他们这样做时，团队便能顺利过渡到下一个阶段了。

动荡阶段

适应阶段是一个压抑个人期望而达到团队和谐的阶段；然而，一个团队不可能没有意见分歧或争论的过程,因为个人期望压抑久了会引发出矛盾来。动荡阶段便正是一个个人之间的意愿、感情与期望出现不和谐的阶段,也就是一个面对处理冲突、异见和意外的时期。这是一个关键期,因为此时一旦冲突管理不妥善,很容易导致团队瓦解。

1. 成员的一般行为

(1) 我们将怎样处理分歧?

(2) 我们该怎样交流坏消息?

(3) 团队能变革吗?

(4) 我们怎样才能在各种不同意见中决策?

(5) 我们真的需要这位领导吗?

(6) 我想保持团队成员的资格吗?

团队成长也代表着团队间必然出现某些斗争,为了使之有效运作,便要克服某些障碍。团队必须学会对付敌手,特别是从内部成员产生的敌手。如果团队逃避解决问题的话,该团队就不会有效运作,其长期存在的可能性也将受到威胁。没有团队能避免冲突和矛盾而保持安宁和谐地完成任务。事实上,要解决问题,有时牺牲和气是在所难免的。当成员对其地位和角色越来越适应后,他们便开始更开放、更积极地参与。增加参与便难免暴露观点的分歧,继而产生冲突。因此,在这个动荡的阶段,如果管理得好,会比未出现冲突时更有成效。

2. 人际关系

在此阶段,团队成员仍关注别人,他们仍忠于团队和它的成功。但他们将发现与某些人更能相容,与某些观点更接近。这样在角色和视角上的差异,便产生了人际关系的新特点。

(1) 团队成员两极分化。

(2) 形成同盟或派系。

(3) 团队成员间竞争。

(4) 与领导者有分歧。

(5) 挑战他人的观点。

(6) 违反团队准则。

动荡阶段并不一定产生混乱状况。但一种分离的渴望、竞争甚至愤怒可能会产生,主要是因为旧的关系格局已经改变了。领导不可置疑的权威受到挑战;独立和相互依靠取代了依赖;分歧是常见的。因此,有效的冲突管理策略是应成员要求,在不同冲突中采取不同反应。

在动荡阶段,团队成员挑战团队的界限和准则是普遍现象。比如迟到、团队会议上开小会等。也可能产生摩擦,甚至企图推翻领导者,用新规则取代旧规则或建立联盟来改变团队的目的和目标等。

3. 任务状况

(1) 管理冲突。

(2) 克服集体思考。

(3) 检查团队的关键工作流程。

(4) 将反依靠性转化为相互依靠。

冲突、联盟、反依靠等都可能导致个人对团队的准则和价值观的质疑。例如,团队成员可能对团队报酬系统、工作的组织方式进行挑战。管理者不仅不应当抵制、压抑和堵塞,相反应当鼓励团队成员将这些挑战转化为改进的建设性建议。

团队在此阶段特别需要小心地重新阐述和强化团队的远景规划,不要被很具体的短期目标或过程迷惑。时时提醒各个联盟凝聚整个团队的共同远景和原则。另外,也要让团队成员明白他们可以表现自己的个性和特殊爱好,但必须不对整个团队造成威胁,在团队中保持灵活性意味着容许差异性存在并促进变革和改进,从而获得更高的效率。

但是,在此阶段,也必须注意到叫作集体思考(group think)的现象。这是指团队中出现惰性和拒绝寻求更好的决策和问题解决方案。这种情况下,团队成员为了避免冲突往往过于保守,从而错失了更准确的决策和高质量完成任务的机会。

集体思考一旦出现,它可以摧毁高优秀和高效率的团队。当下列特性在团队中出现时,通常会产生集体思考。

(1) 理想的幻觉:成员自信地感到过去的成功会重现。("因为我们过去的纪录,我们不能失败。")

(2) 共同僵化:成员不相信信息来源而不重视不能确信的信息。("工程师不会明白这些事。")

(3) 找理由:成员为多数意见的威胁找理由。("他们不同意我们的原因……")

(4) 道义的幻觉:成员相信作为有道义的人他们不太可能作出错误决策。("我们从不做坏决策。")

(5) 自我否定:成员对误解保持沉默并企图化小争执。("如果别人都这样想,我肯定错了。")

(6) 直接施压:采取不同看法和立场的人受到制裁。("如果你不同意,为什么不离开算了?")

(7) 思想的隔绝:成员保护团队免受思想干扰。("别听他们的,他们毫无根据。")

(8) 团结的幻觉:由于大多数发言者同意,团队达成了共识。("如果小张和小李同意,肯定是大多数人同意。")

为避免集体思考,每个团队应当具备下列特性。

(1) 批评性的评价者:至少应任命一位成员做团队决定的批评者或评价人。

(2) 公开讨论:领导不应当在会议开始表明自己的意见,而应鼓励成员从各个角度的公开讨论。

(3) 小团体:团队中应形成数个小团体,开发独立的建议。

(4) 外部专家:邀请外部专家倾听团队的决定给予评论。

(5) 魔鬼的辩护者:如果团队讨论中有太多相似之处,至少指定一位成员扮演魔鬼的辩护者。

(6) 复议会议。暂停决策,第二天再谈。应当鼓励成员表达第二种思路。

4. 有效的领导行为

此阶段非常有效的领导行为还有以下几种。

(1) 为增强凝聚感情而找出一个共同的敌人。

(2) 强化愿景规划。

(3) 在团队成员中产生承诺。

(4) 将学生变成老师。

(5) 做一个有效的调解人。

(6) 为个人和团队提供认可。

(7) 拓展双赢的思路。

有效的领导通过认定外来的威胁可以克服内在阻力和冲突。威胁源自外部,成员会被动员起来去克服阻力、加强合作。另一种管理动荡的办法是把学生转为老师。因为这样可调动员工的立场成为公司的发言人,并竭力指出公司的优点,若在一公开场合发表的话,员工对公司的忠诚度便更能提高了。

总的来说,这个阶段的特征在于动荡、冲突,因此,对冲突进行有效管理十分重要。管理重点在于增强团队内部团结和忠诚度来抵消动荡可能造成的冲击,减小团队分裂的可能,以便团队能准备就绪,进入发展的运作阶段。

运作阶段

团队由成立到现在,可说是经历了重重障碍,才到达最后的运作阶段。团队成员一起克服了缺乏信心、不确定性、模糊的期望和非参与性的形成阶段问题,又一起订立明确的远景、角色定位、个人对团队的承诺,让团员顺利度过适应阶段,最后突破了冲突的动荡阶段。因此,到了运作阶段,团队应表现出高效的运作、发挥水平了。

1. 成员的一般行为

运作阶段,团队成员面临的是一系列在本阶段主导的问题:

（1）我们怎样才能持续改进？

（2）我们怎样才能增强创新和创造？

（3）我们怎样才能增强核心能力？

（4）我们对流程能做什么改进？

（5）我们怎样才能对团队保持高水平的活力与承诺？

在这个阶段,成员的问题从静态转向动态。他们的着眼点从建设团队完成任务转到增强变革和改进。团队已经努力管理和解决的问题导致团队的三个主要结果。

（1）完成任务或达到目标。

（2）协调和整合团队成员角色。

（3）确保所有团队成员的个人成就。

2. 人际关系

（1）高度相互信赖。

（2）对团队无条件地服从。

（3）团队成员间的多角关系。

（4）共同的培训和发展。

（5）自我充实。

一方面,此阶段的团队成员有信心感到他们在团队中扮演了重要角色,并且有能力为团队成功作出贡献;另一方面,由于他们对团队有承诺和关心其他成员,因此,他们与团队其他成员联系密切。

3. 任务状况

（1）投资于核心能力。

（2）强化不断改进。

（3）预测客户需求并在客户要求前反应。

（4）提高速度和及时性。

（5）鼓励创造性地解决问题。

在此发展阶段,团队注意力放在建立核心专长上。经过一段时间后,团队成员的风格、个人技能、交往的方式以及团队的愿景已经强有力地形成,并成为团队的特色。

4. 有效的领导行为

在运作阶段的团队不需要直接的强力领导。它转向自我管理小组发展,能够管理自己的流程、培训、报酬和成员资格。领导者的主要任务是更多地参与团队文化或认知方面而不是任务表现或关系建设。此阶段有效的领导行为有如下几方面。

（1）强化创新和连续改进。

（2）推进团队的质量文化。

（3）提供团队业绩的定期和连续的反馈。

（4）为团队成员扮演赞助人和支援者的角色。

（5）帮助团队防止倒退回初始的阶段。

高效运作团队的特性如下。

（1）产生运作成果。

（2）具体的共享的目的和远景规划。

（3）共同的内部责任。

（4）自我评价和责任。

（5）不分职位高低。

（6）协调并共享工作角色。

团队协作的障碍

　　一个团体看似有领导，有规章制度，分工明确，但人们没有凝聚力，没有共同的目标，只有各自的利益。如果人们来工作只是为了"打份工"，对企业的愿景、团队的目标不了解也不认同，对工作没有热情投入，彼此钩心斗角、防备甚严；这样的团队，只能叫作团伙。而团队则注重合作精神，成员彼此有着超越个体的共同目标、意义和价值观，也就是"愿景"。有同一个目标的人会对彼此产生认同和信任感。社会心理学家发现，当一个群体成员关系紧密、对群体有一致认同的时候，团队就拥有很高的凝聚力。凝聚力也正是优秀团队的标志。凝聚力越高，团队成员越有动力为团队目标而努力，越有可能一起完成超出寻常的事业。

　　根据优秀团队的特点，美国管理咨询师帕特里克·兰西奥尼建立了团队协作五大障碍模型：缺乏信任、惧怕冲突、欠缺投入、逃避责任以及无视结果。

缺乏信任

　　在职场，人们往往有意识地维护着自己的形象，宁可小心翼翼，也不愿贻笑大方，因此只表现出"工作"自我，藏起"真实"自我。在这样的情况下，领导和下属鲜少了解对方，缺乏及时的交流，成员彼此冷漠、不关心，逐渐地造成了心理隔阂。而决定合作的最主要因素是信任和心理安全感。当成员在团队里有较高的心理安全感时，就更敢于尝试、敢于冒险，因为他们确信，在团队中不会因为承认错误、提出问题或新想法而感到尴尬或受到惩罚，就更倾向于说出自己的看法。在这样的团队里，员工拥有自由和空间去表达与分享自我，更容易与同事坦诚相待、建立友谊。因此，心理安全感低的团队是无法达到卓越的。

惧怕冲突

研究实践表明，很多失败团队的问题在于所谓的"一团和气"。团队成员可能碍于面子，不敢说话；或者怕引起矛盾，选择沉默；或者吹捧领导，虚与委蛇。团队陷入表面和谐、虚假沟通的情景，没有真正高质量的讨论，因此出现了错误往往也无法及时纠正，导致团队出现失败。在真和气的团队里，虽然偶尔也会发生真诚激烈的辩论和冲突，但人们争论不是为了个人的得失，而是为了团队的利益。冲突的价值在于能够让不同成员的意见得以表达和被聆听，不同的视角和细节得以被检视，从而有可能作出更好的最终决策，也让每个人更了解他人的想法，促进共同进步。

欠缺投入

当团队成员没有开诚布公地表达过自己，没有真诚热烈地参加讨论，那么他们势必不会对会议结论产生认可，也因此无法全力投入。想要赢得员工的投入，就需要创造参与感。领导者如果想要激发员工的工作热情与投入，就必须与员工成为伙伴，让他们参与决策的制定与讨论。根据自我决定理论（Self-determination Theory），给员工发言的机会，学会倾听他们的心声，正是提升员工的自主性和归属感的重要途径。

逃避责任

这里的责任主要是指成员之间是否能履行互相监督的责任，也就是当你看到别人没有兑现承诺的时候，你能否及时提醒他。工作的进步也离不开他人的反馈、指点甚至批评。正所谓"以铜为镜，可以正衣冠；以古为镜，可以知兴替；以人为镜，可以明得失"。在优异的团队里，反馈和批评不应当只是领导的任务，而是每个人的责任。

无视结果

交付结果是团队的终极目标。项羽锦衣夜行的故事是一个典型反例，正因为他对"面子"和自我良好感觉的追求才忽视了对军事战略的布局，最终落得悲惨结局。团队领导者或团队成员有时候把他们的个人需要、利益和自我感受放在了整个团队的共同利益之上，忽视了真正的结果。管理者需要首先反思，是否聚焦在团队的结果上，及时打消对个人的成就感和面子的追求。

小结

由于每个人几乎都是工作团队或非工作团队的一员,因此,掌握团队管理的技巧非常重要。但是,简单地分派大家去完成一项任务并不能使他们组成团队。由于团队发展经历了不同阶段,而各个阶段都有自己的挑战和问题,因此需要团队管理技巧来帮助团队高效运作。在四个发展阶段中的每个阶段都需要不同的技能。我们已经讨论了每个阶段的不同特点,并为管理这些不同阶段的问题提供了指导准则。

行为指南

1. 为判定你的团队处于哪个发展阶段,应识别团队在主要问题、人际关系和任务状况上的特点,采取与该发展阶段相适应的领导行为。

2. 熟悉高效运作团队的特性并确保你的团队也有这些特性。具体地说,确保目的明确,人人皆知,并逐步地达到;应用卓越的标准,而不仅仅是可接受标准;提供结果的反馈;团队成员能使用他们所有的知识和技能,并能得到不断的培训;提供足够的设备设施、成绩评价、规则和惩罚;主导的是以成绩为基础的报酬、赞扬和奖励;团队成员有自主权;针对一个具体竞争对手的计划和策略到位,团队成员对团队有承诺感。

3. 当团队处于形成阶段时:

    A. 确保所有成员都彼此介绍。

    B. 回答团队成员的问题,包括那些并未大声提出的问题。

    C. 在团队成员和你之间、团队成员之间建立信任和坦诚的基础。

    D. 为你期望全体团员的行为起模范作用,如诚实、坦诚、友好等。

    E. 明确团队的目的、步骤和期望。

4. 当团队处于适应阶段时:

    A. 通过帮助成员学会扮演完成任务和关系建设的不同角色,协助成员间的角色分工。

    B. 通过表扬和奖励为团队成员提供支持。

    C. 为团队中的个人或者整个团队提供反馈。反馈可能是正向的,也可能是负向的,但应当确保是针对行为而不是针对人,基于观察而不是推测,基于"此时此地"的状况而不是过去的状况,基于信息共享而不是提建议,基于对团队成员有用的信息量而不是你可能给予的信息量,基于对成员的价值而不是自己"出气",并且是有具体时间和地点的。

D. 为团队阐明未来的愿景,它既是"左脑的"导向又是"右脑的"导向。对成员有兴趣并对核心原则表现了激情。

E. 为帮助产生对愿景规划的承诺,鼓励团队成员公开表达对愿景的赞许,参加到宣传或实施的活动中并频繁地宣讲沟通。

5. 当团队处于动荡阶段时:

A. 当面临冲突时,充当调解人角色。

B. 鼓励团队中的赢/赢哲学。如果某位成员赢,就是每个人赢。

C. 为保持团队的凝聚,再次强调团队的远景和核心原则。

D. 为避免集体思考,鼓励公开讨论,至少让一名成员批评性地评价团队的决定,在团队中形成小团体;正式地在团队中指定一个魔鬼的宣传进行反面论证,举行第二会议以回顾团队决定。

E. 鼓励团队去评估、分析和改进流程,具体是识别完成任务各步骤的结果,画出流程的步骤图,识别改进流程的方法,使流程更快、更有效率和更高质量。

F. 为增强团队凝聚力和忠诚,为团队识别出一个共同的敌人并强化远景规划。

G. 让团队成员对外代表团队的价值和目标,从而使学生变成老师。

H. 除了为团队中个人提供奖励外,确保报酬和奖励是给团队这一整体的。

6. 当团队处于运作阶段时:

A. 通过清楚阐明能力是什么和力量的基础,在团队核心能力上投入。

B. 在团队全体成员中增强创新,戏剧性突破变革和连续改进,即小的、渐增的变革。

C. 改进团队的质量文化:错误探查法,经过错误预测到创造性的质量,工作目标是团队产品和服务的"兴奋点"。

D. 提供定期、持续的团队业绩反馈。

E. 为团队成员扮演赞助人和支持人的角色,这样他们的创意和变革能与其他人的相融合,并得到支持。

F. 通过不断强调高效能团队的特性而防止团队倒退回初级阶段。

下面的方法帮助你加强团队的协作。

1. 建立信任

(1) 个人背景介绍。在会议中,让团队成员轮流分享一连串关于他们自己个人的问题。注意不要涉及过于隐私的话题。

(2) 性格测试。通过性格测试,让团队成员了解自己和彼此的性格特点、思维和行为模式。

(3) 真心话大冒险。让团队成员指出团队里每个人对团队的贡献和最大的问题是什么,然后大家一起讨论。

（4）团队建设或集体实践。以团队的形式外出实践或团建活动。

2．鼓励和挖掘建设性冲突

（1）人人发言。所有与会人员都要发表意见，如果沉默就代表他持反对意见。这样可以给人们"施压"，让他们不得不说出自己的看法。

（2）安排专人唱反调。可以在开会的时候指派一个人，专门负责提出反对的看法，或者指出团队内一些深藏不露的分歧拿出来讨论。

（3）确定发言规则。在会议上鼓励发言，但树立相应规则，如对事不对人、避免使用挑战性的侮辱性的字眼、禁止向对方翻旧账。

3．调动员工积极性，增加投入

（1）确认认同。在会议的最后，再次把会议的讨论结果拿出来确认，与相关员工确认他们充分理解和认同。

（2）设置截止日期。为团队的工作任务设立清晰明确的目标，尤其是有具体时间截止的目标。

（3）意外和不利情况的应对分析。帮团队成员分析他们工作中可能出现的最坏情况，分析该如何应对，从而增强他们对工作的理解和信心，减少工作中的拖延和消极态度。

4．创造共同担责的氛围

（1）让彼此的工作任务清晰可见：让每人的目标都能被彼此清楚知道和了解；透明的信息共享本身就会成为对团队成员行为的无言的监督机制。

（2）定期对彼此的工作表现给予反馈：可以采取匿名或者公开的方式，收集团队成员对彼此绩效表现的看法和建议。注意，要强调对事不对人。

（3）设定团队奖金：可以适当设置团队集体奖金，从而激励大家追求团体的优异表现，这样有助于团队成员彼此监督，努力完成好的绩效。

5．促进交付结果

（1）公开宣布目标：在公司内公开宣布团队的承诺目标，团队成员也会因此更加有压力与动力去齐心协力完成目标。

（2）设定绩效奖励：增加与团队目标绩效挂钩的奖励（物质或者荣誉奖励），从而鼓励团队成员努力工作。

自我评估

评估团队的效率

（计分见附录 9.1）

评估团队的效率

	目标										
混乱 不明确 不感兴趣		1	2	3	4	5	6	7	8	9	10	非常清楚 有共识 有认同感

混乱　　　　　　　　　　目标　　　　　　　　　　　非常清楚
不明确　——————————————————————————　有共识
不感兴趣　　1　2　3　4　5　6　7　8　9　10　　有认同感

少数掌握　　　　　　　　参与程度　　　　　　　　　公开讨论
有些不被　——————————————————————————　设身处地
聆听　　　　1　2　3　4　5　6　7　8　9　10

依赖个人　　　　　　　　领导　　　　　　　　　　　群体领导
缺乏领导　——————————————————————————
　　　　　　1　2　3　4　5　6　7　8　9　10

决策拖延　　　　　　　　决策　　　　　　　　　　　共识协商
少数人　　——————————————————————————
决策　　　　1　2　3　4　5　6　7　8　9　10

不透明　　　　　　　　　沟通　　　　　　　　　　　开放
警惕　　　——————————————————————————　真诚
　　　　　　1　2　3　4　5　6　7　8　9　10

否定逃避　　　　　　　　冲突　　　　　　　　　　　接纳面对
压抑　　　——————————————————————————　协调
　　　　　　1　2　3　4　5　6　7　8　9　10

不信任　　　　　　　　　信任　　　　　　　　　　　信任
客套害怕　——————————————————————————　公开赞成
被批评　　　1　2　3　4　5　6　7　8　9　10　　或反对

组员无从　　　　　　　　人力资源运用　　　　　　　充分利用
发挥　　　——————————————————————————　组员才能
　　　　　　1　2　3　4　5　6　7　8　9　10

照章行事　　　　　　　　创意　　　　　　　　　　　求变敢变
不愿改变　——————————————————————————　灵活上进
　　　　　　1　2　3　4　5　6　7　8　9　10

局限　　　　　　　　　　　　　　　　　　　　　　　自由
压抑　　　——————————————————————————　开放
服从　　　　1　2　3　4　5　6　7　8　9　10　　容异支持
　　　　　　　　　　　　　容异支持

案例分析

西安杨森销售团队的建设

作为最早进入中国的外资企业之一，西安杨森制药有限公司（以下简称"西安杨森"）在中国的医药行业享有"黄埔军校"之称,它信奉"给人一条鱼,只能饱一顿;教人会钓鱼,可以饱一生"。在这个信念的指导下,西安杨森以独特的培训方式,打造了强有力的销售精神。西安杨森本土化文化给予了员工极强的精神支柱和工作激情。西安杨森前总裁庄祥兴说:"历史证明,有很强文化的、有远见的公司,它的最后价值也是很高的,这种文化就是伟大与平庸的差别。"在改革开放早期就踏入中国的西安杨森,是如何一步一步走出自己在文化上的优势,打造适应公司发展的极富竞争力的销售团队,并在激烈的市场大战中保住自己的市场份额的呢?

公司简介

1985年,以陕西省工业总公司为代表的几家医药公司与比利时杨森制药有限公司(以下简称"比利时杨森")合资成立西安杨森。合资中方以陕西省医药工业公司为代表,外方为美国强生公司的成员比利时杨森。

美国强生公司是世界上规模最大、产品最多元化的生产消费者护理品、处方药品和医疗专业产品的企业,截至2023年,强生公司在全球60个国家和地区建立了260多家分公司,拥有超过13万名员工。

比利时杨森创办于1953年,1961年加入美国强生公司,以发明新药为主。创始人杨森博士一生的主要追求是将更多、更好的新药介绍给更多的人。他对中国怀有好感:"如果我发明的新药不能供占全世界人口1/4的中国人使用,那将是莫大的遗憾。"在他的影响下,比利时杨森在中国改革开放之初,就主动到中国尝试进行合作。

经过3年的谈判,1985年10月,西安杨森成立了。其注册资本比例为外方占52%、中方占48%,合资期限为50年。截至2018年,西安杨森在全国29个城市设有办事处,在华员工超过3 000人。

信条为本

西安杨森的发展历经五个阶段:可行性研究阶段、筹建阶段、经营初期、经营发展期、持续发展期。公司成立两年后,西安杨森工程项目正式破土动工,4年后全面建成投产。公司实行董事会责任制,董事会成员由中比双方按照投资比例组成。经营初期,出任外方代表的是美国人罗健瑞,担任总裁一职;中方代表则是董事长郑鸿女士。

陕西地处内陆,经济并不发达,是传统的革命老区。历史上红军二万五千里长征的最终目的地就是陕北延安,成为红军的革命根据地。这里既有悠久的革命传统精神的存在,也有长期计划经济所形成的落后制度与保守势力。最初合资企业的工人和中层管理人员来自几家中方合资单位,由于多年在国有企业,他们在管理意识上比较涣散,很难适应公司严格的生产要求,许多想法还没有从国有企业"大锅饭"的传统中摆脱出来,总裁罗建瑞看到这个问题,想方设法要使员工树立和认同公司的价值观,自觉接受公司的管理制度。

西安杨森的母公司美国强生公司有一个非常著名的、广为企业界所赞赏的"强生信条"。

强生的第二代领导人、强生创始人之子罗伯特·伍德·强生在 1932 年接管公司后,制定了一项以社会责任为公司经营宗旨的"信条",倡导公司的责任是:"顾客第一,员工第二,社会第三,股东第四。"作为强生公司的核心理念,信条几十年来一直指导强生在世界上的任何一家分公司的经营行为。

"强生信条"是西安杨森经营的根本宗旨,再结合比利时杨森的"忠实于科学,献身于健康"的企业精神。公司开始对每一位员工进行信条培训,每一位员工都要深入了解信条作为公司经营理念准则的含义,以及泰诺事件的过程。作为规定,每一位员工都必须熟记信条的全部内容。员工们从中体会到了公司提倡的健康、正直的经营理念,把客户第一的准则牢牢地记在心里。

公司专门谱写了诗歌,歌词是:"我们的胸怀像八百里秦川一样宽广,我们的道路像古老的半坡源远流长。从布鲁塞尔到古城西安,一个宗旨,一个愿望,忠实于科学,献身于健康,一份爱心,一份力量。啊,西安杨森,我愿为你发扬光大;啊,西安杨森,永远谱写新篇章。"作为惯例,不论是在会议、培训时还是在其他的集体活动场合上,全体员工一定会齐唱这首歌,公司的价值准则便一步一步融进员工的内心。

创业初期

对制药企业来讲,销售是非常重要的一个环节,医药市场的投资回报是一个漫长的过程,研制一种新药品一般要经过十几年的时间,花费数亿美元,在专利保护期内,制药厂必须追求市场销售和利润的极大化,因而更有赖于销售本身的业绩。

西安杨森在成立 4 年后正式展开中国市场的销售活动。当时中国的医药市场处于一种无序竞争的状态,而西安杨森坚守与一切非伦理推销方式抗争的原则,在市场销售中不给"回扣",这在打拼市场初期尤显不易。曾有一家同样颇具知名度的合资制药企业,在销售中也一直坚持不给"回扣",但是坚持不了多久,就由于销路不畅,也搞起了"回扣营销"。

在无序的竞争状态中,西安杨森在开业前 3 年中的销售不尽如人意,市场份额亦不理想。西安杨森迫切感到需要一支强劲的销售队伍来摸索还不熟悉的中国医药市场情况,抢占市场份额,建立自己在市场上的品牌。要打破销售上的瓶颈,首先管理层就必须有所突破。在中国的业务怎么做?公司应以怎样的心态和精神来突破目前困难的局面?罗瑞建感到首先管理层要在思想上统一认识,定出明确可行的策略。

西安杨森近 50 名中高层干部,集中在西安丈八沟举行"管理营销培训",会议统一了公司的"健康销售"经营理念和企业价值观,然后确立公司的目标与管理策略,就公司的业务展开了激烈讨论。然后进行集训,整个会议日程的安排是以军队训练的强度进行的。每天早上坚持晨跑,白天开会,晚上讨论,一天休息不到四五个小时。

这次管理营活动是西安杨森历史上的一个里程碑,新旧思想和理念发生了很强的碰撞,新的思想冲破旧观念的束缚,艰难而出。根据"不换脑袋就换人"的规则,有些管理人员不能适应,就此离开了西安杨森。而杨森文化的萌芽就此开始出现,为未来的发展奠定了基础。

销售员的选拔

在当时的中国环境下,外资企业尚不普遍,具备专业化经验的人才还非常缺乏,很难招聘到现成的具有医药行业背景同时具备市场营销素质的员工。为了打开销售局面,西安杨森吸纳了有丰富经验的药剂科退休人员做公司销售的先锋部队。这一招果然灵验,西安杨森产品很快进入市场的每一个角落。但这仅是应一时之需,这批人员年纪过大,很难进一步提升销售技巧来满足竞争激烈的市场需要。另外,很难向这些老员工灌输母公司的企业文化。

西安杨森决定从头开始建立自己的"黄埔军校",招收年轻的医药工作者,通过完整的培训后再走上销售岗位。在筛选销售人员时,首要条件是询问候选人能否接受公司不使用回扣的做法,以保证销售代表在价值观上与公司信念保持一致,否则不论能力多出众,也不会接受。除此之外,还有两个标准:敢冒风险和好胜。

在当时的情况下,西安杨森尚未建立起一个市场信息系统,需要一批先锋型的销售代表打开市场,依靠个人能力独自去闯,摸索市场情况,反馈给公司客户信息。新组建起来的销售队伍由医科大学和药科大学的毕业生组成,西安杨森为他们提供了严格的专业化训练,确保他们从接货、送货到为医生们做药品的讲解及演示都可以独立完成。当时西安杨森一名普通推销员的月薪只有人民币七八百元,比其他合资企业的职工的月薪差了一大截,就连一些乡镇企业职工的收入都比不上。庄祥兴认为:用优厚的待遇来招揽人才是短期行为,而一种渗透人心的企业精神可以将真正优秀的人才吸引过来,这个效应才是长期的。在西安杨森,他可得到正规的训练,学到终生受用不尽的本领,对于个人来说,是一笔最大的财富。

庄祥兴表示:"我们这里就是美国的'西点军校'、中国的'黄埔军校'。"在销售培训中,他特别安排为销售员讲授《孙子兵法》。为了这门课,罗健瑞专门开出了一个单目,派人去图书馆,从一本中英文对照的《孙子兵法》上按单摘抄,并制成幻灯片。他还要求每一个销售员都认真读一读毛泽东的著作,他认为毛泽东之所以能够得到全国人民的拥戴,原因之一便是运用了最简单的也是最有效的沟通技巧,能够把深奥的道理运用最通俗简洁的方式解释出来,以至让普通农民信服。庄祥兴对销售人员说:"你们如果能掌握这种技巧,就会成为中国最好的销售。"

在西安杨森的员工培训室,有一种风格独特的氛围。那里见不到一般合资企业现代化的西式办公环境,而是充溢着浓郁、地道的"中国味":讲台后的墙壁上挂着一面印有镰刀斧头的红旗,旗上写着"中国工农红军第二方面军"的字样。旗子四周挂着梭镖、长矛、大刀和军衣、八角帽、草鞋,横幅上写着:"欢迎红军加入860陆军。"

每一位新加入西安杨森的销售员都将在这里接受严格的培训。在西安杨森,新招聘的销售员统一被称为"红军",代表着新生力量,意思是新的"长征"就要开始,要有不怕苦的精神,阿拉伯数字意指当年的销售目标。

在为期 10 天的培训中,"红军战士"们要在这里接受幻灯片演讲、面对面拜访等多项销售技能训练,并进行考核评定。考试非常严格,细致到要训练每个销售员在各种突发事件面前的反应。如在幻灯片演讲过程中,突然发生断电,销售员应该可以镇定地将演讲成功地进行下去,这就要求对杨森产品的理解"不但印在幻灯片上,而且要印在脑海里"。一名 24 岁的"红军战士"说道:"来到西安杨森,我感觉就像骑在虎背上,这种充满刺激和竞争的强度训练,可以使人学到很多东西,而这些东西都是未来的市场竞争中最需要的。"

雄鹰文化

20 世纪 90 年代初,公司依靠销售代表的个人能力四处撒网、孤军奋战,局面在打开,销售业绩在好转。公司领导发现销售代表人人都有争做雄鹰的冲劲,用孤傲、强悍的雄鹰来形容这些销售人员再合适不过,而这正是公司早期发展所需要的素质,管理层觉得应该提倡敢打敢拼的雄鹰精神,因而考虑用"鹰文化"来鼓舞士气。

借全国销售会议之机,西安杨森召集全国各地的销售精英,举办了雄鹰培训团,提出销售代表应当学习鹰的精神,单打独斗、永不言败,确立了西安杨森销售团队的独特的"鹰文化"。对于"鹰文化",西安杨森的销售人员是这样理解的:争做雄鹰,因为鹰是强壮的,鹰是果敢的,鹰的目标是明确的,鹰是敢于伸出自己的颈项独立地作战的。它高高翱翔于蓝天,主宰着自己的命运,顽强积极地进取,它好强、好胜,善于抓住每一个得胜的机会。在西安杨森的销售队伍中,鼓励出头鸟,并且不仅要做出头鸟,还要做搏击长空的雄鹰。

那一年制药业合资企业销售普遍受阻,西安杨森却顺利完成了全年销售任务。公司定期印发各省份销售排名榜,并对优秀者颁发证书,以激励销售员的干劲。

1994 年,中国香港人蔡敏胜出任西安杨森的销售总监,他以强硬、善战著称于业界,给西安杨森的销售队伍带来了新的活力和冲劲。这一年,新产品"采乐"准备上市,公司安排全公司 200 多名销售人员和管理人员登上"世界屋脊"——拉萨,举行主题为"齐步创高峰"的誓师会。公司在会上强调,在越来越激烈的竞争环境下,只有靠真本领才能获得胜利。为了打造"雄鹰"的硬本领,会议期间特意安排了"短兵相接"的产品知识考核,激励销售员提升自己的业务水准。西安杨森的雄鹰精神又一次在西藏高原上得到了锤炼。

大雁的启示 I

西安杨森的销售额终于首次突破 10 亿元,在中国的医药行业声名鹊起。全国性的销售网点已经铺开,业务不断向上拓展,庆贺之余,管理层审视现行的经营策略,认为应该巩固现有市场额度,稳定快速发展后的局势。这时,他们敏锐地察觉到了销售队伍的潜在危机,那就是习惯了单打独斗的雄鹰们缺乏团队合作精神,雄鹰虽勇,但独来独往,永远不会一群鹰在一起飞。

当时的销售网点面广、点多,人员分布比较分散,一个省份一般只有七八个人,如果没有一种团队的合作精神,就会对管理造成相当大的麻烦。在开拓市场的初期,单兵作战既可充分调动销售人员的积极性,又可以减少一些不必要的摩擦。而现在则是需要雄鹰们相互配合、相互支持,创造"1+1>2"的联合效益的时候了,培育凝聚力和协调战斗力成为当务之急,于是"雁文化"孕育而生。

公司在全国销售总结会议上提出了关于"雁"的启示。"雁文化"的实质是团队的合作精神,分享团队默契的人,更轻松地到达目的地,只有团队成功了,个人才会成功。"雁文化"还象征着一条原则:双赢原则,即两个部门主动配合,两个部门的业绩及报酬都会提高。

大雁的启示Ⅱ

——每只雁展翅高飞时,也为后面的队友提供了"向上之风",由于组成"V"字形,可以增加雁群71%的飞行距离。

启示:分享团队默契的人,能互相帮助,更轻松地到达目的地,因为他们的默契是建立在彼此信任的基础上的,携手前进。

——当某只雁掉队时,它立即感到孤独飞行的困难和阻力。它会立即飞回队伍,利用前面伙伴提供的"向上之风"继续前进。

启示:我们应该像大雁一样具有团队意识,在队伍中跟着带队者,与团队同奔目的地。我们愿意接受他人的帮助,也愿意帮助他人。

——排成"V"字形的大雁发出"呱呱"的叫声,鼓励前行的同伴保持速度。

启示:我们要确保我们的呐喊来鼓舞士气。在鼓舞人心的团队中,生产率也在提高。个人最完善的自我表现,来自团队有效的呐喊与激励。

——当前导的雁疲倦时,它会退到队伍的后方,而另一只雁则飞到前导位置弥补。

启示:艰难的任务,需要轮流付出。我们互相尊重,保护每个人独特的技术、才能、天分和资源。

经过这样的诱导训练,销售队伍开始强调合作与沟通,既要保持雄鹰的拼搏斗志,又要有雁的团队精神,这样才能成为一支高效率的鹰雁团队。这种综合型文化提倡西安杨森的员工每个人是一只勇猛无敌的雄鹰,团队则是刚柔相济的雁群,而形成整个公司的威武巨龙。

罗健瑞离任后,副总裁庄祥兴接任正职,他坚信文化本土化的重要性,强调中国企业的生产经营可以使用西方的机器,可以使用西方的生产流程,却绝不能简单照搬西方的管理方式,因为它并不适应中国人的心理构成。借鉴了中国文化的管理模式才是最优秀的。

1996年,杨森举办了"96西安杨森领导健康新长征"活动,在井冈山蜿蜒崎岖的山路上,由96名杨森高级管理人员和销售骨干组成的七支红军军团,手举红旗,肩背为井冈山人民捐赠的西安杨森专利产品,唱着"红高粱,南瓜汤""三大纪律、八项注意"的歌,肩并肩、手拉手由宁冈县(已撤销)茅坪镇向井冈山所在地茨坪镇挺进,每位长征者均背负着约6 000克重的背囊,里面是杨森公司向井冈山地区医院捐献的总价值为10万元人民币的专利药品。在这段全长为30.8千米的蜿蜒山路上,"长征者"每走完30.8千米,公司就拿出308元人民币作为

"长征者"个人捐献给井冈山地区人民的费用。

有新闻记者问道,西安杨森作为一个外商投资企业,为什么要组织这样富有革命传统精神的活动?董事长郑鸿解释:"死守历史的光荣和记忆光荣的历史都是不对的。进行新长征就是要用光荣的红军精神激励和鞭策我们的队伍开创更加美好的未来。"

河狸精神

西安杨森成立10年之际,美国有一本畅销书名为 *GungHo!*,以河狸为例,介绍了成功的管理和团队合作的原理。庄祥兴阅读完这本书后,深受启发。河狸是一种非常注重分工合作的动物,它的日常工作是在小河中修筑堤坝以截流取食,负责收集树枝的河狸绝不会去搬运泥土,但它们之间的配合是相当默契的。

庄祥兴觉得这种精神同样适合销售工作,西安杨森在销售队伍中除借鉴和身体力行雄鹰的拼搏精神和大雁的团体合作精神之外,也应该学习河狸互相尊重、默契沟通和配合以及自我超越的精神,以增强队伍的凝聚力和战斗力。他将该书推荐给公司的管理人员,并在销售周期会议上向销售人员进行了宣讲:"我们要从一切值得我们借鉴和学习的事物中汲取营养。"

以鹰雁精神为支柱,加上河狸的默契配合,西安杨森再创销售巅峰。团队文化建设的另一个明显效果是稳定了销售队伍。在最初几年,销售人员流动性一度连续几年高达60%。越来越多的员工接受了公司的环境和精神,人员流动率降到6%～10%。

但是不久,市场形势急转直下。中国政府进行医疗政策改革,决心整顿日益增多的庞大医疗开支。此举使许多合资企业和外资企业受到挫折,西安杨森虽然没有负增长,但也两度降低指标。销售增长率从27%骤降至9%。在公司年度大会上,庄祥兴提出:"不管黑猫或白猫,抓到老鼠的就是好猫。重要的是稳定业绩,保持冲劲。"这次会议的主题是:河狸、松鼠和大雁共好。公司强调了河狸团队工作的默契性,暗示全体员工,在艰苦的日子里,要能理解公司的难处,并能为此做出努力、共渡难关。

培训系统

从最初的建设雄鹰队伍开始,西安杨森一直奉行:人才是西安杨森最宝贵的资产。公司相信培训是对未来的投资,培训是赢得团队信任和尊敬的最佳途径之一。公司奉行不渝的管理原则是以人为本,开发人的潜能,让人们在工作的成就感中获得满足。为了提升员工的素质和能力,公司刚成立便决定,每年都选派员工去总部接受培训,至少有1～2人有机会申请到杨森奖学金,出国攻读学位,同时提供参加国际会议、短期进修。对于出色的员工,派去强生管理学院,接受类似MBA(工商管理硕士)课程的培训。

在公司成立之初、尚没有赢利时,培训费用由比利时政府支付。当合资企业赢利后,这笔费用由企业自身支付,每年公司的培训预算比员工工资还高。公司明确规定:每人每年必须接受不低于100小时的培训。西安杨森建厂头10年在人员培训上的投入与职员待遇上的投入之比为1∶1。

随着公司规模的逐渐扩大,人力资源部形成了一套系统化的培训程序。对于刚上岗的新销售代表,必须接受M100的销售技巧培训,而工作一年以上的销售代表则需接受M200培训,培训包括产品知识、人际关系技巧、销售技巧、自我管理等多方面的内容;管理人员也有类似的MD100、MD200管理技巧培训。对资深员工则提供诸如外展培训、销售Cycle会、成功故事等。此外公司还有多种奖励性培训,优秀员工可以自己凭兴趣选取各种技能培训。西安杨森还有特别的辅导制,即销售主管对下属负有指导和培训的责任,如协调拜访,一个月内地区销售经理必须陪同每一位手下代表一同拜访客户四次,对属下的表现进行指导并打分。

为了建立员工不断地学习和相互学习的组织文化,公司培训部定时给每位员工介绍好书并购买了部分书送给员工,如《经营顾客心》《与成功有约》《企业不败》等,读完书后还做读书心得的交流。

在西安杨森的墙上挂着公司的远景描述:"公司以对客户、员工、社会和股东四个负责的信条为本,以持续改进保持竞争力,从建立一个成功的公司迈向建立一个伟大的公司,要把西安杨森建成为亚太地区和世界上最完美的公司之一。"

尽管外部经营环境变化多端,西安杨森独特的文化特色与企业精神还为公司赢得了一系列的荣誉:西安杨森连年跨入"中国500家最大工业企业行业",连续4年被评为"中国十大最佳合资企业"、"首届中国十佳医药三资企业"第一名、"中国医药行业50强"第一名、年度"中国化学制药制剂行业"第一名,被《财富》杂志中文版评为"中国十大最受欢迎的外资企业"。

问题讨论:

1. 西安杨森的企业文化特色是什么?

2. 西安杨森是如何打造它的领导团队文化的?

技巧练习

心有千千结

1. 这个活动必须有至少20人参加。

2. 小组形成圆圈,面向圆中心,向内移动(不必整齐排列)。

3. 每个人举起双手,然后随意拉对面人的手。

——只能一手拉一手

——两只手不能拉同一个人的两只手

——不能拉隔邻的手(若犯规,必须重来)

4. 确定每个人的手都是一对一地握好(不能三只手握在一起),这时小组已形成千千结。

5. 从这一刻起不能松手或换手,然后,整组人必须开始行动,解开所有的结,形成一个大圆圈(有时可能是 2～3 个扣在一起的圆圈)。

6. 分成 2～3 个小组讨论以下问题:

(1) 什么因素使小组能/不能完成任务?

(2) 在这个过程中,有哪些是建立团队精神的重要因素或障碍?

(3) 讨论小组经过什么阶段以完成任务。

(4) 讨论小组中各人扮演的角色,个人的优缺点。

(5) 讨论这个"心有千千结"对企业的含义。

建立有效团队的活动

建议做的作业

1. 教授别人怎样判定团队发展的阶段和在每个分离的阶段什么领导行为最有效。

2. 分析你所在团队的特点,判定它运作的哪些方面可以改进。在先前讨论的高效运作团队特点的基础上,识别可以做什么来改进它的表现。

3. 对一个正试图做决策、解决问题或检查状态的真实团队会议进行角色分析。谁扮演什么角色? 哪个团队成员最有助于会议? 哪个团队成员最无助于会议? 就你看见的扮演角色、缺乏的角色和什么样的改进团队会议的方法,为团队提供反馈。

4. 为你所领导的团队写下正式的愿景陈述。确保愿景具有成效的特点,为本年中讨论的前景陈述注入活力。识别你具体做什么能使团队成员承诺于愿景。

第十章
打造组织之魂——组织文化

何谓组织文化

    "文化"与人类同在。人类是文化的创造者,文化是人类认识自然、改造自然的产物,不是自然存在的东西,而且是能够代代传承的。"文化"一词,经常出现在我们的日常生活中,如中国文化、西方文化、饮食文化、文化建设……不胜枚举,大多数人都承认文化的存在,并且对我们日常生活习惯、语言、行为,乃至于思考方式都有一定程度的影响。"文化"一词至今尚无一致性的观点,据有的学者统计,目前学界对文化概念的定义有数百种之多。

    组织文化的概念及理论是美国学者在 20 世纪 80 年代初提出来的。当时国际上出现了一股"组织文化"热潮。自第二次世界大战结束之后,美国一直位于发达国家的前列,并一直统领着世界经济发展的潮流。这一趋势同其所拥有的最为发达的科学技术水平和最先进的企业管理经验是密不可分的。然而到了 20 世纪 70 年代,日本的经济崛起让世界大吃一惊,而且在多次的美日经济交锋中,号称世界第一的美国企业屡屡败北。在汽车、半导体、电器等行业,日本更是表现出欲夺世界霸主的勃勃雄心。美国的优势到哪里去了?美国人开始在震惊中思考着。不少美国的学者和企业家纷纷跑到日本的企业中去考察研究,看日本企业的竞争优势到底在哪里。通过对大量日本企业的分析调查,他们发现,日本企业的成功,虽然与企业的资金、设备、技术等因素有关系,但最重要且起着决定性作用的因素是能区别于本企业与其他并深深植根于所有员工之中的那种达成了共识的价值观、精神和内驱动力。

    这时,在组织领导和研究领域也出现对于上述现象的研究潮流。两本畅销书的出现验证了日本企业对于美国企业的这种挑战:日裔美籍学者威廉·大内的《Z 理论》(Ouchi,1981)和美国斯坦福大学的帕斯卡尔和阿素斯所写的《日本管理的艺术》(Pascal&Athos,1981)。在《Z 理论》中,大内指出,企业组织文化是由企业的传统和气氛构成的。在他看来,传统和气氛构成了一个公司的文化。同时,这种文化也体现出一家公司的价值观,诸如进取、守成或者灵活——这些价值观构成了公司员工活动的行为规范。管理人员通过身体力行,把这些规范灌输给员工,并一直传下去。而《日本管理的艺术》则通过对日、美两国企业的对比,指出美国企业管理现在落后于日本企业的原因并不仅仅是质量圈和终身雇佣制,而是日本式管理背后的一套独特的日本企业组织文化。作者最后总结,打败美国企业的,不是日本人、德国人,而是美国人自己。

随着这股潮流又带出了另外两本更接近研究美国企业自身的书籍：迪尔和肯尼迪的《组织文化》(1982)和坎特的《掌握变化》(1983)，最后随着彼得斯和沃特曼的《追求卓越》(1982)达到一个研究的巅峰状态。在《追求卓越》中，彼得斯和沃特曼认为过去以来以规章制度、管理结构和工作程序为基础的管理是无效的，甚至是失败的。与此相反，如果企业将其基本信念、基本价值观灌输给它的员工，形成上下一致的企业组织文化，促使广大员工为自己的信仰而工作，就会产生强烈的使命感，激发最大的想象力和创造力。汲取传统文化精华，结合当代先进的管理思想与策略，为企业员工构建一套明确的价值观念和行为规范，创设一个优良的环境气氛，以帮助企业整体地、内在地进行经营管理活动。在这几本书之后，不论是畅销书作家还是专业学者，都通过写一系列集中于这方面管理的书籍来引起企业家们的注意，这种现象一直持续到现在。

组织文化：一把"双刃剑"

彼得斯和沃特曼在《追求卓越》中认为，一个企业的成功在于一个强而一致的组织文化。这种组织文化的建立，是基于企业的最高管理层不断地表述和强化这种价值观，并通过正式的制度和不正式的标准或者故事、仪式和行动来使所有的员工都满怀热情地接受这种共同价值观。这样一来，就形成了多米诺骨牌效应：高度的认同和承诺会产生更高的生产率，而更高的生产率能带来更大的利润。同样，迪尔和肯尼迪以及帕斯卡尔和阿素斯在各自的著作中都有相类似的表述，所以这种观点在20世纪80年代风靡一时，也使得组织文化变成了当时咨询服务业最热门的话题。

学者们认为，对于组织文化的表象所得到的大多数的内部一致就是对于组织文化理解的一致，而那些可能的不一致正是一个强力的组织文化所要去改变或排斥的。萨斯(Sathe，1983)就鼓励一个职位的应聘者去比较一个组织的组织文化和自己的个人价值观，如果在个人和组织之间有着本质的和不可调和的不相适应，个人最好选择退出。对于双方而言，长痛不如短痛。

组织文化的正面功能

组织文化对组织成员、组织的内部经营管理都有影响，同时，组织文化也影响组织与外部环境的互动。组织文化的功能可以从识别、引导、凝聚、规范四个方面来阐述。

(1) 识别功能。组织文化是组织的核心价值观的具体体现，即组织的意识体系。在一个组织，其成员为了适应组织的环境，将逐步接受组织的意识体系，并内化为自己的价值观。应该说，组织文化为组织成员提供了一种身份感，并增加了他们对组织的认同。研究发现，员工把组织的价值观内化以后，就会发现工作带来的内在满足更大。这样一来，他们的积极性得以提高，并增强其对组织的忠诚度和满意感。

（2）引导功能。作为组织的价值观体系，组织文化一旦形成，将产生一种定式，这种定式会把员工引导到组织目标上来。组织文化使员工明确了解组织的努力方向及价值取向，这样，员工的目标将以组织的目标为导向。当组织文化是强文化时，对员工的影响更大、更自然。同时，组织文化是一种对组织成员有意义的解释工具，它为员工提供了解释组织事件的方法。

（3）凝聚功能。美国学者凯兹·卡思认为，社会系统的基础是人类的态度、知觉、信念、动机、习惯等心理因素。组织文化有助于增强社会系统的稳定性，它像一种黏合剂，通过为组织员工提供规范的行为标准，而把整个组织聚合起来。同时，文化强化了组织的价值观，使得组织的价值观在组织的经营与各项活动中，得到很好的执行。在强的组织文化氛围中，组织成员目标一致、行动协调，使得组织活动效率提高。

（4）规范功能。组织文化作为一种意义形成和控制机制，能引导和塑造员工的态度与行为。组织文化中包含组织的核心假设、理念和隐含的规则，这些假设、理念和规则规范着工作环境中员工的行为，只有表现出符合要求行为的员工，才能被组织接纳。遵守这些规则是得到奖励和晋升的基本前提。

组织文化的负面作用

组织文化有助于提高组织承诺，增强员工行为的一贯性。但在多变的市场环境中，文化如果僵化、保守，就会对组织发展起到束缚的作用。

1. 组织变革的障碍

如果组织的共同价值观与进一步提高组织效率的要求不相符合，就成了组织的束缚。这是在组织环境处于动态变化的情况下，最有可能出现的情况。当组织环境正在经历迅速的变革时，根深蒂固的组织文化可能就不合时宜了。

2. 多元化的障碍

由于种族、性别、道德观等差异的存在，新聘员工与组织中大多数成员不一样，这就产生了融入的矛盾。

强文化施加了较大的压力，使新成员服从组织文化。然而差异是客观存在、无法回避的。所以，强势的组织文化一定程度上限制着组织元素的多样化。

3. 组织兼并和重组的障碍

管理人员在进行兼并或收购决策时，不仅要考虑融资优势或产品协同性，文化的相容性也是一个需要关注的关键因素。很多著名的收购案例以失败告终，一个重要的原因就是文化的不融合。

组织文化的层次

组织文化是一个组织经过内部的整合系统与外在的适应系统互动后的产物。Schein 认为组织文化基本上可区分成三个层次：基本假设（basic assumptions），价值观（values），人造品与创造物（artifacts and creations）。

1. 基本假设

基本假设是组织文化的核心信念，是组织成员对其周边的人、事、物及组织本身所持有的一种内在观念，是一种无形、被组织成员视为理所当然的潜意识过程，当组织成员解决某一问题的指导原则与方式一直有效，则这套原则与方式便视为理所当然地融入组织成员的潜意识当中，大家形成一种共同的信念。

2. 价值观

价值观是组织中的人们对于实际状况、事物所持的认知观点，可以从组织的策略、目标、规范等感受到其价值观。基本假设是价值观的更深层次的基础，大多数的价值观仍然维持在可察觉的层次，可以明确地表达出来。

3. 人造品与创造物

创造物是组织文化中最具体可见的层次，它主要是指人们所建构的物质环境和社会环境，是属于可以察觉到的有形文化，通常可分为以下三个方面。

（1）实体上：公司摆设、识别符号、公司建筑、制服、产品包装设计等。

（2）行为上：仪式、典礼、会议形式、教育培训等。

（3）言语上：习惯用语、口头禅、彼此间的称呼、故事、历史、英雄人物等。

组织文化的载体

组织文化通过各种现象表现出来，这些现象可以被研究但很难确切地进行解释。同样的活动在两个不同的组织可能具有不同的意义。组织文化通过以下方式表现出来。

1. 习俗

企业通过一系列习俗、仪式不断地在企业内部强化组织文化、传播组织文化。例如，美国大多数企业的鸡尾酒会，日本企业的忘年会以及节假日野餐会，中国许多优秀企业的团拜会、唱厂歌、集体旅游、联欢会等，都是组织文化传播的重要通道。

2. 故事

故事是基于那些经常在组织雇员中共享的、向新雇员讲述有关组织信息的真实事件的叙述。组织文化经常会借助企业英雄的感召力和企业员工对企业英雄偶像崇拜的特殊心理，达到组织文化内传播和内扩散的目的。故事的作用包括：①告诉新员工组织中曾经发生的事件；②证实重要的价值观与行为规范；③显示组织在社会中的独特功能。

3. 表象

将组织文化传统用语录、标语、标记、口号、雕塑的形式表达出来，将有助于强化人们对公司文化传统的继承，因而也成为组织文化内传播的重要通道。

4. 制度

组织行为规范、考核晋升制度等作为引导和约束员工行为的重要载体，也是组织文化内传播的重要通道之一。

组织文化的类型

硬汉文化、努力工作/尽情享乐文化、长期赌注文化和过程文化

Deal 和 Kennedy（1982）在《公司文化》一书中指出，企业文化是由五个因素组成的系统。

（1）企业的环境：塑造企业文化的最主要因素。

（2）企业的价值观：形成企业文化的核心。

（3）企业中的英雄：英雄人物价值观的"人格化"，为广大员工提供了效法的具体典范。

（4）企业的典礼及仪式：一种企业活动，亦即由有系统、有计划的日常例行事务构成的动态文化，它使企业的价值观得以健全和发展。

（5）文化网络：沟通公司基层组织，是传递价值观和英雄意识的渠道。

其中，价值观、英雄人物、习俗仪式和文化网络，是它的四个必要因素，而企业环境则是形成企业文化的最大影响因素。

依据组织营运所涉及之"风险度"与组织在决策完成后付诸执行时能"获得回馈之速度"，将企业文化分成四类：硬汉文化、努力工作/尽情享乐文化、长期赌注文化和过程文化（图 10.1）。

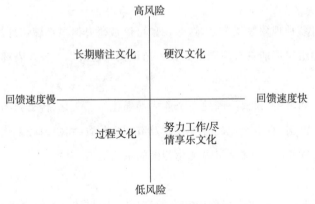

图 10.1　企业文化的类型

资料来源：DEAL T E，KENNEDY A A. Corporate cultures[M]. Boston，MA：Addison-Wesley，1982.

1. 硬汉文化

这是所有企业文化中极度紧张的一种。这种企业恪守的信条是要么一举成功，要么一无所获。因此员工们敢于冒险，都想成就大事业。而且，对于所采取的行动是正确与错误，能迅速地获得反馈。具有这类文化的企业往往处于投资风险较大的行业。

2. 努力工作/尽情享乐文化

这种企业文化奉行拼命地干、痛快地玩的信念。员工很少承担风险,所有一切均可迅速获得反馈。

3. 长期赌注文化

这种企业文化适用于风险高、反馈慢的环境,企业所做决策承担的风险很大,却要在几年之后才能看到结果。其信念是注重未来、崇尚试验,相信好的构想一定要给予机会去尝试、发展。

4. 过程文化

这类企业文化常存在于风险低、资金回收慢的组织中,由于员工很难衡量他们所作所为的价值,因此,人们关心的只是"怎样做",人人都在追求技术上的完美、工作上的有条不紊,极易产生官僚主义作风。

发展文化、理性文化、层次文化和共识文化

Quinn 和 McGrath (1985)根据人类的认知体系建立一个整体性的研究架构——竞争价值(competing values approach,CVA)作为分析企业文化类型之工具。所谓竞争价值,是从整体的观点出发,采取兼容并蓄的思考方式,对人类知觉形态进行的分析。其将人类对环境的知觉系统分为两类:一类为对环境的辨识、预测与了解,以纵轴表示;另一类为察觉环境后所需采取的行动,以横轴表示。两轴相交后便产生四个象限,分别代表不同的信息处理策略。

由于竞争价值理论是根据上述四种不同的信息处理形态而建立,因此,竞争理论的企业文化也以此四种观点出发,而建构出四种企业类型文化。在竞争价值途径中(图 10.2),纵轴表示"从强调完全的弹性、变化至完全的秩序与控制";横轴则表示"从完全以内部观点为焦点至完全以外部观点为焦点"。而纵、横轴所交织而成的四个象限,则归纳出四种企业类型文化:发展文化、理性文化、层次文化和共识文化。

上述四种类型文化的特色与差异如表 10.1 所示。

表 10.1　竞争价值下四种企业类型文化的特色与差异

项　　目	发 展 文 化	理 性 文 化	层 次 文 化	共 识 文 化
组织目的	目的广泛	追求客观	执行规定	人际品质
绩效标准	外在支持、成长	生产力、效率	稳定、控制	凝聚力、士气
权威所在	魅力	层峰	规则	团体维系
权力基础	价值	能力	专业技能	员工
决策	直觉的动识	果断宣布	事实分析	非正式地位
领导风格	风险取向	目标取向	保守、谨慎	参与
顺从	价值承诺	契约同意	监督、控制	关怀、支持
员工评估	努力程度	明确产出	正式标准	过程承诺
适当动机	成长	成就	安全	归属

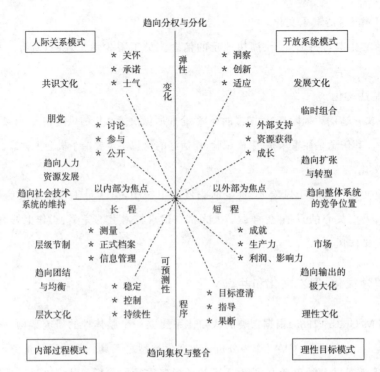

图 10.2　竞争价值途径下的组织文化类型

资料来源：QUINN R E，MCGRATH M R. The transformation of organizational cultures：a competing values perspective [M]//FROST P J，MOORE L F，LOUIS M R，et al. Organizational culture. Thousand Oaks，CA：Sage，1985：315-334.

开拓型文化、内控型文化、和谐型文化和社会型文化

依据组织发展过程中的关注点不同，从关注外部和内部、关注业绩和人的角度可以将企业文化分为开拓型文化、内控型文化、和谐型文化和社会型文化四类(图 10.3)。

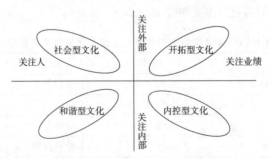

图 10.3　从关注点分组织文化类型

其中的纵坐标轴表示的是企业对外部环境和内部资源关注的相对多寡。这并不是一个完全对立的两极——关注外部环境就一定忽略内部资源，关注内部资源就一定忽略外部环境，而是指企业对外部关注和内部关注的相对重要性，可能会出现四种结果：①对内部和外

部全部关注；②关注内部更多；③关注外部更多；④内外部都不关注。其中的①和④是两种特殊的优或劣的状态，②和③却是常态，也是我们主要讨论的状态。

关注外部环境意味着对宏观的政治、社会和经济大势比较留心，对客户的要求、市场的变化比较敏感，而对内部管理相对比较忽略；相反，关注内部资源则意味着对企业内部管理的规范、运营方式的完善、员工福利和感受的关心，而相对忽略了客户的感受、市场的变化、社会的变迁等。

其中的横坐标轴表示的是企业对人力资源和业绩目标关注的相对重要性。这也不是一个截然对立的两极——关注人力资源必然忽略业绩目标，关注业绩目标必然忽略人力资源，而是一种相对重要性的状态，也可能出现四种结果：①既关注人又关注业绩；②只关注人；③只关注业绩；④既不关注人又不关注业绩。由于①和④是一种极端理想或者不理想的特殊状态，所以②和③这两种常态才是我们关注的重点。

关注人体现出对人性的关怀，倾向于着力营造一种人文精神和关怀，意味着人与人之间相互友善对待。比如有同事过生日时，大家一起为他庆祝；有人生病住院时，会有人前来探视；下班后或周末同事们一起出去喝茶、吃饭等。在这样的环境下工作会比较愉快，能够有效提升士气和团队凝聚力。当然关注人也意味着对组织外部人（包括客户、合作伙伴、消费者等）的尊重和关怀。关注业绩体现的是对于共同目标的尊重，是一种理性高于感情的氛围，在某种程度上讲可以是不讲情面，直接对准目标就事论事。在这种氛围中，人可能会感觉窒息，却往往出现高的产出和业绩。

将纵坐标轴的关注外部、关注内部两种常态与横坐标轴的关注人、关注业绩两种常态进行组合，产生以下四种企业文化类型。

1. 开拓型文化

在这样的企业中，习惯于将注意力放在市场环境的变化和经营业绩的提升上，所有的活动以业绩发展为第一重要的事情，如果与市场开发、客户目标、业绩提升发生冲突，必须让道。这种文化在企业成长的初期和经营的困难时期比较常见。

2. 内控型文化

这类企业将关注点聚焦在经营业绩的提升，而这种发展更多地从企业内部寻找原因和突破口，着重于以内部管理的完善和各项能力的提高为主要手段，有比较规范的管理制度和流程，员工以适应文化和制度为要事。这种文化往往在企业市场初步发展、保住生存之后比较多见，但也有企业始终如一地关注内部管理和控制。

3. 和谐型文化

这是一种以人为本的文化，但这里的人主要是内部员工。以尊重个体为本，尊重个体价值观、需要和个人选择，非常看重员工的素质发展和团队合作，认为拥有积极向上、忠心耿耿的员工，企业将无往不胜。这类企业文化可能存在于企业的任何阶段，但是略显理想主义的文化现实中是需要付出较高的代价的。

4. 社会型文化

这类企业将更多的关注点放在企业外部的人，或者希望从中获得利益，或者体现自我的慈善形象。这样的文化特点很多情况下不会成为企业文化的主流，更多以亚文化或者短期特征的形式出现。在社会关系对成败影响力较大的环境和文化中，社会型的企业文化存在相对较多。

创业文化、使命文化、家族文化和官僚文化

1. 创业文化

这种文化鼓励、提倡有助于提高组织适应环境变化的规范与信息。特点是注重创造、创新和冒险。

2. 使命文化

这种文化强调组织愿景的开发，鼓励员工努力实现与远景相匹配的具体成就，如市场份额、利润增长等，并提供相应的报酬。

3. 家族文化

这种文化注重组织成员对工作的投入、对决策的参与，以增强员工对组织的归属感。

4. 官僚文化

这种文化主张通过规章制度来约束员工的行为，强调员工各负其责、服从指挥。

应该说明的是每一种文化类型都有其积极面和阴暗面，没有最好的文化形态，只有最适合的文化形态；没有永远适合的静止文化，只有永远适合的动态文化（参见图 10.4）。

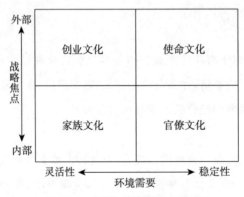

图 10.4　环境、战略与组织文化

组织文化的表现

组织文化通过各种现象表现出来，这些现象可以被研究但很难确切地进行解释。同样的活动在两个不同的组织里可能具有不同的意义。组织文化通过以下方式表现出来。

仪式

这是组织文化的重要表现形式,是指组织通过举行礼仪和仪式,来提供一个价值观的典型事例。这些活动是为了强化特定的价值观,在分享价值观的人之间建立一条纽带,塑造并歌颂那些使组织价值观具体化的英雄。

组织使用的各种仪式可分为六种类型。

(1) 通过仪式:作用是帮助员工进入新角色、新职位,如新员工欢迎大会。

(2) 降级仪式:作用是解除某人的职权,承认存在的问题,如替换高级主管。

(3) 表彰仪式:作用是传播好消息,认可个人的成就,激发他人去努力,如销售明星宴会。

(4) 更新仪式:作用是识别存在的问题,研究解决问题的办法,如年终总结会议。

(5) 冲突减少仪式:作用是减少、解除双方的冲突与争斗,如集体谈判。

(6) 整合仪式:作用是强化一体感,增加归属感,如新年酒会。

故事

故事是基于那些经常在组织雇员中共享的、向新雇员讲述有关组织信息的真实事件的叙述。故事通常是阐述关于组织创建者、违反规章制度、从一无所有到腰缠万贯、劳动力精减、员工岗位变更、对过去错误的反省以及组织高层的事迹或事例。这些故事借古喻今,为当前的实践提供合理的解释。故事的作用包括:①告诉新员工组织中曾经发生的事件;②证实重要的价值观与行为规范;③显示组织在社会中的独特功能。

形象

形象是组织文化的物质化表现,包括组织的标志、员工的服装、工作场所的布置等。

语言

组织文化还通过语言表现出来。随着时间的推移,组织经常会发明许多独特的术语来描述设备、办公室、关键员工、供应商、客户或产品等。新成员通过学习一些术语证明自己接受组织的文化,并帮助保持文化。一旦这些术语被消化吸收,就担当着联结某一文化或亚文化成员纽带的作用。

组织文化的形成过程

任何一个组织文化从雏形到成形都有一个发育、健全、完善的积累过程。一个富有特色的文化风格的形成,与那些作为企业创始人的杰出企业家的创业意识、经营思想、工作作风、管理风格,以及意志、胆量、魄力、品格等有着直接的关系。一种组织文化出现后,能否顺利发展起来,立住脚跟,还要看是否有适合它发展的土壤。这种早期组织文化通常通过甄选过程产生高级管理人员,然后,高级管理人员通过一层层甄选标准对成员进行选拔组合,将文化进行传承和发展。

组织创始人的文化创建

组织创始人的经营理念对某种组织文化的建立/保持有着巨大影响。作为组织文化主要发端者,企业创始人依据企事业、认识、经验、知识与思想境界,靠着他们的洞察力、想象力、创造力和崇高的威望,不断地推进组织文化的发展,使组织文化体系不断丰富而臻于完善。

家族继承人的文化传递

家族继承人和其他继承人的继承与发展对于维系和发展组织文化举足轻重,因为组织创始人一般都非常优秀,在第二代领导人的传递过程中会有很多的曲折,但由于言传身教,第二代领导人会对组织创始人有较深的了解,所以传递文化有较大的先天优势。

高层管理人员的文化积淀

高层管理人员是组织中举足轻重的人物,介于总裁与组织之间,其言行会影响组织文化的模式,作为组织战略执行者,他们决定着一个组织的领导方式、领导结构、领导制度和管理规范,对组织文化的塑造起着核心作用。

组织成长中的文化创新

组织文化成长过程中对历史文化创新和外生文化创新的合理吸纳、沉淀,从而融合成自己独特的文化传统。不过,这里说的沉淀和积累指的是那些包含文化精髓的企业核心文化的沉淀和积累。因此,一般组织文化主体对外来文化的移植,企业内部阶层某一方面的革新建议,都会逐渐融入组织文化体系之中。

强文化,弱文化：孰优孰劣

随着一些被一致性观点学者所推崇的企业在经历一段辉煌之后也面临着衰退的命运,不少企业人士或相关学者开始有了疑问：难道曾经创造奇迹的组织文化不管用啦?

于是,约翰·科特和詹姆斯·海斯克特(John Kotter & James Heskett,1992)在原有的一致型观点的基础上,提出了新的组织文化分类观点:强力型组织文化、策略合理型组织文化和灵活适应型组织文化。

强力型组织文化

强力型组织文化里几乎每个经理人都具有一系列基本一致的共同价值观念、经营方式和工作习惯。这些价值观念通过规划或职责规范公之于众,敦促公司所有经理人遵从这些规范,企业新成员也会迅速接受这些规定。新任的高级经理人员如果背弃了公司的价值观念和行为规范,不仅他的上级会纠正他,他的同级甚至下级也会纠正他。这种文化的组织层级结构与权责利划分清楚,建立在控制和权利的基础上。企业员工自愿工作或者以献身企业的心态使其工作积极努力,公司具有特定的行为方式,员工方向明确、步调一致。

这种积极性、协调性、组织性及统一领导会有助于企业经营业绩的增长,但必须以企业行为与经营策略的一致为条件。如果企业员工的共同行为无法适应相应的产品/服务市场环境需求、资金市场环境需求和劳动力市场环境需求,企业的文化就会成为阻碍经营业绩的绊脚石。

策略合理型组织文化

策略合理型组织文化强调组织文化对环境的适应性,只有适应于企业环境、企业经营策略的组织文化,才是有效的组织文化。组织文化对环境的适应性越强,企业的经营业绩成效越大;适应性越小,经营业绩越小。此类组织文化下的工作环境开放、和谐,具有较大的灵活性。但经营方式上比较稳健,允许员工在紧急情况下采取应急措施。为适应环境,要求组织成员彼此高度地支持及信任,能接受重大的变革。

灵活适应型组织文化

灵活适应型组织文化组织环境相当开放,重视员工对创新的挑战性,组织中亦有高度的支持和信任,容许员工冒险及尝试错误,会追求企业较不熟悉的风险与接受重大的变革。员工之间相互支持、相互依赖、互不猜疑,具有能够发现问题、排除困难的能力。

在他们看来,虽然组织文化为所有员工所共同认可,但是共同认可和坚定维护只是一种"强"文化的表现,强文化反过来又保证了组织文化的一致性。但如果组织文化同企业的正确战略出现矛盾,组织文化就不再是企业前进的动力,反而会严重影响企业的发展。所以战略适宜文化就是强文化的最好补充,在战略适宜文化的内涵里,组织文化必须适应企业发展战略的要求。只有适应了组织的战略,才能确保一致的共同价值观推动企业向正确方向发展。而适应性文化更强调了组织文化应该同环境相适应,否则组织文化就会变成障碍,所以也就有了此一时彼一时的公司了。但是适应性文化也有自己不足之处,那就是善于变化的组织文化很难形成一致的共同价值观,提倡适应反而容易产生不适应,坏的在变化的过程中能转好,但盲目的变化也能朝错误的方向发展。因此,这三种组织文化应该互相包容,单独采用一种模式就会出现上面所说的问题。

组织文化与绩效的关系

组织文化具有多种功能,但最关键的是组织文化与组织绩效是否直接相关。一些人认为强文化是绩效优异组织具有的重要特征,原因如下。

(1) 强文化通常能促进战略与文化的良好匹配,这种匹配有利于组织战略的执行。

(2) 强文化可能会导致员工对组织目标的认同,即组织成员追求同样的目标。

(3) 强文化能够激励员工,使他们献身于组织的发展与成功。

然而,研究表明强文化并不一定总比弱文化好。问题的关键不在于文化的强弱,而是取决于文化的类型和内涵。只有那些能够使组织适应市场经营环境变化并在适应过程中领先于其他组织的文化,才会在长时间内与组织绩效相互联系。各级管理者不仅能够随时以满足公司股东、顾客、员工的需求为宗旨,而且以满足这"三位一体"的需求为宗旨,发挥领导才能和领导艺术,倡导公司经营策略或战略。

通过对衰退企业的研究,表明企业衰落的主要原因之一是病态文化。病态文化的基本特征如下。

(1) 经理自命不凡,夸夸其谈。这种行为方式是企业多年经营顺利产生的,也是企业高级管理人员没有告诫员工戒骄戒躁、保持谦逊的必然结果。

(2) 长期受这种文化影响的经理人员无视人们对企业现在的经营方式提出的异议,不加强对顾客、股东和员工这三大要素的重视。

(3) 由于原先不需要特别突出的领导才能和领导艺术,形成了偏重经营稳定的状况。

创新型文化

创新的含义

创新是一个非常古老的概念。似乎是写在人类基因里的一种先天的倾向,激励人类进行新的思考,尝试新的事物,用更新、更好的方法做事情。但系统性的创新理论,却出现得很晚。著名经济学家熊彼特在1912年出版的《经济发展理论》中率先从经济学的角度提出了创新理论。他认为,创新就是将生产要素进行重新组合,把新的生产要素和生产条件的组合引进到现有的生产体系中去。企业家的职能,就是实现创新。创新的最终目的是获取潜在的利润,实现经济成长。也就是说,经济发展的动力就是不断地找到,并实现这些"新组合"。没有这样的创新,就没有经济的发展。

20世纪中期以后,随着科学技术对经济发展的影响日益显著,大家对技术创新的理论研究变得十分活跃。经济合作与发展组织在《技术创新调查手册》中将技术创新定义为:"新产品,新工艺,以及产品和工艺的显著技术变化。如果在市场上实现了创新(产品创新),或者在生产工艺中应用了创新,那么就可以认为实现了创新。"需要强调的是,广义的创新不仅包括产品和工艺的创新,还包括服务、技术和商业模式的创新等。

创新可分为维持性创新和颠覆式创新。维持性创新是建立在原有技术轨迹和知识基础之上,通过不断淘汰、发展、改进并推出新产品。颠覆式创新指的是脱离原有的连续性技术轨迹的创新。颠覆式创新可以解释,为什么管理完善的大企业会被小企业所颠覆。颠覆式创新是一个从低端或新市场起步,逐渐向主流市场突破的过程。颠覆式创新的产生,一方面,是因为管理完善的大企业过多关注与利润较高的主流顾客,而忽视了利润相对较低的低端市场,从而给予了后发企业颠覆的机会;另一方面,后发企业在新市场中,可以通过颠覆式创新提供具有新价值功能的产品,从而改变产品的手中范围,将潜在顾客转化为现实顾客。

打造创新型组织文化

当问题的解决方案简单明确的时候,传统的组织往往能运作良好,因为领导者可以根据过往经验给予具体且有效的指示。但在当下充满不确定性和不断变化的环境下,解决问题时往往没有过往的经验作为参照,没有人能决定如何行动才是最佳的方案。在这种情景下,组织的领导者在创新活动中需要承担的,不仅仅是设立一个共同的愿景,并激励其他成员为实现愿景而努力,更需要创造一个愿意投入创新活动,并有足够能力进行创新的组织。

1. 增强组织的创新意愿

要增强创新意愿,必须创造一个创新型的组织,组织中的成员可以分享共同的目标、价值和规则。

(1)目标。目标不是一个组织做了什么,而是组织由谁构成,以及组织为何存在。这实际上是一种对集体的认同。目标可以让人们更愿意承担创新活动中与生俱来的风险,并努力进行创新活动。为了增强组织成员对目标的认同感,领导者一方面可以鼓励成员思考成为组织的一员并投入创新活动中,对他们自身会产生怎样的意义;另一方面也可以鼓励成员思考团队存在的意义:"我们的组织为什么产生?"这样塑造起来的组织共同目标,将会把组织的工作从"被需要,但不关键"提升到"有战略意义"的高度。因此来提升组织成员投入创新工作的动力。

(2)价值。打造一个创新组织,成员必须对组织的价值观产生高度的认同。价值观可以影响个体和集体的想法以及活动。每个组织都有不同的共享价值观,但研究发现,有四种价值观,是创新型团队所共有的,包括拥有雄心壮志、对团队的责任心、合作和学习。

(3)规则。除了共同的目标和价值观以外,组织的领导者还可以制定规则,鼓励组织成员积极地投入创新活动中,聚焦在对组织来说重要的事情上。让有才华的创新人才像团队一样运作起来是一件非常不容易的事情,只有制定相应的团队规则,才能让他们团结起来,共同创造价值。这些规则可以有效缓解团队协作中的人际关系紧张,从而减少创造性团队被分裂的风险。不同于一般广义的规则,对于创新组织而言,应该关注能鼓励成员全情投入的规则。

2. 提升组织的创新能力

创新意愿仅仅是成功创新的必要条件而非充分条件。要想取得成功的创新,组织还必须提升创新的能力。有三种组织能力是进行创新活动所必需的:创造性摩擦、创造性敏捷以及创造性解答。

(1)创造性摩擦。组织或者团队,应该设立回顾性的会议,从而可以让不同的创新观点接受大家的检验。这种回顾性的会议,以真诚的对话和严谨的讨论为目标。领导应该鼓励成员对创新的观点进行检验,包括创新观点的局限性、可行性等。在这个过程中,领导者应该有意识地引导团队成员之间出现"创造性摩擦",对其他成员的创新观点或创新方案提出有建设性的批评和建议。

这种创造性摩擦,有两个必要的基础:多元性和冲突性。对于多元性,领导者应该鼓励不同知识背景的人才加入团队中。他们对相同的问题有不同的解决取向,从而可以激发创新观点的产生。对于冲突性,领导者应该确保团队成员之间的冲突是有建设性的。要做到这一点,领导者需要自己对创新议题有独到的见解,且能在回顾性的回忆中提出具有挑战性的问题,来把控团队讨论的方向。但是对于领导者来说,自己对创新观点的态度应该保持一定的模糊。因为一旦领导者明确表示了自己的观点,团队成员将不会积极地发表自己的意见和想法。

(2)创造性敏捷。创造性敏捷指的是通过快速形成、快速反思和快速调整这三个阶段来检验创新观点与创新活动的能力。在第一个阶段,领导者可以鼓励成员快速、主动地进行创新实验:制订创新计划和收集数据,探讨创新观点如何落地执行。在第二个阶段,领导者可以引导成员了解创新活动的结果或产出,并对其进行反思。在第三个阶段,团队成员可以依据上一个阶段的结果来调整他们的计划和行动。通过这三个阶段的循环,组织或者团队可以不断地积累新知识,并将知识整合到现有的知识体系之中。直到创新活动中遇到的难题被一一克服,或者明确地发现当下的创新活动难以成功。

(3)创造性解答。创造性解答是组织将不同甚至是相反的观点进行整合的能力。在当前充满未知和不确定性的情境下,领导者很难对创新观点和创新方案作出完美的评估。因此,组织需要有"创造性解答"的能力,整合不同的观点和方案进行创新活动。这就要求组织中的任何人都不能单独评判方案的好坏,从而决定是否采取这个创新方案。而作为领导者,应该鼓励"包容式"的决策模式,不但要耐心听取来自各个方面的不同的想法或方案,在适当的时候,还应该评估整合式的方案是否是更为有利的,而不是简单地在不同方案间做选择。

培育创造性组织氛围

氛围被定义为经常性的行为模式、态度和感情,这些都是组织生活的特征。在个体层面上,氛围指的是个人对行为模式、态度和感情的内在看法。如果我们将个人层面的心理氛围进行聚合,就能够得到工作单位或者组织氛围的概念。在有关组织氛围的研究中,有六个关键因素能对组织创新产生重要的影响,分别是:信任和开放,挑战和参与,创意时间,冲突,风险承担,自由。

1. 信任和开放

信任和开放指的是关系上的情感安全。当员工之间拥有共同的价值观时,这种关系就被认为是安全的。当组织中存在高度信任时,每个人都敢于提出自己的想法和意见,不用担心行动失败后会遭到报复或嘲笑。然而,信任也不能是盲目的,如果信任和开放性的水平太高,会导致团队成员之间的关系太密切,以至于将时间和资源投入个人问题上。这也可能导致彼此缺乏质疑,限制创新观点的形成。

2. 挑战和参与

挑战和参与主要是指组织成员参与日常运营和愿景制定的程度。高水平的挑战和参与意味着员工从内心深处受到激励,并承诺为组织的成功作出贡献。如果参与水平太低,员工对自己的工作会漠不关心,对自己的职业发展不感兴趣,或者对组织的未来感到沮丧。这是因为员工并不是从感情上认同的愿景、使命、宗旨和目标。

3. 创意时间

创意时间是指员工能够用来阐述创新想法的时间。在创意时间比较多的情况下,员工更有可能讨论并检验一些冲动的想法和新的建议。研究也证实,在时间压力下,个体的平均创造力水平相对较低。但是,如果为创新观点留有太多的时间,人们会表现出厌烦的情绪,因为有太多想法和细节需要评估,甚至思考创新观点就已经成为一项繁杂的任务。所以,企业应该把握一个最优化的创新时间,来促进创造力和创新。当不确定性或创新需求比较低的时候,企业可以重点关注生产率。当不确定性高,创新成为必然选择的时候,企业应该适当地增加创意时间,给实验留出余地。

4. 冲突

组织内的冲突是指组织中的个人或团体在人际关系或情感方面出现紧张的情绪。虽然冲突是一个消极的维度,但是所有组织中都存在一定程度的个人冲突。组织的目标不应该是将冲突最小化或达成最大限度的一致,而是保持一种建设性的冲突水平,以满足多样化和创造性解决问题的需求。实际上，如果冲突是建设性的，团队成员就会表现得更加成熟，对自身的冲动情绪具有更强的控制力。

5. 风险承担

风险承担是指组织对不确定性和模糊性的容忍程度。在敢于承担高风险的氛围，人们即使不知道最后的结果是什么，也会大胆尝试，愿意为自己的想法赌一把。在这种氛围里，组织成员会产生许多想法，但是只有少数会被认可。这可能是因为组织成员认为，不需要团队中的其他人达成共识或者得到认可。因此，组织应该建立团队，鼓励合作，避免在组织内部强调个人主义。

6. 自由

自由是组织内成员行为的独立性。在一个十分自由的氛围中，人们拥有决定自己工作的自主权，能够在自己的日常活动中行使自主决定权。如果组织中的个人和团队没有足够的自由，人们很少主动提出新的和更好的工作方式，他们可能在寻求内部的许可上就要花费大量的时间。如果组织中的自由太多，成员都按自己的想法办事，则个人和工作团队与组织之间没有保持适当的平衡，每次办事的风格和方式都会不同，也会影响组织的工作效率。

组织中的自由失调，往往都是因为领导方式过于官僚独裁或是放任自流造成的。对于这种情况，领导可以通过管理技能培训、360度反馈等方式对自己的领导方式进行改善。

小结

文化是一个企业的"魂"，既是员工情感交汇的媒介，又是凝聚力量的触点。随着组织文化的重要性日益凸显，作为管理者，首先要科学地创造组织文化，其次以实践促进文化认同，最终实现员工价值观与公司价值观的一致，用文化推动企业成长。

历经数十年的研究，学术界得出了很多有价值的成果。比如，丹尼森的组织文化适应性评估，约翰·科特和詹姆斯·海斯克特的强文化和弱文化分析，迪尔和肯尼迪的文化类型分类等都为人们认识和了解组织文化提供了逻辑性、系统性的工具。随着中国经济的迅猛发展和中国企业在世界竞争地位的迅速提升，中国企业的管理水平和竞争能力受到国际瞩目，组织文化在中国正逐渐显示出其价值。在学习和实践西方理念后，不少企业把中华民族的传统美德融入企业文化中，使之更加适应社会环境，成功进行了文化创新，企业蒸蒸日上。我们运用成熟的组织文化评估工具积累了庞大的中国组织样本，文中的组织文化模型和诊断工具可以有效地为中国环境中的企业提供详细的文化分析，为欲认识和了解自组织文化并致力于改进组织文化的企业提供帮助。

行为指南

在一个组织中,有效地提高对组织文化的了解和认识需要关注以下准则。

1. 加强对组织文化的认识可以通过以下途径:

——注意物质环境,包括公司摆设、识别符号、公司建筑、制服、产品包装设计等。

——倾听语言,包括习惯用语、口头禅、彼此间的称呼、故事、历史、英雄人物等。

——观察行为,包括特定的仪式、典礼、会议形式、教育培训等。

——询问不同人的同样的问题,然后进行对比,寻找答案。

2. 判断一个人是否与组织文化相融,可以通过以下途径:

——在招聘或提拔员工时,要适当注意他们的期望与组织愿景是否相符。

——判断他们的价值观是否与组织价值观相一致。

——注意他们的行为风格是否与公司中的先进人物相符。

3. 组织文化的创建和发展主要通过以下方式:

——组织创始人的文化创建。

——家族继承人的文化传递。

——高层管理人员的文化积淀。

——组织成长中的文化创新。

4. 一个组织文化的优劣,可以从适应性、使命性、一致性和参与性四个方面评判:

——适应性维度着眼于将组织外部环境的需求转变为行动的能力,包含创新、关注客户需求、学习性组织。

——使命性维度着眼于组织发展的长远而有意义的方向,包含愿景、战略目标和方向、具体目标。

——一致性维度着眼于对有生命力的企业核心价值观的认同,包含核心价值观、一致性、合作和配合。

——参与性着眼于提升个人能力、增强认同感以及责任感,包含授权、团队合作、个人能力的提升。

5. 如果需要对组织文化做适当的改变,可以通过以下途径:

——对现有文化做一次审核,看看是否需要改变。

——强调改变的紧迫性。

——替换新的领导以及可选择的价值。

——创造新的故事、标志/惯例或者语言。

自我评估

组织文化自我检查表

用几分钟的时间来反省一下你们组织文化的表现,现在评估你们组织文化每一项重要的行为,在那些需要提高的行为旁边画"√"。

1. 对公司文化的认识。

(1) 注意物质环境。

(2) 倾听语言。

(3) 询问不同的人同样的问题,然后对比答案。

(4) 探究故事/惯例、标志的意义。

2. 推断人们如何"融入"文化。

(1) 在招聘或提拔员工时,要适当注意他们与公司是否相符。

(2) 确定他们的价值观是否与公司的一致。

(3) 看看他们的个人风格是否与公司中的先进人物相符。

3. 逐步向下属灌输公司价值与标准。

(1) 言谈和举止的方式要有适当的行为模式。

(2) 持续不断地培训员工。

4. 如果需要,对文化做适当的改变。

(1) 对现有文化做一次审核,看看是否需要改变。

(2) 强调改变的紧迫性。

(3) 替换新的领导以及可选择的价值。

(4) 创造新的故事、标志/惯例或者语言。

案例分析

新加坡航空公司——优质服务的品牌文化

简介

优质的服务既是彬彬有礼的,又是令人难以衡量的。当我们在享受这种优质服务的时候,我们会有明显的感觉,同时当我们享受不到时,我们也会有明显的感觉。服务,不管是优质的还是恶劣的,给我们的客户都会带来情感上的冲击,会使客户对我们的服务机构、员工和所提供的服务都有强烈的感觉,同时也会影响到客户对这种服务的忠诚度。很多公司发现,优质的服务令人难以琢磨,很难学习,而且提供这种优质服务也是很难的。但是作为一个个体,我们却本能地知道什么是优质的服务,而且知道提供这种服务有多简单。

新加坡航空公司(SIA)是一家获国际认可、世界一流的航空公司之一。业界都一致认为新加坡航空公司是世界上盈利率最高的航空公司之一。它经常被选为"最优秀的航空公司""最优秀的商务舱""最优秀的机舱服务""最优秀的机上便餐""最守时和最安全的航空公司""商业旅行最佳选择""最优秀的航空货运公司"甚至"亚洲最受尊重的企业"。

关于优质服务和关键挑战的理解

新加坡航空公司知道客户对它的高要求,而且公司内部以一种"任何事都要做到最好"的姿态来应付这种挑战,这样就给一线员工带来了巨大的压力。高要求和高期望意味着它需要不断地评价和改进新加坡航空公司的服务。另外,新加坡航空公司关注的关键挑战是,在提供标准化服务(也就是自始至终都要实现对品牌的承诺)和提供个性化的服务之间不断地平衡。

为乘客提供优质服务所面临的挑战

由于新加坡航空公司在提供优质服务方面享有国际声誉,这样就使提供优质的服务成为新加坡航空公司所面临的一个持续性的挑战。新加坡航空公司负责产品和服务的高级副总裁叶先生解释道:"我们在服务领域享有很高的声誉,这就意味着,当一名乘客搭乘我们的飞机时,他对我们有很高的期望。同时我们也想让这位乘客说'哇! 这才是不同凡响的优质服务'。"

负责机组成员的高级副总裁沈先生补充道:"客户会随着不同的品牌来调整他们的期望值。假如你乘坐一家声誉很好的航空公司(如新加坡航空公司)的飞机,你对它的期望也会像天一样高。假如新加坡航空提供的服务只是还可以的水平,那么对于客户来说,这就不够好了。我们需要给我们的客户提供非常好的体验和物有所值的服务。

"一个值得一提的地方是,客户不仅仅把新加坡航空和别的航空公司做对比。他们还会把新加坡航空和其他行业的公司从多个不同的角度进行比较。因此,假如他们拿起电话,向新加坡航空预订机票,他们在头脑里实际上已经开始进行比较,或者下意识地将其同他们最近一次难忘的体验做比较。这很有可能是一家酒店或一个租车公司。假如他们在这家酒店或租车公司享受到的服务非常好,下次他们给新加坡航空打电话的时候,就会下意识地做比较,而且会说:'为什么你们的服务没有他们的好?'他们不会说:'你有很好的电话服务系统,比别的航空公司都好。'因为我们是最优秀的,我们的客户就会下意识把我们和任何最优秀的服务做比较。所以对于新加坡航空公司来说,不仅仅是做一家优秀的航空公司,而且在服务业内也要做到最优。

"这对我们来说是一个难以置信的挑战。我们必须关注所做的每一件事。这意味着,我们在飞机上所提供的食物、我们的饮食服务,也都要是最好的。所以我们提供的香槟是最好的,甚至我们做一道本地菜,比如鸡饭,也要在本地市场中是最好的鸡饭。假如我们有一道菜不能达到这个要求,我们就不得不取消这道菜。

"我们很容易就会对我们所提供的服务感到满意,这是很危险的。这样我们会轻易地认为客户肯定也会喜欢我们的服务。作为一名领先者,我们必须持续地奋斗,使我们的服务同任何行业的领先者比较起来,都是最好的。这就是挑战之所在。对于我们所做的一切,我们一直在追求更好,从来不会满足于我们已经取得的成绩。这样很容易使我们充满激情,但我认为我们还必须说:'我要用更好的服务来替代现有的服务。'这对于公司内部来说,是一个极大的挑战。我们必须要告诉自己:'我喜欢我开发出来的新事物,但我们要确保它能得到很好的实施。'然而,我们还必须在×个月内用新的服务替代过去的服务。这可能是6个月,可能是12个月,也可能是20个月。但是你不得不去更新它,因为客户的生活方式不断地在改变。"

与提供个性化的服务保持一致

新加坡航空公司一致认为其服务的任何一个部分都很重要。基本的因素和高层次的因素是不同的。

"我们自己有一张很长的列表,列出了乘客对优质服务所有的期望:航班安排,准时,座椅舒适,还有一些功能和技术方面的技巧,比如安全性,或者仅仅是倒一杯咖啡而不将其溅出来。我们还必须遵循一些步骤来做事。但这些只是技术上的要求,我相信许多航空公司都能掌握这些东西。这就是所谓的基本因素——你必须掌握它们。值得注意的是,有一些因素是别的航空公司没有的,但它们却存在。我们认为这些是特别的因素。高层次的因素是那些软性的技术,比如热情,关心和对客户需求的预测。

"在服务中的一个挑战是,你必须保持一致性。购买一种产品同购买一种服务是有很多不同的。假如你买一块肥皂,它只是一块肥皂,在工厂里天天按照相同的程序被生产出来。对一种服务而言,由于服务的主观性,很有可能造成不一致。当你登上新加坡航空的飞机,你要知道,你每次都会享受到保持了同样标准的优质服务。在保证了服务的一致性后,你的目标才是让服务实现个性化,以满足不同个体的需求。在头等舱和商务舱的服务中,这个尤为重要。"

负责机组人员绩效的高级经理朱先生认为:"一致性是一个主要的挑战。"负责机舱服务开发的高级经理Betty Wong小姐说:"在对服务进行任何改变之前,我们所有的程序都经过了精雕细琢和测试的。"她和她的部门负责进行研究和试验,进行时间和动作的研究,进行模拟练习,记录每个动作所花的时间,评估客户的反应,而且做任何有必要的工作来确保这是一个正确的程序。最大的挑战就是在人的方面。"你怎样让一个有13或14个人的团队在每次飞行中提供同样高标准的服务?这就是我们的挑战。"

"另外一个复杂的地方就是在追求这种保持服务一致性的过程中,我们需要员工们很灵活。我知道这是一个很矛盾的地方,但是在提供服务时,最糟糕的一件事就是,每个人都按书上的指示来办。我希望他们能很灵活而且有创造性。在新加坡，很多人思考的时候，大都趋向于遵循某种模式。举个例子，假如一位乘客要求吃素食，而我们在飞机上正好没有准备这种食物。我们希望乘务人员返回厨房，想想办法，找到一个解决方案，比如把各式各样的蔬菜和水果拼在一起。而不是告诉乘客我们没有准备这种食物，你无法享用，这样会使乘客很苦恼。我希望员工和乘客之间保持良好的关系，而不要只是照本宣科地来做事。这是一个有关如何保持两者间的平衡的问题。"

全方位的方法

这个全方位的方法是新加坡航空公司成功的基础。公司认识到，客户需要的服务是一个整体，而这个整体中所有的部分都应该是最优秀的。

"新航空姐是我们的标志，我们为她们而感到骄傲，我们一直在提高她们的技能。我们希望提高她们品尝酒和奶酪的能力。这种提高必须是连续的。然而，我们不只是集中在新航空姐上。航班的服务可以分为很多个不同的部分。我们必须使任何一个部分都达到优质的标准，这样会使我们竞争对手的日子不好过。等他们来模仿我们的服务时，我们已经升级了，走到前面去了。这也要求我们在任何一件事上都要持续地创新，持续地开发。我们不仅仅只在商务舱提供最好座椅给乘客使用。我们希望提供最好的客舱服务，最好的食物，最好的地面服务，这些就和提供最好的座椅一样。

这就是'全面性'所要求的。这还要求我们的价格不能太高。举个例子来说，在往返新加坡和曼谷之间的短途航班上，我们要提供最好的食物，你可能会想到提供龙虾，这样的话，你可能会破产。最关键的是，在新加坡至曼谷的航线上，我们所提供的每一项服务都比我们的竞争对手所提供的要好，这就足够了。只要在每一项服务上好一点点就够了。这样就使我们能从这个航班上多赢得一点利润，也使我们有能力去创新，也不会使我们的定价比别的竞争对手高很多。我们希望提供优质的服务，而且是物美价廉。这样使我们的竞争对手很难赶超。因此，在新加坡航空公司，我们时时刻刻都在推出新的东西。我们希望，在任何时候，在任何方面，我们都比竞争对手好一点点。"

了解客户并预测他们的需求

新加坡航空公司希望创造一种出其不意的效果，定期地给乘客一些惊喜，这样可以使其成为行业内的服务领袖。在现在的服务研究文献中，这种对出其不意的效果的持续关注，以及通过提供超出客户预期的服务来给客户惊喜，是一个普遍的主题[也就是 Berry(1995)所说的"服务惊喜"]。新加坡航空公司认真地倾听客户的意见，经常不失时机地制造一些出其不意的效果。我们将分三个部分来阐述这个问题："倾听客户和一线员工的意见""了解客户的生活方式"和"称赞和抱怨"。这三个部分将告诉我们一个成功的服务公司如何实施在服务研究文献中被称为"服务质量信息系统"或"综合的客户反馈系统"。新加坡航空公司非常恰当地运用了研究文献中所提及的标准化方法，但是和现存文献中的建议比起来，它将相对多的重点放在观察客户的生活方式和倾听一线员工的意见上。同样,新加坡航空公司也得益于其市场导向(比如新加坡航空重点关注出其不意的效果,关注客户并热情地倾听客户意见)和注重学习(比如,我们前面说到的新加坡航空公司从不间断的努力,其对持续改进方面的重视,还有定期进行的工作流程重新设计)之间的互动。

新航的目标：创造出其不意的效果

新加坡航空公司利用员工的反馈、其他航空公司的信息、客户表扬/投诉分析和对旅行者所做的大规模调查来帮助它产生新的想法。

"只有新生事物才能创造出出其不意的效果。我们要为客户提供他们所意想不到的服务。有许许多多的东西,客户并不知道这些就是他们所需要的。我们试图去研究这种趋势。我们有产品创新部,他们会不断地关注这种趋势:为什么人们以某种方式去做事,为什么人们去做某种事。然后我们把眼光放在3~5年内。我们设法跟踪短期和长期的趋势。"

"我经常喜欢给大家讲 Akio Morita 发明随身听的故事。他这个创意并不是从调查中得来的。消费者无法去想象出一个随身听来。Akio Morita 只是意识到人们的移动将越来越频繁,而且这些人会喜欢好的音乐。于是他就将移动性和音乐结合起来,得到了随身听这个产品。我们就要去做类似的事情。有些时候,乘客也不能告诉你他们需要什么服务,他们也没有办法预测。那么,我们就要为乘客做这件事,去预测他们并没有意识到他们想要的需求。比如,我们注意到,乘客的口味正在发生变化。他们对饮食变得越来越有健康意识,所以我们就把食物做得口味淡而且营养高。我们通过研究数据和观察乘客来更好地了解他们,这样我们就能预测出他们的需求。"

"我们开发出了移动电话服务,这在很大程度是因为我们相信客户会有这方面的需求。一些人对此表示怀疑。我们是第一家引进'预警服务'的。我们会给客户发一条短信息(SMS)告诉客户航班的到港和延迟的信息。当我们推出在客舱电子邮件服务时,遭到了一些怀疑。一些人认为飞机是人们唯一的休息场所,使他能远离工作和老板。他们根本不需要这种服务。然而,我们通过研究乘客的反馈,发现我们的客户实际上很喜欢这种服务。所以我们就提供了这种设施。假如你不想使用这些设施,你就可以不用。但我认为,商务人士假如处理完了他们的电子邮件,他们会更好地享受他们的空中旅行。商务人士在离开办公室的最后几个钟头里,通常会感到很紧张。而我们可以告诉他们:'放轻松点,没有必要这样紧张。您可以在飞机上处理最后的工作。我们研究各种趋势,然后主动设法帮助你们解决问题。'"

新加坡航空公司的理念是提供给客户一种真正令人愉快的体验。

"这不仅仅是从 A 点飞到 B 点。我们能使乘客享受他们的旅行,放松一下,来一杯酒,看看电影,偶尔还查看一下电子邮件。我们现在正在寻找建设连接地面和空中的宽带网的可能性。同样,人们可能会认为没有这个必要,我就不同意。比如,这样会让我们的乘客在飞机上能够观察汇率的波动，购买股票或转账。乘客还可以订宾馆，甚至还可以在到达伦敦之前看看伦敦的公寓。"

倾听客户和一线员工的意见

新加坡航空公司有非常详细的反馈机制，它不仅能帮助员工倾听客户的意见，还能帮助员工更好地了解客户。我们的信息来源有很多。这包括对新加坡航空 10％航班的乘客进行随机抽样；由 IATA 操作的基准参照调查，主要是把新加坡航空的绩效和其他航空公司做比较；派"神秘的顾客"去竞争对手的航班上；还有听取一线员工的意见。

Yap 先生说："我们的机组人员是我们的关键人物，因为他们和乘客的接触最紧密。所以对每一个航班而言，我们都很真诚地倾听机组人员的意见。假如他们给了我们反馈，而我们没有针对这些反馈做任何事，这样会使他们失去积极性。"

公司会跟踪和分析收到的所有反馈：

"我们甚至会很认真地处理那些口头的意见。只有当一个人很高兴，或是很愤怒时，他/她才会坐下来写意见。但经常有很多细小的，不是很极端的事情，人们并不愿意把它写下来。比如，假如一个乘客认为食物稍微有点咸，他会告诉一名乘务人员，这名乘务人员会把这个意见转达给他们的经理。经理就会和负责饮食的经理联系，饮食经理会把意见告诉厨师，他会立刻调整食物中盐的含量。所以，假如你不重视机组人员的意见，你就放弃了一次机会，这是很可怕的。"

林小姐是新加坡航空公司负责商业培训的经理，她说：

"我们经常让经理下去巡视，所以员工们有很多机会反馈他们的意见。经理们也要积极地给出诚恳的反应。假如某个人有个想法，他会拉一些人到一边来讨论这个想法。我们要给员工灌输的是一种主人翁精神，而且让每个人都看到一个美好的蓝图。"

了解客户的生活方式

人们的繁忙程度将越来越高。因此，了解他们潜在的需求，然后提供给他们一些服务，他们可能会告诉你，我现在还不需要这些，这样促使我们继续努力。我们来看看 Coffee Bean and Tea Leaf 公司。他们一杯咖啡的价钱在 5 美元以上，但他们隔壁普通的咖啡店才卖 80 美分一杯。他们为什么这样做？这是因为他们关注了顾客的生活方式。他们甚至可以去掉一些咖啡，然后加一些冰块，搅拌一下，称其为"混合咖啡"。我女儿还要拖我去那买 5.70 美元一杯的混合咖啡。但他们的确适应了人们的生活方式。那杯咖啡已不仅仅是一杯咖啡了，它提供给你一个社交环境，让你在那坐一个小时，和朋友见见面，联系联系。所以，假如你提供的服务只是在一些基本功能上满足了客户的需求，那你就错了。同样的，对于航空公司来说，它不仅仅是提供从 A 地到 B 地的一趟安全的航班。这种服务当然是要有的。但是它还可以与基于人们生活方式所产生的那些需求联系起来。

很明显，迎接这些挑战的花费都很大，但是新加坡航空公司好的一面是：我们对要做的事都全力以赴。"我们公司整体关注的是一个词——客户。当我们在前总裁（Joseph Pillay 先生)的领导下,开始创业的时候,他就不停地告诫我们:不管你是一名修理助理,或者是一名发放工资的职员,或者是一个会计,我们能有这份工作,那是因为客户愿意为我们付费。这就是我们的'秘密',也是我们的企业文化。我们一致关注我们的客户。同时,我们也有一些非常聪明和非常优秀的人。我们有良好的业界关系,好的人力资源管理,我们非常关照我们的员工。因为我们对员工关照得好,员工对待我们的客户也非常好。这些说起来是很简单,但是非常有效。有时候,这些是很难实施的,而且我不会说我们已经非常完美了,但我们却是这样认为的。当我们谈到授权和领导时并不是囿于夸夸其谈。你知道,有很多人说他们想创办一个企业,但是真正付诸行动的有几个人呢?"

表扬和投诉

新加坡航空公司对待表扬和投诉都非常认真。"实际上,我们还有一个副总裁专门负责处理表扬和投诉的相关事务。"

"我听到一些故事说,有些航空公司从来没有从客户那里收到一封表扬信。但对我们而言,每一封信都是表扬信。但我们对信中所说的都会做调查,即使是表扬信。"

"我们会调查所有的投诉,我们这样做不仅是想给客户一点补偿或改进我们的一些做法,还想把它作为一堂学习的课程。假如我们不从投诉中学习,我们就会失败。我们想从错误中学习,而且确保这个错误只发生一次。我们绝对不能犯同样的错误,特别不希望两次错误都是同一个人犯下的,当然也不希望是其他的员工。我们试图把问题和错误尽量发表在内部刊物上。有人说,生命太短暂,以至于你无法从自己的错误中学习,所以我们要从别人的错误中学习。同样,我们对待表扬也很认真的。我们也会把成功的经验传播出去,给大家分享,让大家从中学习。这些经验也能帮助我们懂得,我们需要什么才能做得优秀。"

"我们的确设法在问题出现的同时,去解决它。假如问题出现在飞机上,机组人员会立刻解决它。任何建议或书面的投诉都会由客户事务部门去审查。我们会去调查,去发现到底发生了什么,然后向客户报告。我们希望亲自去把事情迅速解决掉。举个例子,朱先生曾经到客户的办公室去解释问题的来龙去脉,而且亲自向客户道歉。"

培训和激励一线员工

我们从采访中发现,新加坡航空公司高度重视培训,这好像也是他们人力资源和服务战略方面的重点。培训一直被认为是服务利润链中的关键部分(Heskett 等人,1997),同时也是服务企业成功的一个关键因素(Schlesinger and Heskett,1991)。然而新加坡航空却格外重视培训一线的员工。最近,新加坡航空的培训重点是训练一线员工的能力,让他们能处理随着客户高期望而来的高标准要求及其带来的压力。这个问题在现存的服务研究文献,很少被提及。第三个部分将讨论新加坡航空的团队理念。在 Berry(1995)《伟大的服务业》一书的"以团队形式工作"一章中,他就推荐了团队理念。新加坡航空正是成功地实施了这一理念。最后一部分,介绍了新加坡航空在对一线员工的沟通和激励方面所做的重要贡献。这也是符合了 Bowen(1995)《在服务竞争中取胜》一书中的建议。

培训——一个关键的竞争优势

"变化、提高和创新至关重要。从事商业就有竞争,但现在想要把自己和别的航空公司区别开来,是越来越难,因为大家都在做同样的事情。我们的成功得益于持续地改进,得益于我们有决心去持续改进,我们经常对自己说要去寻找一座新的高峰来攀登。"

培训是新加坡航空公司持续改进这个目标的核心。首席执行官张博士说道:

"培训是必需的,而不是可选的。当经济情况不好时,它也不会被省去。每个人都要接受培训。从办公室助理、包裹处理员到首席执行官,都要接受培训。我们不会节省培训方面的开支。我们购买最好的软件和硬件设施用来培训员工,因为我们从长计议来看待培训。我们对员工发展的投资不会受经济波动的影响。培训是永恒的。没有人会因为太年轻或太老而不需要接受培训。

"我们在培训方面的花费很多。在新加坡航空公司,对待培训几乎到了虔诚的程度!我们相信,任何时候,不管你有多老,你都能学习。所以对于我们来说,包括高级副总裁,都要经常被送去培训。我们每个人都有一个培训的计划。你经常能学习一点东西。假如你完成很多培训课程,你就可以去休息一段时间。你还可以去学习一门语言,做一点新的事情,使你精神振奋。

"新加坡航空在基础设施和技术方面投入了大量的资金,但最终,你还是需要人去操作机器。我相信,在新加坡航空,人是一个很重要的因素,所以公司采用了全面的、整体的方法来发展它的人力资源。从本质上来讲,我们有两类培训:职能培训和一般管理培训。职能培训是训练员工具体工作的技能,让他们在技术方面有足够的能力和信心。新加坡航空集团有几个培训学校,专门提供几个核心的职能培训:机舱服务,飞行操作、商业培训、资讯、安全、机场服务培训和工程。新加坡航空管理发展中心(MDC)负责提供一般管理培训。MDC 归属于人力资源部,主要关注软技能的培训。这种培训是集中进行的,这样工程师、IT 专家和市场人员等等都能聚在一起。我们一年能培训 9 000 个员工,而且我们以动态和专注于培训而闻名。实际上,我们是第一家三次赢得'国家培训奖'(National Training Award)和为培训及人力发展而颁发的'国家生产力奖'(National Productivity Award)的公司,这是于 1999 年由李光耀资政颁发给我们的。

"将近 70%的培训课程是在内部完成,比如机舱服务和商业培训。我们有时会邀请乘客来和我们分享他们的经历,帮助我们学习。对于一些服务方面的培训,我们请了一些'培训员'。他们亲自到一线去观察实际情况,然后回来为员工做培训。对于一些一般的管理培训,我们请一些咨询顾问、大学教授等。我们称他们为我们的'来访师资资源'。内部培训只能是学到一些过时的知识,因为要跟上形势的发展,要花费很多的时间和资源,所以我们会邀请一些外部人员来培训。"

新加坡航空公司最近一次优质服务创新叫作客户服务转型(TCS),涉及了五个核心职能部门的员工,其中有机舱服务、工程、地面服务、飞行操作和销售支持。为了确保客户服务转型文化在全公司内发扬,公司还加入了管理培训的内容。管理发展中心把员工召集起来,进行了一次为期两天、题为"TCS职能部门的战略协同"的培训课程。

"这个课程是关于如何在关键职能部门的员工中建立一种团队的精神,这样可以让我们充分合作,使整个为乘客服务的过程令人愉快,而且尽量衔接紧密。我们必须意识到,在服务过程中,不仅仅是负责卖票或订票的员工和机组人员会接触客户,我们的机师、机场经理和机场工程师在客户服务的过程中要扮演同样的角色,因为他们有时也会接触到乘客。对于内部客户,也是同样的要求。举个例子,作为机场经理来说,他的主要职责是确保飞机准时出发,同时,当飞机出发时,他是最后一个和机组人员接触的人;当飞机到达时,他是第一个和机组人员接触的人。但是TCS不仅仅和人有关。在TCS中,有一个 $40-30-30$ 的原则,它是一个把人,程序和产品整合起来的一个方法。我们将 40% 的资源用来培训和激励我们的员工,30% 的资源来评价服务过程和程序,剩下的 30% 用来创造新的产品和服务理念。"

处理来自客户的压力——未来培训的挑战

因为新加坡航空公司在优质服务方面享有盛誉,而且大家都知道新加坡航空公司一直在努力不断地提高,其客户可能对新加坡航空有很高的期望而且要求很苛刻。这样就会给一线员工很大的压力。

"我们最近进行了一个外部调查,发现很多'要求苛刻'的乘客都会选择新加坡航空。所以,我们的员工的确有一种压力。我们有一句座右铭:'新加坡航空不能为您做到的,别的航空公司也不能。'所以我们鼓励员工把那些困难的事挑选出来,尽力去做,让客户满意。尽管员工对此感到很骄傲,但公司还是要爱护这些员工。我们要帮助他们处理因为给顾客提供服务,让他们满意而带来的情绪上的波动。同时,我们也要确保我们的员工不会产生被人利用的感觉。我们的挑战是如何帮助员工处理一些艰难的情况和一些贬责的话。这将是我们下一步培训的重点。"

新加坡航空公司的团队意识

新加坡航空公司还要在机组成员中创造一种团队精神。这样做是很困难的,因为大多数机组人员都是分散在世界各地的,他们在不同的飞机上,飞往不同的目的地。新加坡航空的答案是"团队意识"。

"为了有效地管理新加坡航空6 600名机组人员,我们把他们划分成很多个团队,一些小单位,让1个团队队长管理13个机组人员。我们会将他们登记在册,让他们尽可能多地在一起工作。他们作为一个小团队在一起工作,可以让他们建立一种友情,而且机组成员也会觉得他们是团队中的一员,而不是一个独立的个体。团队的领导会很好地了解每个成员的优势和劣势,是机组成员们的良师益友。假如他们需要帮助或者建议的话,他们可以去请教团队领导。一个'监察训练者'将负责监督 12 到 13 个团队,有必要的话,这个'监察训练者'可以和机组成员一起飞行。他不仅仅要检查团队的表现,而且还会帮助团队发展。"

"在每个团队中,相互之间的影响是非常强的。实际上,当一个团队领导要评价一个员工时,他的确是很了解这个员工。尽管我们有6 600名机组成员,但我们记录每一个员工的表现都很认真和详细。我们能准确地说出每一个员工的优点和缺点。所以,我们能很好地管理员工;通过这种管理,我们能确保员工们实现了他们的承诺。员工们也知道,他们会经常被检查,所以他们就要一直做得很好。假如某个员工有什么问题,我们会知道问题的所在之处,然后送他去再培训。那些表现好的员工将会得到提升。"

"我们在机舱服务部还有一些特别的课程活动。比如,黄小姐就领导了一个表演艺术协会(Performing Arts Circle),是由一些在艺术方面有天赋的机组人员组成。去年,他们在巴黎表演了一场,那里的人竟然无法相信他们是非专业的歌手。在 2001 年 9 月,他们在新加坡举行了一场慈善演出,筹集到了 33 万元的捐款。吴博士还是我们品酒协会(Wine Appreciation Group)的顾问。我们还有美食协会(Gourmet Circle)。而且我们还有日语协会、德语协会和法语协会,还有足球队、网球队……所有这些的确加深了同事们之间的友情,增强了团队精神。"

沟通和激励

公司认为,要鼓励员工为乘客提供好的服务,就必须和员工有很好的沟通。我们定期举行全公司的大会和简会,告诉员工公司最近的情况。公司内部的时事通讯和公告也加强了信息的传递。在定期的员工会议上,我们鼓励经理和员工之间相互交流。

"这些都和沟通有关。举个例子,假如我们在机场换票处新添了一项服务,我们会在事前,事中和事后都告诉大家。我们还会和大家讨论这项新服务的重要性和它的价值,以确保每一个人都知道我们在做什么,为什么这样做。这也使员工在做事的时候有自豪感。"

公司还利用非物质奖励来鼓励优秀的服务人员。时事通讯会和大家分享和表扬优秀的服务。"我们设法去表扬那些做得很优秀的员工。每年,我们都颁发'副主席奖'(Deputy Chairman's Award)。这也是高级管理层感谢那些优秀员工的一个方式。"

"表扬是非常重要的。在背后轻轻地拍一下,在时事通讯上一个好的庆祝、相片和捧场文章都可以表示我们的表扬。我们会为那些赢得了很多乘客的称赞的员工颁发一个特别的奖章。我们会表扬那些优秀的员工所做出的贡献。"

以细致和利润的眼光来管理

首先,新加坡航空公司努力确保其管理层在业务上能保持开阔的和整体的视角,而且要关注全局。与此同时,新加坡航空还要确保管理层能够挽起袖子,深入到工作的细节中去。其次,新加坡航空已经形成了一种文化:在关注优质服务的同时,也确保赢利。这些都非常重要,但在服务研究文献中却被忽视了,一般的文献只是关注服务质量,并没有明显地提到盈利能力。从管理层的角度来看,新加坡航空的双重关注已经取得了很大的成功。

有细致的眼光,同时也要考虑全局

新加坡航空公司是一家有远见的公司,它的高级经理们都在谈论"全球化"和战略。

"我们许多高层管理人员,包括部门主管和经理们,都注重工作的细节。这点,你可能会感到奇怪。我们像老鹰一样,哪里有需要,我们就盘旋过去,有必要的话,就猛扑下去。这对于基层部门来说,可能会使他们很痛苦。但这就是现实,我们处在一个竞争激烈的环境中,我们不能有任何的软弱。在我的部门,大额的开销都要由我负责。实际上,我们的部门主管,包括我,都鼓励经理们以挑剔的眼光去看任何工作成果。他们一定要不断地挑剔一些事情,但不针对任何人。我们不想挫败大家的士气。其实我不是这个意思。我的意思是,你必须要有持续评价事物的意识,能把非常完美的成果交给老板。"

为了确保管理人员同时顾及全局,新加坡航空公司在高级管理层中实行轮岗制度,每隔几年,就轮流调换各个部门的高级经理。这个政策有几个好处。首先,经理们能了解更多部门的工作内容。其次,它促使经理们看问题时,能从全公司的角度出发,还能减少部门之间的矛盾。最后,这个措施还能培养大家变化和创新的兴趣,使人们在新的岗位上时,不断地有新眼光和新想法。

既有高质量,又能盈利

尽管新加坡航空公司把全部的精力放在客户身上,持续地给客户提供不断改进的服务,但是另一方面,经理也要关注盈利状况。

"首先,是我们称为'主人翁意识'起作用。我们是有成本意识的。从我们加入新加坡航空的那一天开始,这种思想就渗透到我们脑袋里:假如我们挣不到钱,新加坡航空就要关门。新加坡不需要一家国有的航空公司。其次,我们有一条很有远见的声明:我们不想成为最大的航空公司,我们想成为最赚钱的航空公司。这句话掷地有声。最后,我们有一个激励系统,它会根据公司的盈利状况来给员工发奖金。这个对我们也一样,公司从上到下,奖金都是由同一个公式计算出来的。这样的话,公司的每一个人都有一些非正式的压力。每一个人非常坦率,而且他们都要向一些决定和行为挑战。他们可能会说:'嘿,你为什么想做那件事? 我们损失了三百万美元?'在食堂里,他们可能会讨论某个部门的头,因为浪费了公司的钱而使所有人的奖金泡汤。"

总结和结论

新加坡航空公司遵循了很多成熟的,而且已经在服务研究文献上发表的标准化模型。新加坡航空公司的高级管理层完全知道,他们不能有一丝的满足。他们不放过任何一个机会,来发展员工和系统;通过预测客户潜在的需求,不断地创造新的服务。他们能这样做,完全得益于其重视员工和客户的方式。新加坡航空非常重视从各个方面倾听客户的反馈,而且会采取相应补救措施。公司坚信培训能促进他们持续地改进,这也促使新加坡航空在培训和训练员工方面投下了巨额资金,使员工能给客户不断地提供优质服务。新加坡航空的所有员工都是根据公司的盈利状况论功行赏。我们从新加坡航空学到的是：优质服务需要一个全面的方法，也就是说，优质的客户服务是公司内各个部分相互配合的结果，这些部分包括战略重点、服务文化、清晰地了解客户、良好的培训、优秀的员工、良好的系统和程序。这些也和服务研究文献的内容是一致的。实际上，新加坡航空公司所遵循的标准化模型都广泛地刊登在一些服务研究文献上，包括持续地改进和定期地升级服务过程。新加坡航空公司不断地和相关行业中最优秀的公司标杆对比，坚持不懈地"超越客户的期望"或"提供惊喜的服务"，还有将客户反馈系统制度化。最后，还有一个重要因素是：新加坡航空在关注优质服务的同时，也确保盈利的企业文化和服务利润链、成功的组合因素是一致的。

新加坡航空公司整体的视角：新加坡航空让员工任何时候都从整个服务过程出发，去寻找可以改进的地方，这个在公司内已经成为一个清晰的文化和政策。新加坡航空只是希望，任何时候，在每一个方面都改进一点点。我们没有碰到别的服务型公司能把这样一种文化实施得如此成功。对于那些希望给员工灌输以客户为导向和持续学习的公司，对于学术研究者们来说，这都是一个值得关注的题目。了解为什么这样一种文化能在新加坡航空成功地实施，它的内在驱动因素是什么，是非常重要的。

最后，新加坡航空公司同时关注优质服务和成本/利润，这个在服务文献中也很少被提及。一般文献认为，公司会不停地在服务满意程度和利润之间做取舍。通常来说，这种取舍是管理的决策。新加坡航空成功地将这个取舍让一线员工来做，同时也取得了很大的成功。新加坡航空是服务行业的领袖。它是一家拥有高生产力，卓越的成本管理和高利润的公司。其他的公司和学术研究者，应该好好了解一下，新加坡航空是如何灌输一种既关注优质服务又重视成本/效益的文化，也就是在关注优质服务的同时，也确保盈利。

问题讨论：

1. 新加坡航空公司优质服务的企业文化的最大特色是什么？是如何形成的？

2. 新加坡航空公司空姐是新航的标志，你认为她可复制吗？

3. 领导在企业文化扮演什么角色？

方太集团：企业文化驱动成长

"打造中国人自己的高端厨电品牌"是茅忠群于1996年和父亲一起创建发展方太的初心。坚守着这份初心，方太见证了企业销售业绩的不断攀升——2007年销售额突破10亿元，2017年销售额跨越至百亿级。但是，方太不满足于此，提出了更宏大的目标——到2030年前后成为一家千亿级的伟大企业。

1. 方太的创立与发展

1994年，茅忠群在上海交通大学获得了电子电力技术硕士学位后，应父亲茅理翔的邀请回到家乡慈溪共同创业。当时，茅理翔经营的飞翔集团虽然已经做到了点火枪产量和出口量的世界第一名,却因技术含量较低而面临着激烈的行业竞争和严重被挤压的利润空间。茅忠群认为,要根本解决飞翔集团面临的困境,就必须开发出一款具有市场潜力的新产品。经过思考和调查研究后,茅忠群决定选择新的赛道——吸油烟机产业,并劝说父亲成立了新的独立品牌。

1996 年 1 月,茅氏父子在宁波慈溪共同创办了宁波方太厨具有限公司。面对竞争激烈的吸油烟机产业和彼时已经颇有知名度的品牌,茅忠群认为方太应该走高端产品的路线。1998年,方太邀请方任利莎女士成为品牌代言人,并合作投放广告。成功的市场营销配合上过硬的产品迅速奠定了方太在吸油烟机市场的地位。1998 年,成立不到 3 年的方太便实现了 2 亿元的销售业绩,其在吸油烟机行业的市场占有率跃居第二名。

在成功攻克下吸油烟机市场后,方太开始拓展产品线,将品牌定位由"方太厨具"改为"方太厨房专家",试图在消费者印象中将方太和厨房专家对等起来,并明确了"专心、专注、专业"的战略理念;确定"高端、专业、负责"的发展战略。2015 年,方太将企业愿景由"成为一家受人尊敬的世界一流企业"改为"成为一家伟大的企业"。对此,茅忠群解释道:"伟大的企业引人向善,希望方太在满足客户需求之余能承担起更多的社会责任,传递更多正能量。"新的愿景给方太提出了更高的要求,也激励着方太人去奋斗和实现。2017 年,方太厨电销售收入突破100 亿元,成为众多中国厨电企业中第一家销售过百亿元的企业。

2. 方太文化的不断演变

在方太业务迅猛发展的同时,茅忠群也通过不断的探索、实践、总结推动着方太的文化建设,在经历了四个主要的发展阶段后,构筑了一套具有中国特色的管理体系。

1996—2000 年:坚持品牌创新

自 1996 年创立至 2000 年,方太文化处于最初的发展期。有了前车之鉴,茅忠群主张创新文化和品牌文化,确立了方太以革命性的技术创新来赢得市场的主要目标。经过详细的市场调研后,茅忠群发现了消费者的需求和痛点。茅忠群将方太定位在高端市场,提供当时市面上所不具备的高效、美观的油烟机。茅忠群更是不惜重资招聘研发人才,并着重改善当时市面上主流吸油烟机吸力差、难清洗、不美观等问题。1996 年,方太推出了完全自主设计的深型油烟机,着重提升现有油烟机的不足之处,并通过加入工业设计使产品具有更加美观的外形,给消费者带来了耳目一新的感觉。这款产品一经推出便供不应求,第一年便实现了 3 万台的销量——这也激励着方太持续创新,坚定了方太服务消费者的决心。一年后,方太在第一款吸油烟机的基础上进行了调整升级,推出了第二款油烟机——人工智能深型油烟机,该款产品最大年销量达 40 多万台,奠定了方太的市场地位,也使得创新和高品质成为方太的基因。

2001—2007 年:构筑西学管理

产品创新在创立初期为方太赢得了市场的一席之地,也成功避开了中低端品牌激烈的价格战,使方太赢来了销售的爆发式增长。然而到1999年前后,方太的增速开始放缓,主要有两个原因:一是国内其他油烟机品牌开始采用价格战等竞争策略来挤占方太的市场份额;二是方太自身的管理模式并没有跟上销售的规模扩张。

方太自2001年起开始导入西式管理模式。2002年,茅忠群在中欧国际工商学院修读EMBA课程,并在方太引入卓越绩效管理模式。为了提升企业整体的管理水平,方太陆续引入并建立集成产品开发(IPD)流程、ISC管理、OA财务预算管理、六西格玛管理,以及全员绩效管理系统等一系列职能管理系统,帮助企业实现了稳步增长。2004年开始,方太吸油烟机的零售额及零售量在市场的占有率连续6年居首位。茅忠群认为,有效的西方管理体系帮助方太实现了"法制",使得企业能更高效地实现科学管理,让他将更多的精力投入产品研发中,拓展方太的产品线。

2008—2017年:引入中华优秀传统文化

方太的管理制度改革取得了显著的成效,但茅忠群的探索没有因此停下。2008年,茅忠群尝试性地将中华优秀传统文化引入到方太的管理中,搭建了方太文化初步框架。方太将儒家五常"仁、义、礼、智、信"纳入企业价值观。"仁",即仁者爱人,为别人着想,方太提倡在业务上为顾客着想——"以用户为中心",在管理上为员工着想——"以员工为根本";"义"则是公平公正,因地制宜,达到合适合宜的效果;"礼"就是礼制,包括员工行为规范和管理制度等,方太强调在制定制度时要体现"仁",也要符合"义";"智"是指智慧,在工作业务中运用智慧;"信"包含诚实守信和互相信任。作为方太倡导的道德准则,五常指导着员工的思想和日常行为。

茅忠群认为,引入中华优秀文化并不意味着守旧,恰恰相反,方太创新的源泉就是方太文化所提倡的"仁爱"。2010年,茅忠群在阅读到一个油烟加剧肺癌风险的新闻报道后,决定改变油烟机的研发方式。出于仁爱之心,他鼓励员工向善,并带着一种促进健康的使命感进行相关的设计和创新,推出了自动巡航增压技术,将原先的油烟机量化评定指标改成了定性的"最佳吸油烟效果"。这项专利技术撬动了方太近80亿元的销售额,该项技术也斩获"浙江省专利金奖",是家电行业唯一获此殊荣的企业。

2018—2030年:为了亿万家庭的幸福

随着对中华优秀传统文化的深入学习,茅忠群以及方太员工的价值观也受到潜移默化的影响。在2018年方太年会上,茅忠群提出了新的企业使命:"为了亿万家庭的幸福"。

方太集团通过方太大学于2018年成立了一家民办非营利组织——方太文化研究院(简称"太文院")。依托方太二十几年中西合璧的经营管理实践和方太大学教育培训平台,太文院面向中国企业家、高管和方太上下游合作伙伴(比如供应商、经销商、服务商、广告商)推广中华优秀文化和方太文化。2019年,方太创新性地提出了心性修炼法则"五个一"作为"员工得成长"维度教育熏化的核心内容,即"立一个志,读一本经,改一个过,行一次孝,日行一善"。

"五个一"是茅忠群与方太员工在十多年的文化学习和探索中对于圣贤教诲进行创造性的转化,提炼出的契合方太文化的具体修炼方法。

方太文化不仅指导着员工日常业务和产品创新,也在员工的聘用、晋升中起着至关重要的作用。方太集团人员 & 文化总监蔡江南分享,方太在外部招聘时,有一套与人才管理技术公司共同开发的根据"仁""智""勇"三达德而制定的价值观测评模型,帮助公司选拔文化更匹配的员工。此外,方太的特色文化对于员工的晋升起到了很好的指导作用,即帮助方太对于人才选拔的专业和文化价值观取得平衡。德才兼备也已经成为在方太晋升必不可少的条件。同时,茅忠群表示"由于方太的文化越来越有特色,方太更倾向于提拔内部培养的中高层人员",而不是从外部引进高管。

随着方太文化体系的逐渐成形,方太文化建设的重心转向了文化深耕,并就是否将文化纳入绩效考核展开了讨论。茅忠群对于将文化价值观进行考核不无顾虑,他认为,文化的接收和吸纳需要员工发自内心的认同,如果采用考核的模式,试图通过制度去改变员工的认知,很可能会得到虚假的、变形的"文化",并且会被员工误解为文化带有很强的目的性或者工具性,最后反而得不偿失。但方太企业文化部陈高选部长在认真学习了其他标杆企业的文化考核模式后,提出考核制度的确立会给员工提供一个反馈和纠偏的机制,并帮助方太价值观实现落地。随后,企业文化部对集团内部上万名员工进行了调研。调研中,有部分员工反映了内心对于公司文化的认可,但可能因为认知理解还不够深刻,很难将文化转化为自己的行为。因此,文化部初步拟定基于"仁""智""勇"制定具体情境化的行为评价标准,以此为参照和考核标准来规范员工的工作行为,并在集团内部讨论将价值观考核纳入员工评价的制度。

3. 方太文化体系及落地

方太文化体系的确立

方太的文化在经过上述四个阶段的演变和升级后,形成了一套具有中国特色的文化体系(图10.5)。

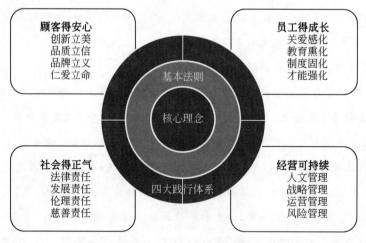

图10.5　方太的文化体系

该体系主要由三大部分组成：核心理念，基本法则，四大践行体系。这三部分共同组成了方太文化的同心圆，阐述了方太文化的内容，并指导着方太文化的落地。

方太的使命是"为了亿万家庭的幸福"，愿景是"成为一家伟大的企业"，核心价值观是"人品，企品，产品，三品合一"。基本法则是介于核心理念与践行体系之间，指导着方太人如何将核心理念落实到具体操作。四大践行体系是在核心理念的指引，基本法则的指导下的具体操作手册，源于伟大企业的四个方面，即"顾客得安心，员工得成长，经营可持续，社会得正气"。

其中，员工作为方太经营的主体和方太文化的主要践行者，其成长对于方太实现伟大企业至关重要。在方太，员工得成长主要通过关爱感化、教育熏化、制度固化和才能强化四个方面落实。关爱感化即在物质和精神层面给员工关怀，为此，方太建立了全面薪酬福利体系，并推出了身股制，旨在与全体员工共享经营成果，实现物质和精神双丰收。教育熏化要求员工诚于心，精于业，文化即业务，通过专业的服务向顾客传递方太文化。制度固化则是通过合理的奖罚规范员工的行为。方太每年都会根据员工的业绩和文化践行，评选出功勋人物、模范员工、文化践行标兵、优秀团队等奖项，营造学习先进、追求卓越的氛围。同时，员工违纪根据性质分类处理。过错管理制度不强调经济处分，而是激发过失者的羞耻心和敬畏心，起到教育作用。

方太文化的践行实例——身股制

茅忠群在设计中长期激励机制时，受到源于晋商的身股制度的启发。在旧时晋商的股份构成中，除了出资人的银股，还有出力者的身股，即不需要出资，凭劳动获得的股份。在利益分配上，身股与银股享有同等权利，即在工资之外获得利润的分红，但是身股不得转让，即"人在股在，人走股消"。在仔细研究后，茅忠群认为身股制度与方太提倡的"仁义"不谋而合；决定对全员发配身股，但每个人获得的身股数由个人贡献决定，兼顾仁与义。

在方太的全面薪酬福利体系中，身股是在工资、奖金进行市场薪酬对标后给员工的额外奖励，真正做到了与全体员工分享利润。方太的身股制体现了员工的物质丰收与方太对于员工的关怀是存在一致性关系的。方太于2010年5月正式施行身股制。所有在公司工作满两年的方太员工，自动成为身股激励的对象，根据拥有的身股数按比例享有方太集团利润的分红。2012年，方太进一步将身股分配比例从集团总利润的5%提升到6%。身股制规定每位员工享有一定数量的额定身股数和分红身股数。额定身股数以员工职位等级为基础，结合岗位价值和贡献来确定，只要员工不离职，就能一直享有；分红身股数则是根据员工个人综合评定确定。方太正在优化身股制，会考虑给一定级别以上的员工增配身股的机会。在每次增配后，员工可以享受为期5年的分红身股，分红期过后，增配的身股就失效了。但是方太每年都有一个评估的机会，衡量员工是否能够获得新的增配。

在身股制的执行过程中，方太发现了一些存在的问题并对制度进行了调整，逐步完善该制度。方太用身股制保障了员工的利益与企业的发展相一致，让资深员工的归属感和认同感更为深刻,与公司共进退;新加入不久的员工虽未正式享有身股,但十分认同该制度,相信企业是实打实地给愿意长期在方太奋斗的人的福利和照顾。

例如,此前对于一线销售机构,其员工的身股数会与部门的业绩挂钩。当某年度其部门没有结余利润时,该员工第二年将无法获得身股分红。对此,方太将销售机构的身股分红调整为根据销售人员的职级确定身股数,并在集团整体经营利润中进行分红。此外,由于方太员工人数的增加以及职位的提升,总股数不断增加。对此,方太将有意识地控制整体人数,并通过管理提升效率、促进销售,使得利润的增幅高于人数的增幅,确保身股不被稀释。

文化即业务:"H项目"的初心与挣扎

"文化即业务"是方太文化践行体系的一部分,茅忠群解释称,"文化是业务的基础,业务是文化的呈现和结果"。产品创新一直是方太业务发展的核心,而驱动不断创新的正是方太文化中的"创新三论",即"创新的源泉是仁爱、创新的原则是有度、创新的目标是幸福"。

正是带着这样的初心和使命,方太在2012年组建了"H项目"小组,开始了对饮水健康的探索。"H项目"中的H是水的化学式H_2O的首字母,也是健康health的首字母。尽管方太以电器起家,一直以来的强项是机械和金属工艺等领域,对于净水机应用到的滤芯以及膜技术涉猎不深,但是在方太,项目的成立与否取决于对用户的健康与幸福是否有价值。因此,"H项目"可以被认为是方太文化催生的一次创新尝试——饮水健康与方太的使命高度契合,也与亿万家庭的幸福息息相关。"H项目"直接向茅忠群汇报,方太希望通过"H项目"探究出健康水的要素,也为用户提供更健康的生活方式。

初涉净水领域时,正是净水器快速增长的时期,方太拒绝跟风市面上成熟的净水技术,利用现有的品牌知名度赚钱,而是从顾客的角度思考,什么样的水才是适合人体的健康好水。项目组经过反复的研究探讨,才确立了研发思路。然而,知易行难,方太在世界各国也未能找到好的净化技术达成技术合作。当时,茅忠群面临的是要不要继续做的抉择:坚持,是一条高投入、高风险的道路;放弃,则意味着提供健康水的努力将付之东流。最终是方太做美善产品的初心战胜了反对的声音。

"H项目"在最开始的两年都处于摸索状态,当项目组屡遇困难变得焦急不已并一筹莫展时,茅忠群却不急,反而安慰大家,让研发团队不要赶时间,慎重地做产品。对此,他只提了几个问题:"来方太是研究什么?真的研究透彻了吗?要做产品还是精品?"项目组沉下心来思考,结合汇报时受到的种种质疑,重新考虑净水器应如何传递方太的初心,再用反复的测试去验证设计。

在5年间,团队所有人都克服客观条件的困难,白天设计画图,晚上装机测试,常常加班到凌晨,但数十次预研报告的驳回,使他们备受打击。这时,茅忠群察觉出了他们的低落,鼓励道："水的健康至关重要,不能有一丝疏忽,相关的参数和试验,必须要弄清楚。我都不着急,你们急什么呢?"茅忠群的话启发了整个项目组,方太要做的不是通过净水器扩大业务、增加利润,而是通过创新给顾客打造一个精品,一种健康的生活方式。

经过长达 8 年的反复磨炼,方太终于成功在净水机上有了突破;然而净水机研产出来后并没有很快推向市场,而是被方太内部研发团队人员搬回家中试用。经过反复试验确认后,方太这款出水品质可以达到天然矿泉水标准的净水机正式上市,为人们健康幸福生活提供了一个新的选项。

资料来源:李秀娟,鞠慧蓉,赵丽漫.方太集团:企业文化驱动成长[Z].中国工商管理国际案例库(HRM-21-771),2021.

问题讨论:

1. 基于"仁爱之心"的初衷,打造净水器;当方太走出厨房领域,进军净水器行业是否可以帮助 10 年时间实现近 10 倍的增长呢?

2. 你如何看待方太"文化即业务"的思想?文化对业绩的影响如何?

3. 身股制的推出是方太企业文化落地的实践,在过去起到了一定的作用,但难免被员工看成一种福利而非激励。在新的发展阶段,身股制将对方太的人员管理起到什么样的作用呢?

第十一章
基业长青之路——组织学习和组织变革

企业成长的进化与变革

一个企业组织从创业到发展,再到百年基业,要经历不同的成长阶段,而每个阶段有每个阶段所面临的独特的成长难关和管理难题,所要采取的组织模式和管理风格也完全不同。作为管理者,就是要根据企业不同的成长阶段,面对不同的成长危机,进行不同的变革和管理,通过跳跃式变革与渐进式演进推动企业的发展。

企业成长理论起源于对大规模生产规律的研究,再涉及企业行为、企业成长、组织结构以及管理等内涵。企业成长理论的第一次出现由伊迪丝·彭瑞斯(Edith Penrose,1959)(被称为现代企业成长理论的奠基人)在她的《企业成长理论》(*The Theory of the Growth of the Firm*)一书中提出严密的企业成长系统和理论,她认为企业成长是一种纯内因成长论,企业是建立在管理性框架内的各类资源的集合体,成长主要取决于能否更为有效地利用现有资源,管理对于企业成长有关键的作用,主张用成长经济理论代替传统的规模经济理论,开了在管理学领域研究企业成长问题的先河。

此后也有众多的企业成长理论,如古典政治经济学的"开山鼻祖"亚当·斯密(Adam Smith)在他的经济学名著《国民财富的性质和原因的研究》中认为,市场中有看不见的手,使企业的形成和扩张变成可能,同时使国民的财富实现增长。约翰·姆勒(John Muller)的理论专注于企业规模和成长,认为规模经济是大企业代替小企业的企业成长趋势的推动力。法国经济学家吉布雷特在《非均衡经济学》一书中,研究了企业成长规模和产业结构之间的关系,被称为"吉布雷特定律"。

哈佛大学教授拉瑞·E. 葛雷纳(Larry E. Greiner)则随着企业组织的发展,根据时间发展和组织规模在不同的阶段的成长推动力不同,提出了五阶段模型,以描述在企业不同的成长过程中的演变与变革的辩证关系,利用组织年龄、组织规模、演变的各个阶段、变革的各个阶段和产业成长率五个关键性概念建立组织发展模型和企业成长理论。以下重点解释葛雷纳的企业成长五个阶段模型(图 11.1)。

第一阶段:"创业成长"与"领导危机"

在企业刚成立的草创时期,公司最重要的目标是如何在短期内制造出产品,如何迅速地

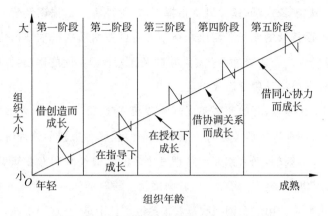

图 11.1　葛雷纳的企业成长五个阶段模型

打开和占领市场。在技术、市场和创业导向下,创业者不需要太复杂的管理和战略,往往忽略内部管理,而把全部精神贯注于制造与销售新产品上。创业者崇尚个人主义和创业精神,常以"超人"姿态处理公司的一切事务,喜欢亲力亲为,透过自己就可以控制团队。这些特性在典型的创业企业家身上显露无遗,颇有"一夫当关,万夫莫敌"之勇。

在第一阶段的创业成长过程中,组织结构是非正式、简单、灵活而集权的,员工之间的联系和沟通是频繁的,但是通常以非正式的方式进行。管理者和员工都需要投入较长的工作时间,但其实报酬不会很高,或者管理者以部分股权给予的允诺留住和激励员工。而管理控制体系以追求市场结果为导向,经营管理决策主要是根据来自市场的快速回馈,以便更高效地适应市场的要求。

当企业度过创业成长的阶段时,也意味着企业组织趋于成长。此时企业将面临的最大危机是"领导危机",需要有较大的生产量,需要提高制造效率的知识与经验。随着员工人数的增加,单靠非正式沟通方式已经无法应付内部管理,新的员工不再有强烈地为公司或公司产品贡献的动机,需要追加投入的资金必须从不同的渠道取得,需要建立新的会计制度,以适应当前的财务管理要求。

因此,在组织发展的第一阶段,最关键的任务是找到一些能被创业者接受和信任的专业经理人来配合,形成"家长式"的"人治"管理模式。但在这一阶段由于组织规模还小,产品项目的可取代性容易,核心能力不强,创业者不敢轻易放手或相信专业经理人的忠诚度,常会进行直接或间接的干预,使企业陷入矛盾混乱的管理迷思里。这个时候企业会面临"领导的危机",即创业者是否能重视职业经理的专业功能,是否能有不断自我变革的勇气,能突破自己的局限而让企业逐步走向规范化管理。

第二阶段:"指导成长"与"自治危机"

随着企业规模的变大,那些能委任有能力的专业经理人而渡过第一阶段危机的公司,通常会采用"指导式"或"家长式"的领导风格指挥下属,管理重点是强调经营效率,发挥高度的效率,并且可以有一段持续的成长。而组织结构则由创业初期的松散结构转变为正规、集权的集中式或职能型结构。企业透过很多专业化的经理人管理不同的部门,并建立管理团队去指导员工工作,企业通过指导领导而成长。

但是随着公司成长迅速,开始变得越来越复杂和分散,统一指挥的管理方式已经无法控制多种不同的活动。在前线的职业经理人会被烦琐的程序和集权的管理阶层所束缚。其实他们才是战斗在市场一线的,拥有比高层管理者更多的实战经验和专业知识,这时候他们时常在"依照老板指示"和"根据本身看法"两者间困扰。这时候职业经理人开始要求较多的自治权,对于企业来说面临的第二个剧烈改革就很急迫了。于是,在这一阶段,大部分公司所采取的解决方式是给予更多的"授权"。

但是,要让这些过去采用"家长式管理风格"而成功的创业者放弃责任是很困难的,而且职业经理人也可能缺乏承担力,不敢自己做决策。在这个阶段,对企业而言,是一个重要的过程,一方面是授权的意识与要求已经逐渐抬头;另一方面是权力的下放,意味着自己"重要性"的降低,相对地"被取代性"也提高,一种莫名的担心往往夹杂在迎接开放和害怕失控之间而形成企业成长的暗石。

第三阶段:"授权成长"与"控制危机"

当企业管理者能有效授权给前线职业经理人,企业便实现了新一轮成长,渡过第二阶段危机的公司,进入第三个阶段,企业通常会变成分权管理的组织。被授权的分权单位经理人员拥有较大的权威和决策,能够参透更大的市场,对顾客的需求反应更迅速,开发更多、更好的新产品,所以能成功地继续成长一段时间。

但这时新的问题又出现了,依靠"授权"来管理的方法最终会造成"缺乏控制的危机"。当公司终于成长到所经营的事业非常多且繁杂,并需极度分权管理时,总部的高层管理人员会感到他们无法控制被授权的部门。被授权的前线经理则喜欢自我表现,或阳奉阴违,且与组织的其他单位之间缺乏协调,也拒绝在财务、技术与人员之间相互支援,过度的自由终于引发狭隘的各占山头的态度。

当最高管理企图重获控制权时,第三阶段的剧烈改革时期就来临了。高层管理会企图恢复到过去的集权管理,但由于组织的经营与作业范围已经较大而复杂,因此改革往往非常困难。那些能够继续前进的公司是因为建立了有效的"协调机制",使组织的有限资源能做更有效的分配,使被授权单位考虑到组织的整体需要,才能解决这个管理危机。这个机制包含"如何加强更多协调"的正式制度和系统,而高层管理的幕僚会直接负起这些新协调制度的拟定与监督的责任。

换言之,对企业发展而言,这个阶段可能是一种权力和利益的斗争、转移、合并、整合的纪元,其中夹杂着老板与干部员工之间关系互动的重新调整,老员工和新员工在价值观与工作方式上较劲排斥,若企业缺乏极高的胸襟和眼光,背着太多历史感情包袱,则企业就会受到压抑而无法成长,甚至因严重内讧而挫败,回归到原点。

第四阶段:"协调成长"与"官僚危机"

那些能建立和适当执行"新的协调机制"而渡过第三阶段危机的公司,通常组织要进行重新整合,变成"以产品来分类"的事业部组织。总部管理人员在广泛授权后,会协调在各产品单位之间,将组织的有限资源做更有效的分配与利用,并对每一产品单位的绩效拟定严密的目标与考核制度。企业的控制体系是由新型的计划中心、利润中心、成本中心和投资中心来组成的,事业单位经理仍然有许多决策权责,但会很小心地调整自己的行动以符合总部的考核标准,所以组织能继续成长。

但是依靠幕僚"协调"的管理方法会演变成"官僚作风的危机"。"直线的产品单位负责人员"和"总部幕僚人员"的彼此不信任感会逐渐地形成。协调、控制制度和计划在不断增多,超过了实际效用。譬如,直线经理日渐不满不了解现场情况的总部幕僚过度指示,而幕僚也埋怨直线经理的不合作和不懂得分析计划的知识。直线经理与总部幕僚都批评逐渐形成的官僚式纸上作业制度,公司的程序化变得比解决问题重要,创新与尝试的精神也不断地被削弱。

总之,在这个阶段,组织已比较庞大和复杂而无法再以正式的程序和僵硬的制度去管理。因此,第四阶段的剧烈改革时期就来临了。为了渡过"官僚作风的危机",就必须强调人与人之间的密切合作和共识,形成共同的价值观。这种"共识"包含团队管理和人际管理技巧,能有效处理人与人之间不同的观点和差异,互相尊重,换位思考,发挥团队的协作精神,形成组织智慧。

但对于那些曾经建立制度、程序的专家和已经习惯依赖制度流程的员工,这个转变是非常困难和不知所措的。当企业的规模发展至此阶段时,往往出现既得利益的"拥立山头"以及日久积累的"革命感情"来"安享企业成果"的元老。没功劳也有苦劳,并不务求企业成长所需要的真正变革,个人的复杂的情绪和疲累的心态也在无形中纠结形成一股暗流,使企业难以真正地拓展和成长。

第五阶段:"共识协作成长"与"X危机"

第五阶段的稳定成长时期是建立在一个较富弹性与行为性而非制度性的管理风格基础上,以取得共同的合作和解决问题为重点来延续成长。换言之,企业文化的共识是企业长远发展的基石。这个阶段管理的重点是要解决复杂化问题,进行创新,要有小公司思维。组织结构强调团队和矩阵式管理,高层管理者的风格是参与式,经过充分协商,与下属共同制订目标,但不过多干预过程。

这种"共识协作"的管理方式最终会演变成什么危机呢?我们称之为"X危机",员工可能会被密集的团队工作和要求创新答案的沉重压力弄得精疲力竭,而到达了所谓的"心理饱和点"。渡过这个危机的方法可能需透过一种"准许员工定期远离例行工作去休息、思考与充电"的新组织结构和程序。

一个公司可能会变成多重组织结构,即一个"习惯性"结构以处理每日例行事务,另一个"思考性"结构以激励对远景的看法和个人的充电强化。当员工的精力已"耗尽"或"重新补给"时,可以轮流在这种结构间调动交替。

企业进一步发展,不同领域之间的交流与合作以及资源共享、能力整合、创新力激发问题愈益突出,这样,以强化协作为主旨的各种创新型组织形态便应运而生。

不同发展阶段的管理重点见表 11.1。

表 11.1　不同发展阶段的管理重点

类　　别	创意阶段 第一阶段	指导阶段 第二阶段	授权阶段 第三阶段	协调整合 第四阶段	共识合作 第五阶段
管理当局所着重的焦点	制造及销售	工作效率	扩展市场	组织重组与整合	问题聚焦及创新
组织结构	非正式的权威式的	集权式的职能式的	分权式的地区性的	总部幕僚事业部	复杂矩阵组织
高级主管的风格	个人权威式的	指导式的	授权式的	稽核式的	协同参与式的
控制关注点	市场绩效	标准成本中心	利润中心	投资中心	共同设定目标
管理者被奖励的重点	薪资及报酬	薪资及报酬	个人红利、奖金	利润分享及配股	利润分享及配股、团体奖金

资料来源：葛雷纳的企业成长模型。

组织学习

组织变革是一种组织学习行为,而组织学习是组织变革的前提和手段,但组织学习并不等同于组织变革或导致组织变革。组织学习有多种类型,不同类型的学习导致内部不同要素的变化,或者是同要素不同程度的变化。

组织学习(organizational learning)的概念最早是由克里斯·阿吉里斯(Chris Argyris)与唐纳德·舍恩(Donald Schon)于 20 世纪 70 年代在《组织学习：一种行动透视理论》正式提出并界定的,到了 90 年代,彼得·圣吉(Peter Senge)的《第五项修炼：学习型组织的艺术和实践》一书的面世,使组织学习理论的研究达到了一个高潮。如果说圣吉更像明星,那么阿吉里斯则更像编剧和导演。当然,圣吉演出的脚本不是来自阿吉里斯,而是来自杰伊·福瑞斯特(Jay Forrester)。所以,阿吉里斯和圣吉的理论有所差异。如果按照阿吉里斯的脚本,我们每个人都是组织学习这出大戏里面的演员。

组织学习的动因

1. 社会转型和经济变迁

近年来,在社会经济领域,人们对常规与权威的注意和尊重每况愈下,个人意义与自我发展的价值趋向日益增长。经济的超常规发展也使过去的很多传统变得逐渐不合时宜。在社会和经济发生急剧变化时,组织往往会经历一段"组织失效"的阶段,这常常触发组织吸收新的知识、新的结构与行为,并进行有效的内化。

2. 组织与环境的互动

组织与环境需要一个良性的互动过程。如果组织与环境相适应,就有助于组织获得良好的绩效表现,反过来可能促发组织的循环学习,用来发现与矫正错误,并提升组织内部的适应能力。相反,如果组织与环境不相适应,就会促使组织在界定与解决问题时进行检视,并予以持续的试验与回馈,同时对现有的组织规模、标准、价值进行变革以达成适应环境变化的目的。

3. 组织内部的固有资源

组织自身拥有的一些资源也会促使组织不停地进行学习,如强调学习价值观的组织文化,高效地收集、分析、存储和检索信息的学习结构和程序安排,已经内化的有助于学习的组织习惯和氛围等。

组织学习的过程

牛津大学出版社 1998 年出版的《组织学习能力》一书指出,置于"组织"背景下的"学习",包含了个体学习者所创造的知识向其他个人、单位或领域转移的内涵;组织学习的能力需要从"组织借助一些活动项目和实践跨越各种边界而提出并推广某种具有影响力的主意"的角度来定义。组织学习过程既包括新思想的提出,还包括推广应用。这种思想以使组织得到改变。这也是对阿吉里斯和舍恩的组织学习的四过程模型的印证(图 11.2)。

图 11.2　经典的组织学习模型

发现

组织进行学习的根本原因,是感受到了来自内外环境的变化,所以必须建立必要的流程和系统来监测各种变化,尤其是发现各种对组织发展重要的预警或微弱的变化。组织只有通过有意识的、系统的和持续的监测及分析活动,才能保持对内外环境变化的敏感性,并从中认识到各种挑战和机会。

发明

组织发现了潜在的危机和变化,就必须寻找解决的方案、对策和新的方法来应付这些变化。组织必须建立自身的核心能力和相应的系统,来不断地开发新的产品服务,以及提出新的管理方法和竞争策略。

执行

新选择的方案和观点必须有效地实施才能使组织学习发生。然而,与"发现"类似,"执行"也不是自动的。有些组织不是提不出好的方法和主意,而是不能将它们付诸实施。

推广

真正的组织学习来自知识与经验的分享和推广。个人学习要扩展到团队学习,团队学习进一步扩展到组织学习,甚至要穿越组织的边界,扩展到其他相关的组织。只有这样,才能让一个好的经验和做法传播到更广的领域,才能让个人的经验和知识在组织中传播,才能让新的思想、技能从个体走向群体。

组织学习的类型

阿吉里斯和舍恩提出了单环学习和双环学习的概念。在单环学习中,发现错误时就进行纠正,而不经过事先所确定的价值观标准的检验;在双环学习中,在纠正之前,则先要用价值观进行检验。

单环学习

单环学习也称为第一类学习,是最基本的学习,发生在组织既定的假设领域中。通过这类学习,组织可以发现组织策略和行为错误,并予以纠正,使组织运作的效果符合组织的既定规范及各项要求。进行这类学习的组织往往是致力于当前问题的解决,而不是检查组织的规范和要求是否恰当,其目标是适应环境,使组织在变动的环境下维持稳定。

双环学习

双环学习也称为第二类学习,是指组织对既有的假设(规范、要求和目标)产生质疑,进而对之进行修正,以达到应对环境变化的目的。通过这类学习,组织不仅要发现组织策略和行为错误,而且要发现指导策略和行为的规范方面的错误,通过成功地转换组织运作模式来增强组织的学习和创新能力,强化组织的竞争优势,最终显著提高组织的绩效。与单环学习相比较,双环学习涉及组织规范与目标的改变,实施难度较高。但在下列情况下,组织必须进行双环学习:①组织面临严峻的竞争环境,而且情况不明朗;②组织成员在某一重大决策问题上出现意见分歧;③组织正准备开发新的资源;④组织必须通过学习来提高核心竞争能力,构筑自己的竞争优势。

三环学习

三环学习,是在进行组织学习时,组织成员探究过去组织学习的过程和方式,找出有碍和有助于组织学习的因素,再提出有效的新策略来帮助组织学习,以提高组织学习的效率。三环学习将组织所遇到的各种各样的问题及解决过程中得到的经验在广度和深度上进行拓展与结合,并在此基础上进行组织结构和战略的变革,开发出新的技能。

组织学习的障碍

决策层群体迷思

决策层的群体思考使决策的过程在高度团结的情况下进行,没有人希望打破这种"和睦气氛",因为没有人愿意被看作过于软弱或"不合群",所以大家都对决策表示同意,尽管这种保持一致性是错误的。这使人们以为是在注重团队精神,实则却是在引导组织走向守旧,这也是"温水煮青蛙"效应。让一切自然发展而不采取任何行动进行及时自我调整,最后才发现自己已经远远落后了,成了"被煮熟的青蛙"。这样,没有作出决策就等于作出了死亡的决策。这就是一种决策层的集体迷思。

组织结构壁垒

传统的职能型、分部型、矩阵型组织结构由于强调命令、控制和服从,缺乏授权、分权和自主性;强调纵向管理,缺乏横向知识共享;强调单体企业学习,忽视跨企业学习;强调效率,忽视创新;强调稳定性,忽视灵活性等;对组织中个体、群体、整体和跨企业学习都有不同程度的不利影响。

有利于组织学习的结构没有固定的模式,但一般应具有扁平化、流程化、网络化、有机柔性和无边界等基本特征。

信息系统的守旧

科学技术日新月异的今天,沟通对于组织学习尤为重要。组织信息基础设施是保障组织内知识顺畅流动的重要因素,只有保证了知识的频繁流动,才可能实现组织学习。信息技术是一种现代化的、方便、快捷、低成本在组织中实现终身教育和终身学习的有效手段与工具,也是信息时代造就学习型组织、学习型团队、学习型员工的有效手段和工具。

硬件方面,构建配套的学习技术系统,组织需要建立自身的内部网络。另外,还要建立外部网络系统,与外部联网,从而有效地利用先进的信息技术更新知识、促进学习。

软件方面,要建立信息收集和信息交流系统,制定相应的信息政策,提升沟通效果,建立组织内部向员工开放的知识库。

组织文化的滞后

组织文化是组织中人员的思想、行为、态度、价值观,以及表现出来的生活与工作方式。只有学习性的组织文化才有助于建立员工的学习观念,培养学习气氛和团队意识,加强员工的进取意识。

相反,滞后保守的企业文化对于组织学习具有很大的阻碍。比如,多数组织中的人都安于政治化的环境,在组织中,成员被政治虚伪、隐瞒与势力熏习,以致在组织中不会考虑共同学习和提升。再如,由于组织成员不得不沉溺于工作而无暇顾及家庭,所以,常会促成工作与家庭之间的冲突。诸如此类的组织文化的瑕疵,很可能成为组织学习的障碍。

组织防卫

组织学习理论的提出,是阿吉里斯对于组织变革问题的一种继续思考和研究的结果。阿吉里斯认为组织学习是所有组织都应该培养的一种技能。他强调:"优秀的组织总是在学习如何能更好地检测并纠正组织中存在的错误。组织学习越有效,组织就越能够不断创新并发现创新的障碍所在。这里所指的错误就是计划与实际执行之间的差距,错误可能出现在技术、管理、人员等各个方面。"

组织的日常运营正是在有意识地构建一个自我强化和反学习的流程,该流程将过分保护其参与者,使人们很难检测错误和纠正错误。此外,由于组织防卫的存在,伴随着无助、愤世嫉俗、怀疑变化的感受,那些反学习和过分保护的特征最终会被认为是理所当然的。这必将导致组织的不幸。其不仅限制了组织的学习能力、冲突解决能力、视"满意"为日常生活的本质属性,而且描述性的理论也不会帮助我们认识到如何在学习方面加以改变。

阿吉里斯认为,阻碍组织学习和不断创新发展的最重要因素是"组织防卫"。组织防卫是一种政策、实践或行动,它阻止参与者(在任何组织的任何层次上)面对阻碍或威胁,与此同时,也使参与者无法发现那些阻碍或威胁产生的原因。组织防卫(包括团队、团队间或个体间关系)意味着反学习和过分保护。

组织防卫存在于组织的各个方面和各个层次,因为组织的所有事项都需要由人来操作和完成,而只要有人的地方就会存在组织防卫。组织防卫通常会在人们面对和处理具有障碍性或威胁性的工作或人际问题时显现出来,如沟通时隐藏自己的真实想法、维护自己和别人的面子、将错误归因于别人或环境的因素等。但是此时恰恰是需要有效解决这些问题的时候。所以,组织防卫是一种保护性的、阻止人们勇敢面对错误和纠正错误、阻碍组织不断学习和发展的重要因素。

阿吉里斯不是停留在发现问题和找出原因的阶段,而是更深入地进行研究,提出相应的解决方案,他提出了"单环学习"系统和"双环学习"系统。人们的行为如果同所预期的一样,即事后结果与事前目标相匹配,那就不存在问题。而事后结果与事前目标不相匹配,组织就会出现问题。阿吉里斯将这种不匹配称为"错误"。在产生错误的情况下,人们就会寻找原因,一种情况是,仅仅将不匹配反馈到行动这个阶段,通过改变行动策略来纠正错误,这就是"单环学习";另一种情况是,将不匹配反馈到确定事前目标的主导价值观层面上,首先检查和改变主导价值观,帮助和鼓励人们审视自己的行为,让能够引发真正变革的有潜在威胁性或令人难堪的信息都浮现出来,然后通过变化了的价值观去改变行动策略,即追求名义理论和应用理论的吻合,进而纠正错误,这时就发生"双环学习"。双环学习也被称为"创造性学习",它是一个不断提出问题的过程,所考虑的不仅仅是事实本身,而是深入探究事实背后的原因和动机的层次,由事实后面的原因和动机探究到价值观念上。阿吉里斯的理想,就是要在组织中塑造一种创造性学习的环境,提高人们的反思性学习能力,从而促进组织的不断发展。

学习型组织的五项修炼

1990年,圣吉发表了《第五项修炼:学习型组织的艺术与实践》,提出了学习型组织所需的五项修炼技能。

自我超越

组织的学习需要通过个人的学习才能实现。虽然个人学习的同时并不能保证整个组织也在学习,但是没有个人的学习,组织的学习也就无从谈起。所以,"自我超越"首先是一种个人成长的学习修炼,不断加深个人的真正愿望,集中精力,培养耐心,并客观地观察现实。

要实现"自我超越",首先要明确两点:其一,对我们最重要的是什么;其二,我们目前所处的真实情况到底如何。清楚了这两点,也就清楚了"愿景"与现状的距离,这时心中便会产生一种"创造性张力",一种想把二者合而为一的力量,而"自我超越"的关键点就是学习如何在生命中产生和延续这种创造性张力。

改善心智模式

"心智模式"是隐藏于人们心中的根深蒂固的一种思维模式。它是指影响人们如何了解世界,以及如何采取行动的许多假设、成见、印象等。

通常个人都不易察觉自己的"心智模式",因而也不会太留意它对于行为的影响。因此,学习如何将"心智模式"打开,并加以检查和改善,将有助于改变人们心中对于周围世界如何运作的既有认知。这对于建立学习型组织来说,是一项重大的突破。

不同的人尽管观察的事件完全相同,但往往最后会有大相径庭的描述和结论,这就是因为他们的心智模式存在差异。毫无疑问,人们在分析事物时,都会首先运用自己已有的心智模式做基础。但是,如果已有的心智模式不能客观地反映事物,那就必然会作出错误的决定。特别是当组织的领导层出现这样的情况时,小将导致组织出现经营困难,大则可能会给组织带来灭顶之灾。所以,我们需要把握改善心智模式的方法。

改善心智模式的方法主要是指反思和探询。反思主要是通过对思考过程节奏的放慢,而使我们更好地发觉自己心智模式的形成过程以及它对我们行为的影响过程。探询则主要是关于如何与他人进行面对面的互动,处理复杂的冲突问题。当管理者晋升到高层职位时,他们所遭遇的问题往往是个人经验所无法涵盖的,这就需要深入了解别人的想法以学习、探询他人的心智模式。通过将自己的心智模式与他人的心智模式相比较来完善自己的心智模式。

建立共同愿景

"共同愿景"是组织中人们所共同持有的意象或景象。它创造出一种共识、一种认同感,并遍布到组织活动的方方面面,使各种不同的活动融汇在一起。

如果说个人愿景的力量源泉来自一个人对愿景的关切程度,那么共同愿景的力量也就来自组织所有成员对愿景的关切程度。一旦这种关切达到一定程度,就会转变为一种强大的感召力、使命感,促使组织内所有的成员都为了这样一个共同的目标努力学习、追求卓越,而这一切的行为都将是发自内心的意愿,不带有任何强迫性质。所以,共同愿景对于学习型组织而言是至关重要的,它为学习提供了焦点和能量。

团队学习

"团队学习"是发展团体成员整体搭配与实现共同目标能力的过程。在今日,组织尤其迫切地需要团队学习,因为几乎所有重要决定都是直接或间接地通过团队作出,并进一步付诸行动的。

在组织内部,团队学习必须顾及三个方面:首先,学会如何萃取出高于个人智力的团队智力;其次,具有创新且协调一致的行动;最后,重视团队成员在其他团队中所扮演的角色与影响。

团队学习必须精于运用不同于个人学习的两种方式,即深度会谈和讨论。深度会谈是一个非常古老的观念,是指自由地和有创造性地探究复杂而重要的议题。在这个过程中,所有个人的主观思维都被暂停,从而揭露出个人思维中的不一致性。在深度会谈时,大家都以多样的观点探讨复杂的难题,每个人提出心中的假设,并自由交换他们的想法。在一种无拘无束的探索中,人们会将一些自身习以为常的、根深蒂固的经验与想法呈现出来。讨论则是指提出不同的看法,并加以辩护。由于每个人都希望自己的看法获得群体的认同,所以往往主观上会对他人的见解采取下意识的排斥和不屑一顾,总渴望自己的观点能胜过他人的观点,这时胜利代替了真相而成为团体成员竞相追求的目标,如果这样,就会使团队学习偏出轨道,所以,需要交替使用"深度会谈"和"讨论"。

在团队学习中,讨论是深度会谈不可缺少的搭配。讨论是提出不同的看法并加以辩护,它可能对整个状况提供有用的分析;而深度会谈则是通过提出不同的看法,以此来发现新的看法。通常用深度会谈来探究复杂的问题,用讨论来作成事情的决议。所以,一个学习型的团体应该是一个善于将二者相结合使用的组织。

系统思考

在生活中,我们习惯于将复杂的问题简单化,喜欢将世界拆成片段来理解。这种做法或许能使我们在解决问题时游刃有余,能使我们在观察世界时轻松自如,但往往会造成我们对"整体"连属感的丧失。就好像"盲人摸象"故事中的盲人一样丧失对于整体的认识、对于全局的把握、对于根源的分析。所以,在学习型组织中提出了进行"系统思考"的修炼。这重要的第五项修炼是五项修炼的核心,它强调要把各个独立、片段的事件联系起来看,以发现其内在的互动关系。

系统思考就是以整体的观点对复杂系统组件之间的连接进行研究。系统思考解决问题的方式就是认识到复杂系统之所以复杂,正是因为系统各个组件间的联系。如果想要理解系统,就必须将其作为一个整体进行审视。系统思考是解决复杂问题的工具、技术和方法的集合,是一套适当的、用来理解复杂系统及其相关性的工具包,同时也是促使我们协同工作的行动框架。

如果我们希望了解一个系统,并进而能够预测它的行为,就非常有必要将系统作为一个整体来进行研究。将系统各部分割裂开来,很可能会破坏系统内部的连接,从而破坏系统本身。如果你希望影响或控制系统的行为,就必须将系统作为一个整体来采取行动。在某些地方采取行动并希望其他地方不受影响的想法注定要失败——这也就是连接的意义所在。因此,系统思考的精髓是用整体的观点观察它周围的事物。只有拓宽视野,才能避免"竖井"式思维和组织"近视"这一对孪生并发症的危害。当然,视野的拓宽不能以忽视细节为代价,要适当划分系统的范围。

系统思考又被称为"见树又见林的艺术",它要求人们运用系统的观点看待组织的发展,引导人们从看局部到纵观整体,从看事物的表面到洞察其变化背后的结构,以及从静态的分析到认识各种因素的相互影响,进而寻找一种动态的平衡。从字面上看,系统思考是一种思维方式,实质上系统思考更重要的是一种组织管理模式。它要求将组织看成一个具有时间性、空间性,并且不断变化的系统,考虑问题时要整体而非局部、动态而非静止、本质而非现象。

组织变革的过程

库尔特·卢因(Kurt Lewin)是计划变革理论的创始人,卢因的三步骤过程是组织变革的经典模型(图11.3),它奠定了组织变革理论研究的基础,这一典型的三部分过程模型后来被许多组织变革学家继承和发展。一般认为,组织变革有一个典型的过程模型,这个模型由三个部分构成:选取有缺陷的组织,让它通过艰难的过渡阶段,最终沉积于富足的理想状态。

解冻 ━━━━▶ 行动 ━━━━▶ 再冻结

图 11.3　卢因变革模型

解冻阶段

解冻阶段的主要目的是创造变革的动力。在这一阶段,组织必须清醒地认识到新的现实,与过去决裂,承认旧的做事方式不再可接受。现状可以看作一种平衡状态,成功的变革要求打破这种平衡,就进行解冻。把组织成员期望的行为与他们当前表现出来的行为之间的差异传递给他们,能够激励组织成员参与变革。

解冻的方法有三种:①必须确定地否定目前的行为或态度或者在一段时间内不再强化或肯定;②这种否定必须建立足够的、能产生变革的迫切感;③通过减少变革的障碍或对失败的恐惧感来创造心理上的安全感。

行动阶段

行动阶段的主要目的是指明改变的方向,实施变革,使成员形成新的态度和行为。在这一阶段,组织创造并拥有一种未来愿景,并综合考虑达成这一目标所需要的步骤。安排变革的一个首要步骤是将整个组织团结在一个凝聚人心的愿景之下。组织、部门或个人的行为将上升到一个新的水平。组织可以通过推进变革,以推进组织再造、流程重组,发展新的行为、价值观和态度。

行动方式有两种：①对角色模型的认同，即学习一种新的观点或确立一种新的态度的最有效的方法，就是观看其他人是如何做的，并以这个人作为自己形成新态度或新行为的榜样；②从客观实际出发，对多种信息加以选择，并在复杂的环境中筛选出有关自己特殊问题的信息。

再冻结阶段

再冻结阶段的主要目的是稳定变革。再冻结即把组织稳定在一个新的均衡状态，目的是保证新的工作方式不会轻易改变，这是对支撑这一变革的新行为的强化。在这一阶段，组织要将新态度、实践与政策用于改变公司并使之被"重新冻结"或固化，重新固定在一个新的平衡状态，努力维护组织在变革中取得的成绩。

再冻结的方式有两种：①让成员有机会来检验新的态度和行为是否符合自己的具体情况。成员一开始对角色模型的认同可能很小，应当用鼓励的办法使之保持长久。②让成员有机会检验与他有重要关系的其他人是否接受和肯定新的态度。群体成员彼此强化新的态度和行为，个人的新态度和新行为可以保持更长久些。

组织变革的动力

组织变革的动力主要来自两个方面：组织外部和组织内部。组织外部主要包括：社会和经济的变革，市场多元化发展，信息和科技的发展；组织内部主要包括组织战略、组织结构、人力资源管理的新特征等。

1. 社会和经济的变革

经济政策、企业改革，发展战略和创新思路等社会政治经济因素也许是最为重要的因素，对于各类组织形成强大的变革推动力。加入世界贸易组织和开发西部地区、国有企业转制、外资企业竞争、各种宏观管理体制改革，都成为组织变革的推动力。

2. 市场多元化发展

随着社会经济的发展、人们生活水平的提高，消费者的需求水平、需求结构、价值观和生活方式都发生巨大的变化，企业组织必须快速反应提供相应的产品和服务，以求满足市场的需求，从而在竞争中获胜。

3. 信息和科技的发展

伴随 20 世纪 90 年代的通信技术和网络科技的高速发展，机械化、自动化，特别是计算机技术对于组织管理产生了广泛的影响，成为组织变革的推动力。全球已经通过网络被连接在一起，信息或变得非常简单和快捷。这在解放劳动力、提高生产效率的同时，也迅速地改变着传统的组织管理模式,因此必须变革才能赶得上科技的发展。

4. 组织战略

企业在发展过程中需要不断地对其战略的形式和内容作出调整。新的战略一旦形成,会相应地引起组织结构、组织人力资源、管理模式、市场营销手段等一系列的变化,就应该进行调整、变革,以适应新战略实施的需要。

5. 组织结构

经济的发展带来了先进的管理理念和技术。组织的兼并与重组,或者战略的调整,也要求对组织结构加以改造。这样往往还会影响到整个组织管理的程序和工作的流程,所以整个组织结构体系是在不断优化的过程中完成与时代和经济发展的接轨。

6. 人力资源管理的新特征

由于劳动人事制度的改革不断深入,干部员工来源和技能背景构成更为多样化,企业组织需要更为有效的人力资源管理。管理无疑成为组织变革的推动力。为了保证组织战略的实现,需要对企业组织的任务作出有效的预测、计划和协调,对组织成员进行多层次的培训,对企业不断进行积极的挖潜和创新。

组织变革的阻力

组织变革的阻力,指人们反对变革、阻挠变革甚至对抗变革的制约力。变革阻力的存在,意味着组织变革不可能一帆风顺,这就对变革管理者提出了更严峻的变革管理任务。

变革的阻力来源于个人和组织两个方面。

对于个体而言,变革可能会让他们极度不安,担心失去已有的一切,担心不得不面对一个不确定的未来。有些人则会害怕一切未知的改变。人们会对他们既有的技术和贡献在将来是否会有价值感到疑虑,或者会对他们能否在新形势下很好地适应工作感到疑虑。实践证明,那些可以很容易在别的地方重新找到工作的人对变革的抵制一般较少。

来自组织方面的变革阻力包括:现行结构的束缚,组织运行的惯性,变革对已有权力关系,资源分配格局造成的威胁和破坏,系统内部之间及与外部之间固有的联系等。从本质上说,组织问题是错综复杂、相互关联的,但某一期间的变革通常只能针对有限的一些问题而展开,这样就不可避免地形成系统内部各要素相互牵制的力。

变革为什么失败

变革为什么会失败? 科特——领导与变革领域的权威,根据他对领导与变革领域20年的观察与思考,给出了最常见的八个原因,以及相应的八种解决方案。

1. 过于自满

解决方法是建立紧迫感。创造"立即行动"的氛围,让员工意识到组织确实该改变了。科特认为这是最关键的一步。组织中一般有四种阻碍变革启动的情绪:安于现状的自满、自我保护、漠然及悲观情绪。

2. 独木难行,过于个人英雄主义,低估强有力的领导团队的重要性

解决方法是创设领导联盟。组建强有力的变革团队来领导变革,鼓励组织的群体成员协调作战。建立有效领导联盟需要满足三个条件:①合适的人,即具备领导变革所需的经验技能、领导力和关系的人;②团队协作精神,指导团队是一个整体,而不是个体的简单集合,领导要充分信任团队,培养成员的团队合作精神;③从战略角度发展团队,随着变革的深入逐渐形成较低层次的团队,使"指导团队"发展成为"指导联盟"。

3. 低估愿景的力量

解决方法是开发愿景与战略。构建组织新的愿景规划,帮助指导变革努力;设计实现这一愿景规划的战略。以下五个问题可以帮助组织确立愿景:①组织要进行怎样的变革?②新组织有怎样的期望?③组织中哪些方面应保留?④实现愿景的最佳方式是什么?⑤哪些策略风险太大而不宜采用?

4. 对变革的愿景沟通不够、传播不充分

解决方法是沟通变革愿景。利用各种可能的媒体手段,与组织成员广泛沟通新的愿景规划和战略;通过领导联盟的示范来宣传贯彻新的组织目标和行为。有效的沟通需要注意:①了解人们真正关心的问题,让他们感受到变革的吸引力和可行性;②沟通过程尽量简单,方式尽量灵活;③沟通各种信息通道,过滤干扰信息,保证主要信息的畅通;④利用多媒体、内部网等技术不时向人们提醒组织的愿景。

5. 没有扫清变革的障碍

解决方法是实施激励和授权行动。其主要的措施包括:扫清组织变革的障碍;改变损害愿景的规划和体制、结构及流程;鼓励创新,鼓励非传统的观点、活动和行为;授权组织成员实施组织制定的愿景规划;重视人们的精神需要,设置与变革一致的绩效评估和奖励制度,鼓励冒险或非传统的行为。总之,授权不只是授予权威,还包括提供必要的资源和时间等。

6. 没有步步为营

解决方法是巩固短期成果。短期成效可以为变革提供反馈信息、消除疑虑、提升士气,吸引更多人投身变革。只有当强愿景和高短期成效都满足了,组织才可能实现可持续发展,任何一方面的不足都会使变革中止甚至失败。

7. 过早地宣告成功

解决方法是继续推动组织变革。利用日益提升的信誉,持续并彻底改变与愿景规划不相

适应的体制、结构、制度及文化;对能够执行愿景规划的员工进行聘用、晋升和开发。利用新项目、新论点再次激活整个过程,进一步巩固已有成果并深化变革。

8. 与文化疏离

解决方法是将新行为模式深植于企业文化。传统对变革有着不可忽视的反作用力,巩固变革成果最好的办法是让变革所提倡的新行为成为组织文化,以保证新行为模式的长久运作。文化的建立方式就是在足够长的时间内保证行为的一致性和延续性。

变革实施的七步法

变革实施的七步法包括以下步骤,对应卢因变革模型的三阶段:在解冻阶段,需要规划前景、找出差距、设定目标。在行动阶段,制定战略,营造参与的责任感。在再冻结阶段,检查协调性并规划未来。

第一步:规划愿景。

变革初期的解冻阶段,是变革前的准备阶段。它是变革的基础。变革中规划的愿景一般有如下几种来源。

(1)某名员工(一般是组织创始人)的梦想。

(2)团队全体成员共同形成。

(3)市场研究结果演变而来。

(4)组织内部或外部顾问共创而来。

在规划愿景的过程中,要注意如下几点:使用员工能够理解的语言,愿景使员工平常的工作富有意义,能激发和鼓励员工;愿景与组织所处的环境相适应;最重要的是,愿景有催人奋进的价值。

第二步:找出差距。

变革过程中,要找出差距,需要关注两点。

(1)你现在所处的状况是什么?

(2)当愿景实现的时候,你又处于什么样的状况?

你现在所处的状况相当于起点,愿景实现的状态相当于终点。找到两者的差距,才能明确努力的方向。要了解现状,可以与同类产品的优劣势对比,梳理相应的销售数据、财务数据和其他信息,寻找差距。

第三步:设定目标。

当找出差距后,管理者需要设定变革的目标。在这个过程中,要注意以下几点。

(1)规定在特定时间期限前必须达到的绩效。

(2)将目标作为监控进展和反馈的基础。

（3）记住目标要摸得着、看得见，要明确具体。

第四步：制定战略。

在这个过程中，首先要和员工进行沟通，让他们了解变革的原因。换句话来说，管理者要事先营造出变革的氛围。在推动一项变革的时候，一定要建立一种场域，为员工带来一种不得不进行变革的危机感。其次变革战略中一定要包含奖励计划，如完成目标要给予奖金、绩效改进要予以激励等。

第五步：营造参与的责任感。

变革不应当仅限于管理层，而应全员参与。只有普通员工也能有一定话语权和输入，有参与感，才会更加投入变革，对结果有认同感。一方面这来源于广泛倾听和了解员工对于变革的心声，另一方面也涉及具体工作上，我们需要赋予员工更多权力，让在第一线的员工有一定决策权，这样才能让变革贴合实际业务需求，作出更好的决策和反馈。

第六步：检查协调性。

当变革实施了一段时间后，要从员工行为是否有所改变、公司流程是否顺畅、整个系统是否能高效有序地运行这三个方面来检查变革后组织的协调性，用以检验变革的成果。变革很难一蹴而就，所以我们要做好心理准备，面对问题要耐心梳理、不断调整，才能让组织的整体体系、机制和所有人员逐步适应变革后的新思路、新方法和新举措。

第七步：规划未来。

虽然在变革的早期已经制订了变革目标，但这个目标不是一成不变的。在实施组织变革的过程中，要及时反馈最新进展，如果遇到问题或阻碍，则需要根据实际情况进行适当的变化和调整，以保障组织变革的顺利实施。同时，随着时间的流逝，最初提出的变革的构想和策略可能已经过时，我们需要不断着眼未来，校准我们的目标，修改我们的路径。

敏捷型组织

在本章，我们讲了组织变革的过程和方法，而变革的方向是目前企业在思考的核心问题。传统制度下的"官僚主义"导致的问题层出不穷，如审批流程慢、内耗严重等。这样的组织无法让"Z世代"（指1995年后出生的新生人群）员工发挥他们的优势，因此会造成组织效能降低。更重要的是，这样的组织也无法适应VUCA（易变性、不确定性、复杂性和模糊性）的商业环境，因此越来越多的企业正在进行敏捷转型。

"敏捷"（aglie）从字面上是指察觉敏感、反应迅速。敏捷方法起源于IT领域，是应对快速变化需求的一种软件开发能力；敏捷开发是一种以人为根本、迭代、循序渐进的开发方法。敏捷方法在20世纪90年代开始应用，随后引起广泛关注。这30余年间，IT团队的效率显著提高，开发的软件质量改善和软件更新率的提高，提升了产品进入市场的稳定性和速度。随着敏捷方法在 IT 领域的实践成功,此方法已传播到各行各业的企业中,各部门在学习并尝试打造敏捷团队,积极调整组织文化,使之能够在迅速变化的外部环境中整合资源,灵活且快速地作出应对和调整。

敏捷方法

敏捷方法的核心是司克兰(Scrum)原则,该词语来自英式橄榄球的专业术语,意为"密集争球",强调团队紧密合作、积极调整,用创造性的方法实现共同目标。

当不断变化的环境让企业面临机遇和挑战时,一支 3～9 人的敏捷团队迅速建立,并被赋能增权,实行自管理,对各阶段全面负责。在整个团队中,没有人会发号施令,各成员紧密协作、各司其职。产品负责人对产品的方向进行把控,不断调整、更新产品待办表上的优先级以管理产品需求,并明确"完成"标准,以对客户的交付价值负责。在计划表初步制定后,整个过程由若干个 2～4 周的迭代周期组成,每一个周期被称为一个"冲刺"(sprint)。每个冲刺周期中的优先任务组成了冲刺待办表,让冲刺目标的所有工作量清晰可见。团队教练在整个过程中扮演"流程促进支持员"的角色,改善互动方式,让成员更加专注。团队成员将冲刺事项列表中的任务分成小模块,决定成员各自承担的工作量以及如何完成工作,然后便开始一个冲刺周期。团队每天早上进行简短的站会,梳理看板上的任务状态,发现需要移除的障碍并及时解决。在产品交付前的测试阶段,会邀请少量客户参与,以获取一手反馈信息,着手改进。在一个冲刺周期快要结束时,召开冲刺评审会议,用以检视所交付的成果,并按需求调整总的产品待办列表。冲刺回顾会议发生在评审会议后、下个冲刺计划会议之前,是团队用来回顾自身表现,找出做得好和需要改进的地方,同时制订工作方式改进计划的机会。

敏捷方法的优势和适用情况

相比传统管理方法下的烦琐且耗时的审批流程制度,经研究发现,敏捷方法具有很多明显优势。对团队成员自身,敏捷方法提高了员工单产效率和满意度;减少了冗长会议、重复规划、响应滞后以及产品质量瑕疵带来的绩效相关问题。通过让来自不同专业的成员成为合作伙伴,敏捷方法促进了跨部门合作,积累工作经验,在共事中建立起信任和尊重。对用户端,通过提高透明度,并持续检验以适应用户多变的需求,敏捷方法提高了用户的参与度和满意度,让最有价值的产品和最有意义的功能迅速问市,对于产品需求预测更准确,大大降低了风险。最后,对企业,通过大幅减少浪费在微观单一管理职能项目上的时间,敏捷方法让高管能更多投入更有价值的项目工作中,以加速企业进步。

然而,敏捷方法的应用是有一定条件的,需要同时考虑企业面对的外部市场环境和组织内部的文化类型。过往的研究调查结果显示,敏捷方法更适合应用在产品开发、市场营销项目、供应链挑战及战略规划等企业活动中,因为其面对的客户偏好和需求改变迅速、频繁;待解决的问题相对复杂,流程中需要不断创新,且工作量可被模块化。还有一点,外界环境对于错误的高容忍度极为重要;否则,如若另辟蹊径带来的结果不理想,将会给组织带来重要损失,而不是敏捷方法中需要的一份宝贵的失败经验。

当外部环境适合敏捷方法的使用,要保证实践效果,内部领导者和员工的积极配合也十分重要。领导者应是敏捷方法的支持者,并带头放下身段,融入敏捷团队中。领导者需要积极引导和激发成员的潜力,并对成员给予一定的激励和关心。同时,所有的团队成员需要拥抱变化,以开放的心态面对失败,拥有坚毅的品质和高度的自主性。在被高度授权的团队中,积极主动地高标准完成任务,同时具备根据环境的变化而自主学习,持续提升适应能力和与不同成员和谐协作的能力。

更重要的是,企业需要敏捷文化,营造出对敏捷方法的应用中犯错的高接受度,以及建立支持性和包容性的组织氛围,让员工不会因暂时的错误而畏首畏、止步创新。乔治·韦斯特曼等(2019)的研究表明,企业数字化转型的四个关键的价值观分别是影响力、速度、自主性和开放性;换句话说,拥抱数字文化的根本是提升组织自身的敏捷性和创新能力,又可凝聚优秀的员工。在一个敏捷组织内,个人的创新思维方式可以影响和促进彼此的创新发挥,并主动回应、迅速行动。组织内的成员被赋权,具有一定的自主性,从而跳出原有的固态思维去大胆尝试。为了激发新想法的碰撞,公开分享信息和洞见,形成组织内上下信息同步。敏捷组织文化强调个人自主性和创新力。在团队中,所有信息公开透明,以信任为基础建立互帮互助、良性竞争的团队氛围。成员面对复杂多变的环境,快速感知与反应,在个人内驱力的作用下勇于创新、自我挑战。因此,只有当内、外环境条件都满足,高效的敏捷团队才会应运而生。

敏捷高管团队引领敏捷组织转型

熟悉了敏捷的应用方式,选择积极的参与者组成敏捷团队,很多企业选择先在一些项目中进行试点实施,如在 IT 部门,因为该部门对其最为熟悉;当得到显著理想效果后,市场和业务拓展部门更容易接纳,企业内部的保守派也会被结果说服,让敏捷性渗透进所有部门。在敏捷方法的推行中,不同类型的项目在不断的敏捷创新中发掘出各自的实践特色,企业应积极营造创新氛围,并非硬性规定敏捷方法的实施细则,为进一步创新扫清障碍。

但敏捷型组织不是无数个敏捷团队的简单聚集,而是依靠高管团队以敏捷原则进行企业管理,力求在标准化运营和管理创新中找到最佳平衡。敏捷高管团队应涵盖运营系统中重要职能部门的高层决策者,包括 CEO、CFO、首席人力资源官(CHRO)、首席技术官(CTO)、首席运营官(COO)和首席营销官(CMO)。他们将全公司的待办事项表按优先级排序,再协调其他部门来组建敏捷团队,解决冲刺待办事项,然后在迭代周期中建立敏捷系统,并不断升级来清除企业成长之路上的障碍。CEO 是整个敏捷型组织转型活动的负责人,把控敏捷思路和行为方式的转变,规划敏捷管理结构,并起草敏捷宣言;CFO 利用财务工具帮助领导团队分析出待处理列表中的优先级，并修改预算计划和审计流程；CHRO 帮助员工发展敏捷技能，并为敏捷团队成员制定适合的激励制度和新的职业发展规划；CTO 对敏捷方法最有经验，因此负责敏捷领导团队的培训；COO 的角色类似于领导团队活动的流程促进者，保证和业务运营部门的合作顺利进行；CMO 的职责则是利用敏锐的市场嗅觉帮助业务部门寻找并优先处理战略机遇。

敏捷型组织的转型需要上下齐心的配合。领导者应采取谦逊的态度，帮助团队成员学习和承担责任，实现从命令到引导的方式转变。这些应用敏捷原则的高层领导者，也感知到自身的变化，如工作动力和效率的提升。在面对挑战，和团队共同集思广益的过程中，拉近了彼此的距离，也提高了沟通效率。成员应积极主动，向不同客户群体寻求快速反馈，以在不断改进中灵活创新、释放潜力。

小结

一个企业组织从创业到百年基业，不同的阶段要面临不同的独特的成长难关和管理难题，要采取的组织模式和管理风格也完全不同。作为管理者，要根据企业不同的成长阶段，面对不同的成长危机，进行不同的变革和管理，通过跳跃式变革与渐进式演进推动企业的发展。

基业长青是所有组织和领导者的梦想，他们付出了数代人的努力希望达成此目标，足见此任务之艰巨。组织学习是在整个组织的宏观层面提升组织持续竞争力的一种手段，自从阿吉里斯与舍恩于 20 世纪 70 年代提出此概念，组织学习在组织中受关注的程度一刻也没有降低过。阿吉里斯、舍恩、圣吉、科特等学者也因在此领域的贡献而被人们所熟知，本章主要介绍了这些大家对组织学习产生的动因、可能遇到的障碍、开展的方式和步骤等，力求以最简洁的篇幅提供最有效的信息和工具。组织的变革是基业长青必须跨越的一道重要屏障，社会经济的变革、市场多元化的发展、信息科技的更新以及组织战略和结构的调整等都逼迫着组织实施一次又一次或天翻地覆或修修补补的变革。变革中很多组织从此逐渐消失在人们的视野，很多组织却能长盛不衰，个中原因就需要了解变革会遇到什么阻力、变革需要经过哪些阶段、变革为什么失败、实施变革有哪些经验可循。所有这些，前辈们都给出了至少可以一试的经验，值得去尝试并改进。

行为指南

1. 企业成长的不同阶段所面临的不同成长点和危机。
- 第一阶段：创业化阶段面临着"创造成长"与"领导危机"。

- 第二阶段：集体化阶段面临着"指导成长"与"自治危机"。
- 第三阶段：规范化阶段面临着"授权成长"与"控制危机"。
- 第四阶段：精细化阶段面临着"协调成长"与"官僚危机"。
- 第五阶段：合作阶段面临着"共识协作成长"与"X 危机"。

2. 在一个组织中，要了解、认识和发动组织学习，并有效地提高组织学习的效果，需要掌握以下要点和准则：

a. 组织学习过程包括新思想的：

- 发现
- 发明
- 执行
- 推广

b. 组织学习的类型有：

- 单环学习
- 双环学习
- 三环学习

c. 组织学习的障碍包括：

- 决策层群体迷思
- 组织结构壁垒
- 信息系统的守旧
- 组织文化的滞后

d. 圣吉的五项修炼包括：

- 自我超越
- 改善心智模式
- 建立共同愿景
- 团队学习
- 系统思考

e. 组织可以从以下四个方面进行变革：

- 产品
- 结构
- 文化
- 技术

f. 组织变革的过程包括：

- 解冻

- 行动

- 再冻结

g. 组织变革流于失败的原因主要有:

- 过于自满

- 独木难行,过于个人英雄主义,低估强有力的领导团队的重要性

- 低估愿景的力量

- 对变革的愿景沟通不够、传播不充分

- 没有扫清变革的障碍

- 没有步步为营

- 过早地宣告成功

- 与文化疏离

自我评估

你如何对待风险

以下是 11 组词汇。请在每组中选择最能够描述你通常行为的词汇,并圈出你的答案。

	A	B	C	D
1. 通常我_____新想法。	赞同	阻碍	发起	质问
2. 我对变化_____。	热情	乐意	沉思	不安
3. 我往往_____新项目。	退出	响应	顺应	导入
4. 当我与他人开会时,议程通常由_____设定。	对方	朋友	熟人	我
5. 我最擅长_____新项目。	响应	批评	发起	完成
6. 在思考未来时,我_____。	犹豫	接受	微笑	感到振奋
7. 当我_____新想法时表现最佳。	激励	抵抗	处理	建立
8. 我倾向于_____新冒险。	领导	避免	投入	接受
9. 我倾向于_____。	建设性	冷漠	参与	同意
10. 我喜欢_____。	适应	挑战	安全	选择方案
11. 风险与变化可能_____。	带来好处	令人振奋	令人恼火	必要

(计分见附录 11.1)

你如何处理风险

有关组合分析与行动的问卷

不要急着回答这份问卷。首先放慢节奏、集中思想,给自己放松的时间。深呼吸,然后缓慢地呼气。再做一次……现在再来一次!

现在,命令自己完全坦诚。默念或大声说出下列句子:"更加了解我的真实行为,这一点极其重要。我不会欺骗或误导自己。我将保持完全诚实。"

知道自己在面对变化可能性时会如何实际行动,只有这样,才能完善自己的风格,帮助自己达到目标。

这里有 25 个问题,每个问题都有四种回答。请选择最能描述你如何处理风险的回答。在这个表述旁打钩。

请记住:必须根据你实际的行为趋势来选择答案。真实的评估至关重要。

1. 当面对可能的变化时,我倾向于

　　A. 思考可能性

　　B. 迅速行动

　　C. 放慢速度

　　D. 反思,然后行动

2. 通常我很

　　A. 谨慎

　　B. 倾向于行动

　　C. 平衡

　　D. 深思熟虑

3. 我倾向于

　　A. 参与

　　B. 犹豫

　　C. 合乎逻辑

　　D. 不耐心

4. 我喜欢

　　A. 行动

　　B. 考虑很多

　　C. 独自留下

　　D. 停下来思考,然后行动

5. 当面对新状况时,我

　　A. 在行动前先探索选择方案

B. 衡量后果

C. 行动

D. 抗拒

6. 在收集信息时,我倾向于

A. 屏蔽我不喜欢的东西

B. 尽可能快地发现我喜欢的东西

C. 调查,然后选择

D. 充分调查每个选择方案

7. 我喜欢将我的注意力从一个活动移动到另一个活动

A. 经常

B. 很少

C. 在预先计划的阶段

D. 只有在思考之后

8. 我最喜欢

A. 产生替代方案

B. 保持事物的现状

C. 大量行动

D. 针对性地努力

9. 作为决策指导,我喜欢

A. 保护和保持

B. 思考

C. 选择,然后实施

D. 采取行动

10. 我喜欢

A. 想法多于行动

B. 预测计划的变化比例

C. 快节奏

D. 现状

11. 在采取行动前,我通常会问自己

A. 为什么我要行动?

B. 现在采取行动是否恰当?

C. 我能够在哪里采取行动? 何时采取行动?

D. 我现在应该采取多少行动?

12. 我把自己描述为

    A. 满足

    B. 冲动

    C. 谨慎

    D. 战略性

13. 我喜欢

    A. 达到重点

    B. 制造解决方案

    C. 行动

    D. 放松

14. 我的优势在于

    A. 分析

    B. 选择

    C. 保持

    D. 在理由充分的情况下承担风险

15. 当面对变化时,我通常

    A. 行动并继续前进

    B. 彻底思考

    C. 等待离开的理由

    D. 探索选择方案,然后行动

16. 我通常需要更多

    A. 进步

    B. 生活中的轻松

    C. 信息

    D. 活动

17. 我倾向于

    A. 反思

    B. 回避

    C. 强迫

    D. 辨别

18. 我强调

    A. 让情况保持原样

    B. 活动

    C. 寻找事实

    D. 选择

19. 我经常

    A. 渴望

    B. 慎重

    C. 行动

    D. 深思

20. 我喜欢保持

    A. 积极

    B. 平静

    C. 一致

    D. 分析

21. 我喜欢

    A. 放慢速度

    B. 让事物保持原样

    C. 以经过控制但逐步前进的节奏行动

    D. 快速行动

22. 我通常

    A. 长时间思考问题

    B. 将研究和决策匹配起来

    C. 在反思前行动

    D. 让事物保持原样

23. 我喜欢

    A. 无事可做

    B. 任务得到分析和实施

    C. 果断行动的自由

    D. 有时间彻底思考问题

24. 在阅读时,我倾向于

    A. 随意地翻动书页

    B. 先读一遍,然后回过头去强调最重要的部分

    C. 首先阅读结尾

    D. 逐字逐句地阅读

25. 我最喜欢

    A. 研究取代方案

    B. 获得许多成果

C. 感到自信

D. 天下太平的时候

（计分见附录 11.2）

学习风格问卷

发现你对风险的处理方式,提高对相对优缺点的认知度,这个过程说明还需要一份问卷。通过由你执行和解释的问卷监督你的行为,是重新了解风险过程的关键动态并将它们用于生活中重要问题的有效方式。

说明

以下有 15 组词语,每一组都包含 4 个词语。在每组中选择最能描述你性格或喜好的词语,给这个词语打上 4 分,第二个最能描述你和兴趣的词语为 3 分,下一个为 2 分,最不符合你和你的观点的词语为 1 分。

	I	II	III	IV
1.	断言	分析	实现	总结
2.	清查库存	收集数据	作出决定	回顾事件
3.	确认想法	寻找信息	制订计划	收集信息
4.	技巧	模式	行动	学习
5.	探索	思考	实施	监督
6.	开启	探测	改进	认知
7.	梦想	建造	实验	成就
8.	盘点	调查	选择	学习
9.	愿意	思考	选择	收集
10.	想法	替代方案	选择	适应
11.	梦想	选项	战略	影响
12.	自我	数据	目标	结果
13.	活力	专注	行动	发现
14.	对谁感兴趣	对什么感兴趣	对如何感兴趣	对多少感兴趣
15.	内省	探索	积极	判断

（计分见附录 11.3）

案例分析

米其林：领导力变革

上海米其林回力轮胎有限公司（以下简称"上海米其林回力"）是法资的私营国际公司——米其林公司（Michelin Corporation；以下简称"米其林"）——与中国国有企业——上海

轮胎橡胶(集团)有限公司(以下简称"上海轮胎")——共同成立的一家合资企业。自2001年成立以来,上海米其林回力一直处于巨额亏损状态。2008年9月,是上海米其林回力新厂长白乐涵(Mr.Bertrand Ballarin)上任的第三个月。白乐涵是法国人,刚从米其林在法国的工厂调来。一天下午,在中国上海的郊区工厂办公室里,白乐涵正在考虑如何解决他所面临的诸多难题。

上海米其林回力的故事

米其林进入中国

米其林如今在五大洲共有约70个生产厂,在非洲和南美有橡胶种植基地,在170多个国家有销售和市场运营。米其林早在1989年就进入了中国,当时它在北京设立了办事处。1995年,米其林与沈阳橡胶总厂合作建立了4个合资轮胎工厂。2001年,这4家工厂合并,成立了米其林沈阳轮胎有限公司(以下简称"米其林沈阳")。同年,公司还在上海成立了米其林(中国)投资有限公司,后者又成立了轮胎研究和发展中心,以专为中国轮胎市场服务。

合资企业

同年,米其林与中国最大的轮胎制造商上海轮胎合资成立了上海米其林回力。上海轮胎旗下有两个知名品牌:回力和双钱。1992年,上海轮胎在上海莘庄轮胎城建立了回力轮胎厂,产量每年翻番。但上海轮胎的其他20家老厂不行,连年亏损,为此上海轮胎高层决定用出售新厂的方式救企业。作为合资条款的一部分,上海轮胎把其他工厂里的工人和莘庄厂的工人共2 000多人并入合资公司,其中在各个工厂内表现不好的700多人也全部被放到上海米其林回力里面。合资双方承诺不裁员,其第一代领导人也承诺不裁员。但是过了一段时间,这些人的问题就日益明显了。按照米其林的标准,这些人是不合格的。

而从员工的角度来看,在合资之初,中方很多人员对于上海米其林回力是心存疑虑的,员工的心理落差很大。据当时负责建厂的上海轮胎老员工回忆,原来在集团公司的时候,回力厂是一家最好的厂,各种收入和福利也高。但在合资后,员工的收入并没有增加,而产量、品质的要求都有所提高,所以合资后工人的失落感就很强。而且,他们觉得外方经理也不知道如何有效地管理中国员工。

2004年4月,米其林回力领导层换届,新任厂长是位务实而果断的美国人加里·沙伊德(Gary Scheide)。沙伊德于1991年以高分子化学博士的身份加入米其林,曾经在加拿大、法国和美国的米其林工厂工作过。来上海米其林回力之前,他在米其林美国的俄克拉荷马工厂担任厂长的职务。沙伊德上任时形势严峻,为把公司向前推进,同年年底,工厂向300多个绩效很差、没有提升希望的员工发出了待岗合同和买断工龄合同。尽管工厂支付了数目可观的补偿金,但对原来在国有企业里工作了几十年的老员工来说,这仍是很大的打击,一时难以接受。因为所有中方人员都是长期合同,总想一辈子在这个工厂做下去,从未想到过有失业的可能。米其林回力本打算只停产10天处理裁员的事宜,但一些被裁的员工采取了一些过激的行为,所以工厂整整停工1个月。这场裁员风波最后在当地区政府的出面协调下平息了。在上海米其林回力上班的员工也不知道自己哪天会被裁掉,很惶恐。从此以后,上海米其林回力的管理层和员工之间的信任感就被破坏了。据一位从米其林沈阳工厂调过来的质量经理回忆,"那时候看不到上海米其林回力员工的笑脸,可能是对自己的工作不满意,不知道自己职业发展的方向,或者不确定工厂的未来在哪里。他们对工厂没有信心"。

到2008年时,由于各种各样的前因后果,尽管沙伊德做出甚大努力,从安全、质量、成本和产量等角度来看,上海米其林回力的业绩仍然是差强人意,是所有米其林工厂中业绩最差的几个厂之一。

领导层的变化

同年,沙伊德结束了他的任期,被调到米其林沈阳工厂担任厂长。在工人对上海米其林回力失去信心的时候,米其林总部也在考虑这个工厂能存活多长时间。为此,它决定派白乐涵担任上海米其林回力的厂长,希望他能扭转局面,令工厂重现活力。白乐涵在大学主修军事战略与战术、公共法律和历史,曾在法国军方担任30多年官员,于2003年加入米其林。来上海之前,他曾经在"气氛紧张的社会氛围中"成功进行了法国工厂的重组。白乐涵认为,在处理机构变革的过程中,首先应分析相关人员的得与失。根据法国法律的规定,裁员3个月后原来的雇主就对被裁的员工没有帮助的义务了。但是在他的脑子里没有3个月的时限,他会继续提供帮助,最后令所有被裁员工在其他地方找到长期工作。

最初的3个月

在白乐涵到任的第一天,因为非技术出身和语言障碍,他感到茫然失措。逐渐地,他开始与一些中国同事建立联系。他发现,质量和维修方面的问题是如此之多,每个人都在瞎忙,大家都疲于奔命,却完全失去了方向。

首3个月白乐涵巡视车间,观察了很多,并与人们进行交谈。他发现了越来越多的问题。例如,工厂的许多机器都非常陈旧,多数机器是1992年安装的,因没有良好地维护,这些机器故障很多,又未进行有效的故障维修,已经无法生产出符合质量要求的轮胎。从工业绩效指标来看,产品一次合格率只有40%,且日产量极不稳,从11 500个到15 000个不等。由于产量不稳定,所以没法按照计划生产,而且整个车间也没有流程控制。白乐涵回忆道,"工厂的整个氛围很不舒服。当我走在车间的时候,大家都没有微笑,也不和你打招呼,尽量避开你的眼神。工人的士气很低,经常在工位上无所事事。工人在操作的时候不遵守安全规定,也无法保证产品质量。所以整个厂绩效很差。一切都很脏、乱,没有秩序。到处是一些无用的工具和物品"。

这在其他米其林工厂根本无法想象。他认为这主要是因为:米其林是一家外资的私营企业,其管理习惯和做法与中国的国有企业有很大的不同。这里的员工很难理解米其林对他们有什么样的期望。所以人们不愿意放弃以前的做法,来采纳米其林的。他认为工厂主要有两个问题:一是工业绩效差,二是工厂管理层与工人之间缺乏信任。白乐涵还注意到,外方团队与中方管理团队并不融洽,双方的沟通不是很好,对此他解释说,"我们有一个五六个人的外方团队,在晚上非正式地聚在一起,制订下一天的计划。说实话,这个工厂当时是由他们在领导,没有中国同事的真正参与,双方之间缺乏沟通和信任"。

此外,车间员工都抱怨不公平的工资和福利体系,说他们的工资甚至比退休工人还低、食堂的伙食差、工厂的环境陈旧而脏乱。有些人甚至说他们被从一个部门换到另一个部门,跟着工资也降了。所以,当时他们认为米其林没有诚意,觉得被欺骗了。

白乐涵发现一线操作工遵循的是轮班的工作方式。一个车间的工人被分为四班,每一班都有一两位值班长管理。车间经理是唯一对车间绩效负责的人,但值班长则试图监管日常运作。这种管理方式导致人浮于事、互相推诿的情况很多,出了事故或次品时也很难找到当事的责任人。

同时,工厂的环境也很难让人恭维。办公大楼前面的废弃轮胎堆场的草长得比人还高,整个工厂一看就是很萧条的样子。办公室的装修也是中国20世纪90年代的风格,即使是部门经理办公室的天花板也好像是摇摇欲坠。会议室也很难找到一张像样的干净椅子。所以,一切都处在混乱低迷的状态。但同时,白乐涵觉得显然有些人正在期待着变化,愿意尽力而为。

来自总部的压力

上任不久后白乐涵已收到米其林总部的指引,在生产效率和成本控制方面的压力下,要求其尽快在上海米其林回力实施日常生产管理系统(management system of daily production,MDP)项目。米其林沈阳工厂实施MDP后业绩提升显著,总部希望通过实施这个管理工具,帮助上海米其林回力工厂的管理效益早日步入正轨。

2008年年底:变革伊始

白乐涵首先做了一件让员工觉得很惊讶的事情:改变工作环境。工厂刚建立的时候绿化是很好的,但合资后工厂没有在绿化上进一步投入,环境一年比一年差,围墙也破了,很难想象这是全球500强米其林的一家工厂。所以,白乐涵马上着手改善工厂的绿化。员工对于厂长的努力还是看在眼里的。大家觉得,"这个厂长不是说大话的,也不是天天来教训我们的。即使我不告诉他,他也知道我的需求"。这种渗透式的改变,都是一些与工人息息相关的小事。这些让大家意识到新的厂长是有变化的,工厂的管理层是有变化的。

白乐涵还增加了员工的工资,但他不是对员工的工资进行普调,而是对诚实、有良好思维和愿意付出的员工的工资进行了大幅提升。他认为这些人值得拥有更好的薪酬待遇。对于激励方式,白乐涵也进行了调整。比如,对于工厂的技术人员,原来的质量指标和生产指标已经定得很高,由于目标太高而无法实施,大家都放弃了。为此,白乐涵把目标合理地调低,让他们可以达到目标,拿到一部分奖金。然后,再逐渐提高目标,让员工继续努力。为了让工人恢复生产信心,白乐涵告诉质量经理:"不要一有次品,就马上停工,废品没太大关系,我们应首先把日产量稳定下来,给工人信心,然后尽量鼓励工人在生产的过程中解决质量问题。"通过这种方式,日产量逐渐稳定在 14 000 个,向工人发出了一个积极的信号。

2009—2010 年:夯实基础、乘风起航

关心前线工人

白乐涵认为,任何问题,只要把人心搞定,自然迎刃而解。因此,他花费大量的时间来赢得人心。2009 年年初(中国农历年年底),他决定让上海米其林回力工厂的所有工人都能吃到工厂的年夜饭。以前,最基层的员工是享受不到这项福利的。白乐涵派人安排了 5 场每场约 500 人的圆桌年饭,让所有工人感受到来自米其林的温情。

提升技术与设备

对于破旧机器的问题,白乐涵从国外请了一批米其林最好的工程师来工厂,根据他们提出的一项关于重要工序的更新方案,申请到 4 500 万元人民币来整修车间、并把机器升级换代,以保证可生产出高质量的产品。此举也让工人看到米其林高层对合资公司还是非常重视的,并愿意投入更多的资源来帮助工厂。

建立工厂高级管理团队

在保留工厂核心领导团队的同时,白乐涵组建了一支吸收中方中层管理人员的工厂高级管理团队(Plant Senior Management Team,PSMT)。相比之前的核心团队,PSMT 涵盖了更多同职能和技术部门的领导者,如增加了来自人力资源、采购、质量控制、设备维修和研发部门的经理。白乐涵带着这个新成立的 PSMT 开了两天研讨会。这对许多人来讲是第一次。在会上,白乐涵和他们深入探讨了工厂的五年规划,并决定先帮助员工重建对工厂管理层的信任,改变工人的思维方式,使其接受米其林的文化。

增加沟通与信任

为此,白乐涵在人力资源部任命了新人张梅来帮助塑造企业文化,也设立通信部来加强内部沟通。人力资源部和员工举行了多次圆桌会议,搜集大家对工厂的意见。那时候,工人有很多抱怨,"管理层从来只说我们的不好,从来没有对我们做肯定"。听取工人的反映后,人力资源部负责人张梅认为,员工还是爱着工厂的,也很想做好,但他们不知道怎么做,也没人表扬他们。为此,工厂开始对工人的良好行为进行记录和奖励。比如,只要有具体的例子,任何人都可以申请给良好行为的工人奖励,不需要层层审批,奖励金额为人民币 100 元。这个活动一经推出,很受工人欢迎,奖励覆盖率高达 80%~90%。三四个月过后,一个良好行为的标准和合理的奖励方式慢慢成形。

工厂还为车间员工每月举行一次融合日活动。此活动通过游戏的方式,向员工传授米其林价值观,安全和质量的意识,以及对人的尊重。融合日还给员工提供一顿丰盛的午餐,让新旧的员工、不同车间的员工有互相接触和了解的机会。融合日最重要的环节是白乐涵与蓝领工人的直接对话,听取员工的想法。比如,对工人提出提供免费午餐的问题,白乐涵在听取意见后就马上解决了。此外,许多工人对狭窄的厂区入口提出异议,虽然白乐涵不理解为什么大家对此有那么大的反感,但也接受了员工的建议,把入口加了现代化的自动门,并在外加建私人汽车停车场。

质量经理迟楠表示:"我们了解到厂长是非常关心一线员工的。厂长和一线员工有沟通的平台,他想了很多措施去改变他们的工作环境,那我们为什么不呢?有了领导的示范作用,我们就很容易跟随。"通信部负责人就以各种方法,包括每月两次的员工通信,来与白领工人和蓝领工人沟通。除了报告以上活动外,员工通信也公开地谈到过去不谈或少谈的内容,包括政策、制度、工资和福利,尤其令蓝领员工感到领导对他们的诚意。

重组人员

针对员工的职业生涯发展,人力资源部过去通常将蓝领工人和白领工人分开管理,使员工的职业阶梯有了一个断层。白乐涵让人力资源部将工厂分为五个业务区域,每个业务区域任命一名人力资源经理来负责处理该区域一线员工职业生涯发展的相关事宜。一名一线员工回忆:"我们看到身边很多人的成长,就有了动力和希望,他们从操作工开始做起,后来被提升为主管、车间经理。"

在白乐涵的支持下,人力资源部还做了一些大胆的人事变革,如把一部分成型车间的劳务工转正,换成工厂员工。张梅认为:"这些人都是在最重要的岗位上,在工人等级中是最高的。如果这批人流失,对公司的风险很高。"在人员的聘用方面,以前工厂习惯于用最低工资招人。后来工厂按照目前和未来的需要招人,也给到岗位应有的工资。在减员方面,以前绝大多数员工是长期合同,少数是固定期的,管理上出现较大困难。但后来工厂解除一些长期合同员工,对余下员工产生了一定威慑作用。此外,对于那些能力很低、没有在2004年裁员时离开的员工,工厂尊重员工的选择,由员工主动申请提出,让工厂决定他们的补偿金。这种减员方式于两年内可缓慢减员150多人,但没有让人觉得工厂又裁员了,所以也没有在工厂内和社会上产生大的波动。通过这种招聘新员工和自动减员的方式,工厂内新旧员工的比例变成一半对一半,整个工厂的氛围比较好。

改善环境

在推进工厂企业文化建设和人事变革的同时,百乐涵还继续投入改善工厂的环境。例如,原先很多人抱怨废弃轮胎堆场是个杂草堆,为此工厂花了超过100万元人民币把杂草清除,并进行绿化建设。此外,原来车间内员工的吸烟室,烟头满地都是。工厂把吸烟室移到室外,还布置得很舒适,让员工可以在空气流通的环境里抽烟和休息。以前车间内休息室的顶是漏水的,有时候脏水会掉进员工的饭盒里,所以休息室也被重新装修了。员工表示:"我感觉到了工厂对我的尊重,我有权在这里休息,真正地休息。"工厂的办公室,原来是很破旧的。装修前,一个部门可能是在几间不同楼层的办公室里办公,装修后合并到一个大办公室内办公,有助于部门内的资源共享和互相帮助。他们把所有的墙都刷白,给工人可视化的感受,让他们感觉是积极向上的。对此，一位车间经理评价说："白厂长下决心做这些事情，肯定也有自己的压力。他是米其林的经理，也要申请这笔费用。他做这些事情的目的是在于增加员工的舒适感。把办公室装修一下并不能多做两个轮胎出来，但给人的感觉不一样。当员工慢慢地意识到，工厂领导的努力会越来越多，他们的负面情绪也会越来越少。这些很微妙的东西，慢慢地工厂会从量变引起质变。"

调整组织架构

在增强员工对工厂信任感的同时，白乐涵知道不可能在短期内让生产率和成本控制有很大改善，但他仍然不断被公司总部催问何时实施新的工业管理制度 MDP。于是，他主动向米其林高层要求多点信任和自由。从那以后，他的压力减小，可根据自己的节奏来行事。他解释：

"管理层要求我们立即实施新的工业管理制度，我觉得这是一个从技术角度考虑的解决方案。虽然 MDP 是好的，但我认为与其强行实施这种管理工具和方法，倒不如先让员工了解和接受这些新措施和知道如何运用它。我们必须保证车间的所有工人都能适应它，这样当我们开始实施它，就可以高速前进。此外，我们在这个工厂花了很多钱，希望通过安装新的机器和进行工序控制，来提高生产能力，但我们太重视科技。倒不如先教会车间的一线员工如何使用这些机器和让一线管理人员学会怎样管理员工。为此，我决定花一年的时间培训车间一线管理人员。我觉得我应该改变组织而不是改变数字。"

轮班制导致值班长与车间经理的责任分散、车间经理难以听到一线员工的意见和建议；对此，白乐涵对组织架构进行了调整。他把原被分为四班轮班的车间分成 40 多个区域，每个区域有一套设备、一位区域主管和一组固定的操作工。通过这样的改变，每个区域就是一个独立的生产单位，进行单独考核。区域主管可以直接管理和倾听操作工的反馈。

在准备工作就绪之后，白乐涵召集值班长开了一次会议，告诉他们以后车间将被划分为若干区域，而他们将从值班长变为区域主管。许多值班长听到这句话后便很焦虑，怕不能胜任，工厂会借此机会将他们裁掉。后来白乐涵解释说，"工厂将确保每位值班长可以达到区域主管的岗位要求，不仅为他们提供领导力方面的培训，而且为他们在工厂的 PSMT 中分别指定了一位教练，以便他们顺利转型"。

提升前线领导力

工厂组织了对区域主管的领导力培训，分为四步，目的是培训他们可以清晰地理解工人提出的问题，并做出适当的行动。

第一步：总体培训，"我将做"。

工厂让区域主管了解什么是好的领导力行为，并提出了领导力十大原则（对下属有要求；领导者能力强；果断行事；乐于发展下属；人性化；持续改进；客观公正；坚持不懈；善于发展团队；营造信任），引导区域主管如何在自己的岗位上实施这些原则。区域主管对这些原则表现出极强的接受力，并把这些原则做成台历，每天对照执行。

第二步：分模块培训,"我知道怎么做"。

工厂针对这些区域主管进行量身定制的培训。白乐涵认为：他们所有人都有专业背景,每个人的发展方式不同,有自己的强项和弱项。我们培训的目标就是按照将来的技能要求,根据每个人目前的状况去填补空缺。培训内容包括人员管理、日常管理、如何提高工作效率和 MDP 的培训等。由于许多培训没有现成的教材,白乐涵特地请工厂的两位技术人员开发了关于每种机器的培训模块：这并非令他们成为机器专家,而是令其明白材料与工序的相互作用如何影响产品。他还采取了录像培训的方式,通过现场的亲身实践、然后回放录像的方式,让区域主管在实践中提高各种技能。

第三步：教练现场指导,"我能做"。

区域主管会在各自的岗位上进行管理工作,而 PSMT 的教练会每周两次、每次两三个小时,在现场指导他们行使管理职能,包括设立工作目标,奖励和告诫员工和进行年终评估等。教练会在现场观察区域主管和一线员工交谈,看他们如何解决问题,对于其不符合十大领导力原则的做法及时指出并纠正,从而增强区域主管的信心和能力。

第四步：确认,"我会做"。

确认区域主管有能力行使管理职能。虽然系统化的培训已结束,但每位教练对相应的区域主管的指导还在持续。为鼓励所有工厂领导层的人员担任教练的角色,白乐涵也亲自培训一位区域主管。他解释说："我们可以通过这样的指导体系做出一些改变。因这种培训制度可加强不同管理层之间的信任和合作,我们将长期保持下去。"

一位担任教练的车间经理表示："我们和区域主管原来是上下级关系,现在是师傅和徒弟的关系。"另一位车间经理表示："我们可以明显看到区域主管的个人成长：原来区域主管开会的时候都不讲话的,现在他们对着十几个人讲话非常自如,包括眼神的交流、口气和声调的运用与沟通的技巧等。"

在对一线管理人员进行以上培训的同时,上海米其林回力也开始了将工厂车间转化为区域的改造工程。在成立一个新区域之前的两周,项目组会培训区域主管如何从技术上管理该区域。在开设新区域的前一周,项目组会告诉区域主管和他的团队,该区域的设计与生产目标和考核指标等内容,包括基于小时、日和月的管理工具。从意义上来讲,他们便参与了设定目标和考核方式。最后,倒数第三天,该区域将暂停生产,区域主管、操作工和项目组会开会,由区域主管用 MDP 的管理方式培训一线人员,向他们解释机器上的所有技术问题,与他们分享工作目标,并承诺每天巡视两次,以帮助操作工提高工作绩效。

在夯实一线管理人员管理基础的同时,白乐涵充分发挥 PSMT 的作用。他按照不同人员的专长成立了下列指导委员会：安全指导委员会战略与生产指导委员会,维修与质量指导委员会,人员发展及内部交流指导委员会。这些指导委员会定期开会,探讨重大问题。通过这些会议,中层领导就工厂的决策有了发言权,并可以听到不同部门的声音、加强交流。

在工厂完成全部的区域转换并实施 MDP 后,2010 年年底工厂的各项工业绩效指标有了大幅提升:工时损失安全事故发生频率下降 87%;员工安全参与度提高 379%;机器使用率提高了 8.5%;产品一次性合格率提高 64%;废品率降低 32%;产量提高 20%;客户满意度提高 86%;每吨产品人力消耗减少 21%;白领员工满意度提高 46%;蓝领员工离职率降低 44% 等。白乐涵回忆说:"2010 年,工厂业绩突然间好了起来,现在,我们的质量是亚洲最好的,甚至比一些美国工厂还好确实令人引以为荣。这变化是有目共睹的……"

资料来源:李秀娟,钟婉雯,朱建华,等. 米其林:领导力变革(A)[Z]. 中国工商管理国际案例库(OB-14-140),2017;李秀娟,钟婉雯,朱建华,等. 米其林:领导力变革(B)[Z]. 中国工商管理国际案例库(OB-14-141),2019.

问题讨论:

1. MDP 管理方式是在什么情况下开始实施的?

2. 你如何评价白厂长的变革计划?

3. 变革成功的因素有哪些?

博世 HR 实验室:敏捷文化的孵化器

作为全球领先的技术和服务供应商,博世当年创造了 777 亿欧元的销售业绩,业务涵盖移动解决方案、工业技术、消费品以及能源与建筑技术四大领域,在全球拥有员工约 40 万人。过去 3 年来,博世推出的人力资源项目"HR 实验室"——为博世电动工具(PT)事业部的转型提供了有力支持,其设计的 10 多款新产品已嵌入 PT 的全球员工事务日历中,在进行了原型构建和实践应用后受到好评。但是,员工的抵触情绪和转型产生的副作用也带来了新的问题。例如,工作量过大、基础架构不完善以及员工思维模式难以改变等。

博世集团

作为一家拥有 134 年历史、始终锐意求新求变的老牌企业,博世不仅经受住了两次世界大战的考验,在物联网时代也发展得如火如荼。对于此次新冠疫情(COVID-19)造成的困境,博世早在百年前就有过切身体会。"一战"和"二战"的爆发导致公司研发中断,全部设施转而生产军备物资。面对战后遇到的艰难险阻,博世从未停下战略转型的步伐:从业务单一的汽车零部件供应商发展为电气工程公司,后又发展为各事业部自主管理的工业集团。自 21 世纪初以来,博世开始根据公司核心竞争力和全球科技发展趋势,规划未来发展蓝图。早在2012 年,公司就与中国厂商北斗科技设立合资企业,涉足轻型电动车市场。如今,博世已成功从一家汽车零部件供应商转型为领先的物联网公司,致力于提供智能家居、工业 4.0 和互联移动出行领域的创新解决方案。

电动工具事业部转型

在博世四大业务板块中,只有 PT 事业部所属的消费品板块属于 B2C(企业对消费者)业务,直接面向终端消费者营销和销售产品。2016 年前后,欧洲大型企业纷纷开始认识到敏捷性的重要意义。博世集团董事会也设立了一个公司敏捷委员会。负责消费品业务板块的董事瑞世轲一直是敏捷理念的最坚定支持者之一。作为一名相对激进的战略型领导者,瑞世轲对于那些拖慢业务流程、削弱战略时效性的公司层级和管理流程深恶痛绝。PT 则要求具备快速行动的能力和用户至上的心态,而非恪守博世的传统文化、流程和政策。这一观点得到了 PT 人力资源副总裁艾莉·西格特的赞同。一方面,西格特感受到来自消费品市场的压力,即公司需要在更短的周期内开展更多创新工作;另一方面,她认为,人力资源部门若想在与其他职能部门和事业部人员探讨问题时发挥影响力,就应该成为组织转型的驱动者或促成者。

HR 实验室

HR 实验室的诞生

2010 年,李晓虹加入博世中国,担任人力资源副总裁,之后被擢升为高级副总裁。2015 年,博世将她调至全球总部。在德国任职期间,李晓虹遇见了后来成为她导师的瑞世轲。

一天,瑞世轲安排与李晓虹等人开会,商讨如何通过试点打造独具博世特色的敏捷型创新组织,同时又不破坏既有最佳实践。他们与西格特一起集思广益,计划在 PT 事业部试行 HR 实验室。首先,他们打破部门界限,将员工分为两个集群:目标团队和专业团队。目标团队的数量为 10 个左右,围绕维修、室外清洁和机器人技术等特定用户需求而设立。每个目标团队中都囊括了从用户洞见收集到产品设计的整个业务价值链上的员工。专业团队则按财务、人力资源、后勤及其他职能进行划分,旨在帮助目标团队实现产出最大化。

此次转型虽落到了纸面,但在付诸实施时效果却并不理想。员工在变革中主要受到三个方面的困扰:第一,他们失去了归属感,原先各自为政的"筒仓"结构之于他们,犹如外壳之于蜗牛,却让他们有安全感。第二,转型之后,共事的员工因工作语言差异,打击了内部沟通的积极性。第三,扁平化组织结构直接剥夺了高级职员的头衔,间接剥夺了他们的社会地位,这令他们颇感不满。除此之外,不断变化的商业模式创新还可能在一夜之间颠覆博世长期以来在制造业的核心竞争力。

自 2017 年下半年以来,李晓虹开始系统地打造 HR 实验室,并在 PT 事业部落实这一理念。除了打破边界和减少汇报层级之外,HR 实验室还针对用户(即员工和业务负责人)的痛点设计各种产品。为促进创新,HR 实验室以短期借调的形式招纳非 HR 背景的员工,汇聚了财务、销售、生产及其他各个领域的专业人才。负责博世电动工具新兴市场业务的全球人力资源业务合作伙伴田晶指出,PT 中国也派出了三四名员工,为设计薪酬、人才发展和全面人力资源管理产品提供支持。

HR 实验室的运作方式

HR 实验室遵循六项原则——快速原型构建、直接用户反馈、全集团知识共享、敏捷协作、基于团队的决策和由外及内的视角。他们的工作流程并不是线性的,而是充满各种变数:

首先,HR实验室的终端用户会提出质询。其次,HR实验室要频频与PT事业部不同层级的员工进行用户访谈,挖掘用户洞见,并设计出产品的初始原型。原型构建好之后,HR实验室再次找到员工,进行数轮测试,以确保产品的有效性。由此征集的反馈意见,无论是正面还是负面,均将在最终设计中纳入考虑。HR实验室平均每个月创建一个原型,每隔6～9个月推出一个成品。与各种各样的利益相关者沟通,让员工适应有违于其既往经验和直觉的全新流程,这绝非易事。HR实验室的成员必须身体力行,率先了解产品并走完学习旅程,这样才能说服同事接受这些新产品,并就产品的实施必须具备哪些先决条件、有何益处以及如何应对新的挑战提供指导。

HR实验室产品在PT事业部的实施

2017—2019年,HR实验室共设计出贯穿PT员工生命周期的10余款产品,其中大多嵌入HR四个阶段日历中。第一阶段为"甄选",此时采用的产品为"团队人员配置";接着,新员工到岗之后,两款HR实验室产品——"入职"和"能力训练营"——将派上用场。在"融入"阶段,员工使用的产品是"团队目标"和"团队反馈"。在"发展"阶段,员工可使用"发展导航""个人发展对话"和"成长力激发工作坊"。截至2019年年底,PT的HR日历中已全面实施6款实验室产品,"发展导航""成长力激发工作坊"和"同侪认可"则尚处于试点阶段。此外,HR实验室还精简了审批流程,将汇报层级从9个减少到3个:目标团队、产品负责人和管理层,以使总体研发周期从数年缩短至不到10个月,确保发挥时间价值和创造力价值(图11.4)。

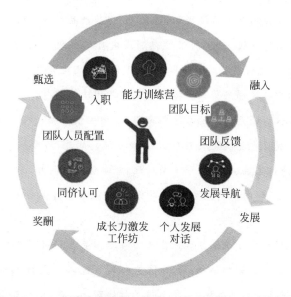

图11.4　HR实验室产品嵌入博世PT事业部员工的生命周期

好评产品1"个人发展对话"

博世长期以来采用的绩效考评系统是"目标与绩效对话"(GPD),如今被HR实验室的产品IDD(即"个人发展对话")所取代。GPD是每到年底由上司主导进行,作为一种自上而下的一对一例行考核,GPD给出的评语往往一成不变,且有滞后性,并不能提供建设性的建议。相比之下,IDD由员工随时随地发起。员工可邀请3~5位与他们一起工作或知晓其工作职责和详情的同事参加。IDD重点考核的并非员工的绩效,而是其作出的贡献,所以员工可以收集到更多有价值的反馈意见,用以指导之后的工作优化,而不是像过去那样只能接受形式化的指令。IDD在PT内部迅速推广落实。不过,由于IT部门要花数年时间才能将IDD嵌入系统之中,从而完全取代GPD,李晓虹及其团队为了敏捷性的尽快推行,只得通过纸质文件推行IDD。

好评产品2"团队人员配置"

赋能授权一直是人员管理领域的热门话题,但鲜有公司像博世那样允许员工自主选择上司。以往,员工不太关注高层人事变动。不过,HR实验室设计的首批产品之一"团队人员配置",就是让每个人都有机会选择自己的上司。HR实验室做了大量培训工作,以提高员工的提问技巧。PT提倡采用"意大利面式"组织结构,以弱化上司的权威,允许同事之间根据实际产品的宽度和广度自由组队。员工必须考虑清楚团队需要多少成员,理想的交付时间是多久,当下还欠缺哪些能力。他们比上司更清楚团队的需求,毕竟上司做不到每天都与他们沟通和共事。

调整中产品"同侪认可"

HR实验室的产品并非都一经发布便好评如潮。负责博世电动工具新兴市场业务的全球人力资源业务合作伙伴田晶依然记得"同侪认可"这款产品所经历的波折。总体来看,对薪酬不公的抱怨从来没有停息过,只是除了按级别设定员工薪酬外,暂时没有更好的选择。转型一年半之后,HR实验室的成员经过评估,认为PT员工已经成熟,足以采用新的薪酬体系,完全根据同侪评定的贡献来确定薪酬。按照田晶及其团队的设想,这一敏捷式薪酬体系的初步原型将薪酬分配的权力毫无保留地交给各个团队,由他们根据个人贡献确定成员在总预算中的占比。只有团队成员才能决定蛋糕的大小和分配。此外,为公平起见,每位员工的薪酬对整个团队公开,无论是总监、高级经理还是助理,概莫能外。而且,鉴于多个PT办事处所在地的劳动法相差很大,工会的谈判能力也有高有低,田晶在设计这个薪酬产品时还考虑了文化差异。

然而,在用户测试阶段,组织惰性和文化阻力却给田晶及其团队造成了意想不到的障碍。员工拒绝由同事决定自己的薪酬高低,也不愿意向同事透露自己的薪酬水平。转型已有18个月,员工们依然固守原来的思维模式,拒不接受敏捷理念。不过,他们已开始了数轮的原型构建和测试,旨在推出一个温和的敏捷奖励系统,以消除用户顾虑,满足他们的需求。

搁置产品"发展导航"

"发展导航"的设计尽管完全契合用户需求,但由于数据和IT基础架构的问题,终究未能推行。田晶和李晓虹从员工的咨询中发现,他们希望HR能够利用其专业知识和经验,并根据员工自身的兴趣和意愿为其提供职业规划建议。李晓虹运用人员分析概念,试图开发一个员工发展导航工具,根据员工当前的经验来规划其未来发展。按照设想,HR实验室打算设计一款职业发展产品,让每位员工均可将其所具备的能力上传至系统中,然后在整个平台同步统计数据,最终给每位员工贴上相应的标签。在实际应用时,当员工咨询职业发展方面的问题时,这款产品应该能够根据他们不同的背景和需求提供建议。

然而,HR实验室进行产品设计和原型构建时却遇到了技术难题。首先,原始数据杂乱无章,这增加了分析和获取有效洞见的难度。其次,德国总部在数据安全上有着严格的规定;对于新上传的条目,又要逐一重复同样漫长的流程。最后,IT汇报程序和基础架构无法跟上数字化需求和敏捷型组织结构的步伐。作为数字化转型的必然产物,路由加速绝对离不开IT基础架构的支持,然而,无论是PT还是HR实验室,都无法彻底改变博世庞大的IT系统和繁复的汇报程序。

前途未卜的HR实验室

三年来,HR实验室的产品迅速推广,为业务创新赋能。不过,李晓虹认识到此次转型也引发了新的担忧。

产品效果衡量与反馈收集受限

不可否认,这些产品成功引发了业务变化,如"团队人员配置"让员工可以选择新同事甚至自己未来的上司。她在一次HR会议上向全球同事介绍了新的协作式工作和思维方式,将人力资源解决方案介绍给各区域,对公司的精益治理产生了潜移默化的影响。然而,没有人能证明HR实验室的产品可以创造利润或推动业务增长。李晓虹只能降低要求,仅靠用户反馈来衡量产品成功情况,但她计划未来进行更系统的调查,进一步推动效果衡量工作。

各区域人力资源同事帮助HR实验室团队收集用户对特定产品的反馈,具体包括产品评分和定性评价。总体而言,全球各地PT员工都给予了积极的正面反馈。另外,博世内部的批评之声也促使李晓红考虑用户体验,改进产品设计。总体而言,领导者和员工都觉得,与博世的公司标准相比,如此之多的形形色色的新方案(尤其涉及审计、合规和质量管理等方面)令他们疲于应对。此外,将基于个人的评估机制转换为基于团队的评估机制,也令领导者更难厘清何人在何种程度上对最终绩效作出了怎样的贡献。还有一些员工提到自己不喜欢结对伙伴(带领对方完成入职),因为对方并未花时间用心对待入职流程。最后一点,并不是每个人都有能力进行增权赋能,员工的成熟度也会影响他们对HR实验室产品的反应和感受。李晓虹也明白,每次转型都应该给大家时间,直到他们能够并愿意作出改变。

与业务背景下的绝大多数项目一样,博世HR实验室在收集反馈时也遇到了绝对客观性的问题。例如,艾莉记得,在使用"个人发展对话"作为评估工具时,员工们都愿意向与他们关系密切的同事征求反馈,结果就是收集上来的信息很可能都是清一色的正面反馈。通常情况下,只要制度不会引起不可避免的后果或是重大危害,员工就不会拿自己的职业和声誉冒险,站出来批评上司的工作成绩。匿名调查问卷看似可以均衡员工的顾虑和领导的诉求,但由于无法确认身份,既难追踪报告过程,又难验证改进后的效果,还会给公司和员工之间带来更多的误解和紧张情绪。

组织层面的挑战

首先,尽管设立了目标团队和专业团队,缩短了汇报流程,但每个专业团队的工作量却增加了。专业团队原先只需服务少数同事,如今却变为要服务十多个目标团队。PT韩国就是这样一个比较极端的例子:转型之前,专业团队的成员只需与一两位同事打交道,而在成立目标团队+专业团队之后,他们的服务对象一下增加到了16人。为此,HR实验室已开始考虑减少目标团队的总数,整合相似需求,以减轻专业团队的负担。

其次,博世拥有悠久而辉煌的历史,可这反而成为创新和转型的负担。在李晓虹看来,博世的文化和互联网公司的文化相去甚远。博世以技能知识(know-how)为根基,员工习惯于执行上层下达的指令,而不去费神思索其中有何道理。相比之下,互联网公司则是基于原理知识(know-why),领导者善于讲故事,知道如何说服员工,激励他们开展创新。

再次,公司内部数字化程度和需求不尽相同。直接面向终端客户的事业部处于不断变化的竞争环境之中,迫切需要变革,而整个公司要实施变革则面临成本过高的问题。例如,每年3月要向IT部门交下一年的计划图,这削弱了不同区域和部门间灵活性和及时性。另外,很多用户对纸质"个人发展对话"常发抱怨之词。

最后,随着接受HR实验室指导的员工人数不断增加,需要HR人员进行人工操作的人数越来越少。如果在HR实验室产品的培训下,总监、经理和员工们都熟练掌握了各项技能,最终大家会意识到HR部门的存在似乎已可有可无。从招聘、入职、目标设定、胜任力模型制作到考评和薪酬,HR掀起了一场全面的自我变革,而这恰恰推动了博世内部的"去HR"进程。

资料来源:李秀娟,薛文婷.博世HR实验室:打造敏捷文化[Z].中国工商管理国际案例库(HRM-21-789),2021.

问题讨论:

1. 博世在HR实验室项目的推行中,遇到了哪些问题?

2. 你认为李晓虹是否应该让HR实验室继续运作下去,这是否可以使博世变得更有韧性、灵活性和活力?

3. 如何推动博世敏捷型组织的转型?部门领导应该发挥什么样的作用?

技巧练习

评估组织变革绩效

用几分钟的时间来反省一下你们组织的表现,并看看别人给你们组织变革绩效的评分。

现在评估你们组织变革时每一项重要的行为。在那些需要提高的行为旁边画"√"。

1. 确定变革的目标。

（1）策略和结构。

（2）产品和服务。

（3）技术。

（4）人员。

（5）文化。

（6）管理。

2. 管理变革的各个阶段。

（1）认识到组织需要变革。

（2）确定并计划变革：确立目标，确定风险承担者的需求，分析推动变革的力量和限制变革的力量，考虑偶发事件，并确定最佳解决方法。

（3）管理变革的过程：解冻，变革，再冻结。

（4）衡量结果，维持变革。

3. 认识到对变革的抵制。

（1）分析个人的原因：观点不同，缺乏信息，对未知情况感到害怕，习惯不同，对倡导变革的人怀有不满。

（2）分析组织的原因：对权力的把持，结构的稳定性，作用的次佳效应，组织的文化，团队规范。

4. 克服对变革的抵制。

（1）教育和沟通。

（2）参加和参与。

（3）促进和支持。

（4）谈判和达成一致。

（5）操纵和求同存异。

（6）明显的和隐晦的强制。

5. 利用领导变革的技巧。

（1）制造危机感。

（2）组成领导联盟。

（3）创造短期可见的成功。

第十二章
可持续发展的助推剂——践行企业社会责任

什么是企业社会责任

迄今为止,CSR(corporate social responsibility,企业社会责任)在全球并没有统一的定义,它被认为是一个动态的概念,在不同时期,其含义不尽相同,其概念也随着社会的不断发展和全球化的影响,在被不断扩充和完善。根据欧盟 2001 年所提出的概念,企业社会责任是企业自愿将对于社会和环境问题的关心纳入其业务运营以及与利益相关者的互动中。国际标准化组织发布的 ISO 26000 对社会责任的定义为"组织通过透明和道德的行为对其决策和活动在社会和环境中的影响责任:为可持续发展做出贡献,包括健康和社会福利;考虑到利益相关者的期望;遵守法律并符合国际行为规范;融入整个组织中并在其关系中实施"。

另一个与 CSR 相关的概念是 CC(corporate citizenship,企业公民),由 CSR 延伸而来,将企业"公民"化,即权利和义务的统一。此概念更加强调企业和社会互惠共赢的关系。企业社会责任是企业公民的思想指导;在当今经济全球化的背景下,成为优秀的全球企业公民是社会责任运动的终极目标。

CSR 的概念和理论框架

1924 年,英国学者奥利弗·谢尔顿(Oliver·Sheldon)最早提出企业社会责任的概念。1953 年,美国学者鲍恩(Bowen)在《商人的社会责任》中提到 CSR,强调了商人应按照社会期望来经营企业,至此,开启了现代企业社会责任的研究之路。企业不应利润至上,只把股东作为核心利益相关者;在经营过程中,不可小觑劳动者和消费者的价值,以及对保护环境和缓解社会问题作出贡献。20 世纪中后期,CSR 的观念逐渐成为社会共识,其理论框架也在不断更新。在早期研究中,最具代表性的理论基础有金字塔理论(Pyramid of CSR)和三重底线理论(Triple Bottom Line)。

金字塔理论

金字塔理论由阿奇·B.卡罗尔(Archie B. Carrol)于 1979 年最先提出,后于 1991 年完成模型优化(图 12.1),该金字塔说明了 CSR 的类型和发展顺序:从底部到顶部分别为经济责任—法律责任—伦理责任—慈善责任。这四种责任,较为全面地概括了 CSR 需要关注的维度。

第一层是经济责任,企业应首先履行经济责任,简单来说就是盈利。企业作为一种经济机构,生产社会所需要的产品和服务,并为社会创造就业岗位。企业按照合理的价格出售商品或服务,其销售收入和净利润确保企业的正常运营,并为公司未来的发展提供动力。企业的经济责任是最基础的,也是最核心的。因为如果企业不能盈利,其他层面的社会责任都是空谈。

第二层是法律责任,企业在盈利的同时要遵守法律。作为社会的组成部分,社会在提供企业生产活动的资源时,同样也制定了相关的法律法规。企业应自觉遵守,在法律允许的范围内进行商业活动。

图 12.1   金字塔理论

第三层是伦理责任,指企业的运营需要与社会的道德规范和伦理规则相符,属于较高层次的 CSR;它与法律责任互补,伦理责任更多的是依靠企业的良心和自觉性。道德责任体现了社会对企业的规范标准以及价值观的期望,以保障员工、消费者、股东和所在社区的利益。该层次基本包含三个方面:人权、公共伦理和生态伦理责任。

第四层也是最高层次,是慈善责任,能够履行这一层面的社会责任便是一个优秀企业公民的体现。这一部分是指超出法律和道德层面,但不在伦理责任的范围之内,是企业自愿做出造福社会的行为。值得注意的是,企业选择做慈善时,应该基于前三层社会责任的履行,而不是依靠慈善活动来塑造公司形象或者"洗白"企业的一些不道德行为。

三重底线理论

三重底线理论于 1994 年由英国学者约翰·埃尔金顿(John Ellington)提出,他认为企业社会责任要考虑经济,环境和社会这三个最基本的内容,也就是 3P 模型(profit,planet,people)(图 12.2)。在经济底线上,企业应考虑如何创造更大的价值。在环境上,企业的发展不能以牺牲自然为代价。在社会层面上,强调了应重视人文环境,企业内部需要考虑员工利益,以人为本;在企业外部,关注消费者、供应商等外部利益相关者的权益,建立良好的互动关系。

图 12.2   三重底线理论

与卡罗尔的金字塔模型不同的是,三重底线模型下,经济、环境和社会三方面没有等级关系,是需要同等同时考虑的。因此,企业需要将三方面综合统一起来去考虑 CSR 的实践,从而实现可持续性,而不是单纯追求经济层面中的企业利润。

CSR 与利益相关方

根据利益相关者理论(Edward Freeman,1984),为公司正常经营所提供资源的个体或团体组织都是其利益相关者。企业的资本不仅来自股东,还来自企业的员工、消费者、供应商、社区和自然环境等。股东提供的是物质资本,而其他利益相关者也提供相应的人力资本、技术资本、社会资本和自然资本等来维持企业的正常运行与持续发展。企业的可持续发展只关注股东的财富增长是不够的,还应关注与企业发展息息相关的其他利益相关者的利益可持续性。因此,企业社会责任不仅仅是对于社会而言,更准确地说,它是对于企业利益相关者的企业责任。我们需要把"利益相关者的可持续性发展"的概念融合在 CSR 的理解中。

(1)股东。股东是企业的投资人或股份的持有者,是企业存在的重要根基。首先,维护股东利益,对股东投资的安全性、收益性和成长性负责,实现股东利益最大化,是公司对股东应尽的经济方面的责任。其次,公司需要依据相关法律,使股东行使其应有的权利,以确保股东的合法权益。企业应及时并准确地通过企业财报向股东披露企业信息,不得存在隐瞒或谎报等不道德行为。

(2)员工。员工为企业提供劳动力,使企业生产活动得以正常进行。企业应与员工签订劳动合同,并依照相关法律规定保障员工权益,不得存在歧视和压榨员工的行为。对员工的劳动付出给予合理的报酬,并提供安全、健康的工作环境。同时,应为员工提供保险、福利等基本社会保障。考虑到员工和企业共同发展的可持续性,企业应为员工提供职业培训以及参与企业管理的机会。

(3)消费者。消费者即企业产品或服务的购买者。根据国际上针对保护消费者权益的准则,有三项消费者基本权益的保障:安全的权利、知情的权利和自由选择的权利。企业应保障产品的安全性;应为消费者在选择商品时提供真实的产品信息供其参考,不得提供虚假信息或夸大产品效果来侵犯消费者的知情权或者强买强卖危害其自由选择的权利。消费者和企业的关系既对立又统一,为实现消费的可持续性,企业应尊重和平等对待消费者,提供健全的售前售后服务,并且妥善处理客诉。

(4)社区。在社会学领域下,社区是指固定的地理区域范围内,相互关联的人群和组织形成的具有社会功能、可创造社会规范的区域,是社会的宏观缩影。企业的运营和发展离不开所处社区的参与和发展,二者相辅相成。企业对于社区的社会责任在于通过扩大经济活动来创造就业岗位。通过政府部门的支持,扩大教育、文化等社区服务等。

(5)自然。随着全球气候恶化、资源枯竭等环境问题的凸显,对于环境保护的社会责任引起企业关注。企业应根据相关法律规定,降低企业污染物的排放,合理开采和使用资源。道德责任下,企业应以"人与自然和谐共处"的原则,提倡绿色化;在资源利用上进行工艺创新,使用绿色环保原料,减少污染。

企业和其利益相关者之间存在着契约关系,为彼此的发展与进步共同承担责任。企业如果一味追求利润的最大化,只关注股东的利润,而忽略其他利益相关者,这并不能直接促进社会发展,反而会引发一些潜在的社会问题,如恶性竞争对于市场以及消费者的伤害,过度开采自然资源对于环境的伤害等。只有遵循契约关系,利益才均得到保护。同时,契约作为一种重要的形式在社会交换中扮演着举足轻重的角色。各利益相关者彼此依赖,当相互需求存在时,即有互惠交换的进行。所以当企业从社会中获得资源,由于社会交换遵循公平互惠的原则,企业需要回馈社会来形成良好的互动,实现社会进步的可持续性。

履行 CSR 的必要性

社会为企业提供了支持企业正常运营的多种资源和帮助,包括人力资源、法律体系、基础设施和自然资源的获取。作为社会的一分子,企业在享受权利的同时,还应履行义务慷慨解囊回馈社会。正是权利与义务的相互制约和协调,推动了社会和自然的可持续发展。承担社会责任给企业带来的效应可分为外部和内部两方面。外部指企业形象和声誉的提高,从而吸引人才;内部则是促进员工的组织认同感,使员工组织公民行为增加,他们会自发地多做对组织有益的事情,创造出更多的价值。除此之外,随着国际组织的积极倡导,以及面对第三方评级报告的压力,承担企业社会责任成为必要。

人才吸引

企业间的竞争实际上是人才数量和人均产值的比拼。人力资源作为企业的核心资源,人才流失会给企业成长带来巨大的负面影响。而企业对于人才的吸引很大程度上是来源于企业价值观和组织文化。企业社会责任的承担则是传播企业价值观的一种有效途径,可吸引到志同道合的人才。与此同时,在履行社会责任的同时,企业树立了良好的品牌形象,提升了知名度,也增加了在择业需求上的优势。有研究表明,企业的社会责任观念在员工评价其组织的吸引力方面发挥着重要作用。密歇根大学曾对世界 500 强企业做过调查,研究发现有七成以上的新员工在挑选雇主时,企业社会责任感被列为必要标准之一。

社会责任不仅对人才有吸引力,也会给现有人才的稳定度带来积极影响,使跳槽率大幅降低。企业为员工提供更健全的福利条件,设立有竞争性的薪酬制度,满足员工在物质方面的需求,可减少员工生活上的后顾之忧。此外,在员工成长过程给予足够的支持,企业不仅仅提供基础的岗位培训,更关注员工个人的想法,以人为本,提供便捷的教育资源,满足个人发展与组织需要的一致性。这不仅提升了员工的就业稳定性与个人效能,也可推动企业成长。在一个积极履行社会责任的公司里工作,社会对于企业的认可也促进了员工对组织的认同,使员工产生自豪感。当员工的自我成长需求可以在公司中得到高度满足,并且工作声誉高,心理也得到满足,员工自然会更投入工作中,提高组织承诺,降低离职倾向的产生。

组织公民行为的促进

当员工感知到企业对其负责任的行为时将会增加归属感,产生回馈心理,其具体表现为员工组织公民行为的增加。在第四章,提到过组织公民行为的五个因素(利他行为,尽职行为,运动家精神,谦恭有礼,公民道德),员工对企业社会责任的感知,可明显刺激其中的三个,分别为利他行为、尽职行为和公民道德。

利他行为

员工会在一定程度上主动承担更多的工作责任,甚至是本职工作以外的部分,如自愿帮助同事完成任务、不过多考虑个人得失、把组织的利益优先于自己的利益。

尽职行为

员工工作的专注性和积极性会提高,会按时高标准完成任务,还会继续探索,在自己的本职范围内还可以做些什么,达到尽善尽美。

公民道德

这里的公民道德分为两方面:对组织内部和对组织外部的公民道德行为。把自己视为组织的重要一员,主动关心和投入组织中的各种活动;关心组织的大事件,并对组织提出建设性建议。而在组织外,员工对企业社会责任的感知也会促进员工的亲社会和亲自然行为,如积极参加志愿者活动、严格进行垃圾分类,让企业真正成为一个由富有社会责任感的人构成的组织,而不是让 CSR 只成为一种企业行为。

经济效应

近年来的实证研究结果表明(Vishwanathan 等,2019),企业社会责任活动和公司财务绩效成互为正相关的关系。通过 CSR 可降低企业风险和增强创新能力,直接使公司提高财务回报。通过企业声誉提高和员工回报的增加,间接性提高财务回报。

CSR 的内容是多样的,当涉及减轻企业供应链和价值链活动中对社会与自然的危害时,在一定层面上,企业的运营成本也降低了。当企业有意识地进行能源使用上的管控,如设立用电量节省和减少碳排放的小目标,以及污染物的治理和防治等,企业往往也降低了成本。在 CSR 的践行中,减少了资源的投入,降低了资源利用率的潜在风险,成本得到有效控制,促进了企业可持续化发展。

应时代潮流的指引,随着安全、环保、健康的需求与日俱增,企业仅仅做到表面上的社会责任还不够,在产品和服务的生产以及呈现方式上也需要满足此需求的创新。例如在产品的原材料使用上提倡使用可再生能源,可减少环境污染。有的企业在商业模式上进行创新,直接与社会责任相互融合。也正是 CSR 在这个时代的重要作用,为市场提供了一个获得竞争力的新方向。因此,当 CSR 融入企业的战略层面,其产品研发和服务需要响应社会需求时,企业创新力则被不断推动。

越来越多的企业将社会责任视为公司品牌的一部分,与企业的经营行为目标一致,并符合社会伦理道德的要求。当企业投身公益,展开志愿活动,大众感知到的是一个符合社会期望的有社会责任感的企业,进而对该公司产生好感。例如,英国企业美体小铺(The Body Shop),这家企业十分注重对社会环境的贡献和对自然资源的保护。它所有的产品,原材料都是纯天然的,而且坚决反对用动物进行产品实验,并用再生材料制造包装瓶,杜绝一切过度包装的浪费。正是如此,美体小铺树立了良好的社会责任形象,提高了其在消费者心中的地位。而这种对企业声誉的感知会进一步影响消费者行为,可深化其购买意向和对品牌的忠诚度。因此,企业声誉在企业的正常经营和获取资源中扮演着重要的角色。

当企业积极履行对员工的责任,更加关注员工的身心健康和技能发展,为其提供一系列支持时,劳动者的投入度和效率也会随之提高,那么企业的生产力也提高了。同时,当企业为员工打造幸福的工作环境时,员工的幸福度和满意度随之提升,跳槽率随之降低,这对企业的成长也是至关重要的。总之,CSR 不是企业的负担,而是作为提高企业竞争优势的核心,是企业持续健康发展的动力。

国际组织的倡导

在经济全球化的影响下,很多国际组织为推进企业社会责任,促进全球企业公民,建立了适应跨国企业的标准化体系和守则,并成立相关机构;其中联合国全球契约计划、经济合作与发展组织发布的《跨国公司行为指南》和国际劳工组织(ILO)的《关于多国企业和社会政策的三方原则宣言》发挥了重要作用。这些机构制定的企业社会责任倡议覆盖了多个区域和行业,同时也被广泛认可和参考,使企业可以更好地履行 CSR。

联合国全球契约组织(下称“全球契约”)于 1999 年在瑞士达沃斯论坛上被提出,在 2000 年建立,截至 2022 年,有超过 17 000 家企业会员和其他利益相关方会员,来自 170 多个国家。全球契约是推进 CSR 和可持续发展的重要的国际组织,其目标在于呼吁并动员参与可持续发展,让企业履行社会责任,创造更好的世界。参与全球契约的企业和机构需遵守在人权、劳工标准、环境保护和反腐败四个方面下规定的十项原则,并承诺每年发布报告;如果企业不履行,则会被契约组织剔除。

经济合作与发展组织在 1976 年制定了《跨国公司行为准则》(下称“行为准则”),获得 34 个国家政府的共同签署,并逐步在全球推广。行为准则主要包括以下九个方面的内容:信息公开,人权,就业和劳资关系,环境,打击行贿、索贿和敲诈勒索,消费者权益,科学技术,竞争,税收。行为准则旨在为全球化企业在开展国外业务时提供指南,已成为跨国企业在改善公司治理的指导基准。

国际劳工组织成立于 1919 年,制定了八项涉及劳动者相关的基本权利的公约,被称为核心公约;主要涵盖禁止强迫运动、消除童工、非歧视、结社自由和集体谈判四个方面的内容。《关于多国企业和社会政策的三方原则宣言》(下称“三方宣言”)经 1977 年批准,后经三次修订。三方宣言旨在为多国企业,组织和政府提供一般政策,就业和培训、工作和生活条件以及劳资关系等方面的指导方针，帮助建立有利于体面工作、可持续经济增长的大环境。

除了上述提到的三个在早期企业制定社会责任指南经常用到的文件外，《ISO 26000 社会责任指南》是目前唯一的国际标准化文件，具有自愿性和非认证的特点，普遍适用于任何形式的组织（图 12.3）。

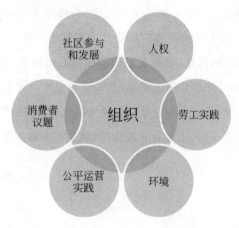

图 12.3　ISO 26000 六个核心主题

国际标准化组织（ISO）在 2010 年 11 月 10 日正式出台 ISO 26000。ISO 26000 明确了 CSR 的责任范围，按照社会责任的最佳实践，为组织提供一个框架性指南，支持组织实现可持续发展。

ISO 26000 包括六个核心主题：人权；劳工实践；环境；公平运营实践；消费者议题；社区参与和发展。ISO 26000 的出台有助于加深对社会责任原则的理解，推行普适的商业原则，将社会责任融入企业的战略管理中，为全球性社会议题相关的企业交流和合作提供平台。

影响投资者的决策

企业的行为动向无时无刻不在被媒体和大众关注与监督着。媒体除了具有监督者的身份，还扮演着舆论走向的引导者角色。社会舆论的影响力使得企业自愿组织社会责任活动，发布 CSR 相关信息，为企业品牌树立良好形象，获得良好声誉。在媒体和公众对于企业的 CSR 履行程度的关注下，为了给投资者和公众提供更加准确、客观和全面的信息，第三方评级报告顺势而生。第三方评级报告会使企业感到竞争压力，在一定程度上也驱动企业对 CSR 的践行。在评级报告中，积极履行社会责任的企业会得到大力宣扬，为企业带来更高的公众关注度和更大的竞争能力。

除了企业公众形象，企业社会责任的履行关系着企业可持续发展的能力，因此也对投资者决策起着至关重要的作用。企业需要发布 CSR 报告来向投资者和公众进行相关信息披露。CSR 报告一般不具有强制性，且标题多样，如社会责任报告、可持续发展报告、ESG 报告等。ESG 是指环境(environment)、社会(social)和治理(governance),这三方面恰恰和 CSR 的三重底线模型相符合,因此 ESG 亦会作为衡量企业社会责任表现的指标。根据香港联交所 2015 年修订的《环境,社会及管治报告指引》,上市公司的 ESG 信息披露具有强制性。联合国发布的 17 项可持续发展指标(SDGs)和《巴黎协定》碳排放减少的计划承诺,也驱动着企业对 ESG 的信息披露。环境方面主要包括污染物排放、生态资源的利用效率、气候变化等主题。社会方面主要处理雇佣及劳工常规,产品责任以及社区参与等相关问题。治理方面是关于公司运营管理以及企业行为信息的披露。

ESG 为投资者在做分析与决策时提供非财务信息依据,因为这些方面影响着企业未来面临的风险大小以及为社会创造的价值的程度。从目前的趋势看,财务信息和非财务信息将会被整合,成为一体化报告,为投资者和大众提供更全面的信息来评估企业的持续运营能力。

企业社会责任活动的选择

在履行社会责任时,如何选择合适的行动主题才能保证 CSR 实施的有效性,是企业首要考虑的问题。开展 CSR 活动的初衷在于帮助解决社会问题,同时也为企业带来商业利益。在企业公民意识的不断推行下,越来越多的企业已不单单进行环保、扶贫、捐赠等公益活动,而是更多地考虑如何将 CSR 和核心业务相关联,如何善待员工,增强企业的核心竞争优势。

从反应型 CSR 到战略型 CSR,实现价值共享

迈克尔·波特(Michael Porter)根据企业社会责任活动与核心业务的相关程度,将 CSR 分为反应型(responsive CSR)和战略型(strategic CSR)。在波特看来,社会问题可以分为三类:第一类是一般普遍的社会问题,不受企业运营和长期竞争力的影响;第二类是价值链相关的社会问题,和企业经营活动息息相关;第三类是存在于外部竞争环境的社会问题,会对企业竞争的根本驱动力造成巨大影响。企业在对社会责任的履行处于觉醒阶段时,反应型 CSR 应用较多,帮助解决第一类社会问题和部分第二类社会问题,通常情况下不会上升到运营和战略管理层面,仅起到对公司品牌形象的修饰作用。反应型 CSR 包含两个层次:首先,企业扮演着良好的企业公民的角色,对不断变化的利益相关者话题保持敏感并及时予以应对措施,以及减小现有或预期商业活动的不利影响。其次,当企业价值链活动中出现危害时,比如节能减排方面,公司及时进行 CSR 活动以减小负面影响,消除危机。而战略型 CSR 已超越良好的企业公民身份和减小有害的价值链影响,企业会积极优化价值链,在运营活动和竞争环境的社会因素这两者中间找到共享价值,以不同于竞争对手的方式做事情,以降低成本或更好地服务于客户,为造福社会和商业效应带来更巨大、更独特的积极影响。

由此可见,反应型 CSR 的做法是传统的,是出于社会环境对企业运营要求的应对,履行

反应型 CSR 给企业带来的优势通常很难持久。只有积极主动地探寻 CSR 与核心业务的共享价值,战略性地承担社会责任,才能最大限度地积极影响社会,同时收获丰厚的商业效益。当企业将其相当多的资源、专业知识和见解应用于造福社会的活动时,企业的社会责任可以成为强大的推动社会进步的源泉。

以人为本,重视员工

企业,从本质上说是人的集合体。正如康德所说,"人是目的,而非工具"。公司的发展自然离不开员工的成长,企业核心竞争力的提升不可小觑员工发展的重要性。以人为本,把员工作为第一重要的利益相关者,已成为 CSR 的核心主题。企业对员工的社会责任,既是法律上也是道德上的要求。法律上体现为满足员工的基本保障:提供健康安全的工作环境,保证员工休息时间以及获取合理薪资。在人权上,尊重员工的多元性,提供平等的就业、培训和晋升机会。对员工的道德责任指在相关法律的限制之外,为获得员工信任,增进员工归属感的企业行为。然而,有一些企业领导者对员工进行精神上的扭曲控制,如打压自信心,为了让其唯命是从,这实际是一种极不负责任的行为。企业需要正向激励员工,尊重员工贡献,让员工感知到企业社会责任,从而增加其工作动力。

薪资福利与工作环境

这方面的责任是超出在企业对员工的在劳动法等相关法律的要求上的基本保障。公司的薪资制度应具有差异化和增长性。单纯的"高薪"已不再有竞争力,更多的人才则看重薪资的公平性和增长速度。除了基础的"五险一金",很多企业增加补充医疗保险(包括子女保险)、免费班车和企业年金等;还有一些大企业出资为外地员工解决住房问题,这些措施都可大大提高员工的工作稳定性和满意度。

良好的工作环境对于员工的健康和效率都有着至关重要的作用。英国学者发现(Nieuwenhuis 等,2014),用绿色植物增加装饰,员工的工作效率可以提高 15%。这不仅仅是绿植释放氧气的效果,更重要的是,这些绿植的存在使员工的情绪和态度发生了微妙的积极变化。工作环境除了指办公室,还有工厂车间,以及户外作业的环境。在工厂:是否合理处理工业废气、废液,减少对员工健康的伤害;是否提供有效的健康防护设施;是否对有危险性的材料以及设备进行规律性的检查。对于户外环境:是否做好应对危险发生的防护措施;是否对天气情况进行预测。这些都是企业应该考虑的责任问题。我们常说希望员工把公司当作自己的家,那如果公司没有一点家的温馨模样,又如何让员工产生这样的想法?

开辟员工发展空间

在这个人才济济的 21 世纪,人们已由为了"企业"而工作转变成了"自己"而工作的观念。员工不仅为获得满意的经济收入,更加在意自己能否在企业中找到自己的位置,和自己的职业赛道相匹配。因此,企业是否可以帮助员工不断成长,成为更优秀的人,成为留住人才的有效方式,而终身雇佣制早已不再奏效。注重员工个人需求,慷慨提供教育资源。正如很多企业设立企业大学,不仅提供和本职岗位相关的技能培训,还提供人文社科、前沿科技和兴趣爱好等多方位的课程。这些看似和本职工作不相关的能力与知识可激发员工无限的潜能和创造力,为企业创造更多的价值,员工自身也获得更高的自我价值。

除了帮助员工不断进行螺旋上升式的成长,企业对员工的负责也应体现在灵活的岗位调动上。个人对职业的需求也会随着成长阶段不同,或者受到外界干扰,如家庭和所在社区,而发生变化。企业需要敏锐地察觉到员工对原有岗位的积极性下降,了解其中原因,帮助员工进行协调。

鼓励员工参与

企业对员工的责任除了薪资福利、健康安全的工作环境、发展空间,还有是否重视员工作为"主人翁"的角色,使其成为决策的参与者。员工不仅是雇员,还是企业发展的动力;在如今人才难寻的时代,员工不再是工作的被动选择者,而是主动选择为谁工作,因此员工同样也是企业的内部"客户"。作为"客户",员工自然有对企业管理的发言权,企业应该听到员工的声音,提高民主性。被提出的需求和意见虽不免有一些不合理要求,但更多的还是真实情况的反应,恰恰是高层管理者看不到的地方。这样的机制建立后,有利于改善中国企业中权力距离较大的普遍现象,也会促进决策的科学性。当员工提的建议被认可接受并予以采纳,员工心理上会真正认为自己是公司管理的参与者,增强组织归属感,与企业共担荣誉。

紧跟潮流趋势,及时调整 CSR 活动方向

随着 CSR 的重要性愈加得到认同,全球企业社会责任已步入一个新的阶段。在中国,CSR 经历了几个阶段性的进步,近年来超速发展,已经成为企业参与国际竞争的重要影响因素。目前,中国的企业社会责任实践活动总体可分为八大类别:环境保护、精准扶贫、关爱弱势群体、助学助教、文化体育、抗震救灾、社区公益、海外公益。环境保护和精准扶贫是近年来中国政府倡导的热点社会话题,且效果显著,中国已实现全面脱贫,成为世界上减贫人口数最多的国家,对世界减贫贡献率超过 70%。同时,不同行业在 CSR 实践方向结合自身行业,侧重于不同议题的关注。比如,租赁和商业服务业在社区公益投入较多,建筑业较多关注海外公益。

在未来趋势上,环境保护依旧是关注重点,气候风险已被视为一种财务风险,成为投资者关注的问题。很多国家和地区都提高了碳排量减少目标,正在积极应对气候变化,增强碳排放的量化披露。新冠疫情席卷全球让很多企业措手不及,也暴露出公共救助结构的漏洞,因此安全和社会保障建设成为未来 CSR 活动的主要内容。在疫情常态化时代,企业应增强组织的韧性,客观评估企业内外部运营环境,及时发现系统性危机,进行战略性调整和变革,快速适应新环境,以致力于践行共同价值观。

企业社会责任的管理

虽然社会责任已被世界各国企业所接受并践行，但单独实施还远远不够有效。目前部分企业社会责任的实施仍具有协调不均、无效支出、没有任何战略目标的特点。企业要找到社会责任实施有效的途径，作出有对社会有深远意义的贡献，就必须认识到企业社会责任与企业文化是密不可分的。在 CSR 的文化建设中，为了实现整合的完整性、有效性和透明度，CSR 活动需要战略性地整合到公司的组织架构中，以得到公司中层员工和基层员工的重视。因此，应设立企业社会责任文化部门和专业的 CSR 经理人对其活动执行进行管理，从而协调企业社会责任目的和总体业务目标的融合一体。

将社会责任渗透至企业文化中

企业文化定义了一个公司的行为规范，其塑造的价值观体系和精神秉持被体现在每一个员工的行为和经营活动中。企业对社会责任的态度影响着公司对待利益相关者的行为方式；相互地，这些行为也决定着利益相关者对企业的看法。当社会责任成为企业使命，融入文化中，才不会让 CSR 成为一个"附加品"。

当社会责任作为企业文化的一部分，建立具体的企业价值行为体系与管理制度。这些被纳入文化中的 CSR 主题，不能仅仅作为口号，挂于墙上，沟通与计划也十分重要。CSR 负责人需要将社会责任的实施形成一个和企业文化协调一致的独立战略结构，制定明确的活动和目标，实现对社会的最佳贡献。这些具体的实施方案使企业文化"外化于形"，员工在行动中可深入理解文化、实现潜在的价值和信念。建立管理制度和制定具体的行动方案可以提供必要的保障，但制度经常被当作"形式主义"，有一些人只是为了应付，敷衍了事。因此，要做到真正地落实企业社会责任，还需将文化"内化于心"。

对于 CSR 文化的贯彻，公司高层管理者应发挥榜样作用，以身作则。领导层需要扮演积极倡导企业社会责任的角色，不仅口头上进行呼吁，还要从点滴做起，身体力行。但 CSR 的执行还是要依靠企业中、基层员工。员工的价值观、信念和行为规范会影响他们对企业社会责任的认知和行为。所谓"心动，才会有行动"，只有当员工对企业社会责任主导的企业文化深度认同时，才会积极执行，将对社会责任的考虑渗透到日常工作中。如果员工从内心深处不理解或者不认同社会责任的重要性，认为是企业的事情，与自己无关，那么他们就不会在活动中尽心尽力，这样的社会责任文化就如空谈，毫无意义。

每个人的价值体系各不相同，帮助员工找到与企业一致的价值取向，领导者便可以为员工建立更强的使命感。首先需要将企业社会责任和员工发展相联系，让员工在提升自我的同时，也帮助别人。一些公司注重长久性的高绩效和高效能，慷慨投资培训，定期组织相关的培养计划以使其员工受益。同时,当员工对此也深入认同时,便会积极参与学习,愿意学以致用并发展他人。例如,苹果公司一向注重员工培训和技能提升以促进职业发展,同时也将此价值观传递到用户社区。企业员工认同这一价值观,因此乐于在苹果实体店给消费者提供一些免费课程,介绍如何高效实用其品牌的电子产品,同时也涉及音乐、摄影等艺术相关课程。这使苹果店不仅仅是销售门店,更是一个可获得技能、易于交流并受大众喜爱的社区化场所。

此外,企业积极履行 CSR,被外界认为是有威望、具有良好企业品牌形象的公司,作为该公司的员工,与被视为与众不同的公司相关联,使员工拥有一种自我优越感。不难想象,在一个有声望的公司工作,并共享价值观,自然会培养出员工自豪感及愿意贡献的精神。在帮助他人和服务社会的同时,员工个人也能够获得外界的积极评价,达到较高的自尊和自我价值的实现。为了保持这种优越感和个人价值实现,员工倾向于继续承担社会责任,与企业文化目标保持一致。

由此可见,CSR 文化需要自上而下地落实,更重要的是需要企业员工对文化的认同。公司的雇主品牌塑造和文化价值观的建立与贯彻,都应该建立在对员工产生积极影响的基础上,先"外化于行",后"内化于心";借助企业文化的力量,促进 CSR 的推行。

通过战略性 CSR,创造真正的竞争优势

企业社会责任和可持续发展紧密相连,将 CSR 和企业战略相结合,是保证其履行长久性和有效性的有效途径,也是保持企业可持续性发展的必要条件。近年来,世界各地越来越多的公司自愿践行多样的社会责任活动。有些学者认为,这些实践的加速广泛应用使得企业社会责任活动变成企业的"普遍做法",且实践活动具有趋同性。那么当企业采取的社会责任实践越来越相似,并可以高度模仿时,也引起了关于履行社会责任可对其组织的长期竞争优势起到积极影响的质疑。

根据波特对于战略的定义,他认为战略就要产生差异性,"战略的本质是选择一个独特的且有价值的定位,并将种定位成功根植于看起来与之无法匹配的经营活动体系中"。因此当企业社会活动越来越相似,尤其在 ESG 的社会和环境的方面,这也是 CSR 的现状之一,那么 CSR 会变成企业的普遍实践,成为战略中必要考虑的因素,却无法成为差异化战略因素,因此无法带来长久的竞争优势。那些竞争对手无法复制的企业社会实践是真正战略性的,经研究证明,采用真正战略性 CSR 实践的公司,其资本回报率和市场估值倍数均有显著的提高;然而采用相似 CSR 实践,市场估值倍数呈正相关影响,但其资本回报率无变化。因此,企业社会责任的履行对于企业发展的可持续性是一种必要性,因为它会提高企业运营效率,使企业市场估值提高。而 CSR 活动的"最佳实践"必须是与众不同的,通过采用其竞争对手无法模仿的可持续发展措施,企业会实现真正的竞争优势和社会优势。

企业社会责任要求企业作出对社会、自然、全人类有意义的贡献,但企业的实质是创造价

值、产生利润。很多企业 CEO 会认为这两个目标相冲突,但当这两个看似冲突的目标达成一致时,就实现了真正的战略融合。在这一目标的实现中,企业创新能力发挥着重要的作用,这需要一个积极沟通、不断探索、不断改进的过程。

小结

本章我们重点对企业社会责任做了介绍,从概念起源、理论框架、履行的必要性、内容选择到与文化和战略融合的重要性。从根本上,CSR 是对利益相关者的责任,除了对股东、员工、消费者,自然和社区也需要企业对其作出有意义的贡献。履行企业社会责任是可持续发展的实现路径。社会责任的履行可提高企业声誉、促进员工组织公民行为、吸引人才,并带来商业效益。CSR 在 21 世纪初期进入中国,近年来得到企业的高度认同并快速发展。在企业加速应用社会责任活动时,应注意 CSR 内容的选取;逐渐从反应型 CSR 过渡到战略型 CSR,使其融入战略中,创造共享价值。以人为本,重视员工,将 CSR 渗透进文化价值体系和管理理念中,保证企业社会责任的内部感知和认同,促进 CSR 活动执行的有效性和长久性。企业需要通过思考和创新寻找到与众不同的 CSR 战略定位,获取真正的竞争优势,使得企业的成功和社会福祉成为双赢。

行为指南

以下是社会责任文化部门在全公司开展 CSR 活动计划在动员阶段的具体策略。

1. 建立企业内部的社会责任联盟

首先,在各部门识别出对推动 CSR 事业有热情的同事,建立一个员工网络。在 CSR 活动的执行中,进行跨部门合作,且不同部门的业务可相互关联,以逐步提高社会责任在公司内部的渗透率。

2. 让企业社会责任感深入人心,产生共鸣

将 CSR 的抽象概念与日常业务紧密相连,有利于得到员工的支持和承诺。当员工感知到 CSR 无处不在,不仅和工作相关,更对个体自身发展有积极意义时,便容易理解和认同。

3. 使用适当的激励措施

激励措施的有效性取决于对员工的了解程度,可谓"知己知彼,百战不殆"。建立长久定期的沟通,在增进彼此了解的过程中找到企业社会责任触动员工的机制,这样 CSR 经理人方可对不同受众使用合适恰当的激励语言和行动。

4. 对标内外部标杆,建立竞争

当企业社会责任绩效被评级且公之于众后,大家自然是不甘落后的。在公司内部,可比

较不同分公司或事业部的 CSR 活动表现,以促进履行 CSR 的积极度,并且相互学习,分享最佳实践流程。在外部,可根据第三方评级机构,通过和竞争公司的比较来刺激本公司对于 CSR 的重视程度。

以下是企业社会责任报告编写的一些注意事项。

1. 编写原则

(1) 保证信息的时效性和准确性,为大众提供真实、有效的信息。

(2) 保证内容的客观性,不仅展示积极的成效,也要说明责任履行的不足。

(3) 具有针对性,虽需要涵盖对所有利益相关者的社会责任信息,但应适当有所侧重,满足社会期望。

(4) 满足可读性,文字表述便于理解,数据表达清晰。

2. 内容体系

(1) 客观并系统地分析企业与每一个利益相关者的互动关系,明确企业履行的社会责任范围。

(2) 说明社会责任履行方式,体现社会责任理念,总结实践经验。

(3) 客观说明企业社会责任活动成效,量化显示对社会和环境的价值。

(4) 寻找做得不足、仍需改进的地方,制订下一步的目标和计划。

自我评估

企业对员工的社会责任履行评估

请你按照实际情况,回答下列问题;按照打分标准,选择合适的分数填写在空格上处。

打分标准

1 分——非常不同意;2 分——不同意;3 分——有些不同意;4 分——不确定;5 分——有些同意;6 分——同意;7 分——非常同意

_____ 1. 我们公司并未雇用童工或其他强迫性劳动者。

_____ 2. 我们公司为员工提供了安全且健康的工作环境,并持续改善工作环境的宜人性。

_____ 3. 我们公司在员工薪资和福利上保证公平、公正。

_____ 4. 我们公司提供平等的就业和晋升机会,避免歧视(年龄、性别、种族以及宗教)。

_____ 5. 我们公司提供员工参与公司管理的渠道,提高企业民主性。

_____ 6. 我们公司尊重工会的谈判权。

_____ 7. 我们公司关爱员工,尽可能地为其提供帮助,解决生活上的困难。

_____ 8. 我们公司重视员工的职业发展需求,并提供充足的教育资源。

　　_____ 9. 我们公司给予员工适当的自主性。

　　_____ 10. 我们公司支持员工的生活与工作平衡,可申请弹性工作时间。

(计分见附录 12.1)

案例分析

南自电网

　　但凡供电设施出现重大事故或故障,处置现场一定会出现南京国电南自电网自动化有限公司(以下简称"南自电网")抢修员工夜以继日奋战的身影。自新一届领导班子上任以来,南自电网着力强调企业社会责任。新的领导班子认为,公司在不断市场化并提升效益的同时,更有责任保障国家和民众的公共利益,通过保证电网的安全运行,进而提升广大城乡居民的生活质量。可是,看着手下这群以"80 后""90 后"年轻人为主的员工夜以继日地工作,尤其是想起每年人均出差接近300 天的服务团队,领导班子也不免忧心忡忡:这样长期下去,员工承受得住吗? 好不容易招聘来的员工会不会因为不满工作状态和环境而离职? 公司能为员工做些什么呢?

公司简介

　　南自电网是由国电南京自动化股份有限公司(以下简称"南自股份")与 ABB(中国)有限公司(以下简称"ABB 公司")共同出资组建的合营公司,于 2012 年初正式投入运营,注册地和经营地均在南京。南自电网整合南自股份与 ABB 公司在国内的电网自动化业务,实现了双方在市场、产品等方面的优势互补,致力于为客户提供电网自动化产品和配电自动化产品的研发、工程、制造、销售以及技术服务,以满足国内电网、电力、工业等各细分市场对电网自动化产品的需求。同时,南自电网也积极进行全球业务拓广,其业务已经遍布近 50 个国家和地区。

　　自成立以来,南自电网高度注重企业社会责任的践行,原因来自五个方面:①两大股东的要求。南自股份作为电力行业的老国企,社会责任是其与生俱来的一项要求。ABB 公司则是一家历史悠久的跨国 500 强上市公司,强调社会责任也是其传统。②南自电网企业核心价值观是"以人为本、科技创新、诚信合规、勇担责任",本质上与企业社会责任息息相关。③公司领导均具有很高的学历和社会责任感,尤其强调企业社会责任。④公司员工的学历越来越高,越来越年轻化,公民意识越来越强,对于企业社会责任的概念也越加推崇。⑤公司的大客户以电网公司为主,其特定的行业属性要求南自电网作为设备和系统服务提供商必须充分地履行企业的社会责任,保障电网安全。

　　在南自电网,超过 65％的员工是"80 后"和"90 后",他们中的大多数是在工程技术服务团队,主要是为用户单位提供产品的现场调试服务,工作比较辛苦。因为整体较为年轻,管理上存在不小的挑战。在招聘方面,尽管具备国企和电力系统的背景,但南自电网的招聘其实并不轻松。优秀人员稀缺以及和民企巨头的人才竞争是南自电网面临的两大招聘难题。

面对招人难、年轻人多的客观现实，该如何让这些已入职的员工从心里认同公司，让他们开心地工作、无后顾之忧地生活，从而有更多的归属感，安心留在公司实现事业上的成长？领导班子认为公司自身应该做出更多的探索和努力。公司党委书记坚定地说："作为一个企业，谈社会责任首先要关注员工，如果连员工都不关注谈什么社会责任呢？既然我们倡导社会责任，那就让我们的社会责任从善待员工开始！"

生活保障——完善的薪酬福利体系

人才公寓

南自电网向当地政府申领了101套公租房作为公司的人才公寓，并以每平方米11.9元/月的价格租给公司符合条件的员工，以满足他们的住房需求。这些人才公寓的面积从40多平方米到60多平方米不等，有一居室和两居室的户型供选择，可满足不同需求的人群。这种情况下，员工每月只花上几百元就可以轻松解决居住问题，了却后顾之忧。事实上，起初南自电网向政府申领的公租房虽然是精装修，但并未配家具。南自电网认为这样的住房如果直接分配给员工居住，员工在精力、时间和经济上都有一定负担。故此，尽管作为国有控股企业，南自电网采购的审批流程比较烦琐，但公司仍花费数十万元为所有人才公寓配置了空调、电视机、洗衣机、床、桌子、厨房用具、卫浴设备和窗帘等必备生活设施，员工可实现"拎包即住"。在人才公寓的申请资格上，凡是学历在本科以上，且在南京无自有住房的员工均可申请。此举惠及了公司很大一部分外地"80后"和"90后"员工。"很多'80后'，特别是'90后'在南京留不下来主要原因就是房子的问题，因为南京的就业环境和发展机会还是不错的。"一位人力资源部负责人补充道，"人才公寓为我们留住了一批'80后'和'90后'员工，我们部门的一个得力干将就非常感谢这个公寓，不然的话他就很难留下来。同时，这个人才公寓也为很多研发部门的同事解决了大问题。此外，南自电网在人才公寓的申请上，优先向外勤的工程技术人员倾斜。这是我们的关怀政策，我们不能让外勤那么辛苦的员工回南京没有地方住。"

全面的薪酬和福利

"南自电网的薪酬水平在全行业当中处于中上水平。我们与行业最高水平的薪酬确实有差距，但我们提供的是全面的薪酬和福利，给员工足够的保障。"人力资源部负责人说。

第一，公司对外勤人员进行薪酬倾斜。公司对出差人员进行差异化的差旅补助，对于出差去偏远地区的员工，其出差补助高于去非偏远地区的员工，而且公司会提供一些特殊补贴，特别是去偏远地区出差时，公司要求出差人员使用更安全（即使价格更高）的交通工具。

第二，重视薪酬的合理增长。从公司成立至今，基本上连续4年员工的薪酬都会有显著的差异化增长。

第三，完备的福利。除了基本的五险一金外，南自电网还推出了住房补贴与企业年金管理办法。凡是绩效考核达到一定标准的员工，公司都为其提供比例高达18%的住房补贴和企业年金。此外，公司提供总计二三十条线的免费班车，以及午餐补贴和生育慰问金。公司还设立了员工私人医药费的报销制度,并提供住院补贴和补充医疗保险等。

第四,完善的休假体系。尽管《国务院关于职工探亲待遇的规定》明确了劳动者享受探亲假的权利,但实际上很多企业并不认真执行这一规定,导致探亲假实际沦为员工眼中的"水中月"。南自电网强调假期管理的"人性化",并切实落实该假期制度,外地员工每年可以享受最多30天的探亲假,并报销一定比例的路费。

第五,丰富的员工培训。南自电网跟高校签订合同,每两个月请高校的知名老师对员工进行各方面的培训。公司还曾邀请上过《百家讲坛》的老师面向员工举办心理辅导和美学修养方面的讲座。

工作保障——健康工作、安全生产

绿色办公室

为保障员工的身体健康,南自电网在江宁开发区新园区的办公室装修中严格实施绿色标准。例如,在招标中确定健康无害装修材料的类别,如木板、涂料等,并且在装修过程中严格按照标准执行。办公家具选择EO级材料(即无甲醛类材质),地板也选用进口无甲醛且不含其他有害物质的亚麻材料。与部分企业搬迁新装修办公室时不顾员工的顾虑而强硬实施不同,南自电网搬迁前对室内空气进行两轮检测并向全体员工公示结果,完全合格后才正式搬迁。

完善的安全生产制度

美国杜邦公司曾创造了一项安全纪录,根据统计,"杜邦员工在工作场所比在家里安全10倍"。南自电网领导层表达了在安全生产上对标杜邦公司的意愿。

第一,为了将安全生产理念根植于公司制度中,南自电网进行了组织架构的创新,设立了安全委员会、HSE(健康、安全和环境)办公室两个安全生产管理机构。其中,安全委员会是一个跨部门协作委员会,由各部门负责安全生产的负责人组成,负责安全生产的规划、决策、经费、应急和事故处理等重大决策和突发响应。HSE办公室则具体负责安全生产的日常管理工作,如组织安全检查、推动隐患整改、事故调查、安全文化和培训等。此外,南自电网还在各业务部门中设立兼职安全员,监督本部门安全生产工作,并在工会中设立员工安全事务代表(图12.4)。

第二,推行安全生产责任制。全面落实"一岗双责,党政同责":在顶层,公司总经理与党委书记同为安全生产第一责任人,而各级部门主要负责人则为本部门安全第一责任人。所有的领导干部必须走到生产一线去做安全行为观察(SOT)。同时,公司层层签订《安全生产责任书》,即依照公司—部门—二级部门—班组这个自上而下的顺序,逐级落实。

第三,提升安全标准和理念。南自电网依据职业健康安全管理体系(OHSAS 18001,1999年)建立职业健康和安全管理体系,并推行安全生产标准化基本规范(AQ/T 9006,2010年)安全生产标准化建设。从安全理念方面来看,南自电网提出了安全之路上的"三把钥匙",即所

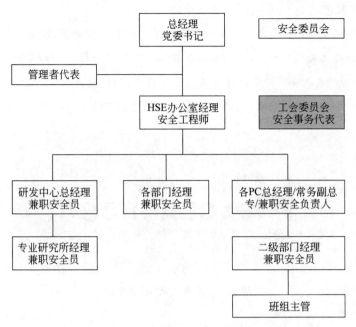

图 12.4 南自电网组织结构

有事故可预防、安全工作是职业基础、安全是全体员工的责任。其中,所有事故可预防,是指所有事故都可归因于人的错误,事故本可避免,不可大意和心存侥幸,要定期组织学习各类事故发生的根源,从中吸取教训;安全工作是职业基础,是指安全是所有工作的前提,不可有任何疏忽,所有过程和活动都应识别和控制安全风险;安全是全体员工的责任,是指安全是员工的基本权利,也是基本义务,所有人员和岗位的安全职责,都应明确并被落实。

第四,建立隐患排查和整改机制。通过专项评估和咨询,对消防、化学品管理、电气安全等进行风险评估,并通过安全检查、内外审和全员隐患报告等机制确保及时发现隐患和风险。在发现缺陷和改进机会后,公司会发布《隐患整改清单》和《隐患整改通知书》,然后发布《安全事故教训分享》供所有员工总结和吸收经验教训。

第五,安全考试和关键绩效指标考核(KPI考核)。南自电网每个月都设置安全生产考试,每个月考试内容有不同的重点。这项考试规定全员必须参加,且要得满分才能合格。不合格的要重新培训和补考,直到合格为止,且安全考试纳入部门的 KPI 考核。部门奖金及部门中层管理人员的奖金与部门 KPI 考核结果挂钩,从而公司各级人员的收入均与部门安全生产的 KPI 挂钩。

提升认同感和归属感——塑造企业文化

"年轻的员工,特别是'90 后',很多人并不为物质担忧,想法和我们这一代很不一样,开心就干,不开心就不干。所以仅仅靠薪酬福利并不足以保证他们能安心地工作。"南自电网党委书记表示,"所以我们自己要经常静下来反省一下,要真正意识到文化的力量很重要。"

确立"10H"文化

南自电网明确了"H"企业文化。首先,"H"象征"打造核心竞争力"的"核";其次,"H"既是"形成合力,合作共赢"的"合",也是"创造和谐"的"和",每一位员工都是和谐工作环境的参与者、建设者;"核""合""和"三字的拼音为"He",其中,"H"代表文化,"e"代表"卓越 excellence",寓意为以"H"文化推动实现公司的卓越绩效(图 12.5)。

图 12.5　南自电网"H"文化图

南自电网将"H"文化分解为"10H"价值理念:倡导用"脑(head)"去创新、用"手(hand)"为客户提供高质量的产品、用"心(heart)"服务客户的理念,强调"职业健康安全(HSE)/诚信合规(honesty)"的重要性,提倡员工之间"相互协作(help)""相互倾听(hear)和学习",鼓励员工在"努力工作(hard work)""追求高绩效(high performance)"的同时,保持"快乐工作(happy work)"的态度,共同来营造"和谐的工作环境(harmonious environment)"。共筑家园,共创希望!(Here is home,here is hope!)

让企业文化切实落地

南自电网认为公司需要切实落地企业文化,而不能把企业文化作为流于形式的口号和文字游戏。公司对归口管理企业文化的行政部进行了比较严格的考核,其中关于企业文化活动的考核项占其部门 KPI 的权重达 20%。一位负责人表示:"我们并不要求员工把'10H'背下来,而是要让他清楚,能记住'H'跟你密切相关就可以了,公司要和谐、合作、合力,公司要创造一个和谐的环境,创造一个好绩效。我们把它跟所有的日常的生产和方方面面都融到一起,工会每年也会组织很多文化活动。"

在"10H"文化的指引下,公司很多活动、工作机制和理念都出现了积极的变化。公司党委书记说:"我们在 2016 年中秋节把食堂的厨师派到人才公寓,烧十几个菜,把所有人弄在一起搞一个联欢,年轻人就觉得很好,对于'90 后'的年轻人这比多发一点钱还高兴。"

对于长时间外勤出差的工程技术人员,领导班子没有忽视对他们个人和家庭生活的关怀与支持,比如部门员工长期出差,其家庭有什么困难,部门领导都会经常去关心……

"我经常也去跑现场去看他们,也还是有不少刚刚生完孩子就在外边出差被老婆骂的。我们会去和他们聊一聊,他们需要有一个可预期的未来,他们不想跑到 40 岁或者 50 岁,所以我们会有相应的机制来满足他们……"对于长期出差人员由于各种各样的原因无法继续这样的工作状态的情况,公司设有调整机制。每年都有一定数量的人员调整到其他岗位,进行内部流动。

"在'10H'企业文化的指引下,我们开展了'拒绝熟视无睹'安全活动,鼓励全体员工参与对于安全隐患的排查并提出合理化建议……我们发现员工的参与感大大增强了,他们感到不仅是公司对自己的要求,而且是自己的需求,自己要参与共同管理。我们的员工任何时候发现任何安全隐患都可以通过我们的信息系统报告来督促相关部门去整改。这四年来,我们的员工已经报了 1 386 例的安全事件报告,领导累计做了安全行为观察 2 035 次,我们每个月进行安全检查发现安全隐患是 66 项,这 66 项我们全部处理完成,而且没有延期。"员工的积极参与,不断给予建议加以完善,让"Here is home"不是空话。

救助保障和爱心传递——义务急救队

"中国人真正受过急救训练的比例远远小于国际水平,跟发达国家比差距巨大。我们国家每年因为心脏骤停、猝死的人数越来越多……公司园区曾发生过,一个员工上班时间倒下了,没人敢救,你所能做的事情或者以前我们倡导的就是打 120,我们这个园区是比较偏远的地方,从打电话到 120 来,肯定来不及……"南自电网党委书记回忆起一段痛心的经历。

为了更好地保障员工的生命安全,南自电网与上海"第一反应"志愿者组织达成战略合作。由"第一反应"为南自电网的厂区及办公区配备 AED(自动体外除颤器)+急救箱+通信器材,并在"第一反应"的指导下建立公司内全面急救系统和预案,由"第一反应"为南自电网培训 44 名急救队员,使其成为持美国心脏协会(AHA)急救证书的专业急救员,并对其进行定期复训和实景演练。目前,急救队还有 3 名队员通过"第一反应"公益急救宣讲师培训并取得资质,1 名队员获得美国心脏协会导师资质。

参加了救援队的员工小王表示:"我觉得这个确实是不单单对自己的能力有提高,而且会承担一些社会责任,会有一些公益的意义在里面。我们企业文化本身就有一个'help',互相帮助。在我们公司,我们还会为公司其他同事宣讲急救知识,大概一次 35 人,一年可培训近 500 人,当年的中秋节我们还参加了急救科普周活动,为南京市民去宣讲急救知识。在我们和别人分享急救知识的时候,心理上也能获得快乐。"

同时,公司还与"第一反应"共建 AHA 急救培训中心和江苏"第一反应"志愿者服务中心,利用业余时间为社会大型赛事和活动提供急救保障,先后参加上海急救嘉年华、南京急救嘉年华、世界急救日,把企业内部建立起来的急救能力延伸分享给更多的社会大众。"下一步,我们要走进社区,我们现在培训了 500 多名公司员工,我们希望这 500 多人变成种子进行播种,星星之火再去燎原,我们希望能影响一个社区或一个大的行政区域,能够把我们的以急救文化、急救体系为核心的社会责任传播得更广。"南自电网党委书记说。

塑造荣耀感——支持国家重大项目

在南自电网的理念中,对国家重大项目的参与也是践行企业社会责任的重要形式。雪域高原上川藏联网工程、巴塘和昌都变电站、220 kV邦达和玉龙变电站、西藏首座220 kV智能变电站墨竹工卡变电站、220 kV色麦变电站……国家重大项目和活动中经常活跃着南自电网员工保电奋战的身影。

比较具有代表性的是西尼玛项目。西藏那曲地区尼玛县平均海拔4 800米,地处偏远,自然条件恶劣,未与电力主网连接,用电十分困难,特别是冬春季节连续停电时间长达近150天。因此,建设局域电网对改变尼玛县居民生活生产电力供应严重不足的现状,助推全县人民脱贫都具有重要的意义。按照国家能源局和自治区政府安排与相关协议,南自电网负责为该局域电网项目提供10 kV开关站的二次设备舱、综合自动化系统及相关设备的设计、生产、调试等工作。

"工作和生活条件都极为艰苦。"一位负责人回忆,"南自电网公司派驻现场服务人员共计4名,最长的工作时间达到50天,员工必须要克服高原反应、沙尘暴及现场恶劣的气候环境,还要在极其艰苦的工作环境下完成现场的调试工作。"

然而,在艰苦环境下,参与这类国家重大项目不但没有挫伤员工的积极性,反而激发了员工的荣誉感。一位从西尼玛项目归来的员工说:"确实太艰苦了。但每当看到尼玛县当地老百姓期盼来电渴望的眼神时,听到老百姓每天都会询问什么时候能送电的急切时,还有自己每天感受到夜晚没有电的苦恼时,会立刻感受到自己身上肩负的使命。"

尽管员工在进藏前进行了体检,还提前服用了抗高原反应的药物,但是研发中心一位员工还是出现了比较大的高原反应,但他并不后悔,"看着当地群众的笑脸,真真切切地感受到自己的工作带来的成就感,这样的社会效益不是统计数据、不是获奖证书,而是可以感受、可以触摸到的。在那一刻,我为自己是一名南自电网公司的员工而感到自豪"。

党委书记也颇有感慨:"当地居民过年期间放鞭炮来庆祝他们用上电了,那个高兴劲儿我们在现场的员工是很受感动的,他们觉得自己做的事情不仅是为了企业,更是一种社会责任感和荣誉感。"

水到渠成

"企业文化建设效果出来了,我们向员工传达一种家的氛围与对家人工作、成长、健康的关怀,这改变着员工对公司的感情,凝聚成公司与员工之间情感的纽带。在招聘工作中,通过对公司家文化的宣传,让应聘者感受到了不一样的企业文化,增强了公司的吸引力。"一位人力资源部负责人颇有感触,"人才公寓的建设对人才引进帮助极大。在面试过程中,外地候选人、年轻候选人关心的一大问题就是南京的房价和住宿的成本。候选人在了解到公司这一政策之后就放下了后顾之忧,安下心来加入公司大家庭。"

一位中层管理者补充道:"与同行比,我们的工资水平还是不如一部分企业的,但是有一些员工就是从那些高薪企业跳槽过来的，还有一些员工是辞职以后又回来的。在我们的企业文化、社会责任这方面，他们确实感到有一种荣耀感，还有就是信赖感和归属感。企业勇于承担社会责任，关心员工权益，员工看到这样的企业是可持续发展的。公司对我关心，不会抛弃我，我信任公司。所以我们的企业文化里说：'这里是我们的家。家是我们共同奋斗的地方，也是共同分享的地方。'员工有了这样的归属感对企业的持续发展、发挥个人创造力，会对企业的总体效益和追求卓越有非常大的帮助。从一个中层管理者的角度来看，我觉得从2013年以后，我们有了很积极的改变。"

受益于此，公司在经营上也得到了回报。南自电网《员工满意度调查分析报告》中显示，以研发中心为例：其员工满意度在公司中处于较高水平，其产出也呈现大幅增长。其专利申请量从2012年的8件（以申请公开日为准）迅速增长到2015年的116件，2016年进一步达到了139件，为公司未来的发展打下坚实的基础。

资料来源：芮萌，朱琼.南自电网：社会责任从善待员工开始[M]//芮萌，朱琼.社会责任：企业发展的助推剂.上海：复旦大学出版社，2020：113-135.

问题讨论：

1. 南自电网在对员工的社会责任履行上，都涉及哪些方面？有哪些是可以复制的？

2. 在企业社会责任文化建设方面，南自电网是如何让员工提升归属感，并愿意以身践行的？

参 考 文 献

[1] 德鲁克. 未来的领导者[M]. 方海萍,译. 北京:中国人民大学出版社,2006.

[2] 贾奇,罗宾. 组织行为学[M]. 赵晓,译. 12版. 北京:中国人民大学出版社,2008.

[3] 揣姝茵. 敏捷组织的"形意神"[J]. 人才与领导力(麦肯锡季刊),2017(2):92-97.

[4] 里格比,埃尔克,贝雷兹. 敏捷高管团队[J]. 蒋荟蓉,译.哈佛商业评论(中文版),2020(5):90-99.

[5] 里格比,萨瑟兰,竹内弘高.拥抱敏捷[J] 刘铮筝,译. 哈佛商业评论(中文版),2016(5):39-47.

[6] 冯梅,魏钧,曹辉,等. 企业社会责任概论[M].北京:经济科学出版社,2017.

[7] 霍夫斯泰德 G. 文化与组织——心理软件的力量[M]. 李原,孙健敏,译. 北京:中国人民大学出版社,2010.

[8] 侯继勇. 柳传志复出第一刀:搭班子重组全球架构[N].21世纪经济报道,2009-03-30.

[9] 胡润研究院,碧桂园集团. 2020中国企业社会责任白皮书[R]. 2020.

[10] FIEDLER F E. A contingency model of leadership effectiveness[J]. Advances in experimental social psychology, 1964(1):149-190.

[11] 管庆鹏.员工感知的 CSR 对员工组织公民行为的影响研究[J]. 中国市场,2014(12):100-101.

[12] 任荣明. 企业社会责任多视角透视[M]. 北京:北京大学出版社,2009.

[13] 孙继荣.现代企业社会责任:应对经济社会环境挑战的系统化管理方法[M].北京:中国经济出版社,2013.

[14] 李,达克沃斯.铸造坚毅组织[J].刘筱薇,译.哈佛商业评论(中文版),2018(10):92-99.

[15] STREERS R M. 组织行为学导论[M]. 韩经纶,译. 台北:五南图书出版公司,1994.

[16] BLAKE R R,MOUTON J S. 新管理方格[M]. 北京:中国社会科学出版社,1978.

[17] RUE L W,LLOYD B. 管理学[M]. 许是详,译. 北京:前程企业管理公司,1994.

[18] SCHERMERHORN J R,HUNT J G,OSBORN R N. 组织行为[M]. 陈静怡,杨佩芬,译. 台北:台湾西书出版社,1996.

[19] ROBBINS S P. 组织行为[M]. 李茂兴,李慕华,林宗鸿,译. 台北:扬智出版社,1994.

[20] TIDD J,BESSANT J R. 创新管理 [M]. 陈劲,译. 6 版. 北京:中国人民大学出版社,2020.

[21] 李秀娟,魏峰. 打开领导有效性的黑箱:领导行为和领导下属关系研究[J]. 管理世界,2006(9):87-93,128.

[22] 李秀娟. 谁定目标?——心理授权在参与决策中的催化作用[J]. 中欧商业评论,2010(3):48-50.

[23] 李秀娟,魏峰. 组织公正和交易型领导对组织承诺的影响方式研究[J]. 南开管理评论,2007(5):82-88.

[24] 李秀娟,魏峰. 双因素领导结构的验证及其对组织承诺的影响机制研究[J]. 管理世界,2008(5):115-123.

[25] 柳传志. 联想的失败与成功——联想如何穿越多元化到国际化的险滩[J]. 中国企业家,2007(18):552-556.

[26] 科恩. 德鲁克论领导力[M]. 黄京霞,吴振阳,译. 北京:机械工业出版社,2001.

[27] 孙天明. 柳传志:中科院走出的企业"教父"[N]. 南方都市报,2009-12-28.

[28] 凌志军. 联想风云[M]. 北京:中信出版社,2005.

[29] 彭梧. 柳传志:联想是我的命,复出义不容辞[N]. 新京报,2009-02-06.

[30] 卢瑞阳. 组织行为——管理心理导向[M]. 福州:华泰书局,1993.

[31] 许士军. 管理学[M]. 台北:东华书局,1981.

[32] 汤普森. 愿景领导:战略规划之新思路[M]. 大连:东北财经大学出版社,1999.

[33] 彭罗斯. 企业成长理论[M]. 上海:上海人民出版社,2007.

[34] 张亮. 柳传志:退休前还有最后一次"大动作"[J]. 环球企业家,2008.

[35] ALLEN N J,MEYER J P. Affective,continuance,and normative commitment to the organization:an examination of construct validity[J]. Journal of vocational behavior,1996(49):252-276.

[36] AVOLIO B J,BASS B M. Transformational leadership,charisma, and beyond[D]. Binghamton:State University of New York,1985.

[37] AWAMLEH R, GARDNER W L. Perceptions of leader charisma and effectiveness:the effects of vision content,delivery, and organizational performance [J]. Leadership quarterly,1999,10(3):345-373.

[38] BARAKAT S R, ISABELLA G, BOAVENTURA J M, et al. The influence of corporate social responsibility on employee satisfaction [J]. Management decision, 2016,54(9):

2325-2339.

[39] BAR-ON R ,PARKER J D A. The handbook of emotional intelligence：theory,development,assessment,and application at home,school,and in the workplace[M]. San Francisco：Jossey-Bass,2000.

[40] BASS B M. Leadership and performance beyond expectations[M]. New York：Free Press,1985.

[41] BASS B M. From transactional to transformational leadership：learning to share the vision[J]. Organizational dynamics,1990,18(3)：19-31.

[42] BASS B M,AVOLIO B J. The implications of transactional and transformational leadership for individual,team and organizational development[M]//WOODMAN R W,PASSMORE W A. Research in organizational change and development. Greenwich，CT：JAI Press,1990.

[43] BLASCO J L, KING A. The road ahead：The KPMG Survey of Corporate Responsibility Reporting 2017[R/OL]. www.kpmg.com/crreporting.

[44] AVOLIO B J,LUTHANS F. The high impact leader[M]. New Tork：Mcgran Hill，2006.

[45] CAMERON K S,WHETTEN D A ,KIM M U. Organizational dysfunctions of decline[J]. Academy of management journal,1987(30)：126-138.

[46] CAMERON K S,WHETTEN D A,KIM M U,et al. The aftermath of decline[J]. Review of higher education,1987(10)：215-234.

[47] CAMERON K S,WHETTEN D A. Perceptions of organizational effectiveness in organizational life cycles[J]. Administrative science quarterly ,1981(27)：524-544.

[48] CANFIELD F E,LAGAIPA J J. Friendship expectations at different stages in the development of friendship[D]. Louisville：Southeastern Psychological Association,1970.

[49] CHERLUNIK P D, DONLEY K A, WIEWEL T S R, et al. Charisma is contagiuous：the effect of leaders' charisma on oberservers' affect[J]. Journal of applied social psychology,2001,31(10)：2149-2159.

[50] CIARROCHI J,FORGAS J P,MAYER J D. Emotional intelligence in everyday life [M]. Philadelphia：Psychology Press,2001.

[51] CLARE D A,SANFORD D G. Mapping personal value space：a study of managers in four organizations[J]. Human relations,1979(32)：659-666.

[52] CONGER J A,KANUNGO R N. Charismatic leadership in organizaions[M]. Thousand Oaks,CA：Sage,1998.

［53］COOPER R K. Applying emotional intelligence in the workplace［J］. Training &. development,1997,51(12)：31-38.

［54］COVEY S R. The seven habits of highly effective people［M］. New York：Simon &. Schuster,1989.

［55］CROCKER J. Speech communication instruction based on employers' perceptions of the importance of selected communication skills for employees on the job［C］. Mineapolis, Minn ：the Speech Communication Association Meeting,1978.

［56］DAVIES M,STANKOV L,ROBERTS R D.Emotional intelligence：in search of an elusive construct［J］. Journal of personality and social psychology,1998,75(4)：989-1015.

［57］DELBECQ A,VAN DE VEN A,GUSTAFSON D H. Group techniques for program planning［M］. Glenview,IL：Scott Foresman,1975.

［58］GOLEMAN D. Emotional intelligence［M］. New York：Bantam,1995.

［59］DUCKWORTH A L, PETERSON C, MATTHEWS M D, et al. Grit：perseverance and passion for long-term goals［J］. Journal of personality and social psychology, 2007, 92 (6)：1087-1101.

［60］DUCKWORTH A. Grit：the power of passion and perseverance［M］. New York, NY：Scribner, 2016.

［61］BERNE E. Principles of group treatment［M］. New York：Oxford University Press,1964.

［62］FARID T, IQBAL S, MA J, et al. Employees' perceptions of CSR, work engagement, and organizational citizenship behavior：the mediating effects of organizational justice ［J］. International journal of environmental research and public health, 2019, 16(10)：1731.

［63］FRESEM M,BEUMEL S,SCHOEMBORN S. Action training for charismatic leadership：two evaluations of studies of a commercial training module on inspirational communication of vision［J］. Personnel psychology,2003,56(3)：671-698.

［64］FREUD S. Collected papers［M］. 4th ed. London：Hogarth,1956.

［65］FROMM E. Selfishness and self love［J］. Psychiatry,1939(2)：507-523.

［66］GRIFFETH R W,HORN P W. The employee turnover process［J］. Research in personnel and human resources manamgent,1995(13)：245-294.

［67］HAHN R. ISO 26000 and the standardization of strategic management processes for sustainability and corporate social responsibility［J］. Business strategy and the environment, 2013, 22(7)：442-455.

［68］HANEY W V. Communication and interpersonal relations［M］. Homewood,IL：Irwin,1979.

[69] HENNIGFELD J, POHL M, TOLHURST N. The ICCA handbook on corporate social responsibility [M]. New York: John Wiley & Sons, 2006.

[70] HERSEY P ,BLANCHARD K,JOHNSON D E. Management of organizational behavior [M]. 9th ed. Denver: Prentice Hall,2007.

[71] HILL L A, BRANDEAU G, TRUELOVE E, et al. Collective genius [J]. Harvard business review, 2014 (92): 94-138.

[72] HOFSTEDE G. Culture's consequences: international differences in work-related values [M]. Beverly Hills,CA: Sage,1980.

[73] HOFSTEDE G. Culture and organizations: software of the mind[M]. London: McGraw-Hill,1991.

[74] HOFSTEDE G. Cultural constraints in management theories[J]. Academy of management executive,1993,7(1): 81-94.

[75] HOFSTEDE G, PETERSON F M. National values and organizational practices [M]//ASHKANASY N M,WILDEROM C M,PETERSON M F. The handbook of organizational culture and climate. Thousand Oaks,CA: Sage Publications,2000.

[76] HOFSTEDE G. Culture's consequence: comparing values, behaviors, institutions, and organizations across nations[M]. Thousand Oaks, CA: Sage Publications,2001.

[77] HOUSE R J, HANGES P J,JAVIDAN M,et al. Leadership,culture,and organizations: the GLOBE study of 62 societies[M]. Thousand Oaks, CA: Sage Publications,2004.

[78] HOWELL J M,FROST P J. A laboratory study of charismatic leadership [J]. Organizational behavior and human decision processes,1989,43(2): 243-269.

[79] HUBER G P. Managerial decision making [M]. Glenview, IL: Scott Foresman,1980.

[80] JAVIDAN M,HOUSE R J. Cultural acumen for the global manager: lessons from project GLOBE[J]. Organizational dynamics ,2001,29(4): 289-305.

[81] WIEMANN J M. Explanation and test of a model of communicative competence[J]. Human communication research,1977(3): 195-213.

[82] JONGEWARD D,SEYER P C. Choosing success[M]. New York: Wiley,1978.

[83] JUNG C. Psychological types[M]. London: Routledge and Kegan Paul,1923.

[84] KANTER R. Power failures in management circuits[J]. Harvard business review, 1979(57): 65-75.

[85] KARK B,GAN R,SHAMIR B. The two faces of transformational leadership: em-

powerment and dependency[J]. Journal of applied psychology,2003,88(2): 246-255.

[86] KOHLBERG L. The cognitive-developmental approach tosocialization [M]// GOSLIN D A. Handbook of socialization theory and research. Chicago: Rand McNally,1969.

[87] HOFSTEDE G. Culture's consequences[M]. Thousand Oaks, CA: Sage Publications,2001.

[88] LATANE B,WILLIAMS K,HARKINS S. Many hands make light of the work: the causes and consequences of social loafing[J]. Journal of personality and social psychology,1979 (37): 822-832.

[89] LEE Y. Toward a communality with employees: the role of CSR types and internal reputation [J]. Corporate reputation review, 2020, 23(1): 13-23.

[90] JAMES M,JONGEWARD D. Born to win[M]. Reading,Mass: Addison-Wesley Publishing Company,1971.

[91] MAYER J D,SALOVEY P. What is emotional intelligence? [M]//SALOVEY P, SLUYTER D J. Emotional development and emotional intelligence: educational implications. New York: Basic Books,1997.

[92] WEBER M. The theory of social and economic organization[M]. New York: Free Press,1947.

[93] MCCALL M M,LOMBARDO M M. What makes a top executive? [J]. Psychology today,1983(26): 28-31.

[94] MCGREGOR D. The human side of enterprise[M]. New York: McGraw-Hill,1960.

[95] MCSWEENEY B. Hofstede's model of national cultural differences and their consequences: a triumph of faith—a failure of analysis[J]. Human relations ,2002,55(1): 89-118.

[96] PORTER M E, KRAMER M R. Strategy and society: the link between competitive advantage and corporate social responsibility-response [J]. Harvard business review, 2007, 84 (12): 78-92,163.

[97] PODSAKOFF N P,WHITING S W,PODSAKOFF P M, et al. Individual and organizational-level consequences of organizational citizenship behaviors: a meta-analysis[J]. Journal of applied psychology, 2009,94(1): 122-141.

[98] NIEUWENHUIS M, KNIGHT C, POSTMES T, et al. The relative benefits of green versus lean office space: three field experiments [J]. Journal of experimental psychology: applied, 2014, 20(3): 199-214.

[99] ORGAN D W. Organizational citizenship behavior: the good soldier syndrome[M].

Lexington，MA：Lexington Books，1988.

[100] PEOPLES D A. Presentations plus[M]. New York：John Wiley & Sons，1988.

[101] PODSAKOFF P M，MACKENZIE S B，PAINE J B，et al. Organizational citizenship behaviors：a critical review of the theoretical and empirical literature and suggestions for future research[J]. Journal of management，2000，26(3)：513-563.

[102] ROKEACH M. The nature of human values[M]. New York：Free Press，1973.

[103] RUBLE T，THOMAS K. Support for a two-dimensional model of conflict behavior [J]. Organizational behavior and human performance，1976(16)：145.

[104] SCHUTZ W C. FIRO：a three-dimensional theory of interpersonal behavior[M]. New York：Holt，Rinehart & Winston，1958.

[105] FREUD S. The ego and the id[M]. London：Hogarth Press，1927.

[106] STOLTZ P G. Adversity quotient：turning obstacles into opportunities [M]. New York：John Wiley & Sons，1997.

[107] HARRIS T. I'm OK-you're OK：a practical guide to transactional analysis[M]. New York：Harper & Row，1969.

[108] TIAN Q，ROBERTSON J L. How and when does perceived CSR affect employees' engagement in voluntary pro-environmental behavior? [J]. Journal of business ethics，2019，155(2)：399-412.

[109] TROPMAN J E. Meetings：how to make them work for you[M]. New York：Van Nostrand Reinhold，1985.

[110] VISHWANATHAN P，VAN OOSTERHOUT H，HEUGENS P P，et al. Strategic CSR：a concept building meta-analysis [J]. Journal of management studies，2020，57 (2)：314-350.

[111] VROOM V H，JAGO A G. Decision making as social process：normative and descriptive models of leader behavior[J]. Decision sciences，1974(5)：743-769.

[112] WESTERMAN G，SOULE D L，ESWARAN A. Building digital-ready culture in traditional organizations [J] MIT sloan management review，2019，60(4)：59-68.

[113] WHETTEN C. Developing management skills [M]. Boston，MA：Addison Wesley，1998.

[114] WICKERT C，DE BAKKER F G. How CSR managers can inspire other leaders to act on sustainability[EB/OL].(2019-01-10). https://hbr.org/2019/01/how-csr-managers-can-inspire-other-leaders-to-act-on-sustainability.

[115] O'BOYLE JR E H，HUMPHREY R H，POLLACK J M，et al. The relation be-

tween emotional intelligence and job performance: a meta-analysis[J]. Journal of organizational behavior, 2011,32(5): 788-818.

[116] GREENSTEIN F I. The qualities of effective presidents: an overview from FDR to Bill Clinton[J]. Presidential studies quarterly, 2000,30(1): 178-185.

[117] YOON L. Survey: honesty still highly ranked policy[EB/OL]. (2003-01-08). https://www. cfo. com/human-capital-careers/2003/01/survey-honesty-still-highly-ranked-policy/.

[118] MARGERISON C, MCCANN D, DAVIES R. The Margerison-McCann Team management resource—theory and applications[J]. International journal of manpower, 1986, 7 (2): 2-32.

1.1　控制导向

2. B　　3. A　　4. A　　5. B

6. B　　8. B　　9. A　　10. B

11. B　　15. B

8分以上——非常好

5～7分——好

0～4分——应加以改善

1.2　认知风格

S——直觉型　　　N——意识型　　　F——感觉型　　　T——思考型

（分数偏高的一边,是你倾向的类型）

2.1　PSTRI压力测试问卷(节选)

61～80分——压力很大

41～60分——压力大

21～40分——有些压力

20分以下——压力很小(分数越高,压力越大)

2.2　时间管理

70分以上——非常好

51～70分——好

30～50分——满意

30分以下——应加以改善

（分数越高,时间管理越有效）

2.3 情商管理

评分说明

将每一栏中所对应的题号问题的得分填入对应空格中,然后将每一栏的得分加总,分数越高,代表该项的能力越强。

	识别情绪		运用情绪	控制情绪
	自我	他人		
	1	4	3	2
	5	8	7	6
	9	12	11	10
	13	16	15	14
总计				

3.1 有效的沟通

100 分以上——非常好   81～100 分——好

60～80 分——满意   60 分以下——应加以改善

4.1 需要层次问卷

A	B	C	D	E
1	2	5	6	10
4	3	7	8	11
16	9	12	14	13
20	19	15	17	18

分数总和:

A——(基本需要)   B——(安全需要) C——(社会需要)

D——(受尊重需要) E——(自我实现需要)

分数越高,表示需要越高

5.1 Thomas-Kilmann 冲突管理问卷

分数计算法:

	竞争	双赢	折中	回避	妥协
1				A	B
2		B	A		B
3	A				B
4			A		B
5		A		B	
6	B			A	
7			B	A	
8	A	B			
9	B			A	
10	A		B		
11		A			B
12			B	A	
13	B		A		
14	B	A			
15				B	A
16	B				A
17	A			B	
18			B		A
19		A		B	
20		A	B		
21		B			A
22	B		A		
23		A		B	
24			B		A
25	A				B
26		B	A		
27				A	B
28	A	B			
29			A	B	
30		B			A
总数					

6.1　你的影响方式

A	B	C	D
2. _____	1. _____	2. _____	1. _____
3. _____	3. _____	3. _____	3. _____
4. _____	6. _____	4. _____	6. _____
5. _____	7. _____	5. _____	7. _____

7. _____	8. _____	8. _____	8. _____
8. _____	9. _____	9. _____	9. _____
_____	_____	_____	_____
权威式	说服式	参与式	协商式

把以上每栏的分数加起来。

7.1 领导者风格与适应力问卷表

表一：领导者风格				
行动方案				
	一	A	C	B	D
	二	D	A	C	B
	三	C	A	D	B
	四	B	D	A	C
情	五	C	B	D	A
	六	B	D	A	C
	七	A	C	B	D
境	八	C	B	D	A
	九	C	B	D	A
	十	B	D	A	C
	十一	A	C	B	D
	十二	C	A	D	B
积分				
		1	2	3	4
领导风格类别				

表二：领导者适应力				
行动方案				
	一	D	B	C	A
	二	B	D	C	A
	三	C	B	A	D
	四	B	D	A	C
情	五	A	D	B	C
	六	C	A	B	D
	七	A	C	D	B
境	八	C	B	D	A
	九	A	D	B	C
	十	B	C	A	D
	十一	A	C	D	B
	十二	C	A	D	B
		(a)	(b)	(c)	(d)
各栏积分再乘以				
		(a)×(-2)	(b)×(-1)	(c)×(1)	(d)×(2)

⇒ 适应力总积分

8.1　个人授力评估

　　70 分以上——非常好

　　51～70 分——好

　　30～50 分——满意

　　30 分以下——应加以改善

　　(分数越高,授力管理越强)

9.1　评估团队的效率

　　(分数越高,团队精神越高)

11.1　你如何对待风险

　　请根据你在"风险和变化处理方式"问卷中所选择的词,圈出相应的字母。

　　圈出你在每个问题中选择的字母后,计算四栏中每一栏的总分。

1.	B	D	A	C
2.	D	C	B	A
3.	A	C	B	D
4.	A	C	B	D
5.	B	A	D	C
6.	A	B	C	D
7.	B	C	D	A
8.	B	D	C	A
9.	B	D	A	C
10.	C	A	B	D
11.	C	D	A	B
总分	_____	_____	_____	_____
	抗拒型	反应型	响应型	积极型

11.2 你如何处理风险

圈出为每个问题选择的字母。然后数出每一栏中的圈数,再把总数写在下面。

1.	C	A	B	D
2.	A	D	B	C
3.	B	C	D	A
4.	C	B	A	D
5.	D	B	C	A
6.	A	D	B	C
7.	B	D	A	C
8.	B	A	C	D
9.	A	B	D	C
10.	D	A	C	B
11.	A	B	C	D
12.	A	C	B	D
13.	D	B	C	A
14.	C	A	B	D
15.	C	B	A	D
16.	B	C	D	A
17.	B	A	C	D
18.	A	C	B	D
19.	A	D	C	B
20.	B	D	A	C
21.	B	A	D	C
22.	D	A	C	B
23	A	D	C	B
24.	A	D	C	B
25.	D	A	B	C

总数　　_____　　_____　　_____　　_____

　　　　躲藏型　　　避开型　　　冲动型　　　经过计算的风险承担

11.3　学习风格问卷

　　计算每一栏的总分,写在下面。

　　总分

　　　　　　　　　　AF　　　　　AS　　　　　IM　　　　　EV

第一栏或 AF 代表肯定。　　　　　　　　　　第三栏或 IM 代表实施。

第二栏或 AS 代表评估。　　　　　　　　　　第四栏或 EV 代表评价。

12.1　企业对员工的社会责任履行评估

　　61~70 分——非常负责　　　　51~60 分——较为负责

　　45~50 分——基本负责　　　　45 分以下——应加以改善

教师服务

感谢您选用清华大学出版社的教材！为了更好地服务教学，我们为授课教师提供本书的教学辅助资源，以及本学科重点教材信息。请您扫码获取。

❯❯ 教辅获取

本书教辅资源，授课教师扫码获取

❯❯ 样书赠送

企业管理类重点教材，教师扫码获取样书

 清华大学出版社

E-mail: tupfuwu@163.com
电话：010-83470332 / 83470142
地址：北京市海淀区双清路学研大厦 B 座 509

网址：https://www.tup.com.cn/
传真：8610-83470107
邮编：100084